잭 니클라우스 골프 아카데미가 추천하는
골프 심리학의 결정체

무의식으로 스윙하라

김성수 · 이영승 공저

전원문화사

추천의 말

'잭 니클라우스 골프 센터 & 아카데미'는 골프 역사상 가장 위대한 골퍼로 추대되고 있는 'Jack Nicklaus'와 그의 스승 'Jim Flick'의 노하우를 바탕으로 체계화되고, 조직화된 골프 전문 아카데미입니다.

골프 스쿨의 대명사인 '잭 니클라우스 골프 센터 & 아카데미'는 세계 최고 수준의 골프 교육기관으로서, 한국에서도 그 명성에 걸맞는 전문 교육 시스템과 미국 PGA 마스터 프로 및 클래스 A의 강사진을 중심으로 정확한 골프 교육과 바람직한 골프 문화 창달을 위하여 최선의 노력을 다하고 있습니다.

저희 '잭 니클라우스 골프 센터 & 아카데미'에서 실시하는 과학적인 교육 시스템은 객관적인 원리와 방법론의 조화, 이론과 실기의 접목을 통한 최고의 교육 방법임을 자부하고 있습니다.

금번 이 책을 출간하게 된 목적도 저희 '잭 니클라우스 골프 센터 & 아카데미'에서 추구하고 있는 학습 심리학 원리에 입각한 골프 교육의 일환으로써, 골프를 가르치고 배우시는 분들이 보다 쉽게 골프 심리학을 이해할 수 있도록 하고자 하는 것입니다.

흔히 골프는 심리의 게임이라고 합니다. 골프 심리학은 골퍼들이 스스로 마음과 행동을 컨트롤할 수 있는 바탕을 제공함으로써, 항상 최상의 수행을 할 수 있도록 도와줄 것입니다. 특히 골프 심리학은 그 동안 잃어버렸던 골프 게임의 반쪽을 채워줄 것으로 확신합니다. 이 책을 통하여 골퍼 여러분이 한층 더 수준 높은 골프 게임을 즐길 수 있다면 더 이상 바랄 바가 없겠습니다.

2002년 10월 대표이사 김 영

이 책을 쓰기까지

나의 제1호 작품인 《골프 스윙의 원리》 후기에서 예고한 대로 골프 심리학에 대한 책을 조기에 출간하게 되어 기쁘기 그지없다. 오히려 제1호 작품을 출판했을 때보다 더 기분이 좋았다. 그것은 제1호 작품이 우발적인 사건이 아니었음을 증명하는 것이기도 하지만, 개인적으로는 제2호 작품에 더욱 애착이 가기 때문이다. 한편으로는 나의 정신적 재산이 늘어났다는 사실도 한몫 했으리라 생각된다.

이미 밝힌 것처럼 골프 원리와 골프 심리학은 하드웨어와 소프트웨어의 관계라고 할 수 있으므로, 어느 하나만으로는 기능을 충분히 발휘할 수 없는 것이다. 이 둘은 골프 스윙은 물론 골프 게임 전체를 위하여 반드시 조합되고 조화를 이루어야 한다.

그러나 이 책을 쓰면서 내내 염두에 두었던 것은, 특히 '학' 자가 들어가면 어렵다는 선입견과 심리학은 전문 분야이므로, 일반인들이 접근하기 어려울 것이란 고정관념을 어떻게 극복할 것인가였다. 이런 현상은 체육학을 공부하기 전에 내가 가지고 있었던 느낌과 별반 다르지 않았다. 체육학도 운동선수나 전문가의 전유물이란 생각 말이다. 그러므로 필자는 심리학이 매우 재미있고 유용한 학문이라고 막연히 주장할 것이 아니라, 정말 그렇다는 인식을 독자들에게 심어주지 않으면 안 될 처지에 놓여 있는 것이다. 그러기 위해서는 서문에서부터 독자들의 잘못된 생각을 돌려놓지 않으면 안 되겠다는 생각이 들었다. 여기에서는 심리학의 본질과 기능을 이해함으로써, 왜 골프 심리학을 배우지 않으면 안 되는가에 대한 이유를 밝히고자 한다.

먼저 심리학의 일반성이다. 앞에서 전문 분야라고 예시한 체육학과 심리학을 큰 틀 안에 두고 보면 공통점을 발견할 수가 있는데, 그것은 바로 두 학문이 모두 '인간의 움직임이나 동작'을 연구한다는 사실이다. 그러므로 '인간의 움직임이나 동작'은 운동기술 이전에 우리의 일상 동작을 대상으로 하고 있다는 사실에 주목할 필요가 있다.

그러므로 골프 심리학은 우리의 일상적인 움직임이나 동작의 원리를 골프에 적용한 것에 지나지 않으며, 일상의 연장인 것이다. 골프를 일상의 동작과 동떨어진 특수한 존재로 인식하는 한 골프는 다루기 힘든 운동이라고 느낄 수밖에 없을 것이다. '낯선 학문, 어려운 학문'으로 여겨져 왔던 심리학이 우리의 마음과 동작을 다루는 것이라고 생각한다면, 그리 접근하기 어려운 것으로 생각되지는 않을 것이다.

두 번째는 심리학의 기능이다. "어제는 잘 맞았는데, 오늘은 왜 잘 안 맞을까?", "왜 미스 샷이 나왔을까?", "어떻게 하면 미스 샷을 줄이고 골프를 잘 칠 수 있을까?" 우리가 늘 좌절하고 고민하면서도 원인을 몰라 답답하게 생각하던 문제들이다. 심리학이란 "인간의 마음이 행동을 지배한다."는 가정을 출발점으로 하고 있으므로, 마음이 형성되는 과정을 안다면 골프를 비롯한 모든 행동을 예측하고 조절할 수 있을 것이다. 마음은 행동으로 나타나는데, 마음을 조절하고 통제할 수 있다면 우리는 골프 게임을 하면서 많은 성공을 보장받을 수 있을 것이다. 즉, 골프 심리학을 알면 골프를 잘 칠 수 있는 것이다. 이 책은 이런 기본 취지에서 접근하고 있으며, 이런 문제들에 대하여 명쾌한 설명과 해답을 제시하고 있다.

심리학의 본질과 기능만을 두고 보더라도 내용 여하를 떠나 심리학은 반드시 알아야 하며, 낯설다는 핑계로 결코 멀리 두어서는 안 될 존재임을 깨달았을 것이다.

초장부터 심리학에 대한 독자의 관심을 끌려고 애쓰다 보니 짐짓 무리하다는 감이 없는 것은 아니지만, 좋은 뉴스는 이 책에서는 독자 여러분이 골프 심리학을 포함한 심리학 전반을 이해할 수 있는 획기적인 아이디어를 제공하고 있다는 사실이다. 그러므로 본문에 들어서면 많은 골프 사례와 함께 아주 편안하게 심리학을 접할 수 있으며,

심리학이 추구하는 목표-행동을 배우고 조절할 수 있는 비법을 쉽게 이해하리라 믿는다.

그 다음으로는 이 책을 쓰게 된 동기이다. 필자가 호주에서 골프를 배우면서 처음 접하게 된 골프 심리학 서적은 밥 로텔라 시리즈였다 (《Golf is a game of confidence》,《Golf is not a game of perfect》등). 스포츠 심리학자인 저자는 골프 역사상 유명한 사건이나 인물을 등장시켜 심리학의 제반 주제들을 사례 중심으로 설명한 미국의 베스트셀러인데, 이 책들을 처음 접한 필자는 적지 않은 감동을 받았으며, 골프 심리학에 관심을 갖게 된 계기가 되었다. 그 이후 나는 일반 심리학이나 스포츠 심리학은 물론 골프 심리학 서적과 골프 이론서를 탐독하게 되었는데, 해결되지 않는 궁금점들이 꼬리를 물고 생겨났다. 예를 들면, 벤 호건이 말한 "다운스윙에는 레슨이 필요치 않다."라든가, "잠재의식으로 스윙하라." 등에 대한 의문들이었다. 이러한 문제들을 해결하는 과정에서 나는 골프 심리학에 대한 많은 이해를 더할 수 있었다. 그리고 내가 깨달은 간단하고 이해하기 쉬운 심리법칙들을 오늘도 연습장에서, 필드에서 영문도 모른 채 열심히 연습하고 있는 골퍼들에게 전해 주고 싶었다. 제1권《골프 스윙의 원리》와 마찬가지로, 책을 통하여 여러 골퍼들과 골프 심리학을 공유하게 되었다는 사실이 나를 가장 기쁘게 해 주는 부분이다.

마지막으로 이 책에서 다루고 있는 골프 심리학의 개괄적인 내용에 대해서 잠깐 언급하고자 한다.

첫째는 학습이다. 골프 스윙과 골프 게임을 배운다는 것이 무엇이며, 어떠한 과정을 통하여 배우게 되는가의 문제이다. 배운다는 것은 뇌에 기억하는 것인데, "골프 스윙은 어떻게 뇌에 기억되며, 도대체 무엇이 기억되는가?"이다. 서두에서 마음은 행동을 지배한다고 하였으므로, 만약 잘못된 마음(생각)이 뇌에 자리잡고 있다면 항상 잘못된 동작으로 나타날 것이므로, 처음 배울 때부터 잘못된 생각을 배제시켜야 할 것이며, 이미 뇌에 기억되어 있는 잘못된 생각들은 올바른 생각으로 대체되어야 할 것이다. 이런 문제들은 뇌에 기억되는 과정을 이해함으로써 용이하게 대처해 나갈 수 있을 것이다.

둘째는 학습된 내용을 인출하는 과정이다. 기억들이 인출되는 과정에는 많은 장애요소가 있는데, "이를 어떻게 극복하여 항상 일관된 스윙과 행동 패턴을 가져갈 수 있는가?"이다. 이는 결국 행동을 조절하고 통제하는 문제이다.

셋째는 통상 골프 심리학에서 다루어진다고 생각하는 문제들이다. 이에는 집중력, 간섭, 불안, 자신감 등이 있다.

중요한 것은 위에서 나열한 골프 심리학의 주요 내용들이 '신경회로'와 '단기 기억상자'라고 하는 단 두 개의 키워드에 의하여 일관되게 설명되고 있다는 사실이다. 그러므로 이 두 개의 키워드만 알고 있으면 심리학에서 다루어지는 대부분의 현상을 아주 쉽게 이해할 수가 있는 것이다. 이것이 이 책의 특징이요, 자랑이다.

이 책이 출판되도록 물심양면으로 도움을 주신 잭 니클라우스 골프 센터 & 아카데미의 김영 사장님과 이경호 부사장님, 이번에도 변함없는 지원과 격려를 통하여 제2호 작품을 탄생시켜 주신 전원문화사 김철영 사장님과 이희정 편집실장님의 노고에 진심으로 감사의 마음을 전하고 싶다. 그리고 많은 자료와 제안으로 이 책의 반 이상을 책임진 공저자이자 처남인 이영승과 아내를 비롯한 가족들의 성원도 빼놓을 수 없을 것이다.

2002년 10월 김성수

차 례
C.O.N.T.E.N.T.S

제 1 장 ▶ 골프 심리학이란? · 9

제 2 장 ▶ 골프 스윙을 배운다는 것 learning a golf swing · 15

제 3 장 ▶ 골프는 타깃 게임이다 · 45

제 4 장 ▶ 마법의 단기 기억상자 · 67

제 5 장 ▶ 골프는 집중력의 게임이다 · 75

제 6 장 ▶ 각성과 불안 · 97

제 7 장 ▶ 무의식적으로 스윙하라 · 127

제 8 장 ▶ 스윙 이미지 · 143

제 9 장 ▶ 30초 스윙 패키지 · 161

제10장 ▶ 게임 플랜(game plan) · 173

제11장 ▶ 상상력으로 스윙하라 · 183

제12장 ▶ 연습 스윙 · 207

제13장 ▶ 프리샷 루틴(pre-shot routine) – 일관성의 비밀 · 217

제14장 ▶ 스윙 키 swing key, swing thought · 233

제15장 ▶ 연습 심리학 · 245

제16장 ▶ 자신감 · 275

제17장 ▶ 자화(自話) self-talk · 293

제18장 ▶ 이동시간에는 하늘을 보자 · 303

제19장 ▶ 쇼트 게임 심리학 · 315

제20장 ▶ 퍼팅 심리학 · 339

제21장 ▶ 최상의 수행 peak performance · 365

제1장

골프 심리학이란?

제1장
골프 심리학이란?

1. 골프는 100% 심리 운동이다

골퍼라면 누구나 골프에서 심리가 차지하는 비중이 매우 높다는 사실을 인정하고 있을 것이다. 골프 심리학자들은 당연히 심리 비중을 100%라고 서슴없이 주장하며, 골프의 황제 잭 니클러스는 심리 50%, 셋업 40%, 스윙 10%라고 말한 바 있다.

골프 심리학이라고 했을 때, 제일 먼저 떠오르는 생각은 아마 2001년 US 오픈 우승자인 레티프 구슨 선수가 엄청난 압박감 속에서 1m가 채 안 되는 챔피언 퍼팅을 미스하는 장면일 것이다. 그 장면을 본 순간, "역시 골프는 심리 운동이야."라는 생각을 했을 것이다. 그러나 왜 그런 현상이 일어났는가에 대해서는 별로 생각해 보지 않았을 것이다.

아마추어 골퍼들은 프로와 같은 일관성 있는 스윙을 하기가 쉽지 않다. 어떤 때는 250m의 호쾌한 드라이버 샷을 날리다가도 그 다음 홀에서는 200m의 슬라이스 샷을 날린다. 250m의 드라이버 샷을 쳤다는 것은 그 정도의 능력을 이미 갖고 있다고 말할 수 있을 것이다. 그런데 왜 매번 250m의 드라이버 샷을 날리지 못하는 것일까? 이것이 심리적 요인 때문이라면 믿을 것인가?

대부분의 골퍼들은 미스 샷이 난 경우, 메커니즘 때문에 샷이 잘못된 것으로 생각하고 라운딩 중에도 수시로 메커니즘을 체크한다. 스윙이 잘못 되었기 때문에 미스 샷이 났다고 생각한다. 그렇기 때문에 미스 샷의 90% 이상은 심리적 요인이라고 하면, 언뜻 이해가 되지 않을 것이다.

 그리고 볼이 벙커에 빠지면 왜 두렵고 불안해지는가? 중요한 경기에서 첫번째 티 샷을 할 때는 왜 몸이 긴장되나? 그저 당연한 일로 받아들이기 때문에, "그것의 원인이 무엇이며, 그것을 극복할 수 있는 방법은 없을까?"에 대해서 심각하게 생각해 보지 않았을 것이다. 그저 그런 일이 발생하지 않기만을 바랄 뿐이다.

 이 책은 골프 게임에서 발생하는 모든 문제들, 그러나 원인도 모르는 채 지나쳤던 문제들에 대한 해답을 제공하고자 하는 것이다.

 심리학이란 원래 '의식 또는 마음'이 '행동'으로 나타난다는 가정하에, 행동을 관찰하고 분석하는 것이다. 그러므로 '의식이나 마음'이 형성되는 과정을 안다면 우리의 행동을 조절하고 예측할 수 있다는 것이다. 이는 바로 의식이나 마음이 형성되는 장소, '뇌'의 기능과 역할을 밝혀냄으로써 가능한 일이다. 이것이 바로 심리학에서 다루는 기본과제이다. 골프에서 발생되는 모든 문제들도 뇌와 신경계의 원리를 이해함으로써 해결될 수 있음은 물론이다.

 처음 골프를 배우는 입장이라면, 스윙도 제대로 안 되는데 심리는 무슨 심리냐고 대뜸 반문할지 모르겠다. 스윙이 우선이고 그 다음이 심리라는 생각이다. 스윙을 배운다는 것 자체가 심리학에서 중요 과제로 다루어지고 있다는 사실을 모르고 하는 말이다. 골프 심리학이라는 이름하에 다루어지는 문제는 우리가 생각하는 것보다 훨씬 넓다는 사실을 알아야 한다. 지금까지 대다수의 사람들이 알고 있다고 생각하는 심리학은 전체 심리학 분야의 작은 부분에 지나지 않는다.

 단도직입적으로 말하자면, 스윙을 배운다는 것은 스윙 동작에 대한 정보를 우리 뇌와 신경에 기억시키는 과정이며, 스윙을 한다는 것은 우리 뇌와 신경에 기억되어 있는 정보를 인출하는 과정인 것이다. 그리고 첫 티 샷을 준비하면서 불안해진다거나, 짧은 퍼팅을 앞두고 두려움이 엄습하는 것도 모두 우리 뇌와 신경의 역할과 관계가 있는 것이다. 결국 골프와 관련되어 발생하는 모든 것들은 우리 뇌와 신경의 기능과 역할에 의해서 이루어지는 것임을 알 수 있다. 이런 연유로 골프에서 심리가 차지하는 비중은 단연코 100%인 것이다.

이를 이해하기 위해서 심리학이 무엇을 다루는 학문인지에 대해서 간단히 알아보기로 하자.

골프 심리학의 주제

심리학이란 문자 그대로 '인간의 마음과 행동'을 다루는 학문이다. 어떤 이들은 심리학이라 하면 초능력, 심령, 기(氣) 등과 같은 문제를 연상하는 경우도 있으나, 심리학은 보편적인 인간의 마음을 다루는 것이다. 여러 대학에 심리학과가 개설되어 있는 것만 보더라도 심리학이 하나의 보편적 학문으로 인정되고 있으며, 사회 각 분야에서 많은 기여를 하고 있음은 주지의 사실이다.

잠시 심리학이 발전되어 온 과정을 알아보기로 하자.

20세기 초 구조주의 심리학자들은 '마음의 연구'가 심리학의 주제라 하였으며, 내성법(內省法)을 통하여 자신의 심리 과정을 관찰하려는 시도를 하였다. 그러나 인간의 슬픈 감정을 관찰하기 위하여 스스로 슬픈 감정에 빠진 다음 그러한 마음의 상태가 어떤 것인지를 관찰하다 보면, 어느새 슬픈 감정은 사라지고 오히려 이성적인 상태가 되어 더 이상 슬픔을 느끼지 못하게 되는 한계에 처해지면서, 내성법은 너무 주관적이고 비과학적이란 비판을 받게 된다.

인간의 행동은 특정 자극에 대한 반응으로 나타나는 것이므로, 객관적으로 관찰할 수 있는 '행동'이 심리학의 주제가 되어야 한다고 주장한 것이 행동주의 심리학의 기본 입장이었다. 인간의 마음은 들여다볼 수 없기 때문에 외부적으로 나타난 행동을 통하여 마음 상태를 엿볼 수밖에 없다고 생각하였다. 이들은 하등동물의 행동을 설명하는 데는 성공하였으나, 인간의 복잡한 행동에 대해서 설명하는 데는 실패하였다.

현대 심리학의 주류인 인지심리학(cognitive psychology)은 마음의 본질에 관한 물음을 던진다는 점에서 초기 구조주의와 일치하나, 객관적 방법을 사용한다는 점에서 구별된다. 행동 자체가 아니라 행동이 이루어지는 과정에 관심을 두는 입장이다.

초기의 심리학에서는 인간의 행동을 자극·반응의 관계로 단순하게 설명하였다. 그러나 자극이 복잡해질수록 반응시간이 다르게 나타나는 점을 주목하기 시작하면서, 자극을 처리하는 어떤 과정이 있을 것이라는 생각을 하게 되었다. 만약에 그러한 과정이 없다면 인간은 모든 자극에 대하여 반응하는 시간이 같아야 할 것이기 때문이다.

고대 그리스 시절만 하더라도 마음은 심장에서 비롯된다고 하여, 마음을 심장을 나타내는 하트 모양으로 표시하기도 하였으나, 인간의 의지나 생각 등의 모든 사고활동은 뇌에서 이루어진다. 그러므로 반응이 나오기까지의 처리 과정이 이루어지는 뇌의 기능과 역할에 대하여 관심을 가지게 된 것이다.

어떻게 단어의 의미를 인식하며 과거의 사건 속의 인물을 기억하고, 계단을 올라가는 방법이나 골프 스윙 방법을 기억하는가? 인지심리학이 초점을 두는 물음들은 어떻게 우리가 이러한 지식을 습득하며 저장하고, 다시 꺼내어 사용하는가에 관한 것이다. 이러한 심적 과정은 대부분 우리의 뇌를 통하여 이루어지므로, 인간의 행동은 뇌의 기능과 역할을 이해하는 것으로부터 시작되어야 한다는 것이다.

이런 이유로 골프에서 심리가 차지하는 비중이 100%라고 주장하는 것이며, 골프 기술을 배우고 기억하며 실행하는 문제들도 뇌의 기능과 역할 속에서 이루어진다는 사실을 인식할 필요가 있다. 이 책도 이러한 바탕 위에서 골프 심리학에 대한 제반 문제를 설명하고자 하는 것이다.

이 책에서 설명하고자 하는 것은 복잡한 뇌와 신경의 해부학적·생리학적 구조가 아니라 뇌와 신경의 원리이다. 이 원리가 우리의 제반 행동에 어떠한 영향을 미치는가를 알고자 하는 것이다. 다행스럽게도 이 책에서는 획기적인 아이디어를 통해 뇌와 신경원리를 매우 간단하고 이해하기 쉽게 설명하고 있으므로, 독자 여러분들은 비단 골프뿐 아니라 일상생활의 모든 행동을 이해하는 데 많은 도움이 될 것으로 믿는다.

3 골프 심리학의 범위

이 책에서 골프 심리학이라는 것은 운동 심리학의 원리들을 골프에 응용한 것으로, 원래 운동 심리학이 다루는 분야는 운동제어, 운동학습, 좁은 의미의 스포츠 심리학, 운동발달, 건강운동 심리학 등으로 구분된다. 이 책에서는 운동제어, 운동학습 및 스포츠 심리학 분야에서 취급되는 주제들을 골프와 연계하여 설명하고자 하였다.

먼저 운동학습(motor learning)은 동작이 어떠한 과정을 거쳐 뇌에 기억되는가의 주제를 다루며, 운동제어(motor control)는 인간이 동작을 만들어내기 위하여 필요한 정보를 어떻게 받아들이고, 그 정보가 뇌에서 어떤 과정을 통하여 처리되는가에 대한 분야이다. 이 책에서는 신경회로망적 접근방법(neural network approach)에 의하여 설명하고 있다.

스포츠 심리학은 스포츠 현장에서의 인간행동을 이해하고 예언하며 통제하고자 하는 분야로서, 불안, 각성, 집중, 자신감 등의 문제를 취급한다.

제2장

골프 스윙을 배운다는 것
learning a golf swing

제2장
골프 스윙을 배운다는 것
learning a golf swing

　단어를 암기하거나 옛 친구의 얼굴을 기억하는 일은 우리에게 낯설지 않다. 단어나 친구의 얼굴이 우리 머릿속에 기억되어 있다는 개념을 당연한 것으로 받아들인다. 그러나 골프 기술과 같은 인체의 동작이 우리 뇌 속에 기억된다고 하면, 다소 생소하게 느껴지는 것이 사실이다. 동작이 어떻게 뇌 속에 기억되나? 어떤 형식으로 기억되나? 많은 의문이 생길 것이다. 운전하기, 피아노 치기, 골프 스윙 등의 동작이 우리 뇌에서 어떤 과정을 거쳐 기억, 저장되는지 알아보기로 하자.

 '배운다는 것'은 뇌에 근거를 마련하는 일이다

　요즘 초등학생들에게 'apple'이란 영어단어를 제시하면 금방 알아맞힌다. 이미 알고 있는 단어이기 때문이다. 알고 있다는 것은, 그것을 배워서 뇌 속에 기억되어 있다는 의미일 것이다. 그러나 'psychology(심리학)'란 어려운 영어단어를 제시하면 아마 대답하지 못할 것이다. 그것에 대한 근거가 뇌에 저장되어 있지 않기 때문이다.

　10년 만에 본 친구의 이름은 잘 기억나지 않지만 얼굴을 알아보는 것도 그 친구의 얼굴 모습이 뇌에 기억되어 있기 때문이다. 여기까지 이해하는 데는 별 어려움이 없을 것이다. 그러나 신체적인 동작도 과연 그러한가?
　예컨대 걷기, 말하기, 글쓰기와 같은 동작이나 운전, 뜨게질 같은 동작을 생각해 보자. 이들 동작들을 익히기 위해서 우리는 이들 동작을 경험적으로 또는 학교에서 배웠음을 알고 있다. 배운다는 것은 뇌에 근거를 마련하는 것이므로, 신체적 움직임을 수반하는 모든 동작들도 뇌에 기억되어야 할 것이다. 몸으로 익히는 기억은 움직임의 순서를 기억한다고 하여 '절차적 기억'이라고 한다.

이처럼 인간이 무엇을 '알고 있다'는 것은 그것을 '배웠다', '학습했다'고 하며, "뇌에 근거가 마련되어 있다."라고 할 수 있다.

다음에는 우리가 배워서 뇌에 기억되어 있는 동작이 어떤 경로를 통해 실행되는지 간단히 알아보기로 하자.

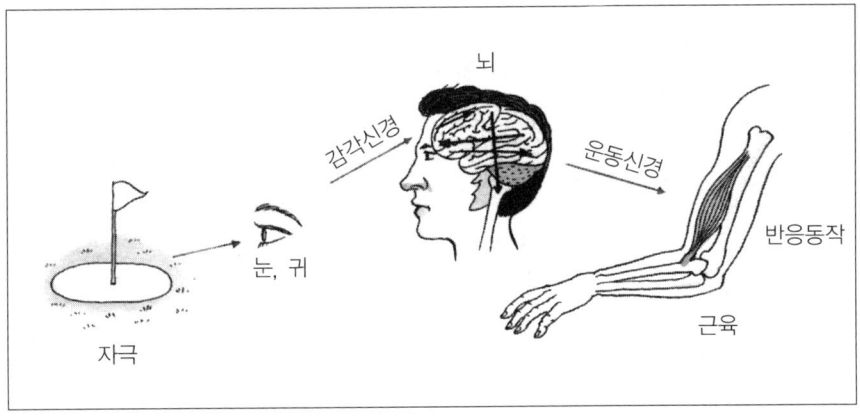

그림 ❷-1

그림과 같이 우리의 감각기관인 눈이나 귀를 통하여 받아들인 외부적인 자극은 감각신경을 통하여 뇌에 전달되고, 뇌는 이를 분석한다. 이 자극이 이미 뇌에 저장되어 있다면, 뇌는 이를 인지하고 반응 내용을 결정하여 운동신경을 통해 근육에 명령을 내린다. 명령을 받은 근육은 수축 또는 이완되어 필요한 동작을 만들어낼 것이다. 가령 원숭이 흉내를 내보라고 하면, 뇌는 이에 필요한 동작을 만들어내기 위해 신경회로를 통하여 손, 팔, 얼굴 등의 근육에 명령을 전달하게 될 것이다.

만약 뇌에 저장되어 있지 않은 자극이 주어지는 경우에는 뇌는 근거를 찾을 수 없으므로 긴장하거나 당황할 것이며, 결국 자극에 필요한 동작을 결정하지 못할 것이다. 예컨대 문맹자에게 자신의 이름을 써보라고 하면 이를 받아들이는 뇌에는 '글씨 쓰기'라는 행위 근거가 없으므로, 글씨 쓰기 동작으로 연결되지 못할 것이다. 한편 골프를 전혀 모르는 사람에게 골프 클럽을 주면 어설프나마 볼을 쳐내는 것을 볼 수 있는데, 골프 스윙은 아니지만 골프 스윙과 유사한 동작의 근거가 있는 것으로 추측할 수 있다.

2 반복연습에 의해 기억이 영구적으로 저장된다

이렇게 동작에 대한 기억이 이미 뇌에 형성되어 있다고 하여 특정 동작을 잘 수행하는 것은 아니다. 언어적 문구나 특정 사건들에 대한 기억은 그것이 부모의 사망같이 감정적으로 충격도가 크거나 주의를 집중시켜 단번에 기억되는 경우도 있으나, 대부분의 경우 수학공식이나 전화번호를 한번에 암기하지 못하는 것처럼, 반복적인 수행에 의해 기억되는 것이 보통이다. 더욱이 골프 스윙은 인체의 여러 부위가 동원되어야 하므로, 걷기, 말하기를 배우는 과정과 마찬가지로 수많은 반복적 수행 과정을 거쳐야만 기억에 저장될 것이다.

우리는 걷기, 밥먹기, 운전하기 등과 같은 일상 동작을 아무런 불편 없이 능숙하게 수행한다. 이런 익숙한 동작들도 처음부터 그랬던 것은 물론 아니다. 아기 때 걸음마를 배우기 위해서 넘어지기도 하고 부딪히기도 하는 등, 수많은 시행착오를 겪었던 것을 우리는 알고 있다. 같은 동작을 수만 번, 수십만 번 반복적으로 해 왔기 때문에 이런 동작은 우리 뇌와 신경에 완벽하게 기억되어 있다. 비유하면, 반복적인 수행을 통하여 뇌와 관련 신경을 연결하는 통로가 고속도로처럼 잘 뚫려 있다고 할 수 있다.

학습(기억) 과정 – 신경세포간의 연계 강화

뇌와 신경에 특정 동작이 기억되는 과정을 신경 생리학적으로 알아보는 것은 커다란 의미가 있다. 이러한 기억 과정과 구조는 우리의 모든 생각과 행동을 설명해 줄 수 있는 기초지식이 되는데, 생각보다 매우 간단하고 이해하기 쉽다. 그리고 실제로 뇌와 신경에서 일어나는 과정을 음미하는 일은 동작을 이해하는 데 보다 생생한 감을 제공해 줄 것이다.

우리 인체의 중추신경(뇌와 척수)과 말초신경(신경회로)은 수십 억 개의 신경세포(뉴런, neuron)로 구성되어 있다고 한다. 이러한 신경세포들이 서로 어떻게 연결되어 기억을 저장하는지 알아보기로 하자.

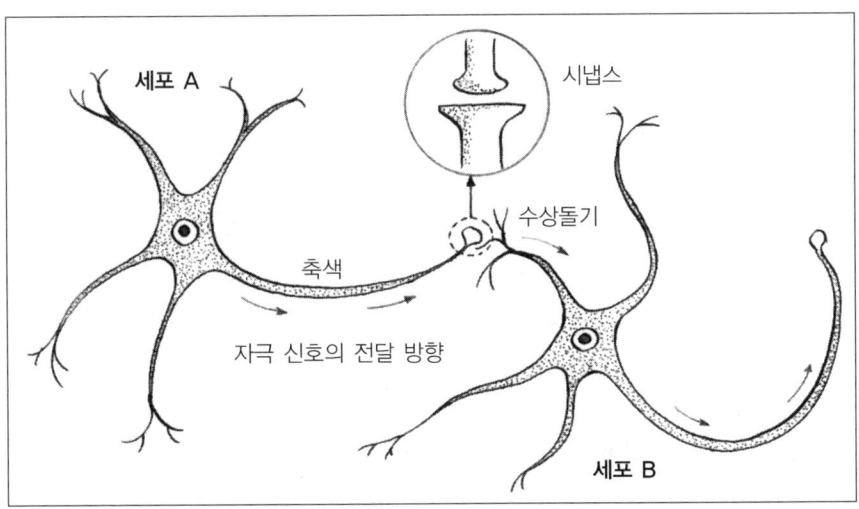

그림 ❷-2 뉴런의 단위구조, 시냅스 연결

Ⓐ 자극의 전달 과정

신경세포 A의 축색은 끝부분에서 다른 신경세포 B의 수상돌기에 연결되는데, 둘 사이에는 그림에서 보는 바와 같이 시냅스라는 연결

부위가 있다. 연결 부위에는 작은 틈이 있어 각 신경세포는 분리되어 있다. 어떤 자극에 대한 반응으로써 뇌에서 전기적 신호를 해당 근육에 보내기 위해 다시 전기적 신호를 신경세포에 전달한다. 이 전기적 신호가 축색의 끝에 도달하면 신경 전달물질이란 일종의 화학물질이 분비되어 이를 매개로 하여 전기적 신호가 전달되는 것이다. 전기적 신호가 어느 수준 이상이 되었을 때만 활성화되므로, 자극이 없거나 미약할 때는 신경 전달물질이 분비되지 않아 자극의 전달도 없다. 그러므로 어떤 동작이 이루어지기 위해서는 시냅스를 활성화시킬 수 있는 정도의 강한 자극이 있어야 한다.

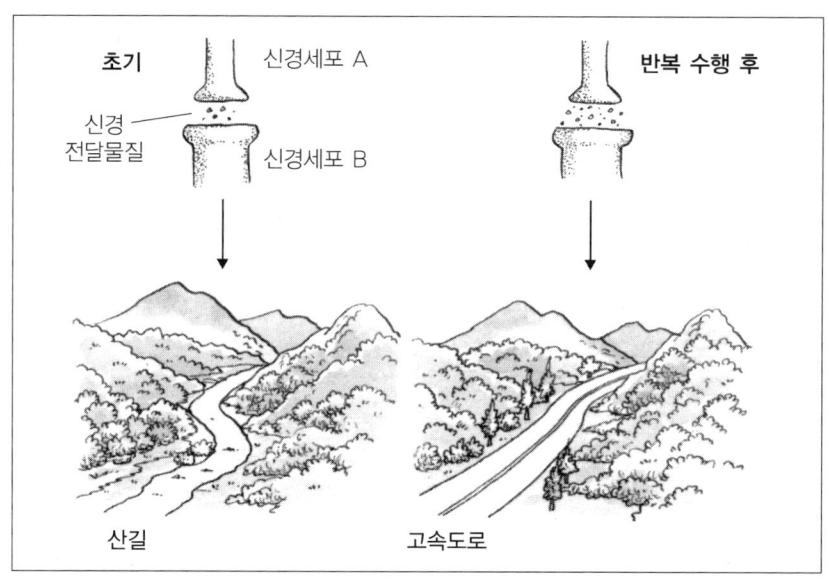

그림 ❷-3 시냅스 초기와 반복 수행 후 모양 변화

B 학습(기억)은 신경세포간 연결이 강화되는 것이다

이와 같은 자극의 전달 시스템 하에서 같은 동작이 반복적으로 수행된다면, 동일한 신경회로의 시냅스 부위가 연속적으로 활성화될 것이다. 그림에서 보는 바와 같이 신경세포 A와 B의 동시 활성화가 반복되면 신경 전달물질의 방출이 증가하고 시냅스의 접촉 면적이 넓어져서, A, B 양자간의 연결이 강화된다. 예컨대 파블로프의 조건반사 실험에서 보듯이, 처음에 종소리를 들려주었을 때 개는 침을 흘리는 반응을 보이지 않다가 종소리에 이어 고기가루를 주는 행위를 반복하게 되면, 아직 고기가루를 주지 않았는데도 종소리만으로 침을 흘리게 된다. 즉, 종소리에 대한 신경회로와 침을 흘리는 신경회로가 반복에 의해 항상 동시에 활성화되는 연결이 강화되었기 때문이다. '종소리=침 흘리기'의 관계가 굳게 형성된다. 두 개의 관련된 신경마디가 동시에 활성화되는 것, 신경회로의 연결이 변하는 것, 이것을 '학습'이라고 한다.

요점은 신경회로간의 연결이 변하면 이에 관련되는 동작도 변한다는 것이다. 골프 스윙에 관한 신경회로의 변화에 따라 골프 스윙도 변화하는 것이다. 즉, 골프 스윙을 배운다는 것은 신경회로를 변화시키는 작업이라고 할 수 있다.

특정 신경회로가 활성화되었을 때, 이와 대응되는 신경회로가 동시에 활성화되는 현상이 반복되면 새로운 종류의 단백질(DNA)이 신경세포 내에 형성되는데, 이 단백질은 영원히 변하지 않는다. 즉, 신경세포 내에 새로운 단백질이 형성되어 우리 뇌에 영원히 고정화되는 것이다. 한 번 기억된 것은 영원히 지워지지 않는다. 다만 재생되지 않을 뿐이다.

그러므로 운동기술을 배웠다는 것은 이와 관련된 신경회로가 새로운 단백질의 형성으로 변화되었다는 것을 의미한다. 골프 스윙 동작을 생성하기 위한 전용 신경회로가 만들어졌다고 생각하면 될 것이다. 어떤 동작에 대한 전용 라인이 깔리면 그 동작 또는 기술이 학습되었다고 하며, 이는 비교적 영속적으로 지속되는 특성을 갖는다.

걷기, 밥먹기와 같은 동작은 에러 없이 항상 동일한 동작을 반복할 수 있는데, 이에 대한 전용 신경회로가 설치되어 있다고 할 수 있으며, 프로 선수들의 일관된 골프 스윙도 같은 이치로 설명할 수 있다.

보통 우리가 기억이라고 하면 단어의 암기와 같이 머리로 익히는 기억과 수영, 골프와 같이 몸으로 익히는 기억으로 나누어 생각하는 경향이 있는데, 위에서 본 바와 같이 '기억된다는 것'은 '관련 신경 세포간의 연결이 변하는 것'이다.

운동기술을 배우면서, 관련 근육이 기억할 때까지 반복하여 연습하라는 말을 많이 들을 수 있다. 운동기술은 흔히 몸으로 익히는 기억으로써 '근육 기억(muscle memory)'이라는 용어를 사용하는데, 사실 근육은 기억능력이 없으므로, 근육 신경회로에 기억된다는 것이 옳은 표현이다.

이처럼 골프 기술과 같은 운동기술은 그것에 대한 전용 신경회로가 개설됨으로써 학습되는 것이다. 그렇다면 어느 정도 반복해야 전용 신경회로가 형성될 수 있을까? 새로운 동작을 익히기 위해서는 약 20일 정도가, 기존의 습관화된 동작을 새로운 동작으로 대체하기 위해서는 약 45일 정도가 필요하다고 한다. 그러나 반복횟수는 어떻게 배우느냐에 따라 많은 차이가 있을 수 있으므로 '주의집중'과 '지각기법에 의한 연습'을 통해 반복횟수를 줄일 수 있을 것이다.

3 반복연습은 영원하게는 하지만 완전하게 하지는 않는다

단어암기나 수학공식과 같이 머리로 익히는 기억은 반복연습을 통하여 실력이 향상되는 것 같다. 그러나 반복적인 동작 연습은 관련 신경계의 변화를 초래하여 영구적으로 기억되기는 하지만 동작을 완전하게 하는 것은 아니다.

어른이 되어서도 젓가락질을 잘 못하는 사람이 많은데, 처음에 잘못 배웠기 때문이다. 아무리 젓가락질을 많이 하여도 좀처럼 개선되지 않는다. 잘못된 동작에 대한 전용 신경회로가 이미 튼튼하게 자리 잡고 있기 때문이다. 이것은 영구적이므로 수정되거나 소멸되지 않는다. 기존의 잘못된 전용회로보다 더 강력한 신경회로를 개발하게 되면 잘못된 동작회로는 이용되지 않음으로써 잘못된 동작이 더 이상

골프 심리학

나타나지 않을 뿐이다.

 새로운 젓가락질을 배우는 과정에서 급하게 먹어야 할 일이 생기면 옛날의 잘못된 젓가락질 동작이 나온다. 옛날 젓가락질의 신경회로가 고속도로라면, 새로운 젓가락질 신경회로는 비포장도로라고 할 수 있다. 급한데 비포장도로를 이용하는 사람은 없을 것이다. 이것이 뇌가 작동하는 원리이다. 우리 인체(뇌)는 가급적 손쉬운 방법을 선택하려는 경향이 있다(그림 2-4 참조).

 골프 스윙도 비슷한 면이 있다고 느낄 것이다. 연습을 계속하게 되면 관련 신경회로가 형성되기 때문에 그 범위 내에서 스윙은 좋아진다고 할 수 있다. 골프란 운동기술은 평소에 자주 사용하지 않는 근육을 동원하는 것이기 때문에 몇 차례의 수정 과정을 거치게 마련이다. 그러므로 처음 배울 때는 완전하지 않은 동작이 신경회로에 기억될 가능성이 매우 클 것이다.
 중요한 것은 이렇게 형성된 전용 신경회로는 비교적 영속적으로 유지되는 특성이 있으므로, 이를 변경하여 제대로 된 스윙을 만드는 것이 매우 힘들다는 것이다. 기존의 잘못된 스윙을 변경하려면, 기존의 신경회로보다 훨씬 강력한 신경회로를 구축하여 기존의 회로를 압도할 수 있어야 할 것이다.
 그리고 우리 인체의 특성상 기존의 쉬운 통로를 이용하려는 경향 때문에 새로운 신경회로를 구축하는 일이 만만치 않을 뿐 아니라, 스윙 변경 과정 중에는 통상 샷 수행능력이 저하되는 경향이 있어, 이를 참지 못하고 예전의 편한 스윙으로 되돌아가는 경우가 많은 것 같다. 스윙 변경은 신경회로를 변화시키는 것이므로, 강한 의지와 인내심이 요구된다 하겠다.

 잭 니클러스가 1980년 초기에 자신의 오래된 나쁜 습관(flying elbow, 백스윙 톱에서 오른쪽 팔꿈치가 하늘을 향하는 것)을 교정한 후 다음과 같이 술회한 바 있다. "스윙 교정은 결코 즐거운 경험이 아니었습니다. 많은 시간과 노력이 필요하기 때문입니다."

 프로들의 경우 투어 중에는 스윙을 변경하지 않는 것이 철칙이며, 시즌 후 스윙 폼을 바꾸는 경우에도 많은 시간과 노력을 기울이는 것은 이러한 신경계의 영속적 특성에 기인하는 것이다. 타이거 우즈나 데이비스 러브 3세 등도 스윙 변경을 위해서 2년 이상의 시간이 필요했다.
 그러므로 새로운 동작을 배울 때는 정확히 배우는 것이 중요하다. 특히 나이가 어느 정도 들어서 배우게 되는 골프는 더욱 그러할 것이다. 처음 배울 때 코치로부터 원리적으로 정확하게 배우게 되면, 반복연습을 통하여 스윙이 쉽게 향상될 것이다.

우리는 여러 개의 스윙(신경회로)을 갖고 있다

 골퍼들의 희망은 언제 어디서나 일관된 샷을 날리는 것이다. 이를 위해서는 완벽한 하나의 신경회로를 구축하면 될 것이다. 그러나 처음 골프를 시작할 때 제대로 배우지 못하면, 스윙 방법이나 폼이 수시로 변하는 경우를 많이 볼 수 있다. 볼이 잘 맞지 않으면 기존의 스윙과 다른 방식으로 해 본다. 그래도 잘 안 되면 또 다른 제3의 스윙을 개발한다. 이런 식으로 우왕좌왕하다 보면 여러 개의 스윙 회로가 뇌에 기억될 것이다.

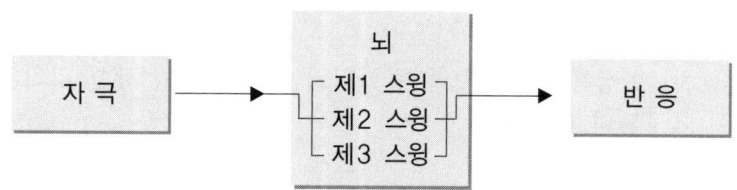

 이를 반복적으로 수행하다 보면 각 골프 스윙별로 신경회로가 형성될 것이므로, 골프 스윙이란 카테고리 안에 목적은 같으나 통로가

다른 여러 개의 스윙 방법이 존재하게 된다. 각각의 스윙 방법은 신경회로가 형성되어 우리 뇌 속에서 엇비슷한 비중을 차지하고 있으므로, 특별한 주의를 기울이지 않는 한 어느 샷이 나올지 모른다. 샷의 일관성이 없다는 것은 이런 현상을 두고 하는 말이다. 게다가 매번 스윙 방법을 선택해야 하는 과정을 겪음으로써, 심리적 간섭이 생겨 좋은 샷이 나오기 어려울 것이다.

주위에 보면 운동감각이 뛰어나 나름대로 스윙을 만들어가는 사람보다 운동감각은 떨어지지만 코치의 가르침에 따라 착실히 배운 사람이 골프를 더 잘 치는 경우가 종종 있는데, 하나의 일관된 신경회로를 구축하였기 때문이다. 나중에 자세히 언급되겠지만 골프를 배우는 데 어려움은 자신의 의도, 느낌과 실제 스윙간에는 차이가 많다는 사실이다. 이 차이를 줄이는 것이 골프를 잘 치는 길이 된다.

골프 스윙은 왜 기술 습득이 더딘가?

걷기나 밥먹기 동작은 일단 배우면 다른 장애가 생기지 않는 한 죽을 때까지 기억되고 실수 없이 잘 수행할 수 있다. 자전거 타기, 운전, 당구와 같은 기술도 한번 배우면 아무리 오랜 시간이 지난 후에도 기술수준이 거의 유지되는 특성이 있다. 수영은 처음 배울 때 다소의 시간이 걸리기는 하지만 기술 습득 후에는 거의 영원히 보존된다. 반면 골프 스윙은 들어가는 노력과 시간에 비해 기술 습득이 매우 더딘 특성이 있다.

이의 이유를 살펴보자.
우선 당구나 타이핑 기술은 비교적 배우기가 쉽고 연습에 따라 실력 향상이 눈에 보일 정도이며, 스키나 스케이팅 기술도 어느 수준까지는 어렵지 않게 올라설 수가 있다. 이들 운동기술의 특징은 손, 팔, 다리를 사용한다는 점이다. 이들은 우리가 늘상 사용하는 부분이므로, 관련 신경회로가 매우 발달되어 새로운 동작을 쉽게 행하고 배울 수 있는 것이다.

우리의 오른손과 왼손을 비교해 보면 쉽게 이해할 수 있을 것이다. 오른손잡이의 경우 오른손은 왼손보다 사용 빈도가 크므로 신경회로가 왼손에 비해 잘 발달되어 있으며, 보다 정교하고 강력한 동작을 수행할 수 있다. 만약에 왼손을 자주 사용하게 되면 오른손과 비슷한 수준의 동작을 수행할 수 있는 것이다. 많이 사용함으로써 관련 신경회로가 발달하면 강력하고 정교한 동작을 수행할 수가 있는 것이다.

그러므로 주로 손과 팔을 사용하는 운동기술이라면, 잘 훈련된 손과 팔을 이용하게 되므로 기술 습득이 용이해지는 것이다. 이미 차려진 밥상에 숟가락만 하나 더 얹어놓는 것과 같다. 골프의 경우에는 우리가 평소에 사용하지 않는 히프나 몸통의 회전이 수반되어야 하므로, 마치 새로이 밥상을 차리는 것과 같은 어려움이 있는 것이다.

벤 호건은 '골프가 어려운 것은 이와 유사한 운동이나 동작을 평소에 수행할 기회가 없기 때문'이라고 직시한 바 있다. 벤 호건 시절에는 신경회로에 대한 연구가 널리 알려져 있지 않았던 점을 고려하면, 호건이 신경회로를 별도로 공부했다고 볼 수는 없을 것이다. 하지만 호건은 골프가 히프나 몸통과 같은 인체 부위를 주로 사용하는 운동이라는 점과, 이런 움직임은 반복적인 연습을 통하여 몸에 익혀야 한다는 사실을 경험적으로 정확히 인식하고 있었던 것이다.

6 골프 스윙 학습 초기의 신경회로 구축

1) 새로운 통로를 만든다

새로이 운동기술을 배운다고 하는 것은 그 기술에 대한 전용 신경회로를 새로이 구축하는 것이라고 하였다. 그런데 골프 스윙과 야구 배팅은 바탕은 비슷하여도 기술의 핵심적인-다른 기술과 구별되는-요소는 다르다. 그러므로 골프 스윙을 배운다고 하는 것은, 골프 스윙의 핵심적인 부분에 대한 전용 신경회로를 구축하는 것이라고 할 수 있다.

이는 처음 골프를 배우는 사람에게는 매우 중요하다. 전에 언급한 대로 팔과 손은 우리 인체 중 가장 잘 발달되어 있는 부분이며, 이는 신경회로의 고속도로가 형성되어 있는 것과 같다고 하였다. 그러므로 어떤 운동기술이나 동작을 배우는 초기에는 팔이 주도적 역할을 하려고 한다. 인체에 동작 명령을 내리는 뇌의 입장에서는 회로가 잘 발달되어 있는 손과 팔을 이용하는 것이 가장 편하고 쉬운 길이기 때문이다. 인체의 다른 부위-어깨, 몸통-에는 관련 신경회로가 미약하거나 아예 없으므로, 명령을 전달할 수 없는 것이다. 골프가 어려운 이유이다(그림 2-4).

그림 ❷-4

이에 대한 이해를 돕기 위해서 '근육 트레이닝의 원리'를 알 필요가 있다. 즉, 특정 근육 트레이닝을 하면 파워가 증대되는데, 초기에는 관련 근육의 신경회로망이 활성화됨으로써, 사용되지 않았거나 약한 근육들이 활성화되기 때문이다. 신경조직의 구축이 완료되면, 근육 자체의 강화에 의하여 파워가 더욱 증가하게 된다. 쉽게 얘기하면 초기에는 길(신경회로)을 먼저 개통하는 것이며, 그 다음에는 개통된 길을 자주 왕래함으로써 길이 확장되고 잘 닦여지는 것으로 비유할 수 있다.

골프 스윙에 관해서는 두 가지 측면에서 생각할 점이 있다. 즉, 스윙은 던지기 동작의 일종이므로 다리-몸통-팔이 동원되고, 그 순서대로 움직여 주어야 하는데, 초기에는 가장 활성화되어 있는 손과 팔 근육이 주도적 역할을 함으로써 아래와 같은 문제가 발생한다.

첫째, 다리나 몸통 근육을 효율적으로 사용하지 못하고, 팔 근육에 높은 강도의 자극이 집중되면 팔 근육이 무리를 하기 쉽다. 반복적인 연습을 통하여 다리나 몸통 관련 신경조직이 형성되면 관련 근육 전체를 이용하게 되므로, 팔 근육 일변도에서 탈피하여 많은 파워를 낼 수 있게 된다. 손과 팔의 근육은 정교하지만, 그 정도의 근육량으로는 볼을 멀리 쳐 보낼 수 있을 만큼의 힘을 낼 수 없다. 거리가 안 나는 이유는 거의 대부분 팔에 의한 스윙에 의존하기 때문이다. 그러므로 초보자는 몸 전체에 스윙 관련 신경회로를 형성하는 것이 우선되어야 한다.

둘째, 스윙 원리상 다리-몸통-팔의 순서로 움직여야 하는데, 가장 활성화된 팔이 스윙을 주도하면 순서를 위배하는 결과이므로, 좋은 스윙을 기대할 수 없다. 손과 팔은 몸통과 클럽을 연결시켜 주는 소극적 기능만 수행해야 한다.

2) 새 통로는 기존 통로를 대체한다

그리고 처음 골프를 배울 때는 골프 스윙 동작에 대한 기억과 신경회로가 구축되어 있지 않기 때문에 이미 저장되어 있는 골프 스윙과 유사한 동작의 신경회로를 임시적으로 사용할 수밖에 없을 것이다. 그러나 골프 스윙에는 다른 동작과 구별되는 동작의 특성이 있다고 하였으므로, 기존 회로를 그대로 이용하면 안 되는 부분이 있다.

그 대표적인 것이 팔뚝의 회전이라고 할 수 있다. 백스윙 시에는 가급적 팔뚝의 회전을 억제하는 것이 좋은 스윙의 기본인데, 팔뚝은 팔뚝 뼈를 축으로 하여 회전함으로써 팔의 움직임을 매우 효율적으로 만들어 주므로, 평소 우리는 팔뚝의 회전에 관한 신경회로가 잘 발달되어 있다고 말할 수 있다. 이에 대한 주의 없이 골프 스윙을 배우게 되면 백스윙 초기부터 팔뚝의 회전이 자연스럽게 이루어질 것이고, 이는 여러 가지 복잡한 문제(인사이드 테이크어웨이, 불완전한 코킹 등)를 야기시킨다.

그립도 처음 배우는 사람은 약한 그립을 잡는 경향이 있는데, 평소의 습관에 의하면 그것이 편하기 때문이다. 그러나 골프 스윙에서의 적합성이 떨어지므로, 처음에 다소 불편하더라도 연습을 통한 신경회로가 형성될 때까지 올바른 그립을 잡도록 주의를 기울여야 한다.

그리고 스윙은 몸통의 회전에 의해 이루어지는 것인데, 몸통 회전에 관한 신경회로는 그다지 발달되어 있지 않다. 우리는 몸통을 회전시킨다고 생각하면서 스윙을 하지만, 실제로 몸통은 잘 회전하지 않는다. 꿩 대신 닭이라고, 그 대신 평소에 회전운동을 많이 하는 히프가 회전하게 되는 것이다. 히프가 회전하면 몸통의 꼬임이 잘 이루어지지 않으므로 파워가 떨어질 것이다.

나이가 들어 몸이 뜻대로 움직이지 않는다는 말을 많이 하는데, 평상시 몸통을 회전하는 일이 거의 없어서 관련 신경이 잘 발달되어 있지 않기 때문이다. 몸이 말을 안 듣는 것은 나이와 무관하게 자주 사용하지 않아 신경통로가 미약하기 때문이다. 생각도 마찬가지이다. 자주 생각하면 기억이 쉽게 되지만, 생각하지 않으면 잊어버린다.

"몸통을 회전시켜라.", "다운스윙 시 팔을 쭉 뻗어라."는 등의 주문도 이에 대한 신경회로가 먼저 형성되어 있지 않는 한, 무의미한 것이다. 관련 신경회로가 형성될 수 있도록 연습하는 것이 중요하다. 언어적 주문대로 모든 동작이 이루어진다면 우리는 모두 프로 선수가 되어 있어야 할 것이다.

전습법과 분습법

운동기술을 배운다는 것은 전용 신경회로를 만드는 것이라고 하였다. 중요한 것은 신경회로가 올바르게 형성될 수 있는 연습방법을 채택하는 일이다. 연습방법에는 전습법(全習法, whole task practise)과 분습법(分習法, part task practise)이 있다.

수영과 같이 다리와 팔의 움직임이 엇갈리면서 스트로크가 이루어지는 경우에는 이를 조화롭게 움직이는 것이 어렵기 때문에 먼저 다리 동작을 연습하고, 이것이 잘 되면 팔 동작을 연습한 후 두 동작을 조합시켜 수영 동작을 완성하는 것이 보통이다. 이를 분습법이라 하며, 수영을 배우는 데 적절한 방법이다.

골프 레슨 현장에서는 분습법을 많이 채택하고 있는 것 같다. 테이크어웨이, 백스윙, 톱 동작, 다운스윙 동작을 구분하여 가르치고 이를 조합하는 식으로 설명되는 경우를 많이 볼 수 있는데, 골프 학습에서 가장 잘못된 부분이라고 생각한다.

첫째, 분습법은 기술이 매우 복잡하거나 부분 동작을 여러 개로 분리할 수 있을 때 의미가 있다. 그러나 골프 스윙은 하나의 동작이므로, 원래 부분 동작으로 나눌 실익이 없는 동작이다. 그러므로 골프 스윙은 전습법에 의하여 부드럽고 연속적으로(in a smooth and continuous way) 이루어지도록 연습해야 한다.

둘째, 골프 스윙을 배우는 데 최대의 장애요인인 '메커니즘에 대한 생각'을 고정화시켜 준다. 가령 턱을 든 채 무릎은 약간 구부리고, 머리는 약간 움직이되 오른쪽 다리를 축으로 하여 백스윙한다. 백스

 골프 심리학

윙 톱에서의 손목 꺾임은 이렇게 되어야 하고… 등등. 이러한 메커니즘 위주의 생각은 코스에 나가서도 계속되어 스윙을 부자연스럽게 만든다. 골프 스윙은 메커니즘이 아닌 느낌에 의해 배워야 한다.

셋째, 스윙의 부분 동작을 임의로 조절할 수 있다는 그릇된 개념을 주게 될 소지가 많다. 마치 백스윙 동작, 백스윙 톱, 다운스윙이 따로 따로 존재하는 것 같은 착각을 주게 된다. 골프 스윙은 하나의 동작으로 인체의 각 부분이 연쇄적으로 움직이며 순간적으로 이루어지기 때문에, 스윙 중 부분 동작을 조절할 수 있는 여지가 거의 없다. 그러므로 분습법에 의하여 스윙을 배우게 되면, 스윙 중 생각할 것과 해야 할 일이 너무 많아진다. 골프 스윙은 무의식적으로 수행되었을 때 가

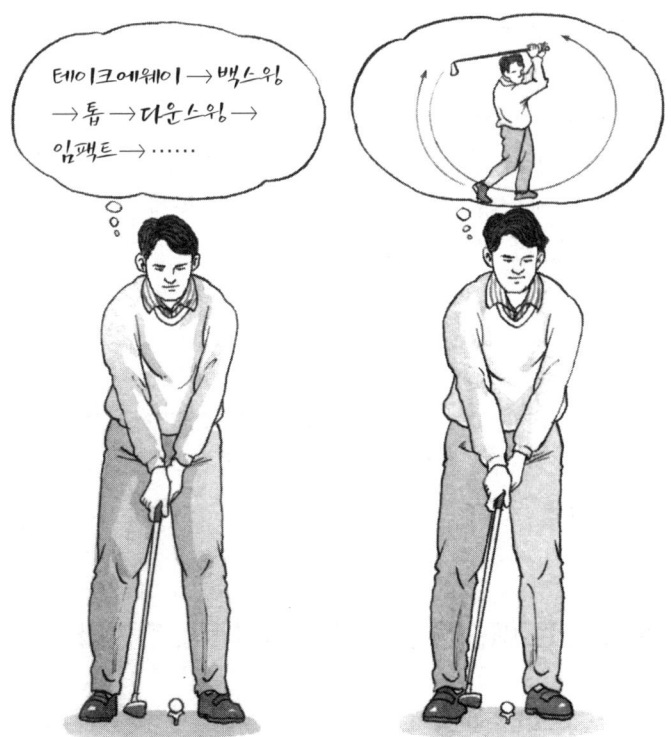

그림 ❷-5 스윙은 하나의 동작

장 자연스러운 동작이 연출되는데, 분습법에 습관이 들면 의식적으로 동작을 조절하려고 할 것이므로 좋은 스윙을 기대하기 어렵다.

예컨대 골프를 처음 시작하는 사람에게 보통 7번 아이언을 주고 허리 높이의 백스윙으로 볼을 맞추는 연습을 하도록 하는데, 손과 팔만 사용하게 되므로 손과 팔에 힘이 들어갈 수밖에 없다. 골프 스윙에서 가장 경계해야 할 일을 처음부터 배우게 하는 것이다. 그것이 익숙해지면 스윙의 크기를 점차 늘려 가는데, 이미 손과 팔에 힘이 잔뜩 들어간 상태이므로, 자연스런 스윙을 배우기가 어렵게 된다. 골프 스윙은 인체의 회전 동작에 의해서 이루어지는 것인데, 손과 팔만으로 볼을 맞추는 습관을 조장하므로, 처음부터 올바른 신경회로 형성을 방해하게 될 것이다. 첫 단추를 잘못 끼우고 있다. 우리 뇌는 '골프 스윙은 팔로 하는 것'이라고 강하게 기억한다.

스포츠 동작에서 "전체는 부분의 합보다 항상 크다."는 말이 있다. 전체가 부분 동작의 단순한 연결이라면, 부분의 합은 전체와 동일할 것이다. 그러나 체조나 피겨 선수들이 부분 동작을 연습한 후, 이를 연결하여 전체 동작을 완성하는 단계에서는 리듬과 타이밍 구조하에서 이루어져야 하므로, 전체는 부분의 합보다 항상 큰 것이다. 골프 스윙도 그러하다(holism).

그러므로 골프 스윙을 처음 배우는 사람도 부분 동작이 아닌 전체 스윙-테이크어웨이부터 피니시 동작까지-의 감을 먼저 익히는 것이 중요하다. 전체 스윙 속에서 각 부분 동작의 정확한 위치를 잡아 가는 것이 올바른 순서이다.

8 원 포인트 레슨은 스윙을 변화시키지 못한다

평소 라이벌과의 중요한 일전을 앞두고 원 포인트 레슨을 받는 경우가 있다. 지금까지 설명된 것에 의하면 신경회로는 하루아침에 만

골프 심리학

들어지는 것이 아니므로, 만약 원 포인트 레슨이 동작의 변경이라든 가 새로운 동작을 요구하는 것이라면, 원 포인트 레슨은 무의미한 것이다. 상당한 수준에 올라와 있는 골퍼라면 이미 골프 스윙에 대한 신경회로가 잘 발달되어 있기 때문에 원 포인트 레슨을 수용할 수 있는 유연성을 갖추고 있을 수 있으나, 배우는 과정에 있는 사람에게 원 포인트 레슨은 '소귀에 경 읽기'와 같은 것이다. 결국 원 포인트 레슨의 본래적 기능은 잘못된 부분을 적시하여 향후 연습 방향을 설정하는 데 있다고 하겠다.

그럼에도 불구하고 원 포인트 레슨을 받아 효과를 보았다고 하는 것은 스윙 메커니즘의 개선 때문이 아니라 심리적인 효과 때문이다. 그렇기 때문에 원 포인트 레슨의 효과는 그리 오래 지속되지 않는다. 프로로부터 레슨을 받았기 때문에 잘 칠 것이라는 효과가 있을 수 있고, 스윙 메커니즘이 레슨을 통해 교정되었기 때문에 "나는 볼을 잘 칠 것이다."라는 착각이 긍정적인 효과를 가져다 줄 수 있다.
실제로 원 포인트 레슨을 통하여 스윙이 교정될 수는 없으며, 순간적으로 교정되더라도 실제 라운딩에서는 이미 강력하게 구축되어 있는 교정 전의 스윙 회로가 활성화될 확률이 매우 높다. 그러나 정신적인 간섭이 적어지므로 볼을 잘 칠 수 있는 확률은 높아질 것이다.
"스윙 메커니즘의 개선 없이 어떻게 볼을 잘 칠 수 있을까?"라고 반문할지 모르겠다. 이는 골프는 오직 스윙만 잘하면 된다는 그릇된 인식 때문인데, 그 스윙이 어디에서 비롯되는 것인지를 모르고 하는 말이다. 스윙은 뇌에서 비롯되며, 그 과정에 심리적 간섭이 발생하면 스윙이 잘 안 되는 것이다(간섭이론에서 다시 설명됨).

볼이 잘 맞지 않는 근본적인 원인은 십중팔구 마음의 긴장-자기의 스윙을 믿지 못하는 것-과 근육의 긴장이다. 원 포인트 레슨뿐 아니라 일반 레슨에서도 가장 중요한 레슨 포인트는 몸과 마음이 긴장되지 않게 하는 것이다. 몸과 마음이 긴장되면 자신을 외부적 자극으로부터 보호하기 위하여 마음의 문을 닫으므로, 아무 것도 배울 수 없게 된다. 반면 마음이 편안하면 우리 인체의 자연적인 능력에 의하여 골프 스윙은 쉽게 배워진다. 골프를 처음 배우는 사람들은 낯선 것에 대한 두려움 때문에 긴장하게 마련이다. 골프 기술을 가르칠 때는 배우는 사람의 마음을 편하게 하는 것이 최우선 과제이다.

플라시보 효과(placebo effect)

우리말로는 '위약(僞藥)효과'라고 한다. 현대인은 정신적인 스트레스로 인하여 소화불량이 많이 생긴다고 한다. 이를 알고 있는 의사들은 치료 목적상 소화제 대신에 밀가루나 설탕을 넣어 진짜 약처럼 위장하고, 이 약을 먹으면 금방 나을 것이라고 얘기해 준다. 이 위약을 먹은 환자는 약을 먹었으므로 소화불량이 나을 것으로 믿으며, 실제로 낫는다.

이러한 플라시보 효과는 골프에서도 많이 볼 수 있다. 낡은 클럽을 교체하면 볼이 잘 맞는 경우가 있는데, 클럽을 교체하였으므로 볼이 잘 맞을 것이라는 심리적 기대효과 때문이다. 다시 볼이 안 맞기 시작하면 그 효과는 바로 없어진다. 연필이 나쁘다고 공부 못 하나?

코치로부터 골프 레슨을 받는 동안에는 잘 맞던 볼이 코치가 가버리면 바로 안 맞기 시작한다. 레슨 중에는 코치의 레슨을 믿고 스윙하게 되므로, 스윙 메커니즘이나 다른 잡념을 생각할 여유가 없어지기 때문이다. 그리고 코치의 지도를 받는 동안에는 자신의 스윙에 대한 불신이 없어지므로 올바른 신경회로가 형성될 확률이 높아지게 될 것이다. 이러한 이유 때문에 코치는 가급적 많은 시간을 함께 하는 것이 좋다. 잠시 몇 마디 해 주는 정도는 레슨이라고 할 수 없으며, 배우는 사람에게 혼란만 줄 뿐이다.

9 뇌의 기억구조 - 뇌는 생각을 따라 끝없이 번져간다

골프 스윙을 배운다는 것은 우리 뇌와 신경회로에 골프 스윙을 위한 전용 신경회로를 구축하는 것이라 하였다. 문제는 전용 신경회로라는 것도 다른 신경회로에 의하여 수시로 방해를 받을 수 있다는 점이다.

고속도로를 달리다 보면 중간 중간에 많은 인터체인지가 있어 진로를 다른 방향으로 변경할 수도 있고, 국도나 지방도로로 빠질 수도 있다. 잠시 한눈을 팔고 운전하다가 이천으로 빠져야 하는데, 어제 여주에 있는 골프장에 갔던 기억이 남아 있어서 그만 이천 IC를 지나쳐 버리는 경우도 있을 것이다. 우리의 신경회로도 이와 다르지 않다. 골프 스윙의 전용 신경회로가 하나의 회선으로만 만들어질 수 있다면, 즉 다른 신경회로의 간섭이 없다면 기억되어 있는 대로 항상 동일한

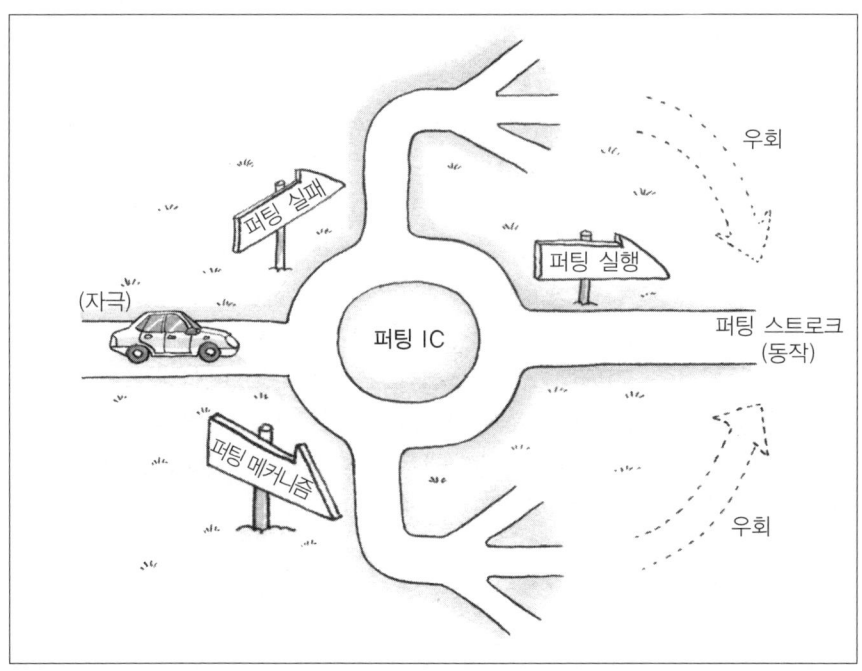

그림 ❷-6

스윙 동작을 반복할 수 있을 것이다. 이러한 방해는 바로 우리 뇌와 신경회로의 구조적 특성에 의한다. 또한 이러한 구조적 특성은 심리상의 많은 문제를 일으키는 근본적인 원인이 되고 있는 것이다.

위 그림에서 '자극이란 이름의 자동차'가 '퍼팅 IC'에 접어들고 있다. 퍼팅 IC에는 여러 개의 출구가 있으나, 주의를 집중하여 '퍼팅 실행'이란 출구로 빠져나가면 문제는 없다. 그런데 퍼팅 IC에 진입하는 순간, '퍼팅 실패' 출구가 갑자기 눈에 띌 수도 있고, '퍼팅 메커니즘' 출구가 주목을 끌 수도 있다. '퍼팅 실패'란 출구로 나가면 다시 직전 홀에서의 퍼팅 미스나 지난 주 5개의 스킨이 쌓여 있던 홀에서 1m짜리 퍼팅을 놓쳐서 스킨스 게임을 망쳤던 과거의 기억 등으로 확산되어 나간다. 이런 과정이 이어지면 퍼팅은 잘 되지 않을 것이다. 여러 우회도로를 경유하여 퍼팅 실행 도로로 되돌아오게 되는데, 이미 주의가 흐트러지고 많은 에너지를 소비한 후이므로 좋은 퍼팅을 기대하기 어려울 것이다.

앞의 그림에서 퍼팅 IC는 하나의 신경세포라고 할 수 있는데, 보통 하나의 신경세포는 100~200개의 다른 세포와 연결되어 있다고 한다. 즉, 하나의 자극에 연결되어 있는 경우의 수가 100~200개가 된다는 의미이다. 원래 설렁탕 하면 깍두기가 연결되는 것처럼, 이 중에서 연계 정도가 가장 강한 신경세포가 먼저 연결되겠으나, 연계 강도는 약하지만 순간적으로 활성화가 크게 일어나는 신경세포가 우리의 현재 마음을 지배하게 되고 그대로 동작으로 이어질 수도 있다. 예를 들면, 전 홀에서의 퍼팅이 짧았다는 기억이 강하게 남아 있으면 이번에는 조금 세게 쳐야겠다는 생각이 머릿속을 지배하고 있을 것이다. 그러면 다른 중요한 정보들은 무시될 것이다.

이처럼 잠깐만 한눈을 팔아도 처음 가는 고속도로처럼 언제 어디로 빠져나갈지 모르는 것이 신경회로의 특성이다. 인간 기억의 저장 형태는 단순한 네트워크가 아니며, 오히려 신경세포간 거미줄처럼 연계되어 있다. 신경세포 하나는 다른 신경세포 100개 이상과 연결되어 있다고 하므로, 연결망의 조합수는 '100×신경세포 수(수십 억)=거의 무한대'가 된다. 비유하면, 뇌의 신경회로망은 왕거미 10,000마리가 하루도 쉬지 않고 몇십 년 동안 친 거미줄보다 더 복잡할 것이다. 다음에 논의될 주의집중이나 간섭의 문제는 이러한 신경회로의 특성과 관련되는 문제들이다

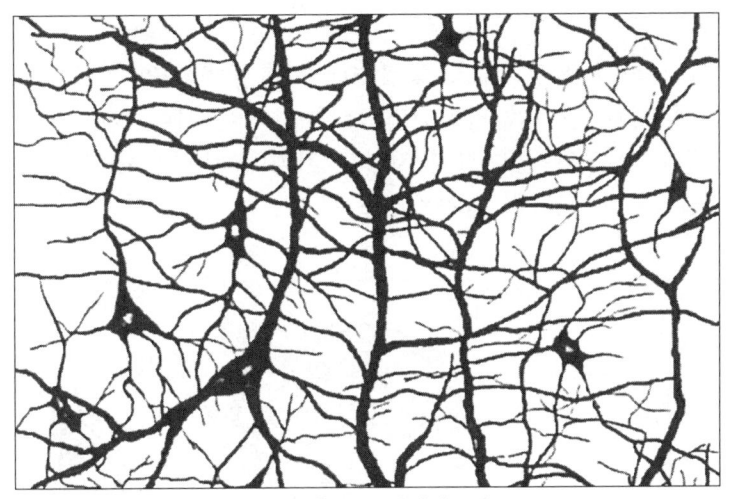

그림 ❷-7 신경회로망

이러한 연계성은 관련된 부분의 신경마디를 따라 계속 확산되면서 많은 기억을 일깨워 주므로 복잡하고 어려운 문제를 해결하는 데 도움을 주기도 하지만, 퍼팅의 예에서 본 것처럼 현재 동작과 관련이 없는 과거의 실패 경험이 활성화되는 경우에는 우리의 동작을 방해하는 결과를 초래하기도 한다.

뇌의 기억구조 특성을 감안할 때, 필요한 정보만 활성화시키고 불필요한 신경마디는 억제할 수 있다면, 우리는 항상 최상의 수행을 할 수 있을 것이다. 만약 이것이 가능하다면 언제나 골프를 잘 칠 수 있을 것이다. 좋은 소식은 필요한 정보만을 활성화시키는 작업이 연습

에 의하여 학습될 수 있다는 사실이다. 우리의 행동을 예측하고 조절하는 것이 연습에 의하여 가능하다는 것이다. 이것이 바로 골프 심리학의 본령이며, 이 책에서 추구하는 목표이다.

10 기억의 실행 과정

이제까지 뇌와 신경회로가 특정 자극-특정 반응의 반복적인 과정을 통하여 서로 연계가 강화되면 뇌에 기억이 되며, 이렇게 학습된 기억은 장기 저장되는데, 장기 저장된 기억이 뇌에서 어떤 과정을 통하여 인출되는지 간단히 알아보기로 하자.

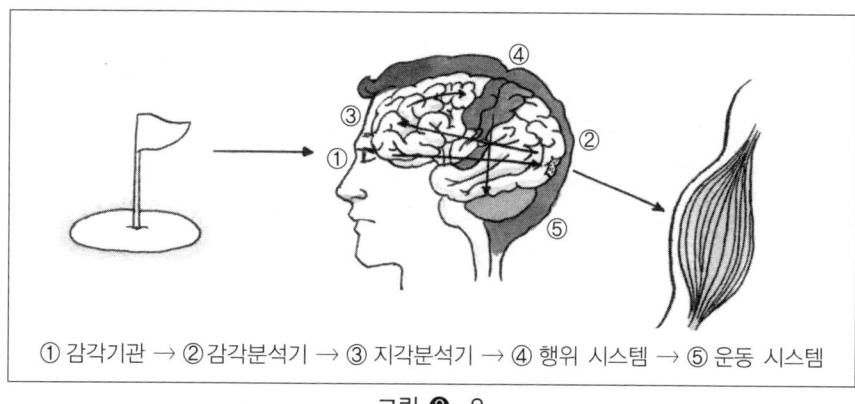

① 감각기관 → ② 감각분석기 → ③ 지각분석기 → ④ 행위 시스템 → ⑤ 운동 시스템

그림 ❷-8

위 도식은 감각 자극으로부터 동작이 산출되기까지의 처리 과정을 단계별로 나타낸 것으로, 각 분석기와 시스템은 뇌의 특정 부위를 의미한다. 위 도식은 심리현상의 대부분을 설명해 주는 기본 구조라 할 수 있으므로, 이를 간단하게 설명하고 넘어가기로 하자. 자세한 내용은 이어지는 장에서 순차적으로 다루어질 것이다.

① 외부 자극은 눈, 귀 등의 감각기관에 입력되어 감각신경을 통하여 뇌에 전달된다.
② 이는 대뇌의 일차 감각 투사영역에 아주 짧은 시간 동안 저장되는데, 가공되지 않은 원재료와 같다. 이 과정에서 상당 부분의 자극정보는 소멸된다.
③ 감각분석기에서 부호화된 자극은 대뇌 피질의 연합영역으로 모여서 각 감각의 의미가 분석된다.
④ 이렇게 분석된 감각들은 행위 시스템으로 넘겨져서 필요한 반응을 선택하고 계획한다.
행위 시스템에는 여러 가지 유형화된 행위단위-밥먹기, 걷기, 던지기, 글쓰기 등등-가 있다.
⑤ 행위 시스템에서 선택된 반응은 운동 시스템에서 세부적으로 조정되어 실제 동작에 필요한 명령을 각 근육에 신경회로를 통하여 전달한다.

위 도식을 적용하여 뇌에서 일어나는 과정의 예를 들어 보자.

퇴근 직전 문자 메시지가 왔다. 뇌에서는 시각을 통하여 입력된 문자 메시지를 인식하고, 그의 의미를 분석한다. 뇌에서 이런 분석이 없으면 메시지를 보낸 사람이 여자친구이고, 어제 만난 카페에서 만나자는 내용을 알 수 없을 것이다. 이렇게 분석이 끝나면 메시지 내용과 관련한 심리적 활동이 뒤따를 것이다. 저녁은 무엇을 먹지? 영화관이나 갈까? 등의 상상을 할 수 있을 것이다. 그 다음에는 행위 시스템으로 옮겨져 '현재의 위치에서 약속 장소로 이동하기'라는 행위단위가 활성화되고, 이어서 '문열기', '엘리베이터 타기', '자동차 운전하기' 등의 행위단위가 차례로 활성화될 것이다. 활성화된 행위단위들은 운동 시스템으로 넘겨져 실제로 필요한 행동을 할 수 있도록 근육에 신호를 보내게 된다.

골프의 경우를 보자. 시각을 통하여 입력된 볼 위치, 홀의 모양, 장애물의 위치 등을 뇌에서 인식하고 분석한다. 분석이 이루어지면 볼이 타깃에 떨어지는 모습 또는 물에 빠지는 상상 등을 할 수 있을 것이다. 그 다음에는 행위 시스템으로 옮겨져 '클럽을 이용하여 현재의 위치에서 타깃으로 볼을 보내기'라는 행위단위가 활성화되고, '클럽 선택', '연습 스윙', '어드레스 자세 취하기', '스윙' 등의 단위가 차례로 활성화될 것이다. 이러한 행위단위들은 운동 시스템으로 연결되어 실제 동작으로 실현된다.

밥과 찌개를 보면 '식사하기'라는 신경마디가 활성화되면서, 침을 흘리거나 숟가락을 집는 행동으로 이어질 것이다. 다 비운 접시나 먹다 남은 반찬 자극이 시각을 통하여 들어오면 어머니의 뇌에서는 '설거지'란 행위단위가 활성화되고, 그릇을 닦는 동작으로 이어진다. 아이들도 설거지라는 행위단위가 뇌에 기억되어 있지만, 다 비운 접시나 먹다 남은 반찬 자극이 아이들의 뇌 속에 있는 '설거지' 행위단위를 활성화시킬 수 있는 정도의 충분한 자극이 되지 않기 때문에 아이들은 설거지를 하는 동작으로 연결되지 않는 것이다. 설거지로 연결되기 위해서는 어머니의 특별 지시 등의 상당히 강한 자극이 있어야 한다.

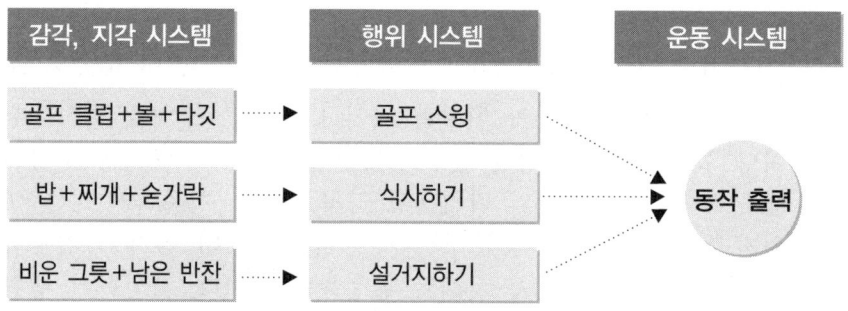

이러한 도식은 뇌에서 감각이 처리되고 그것이 행동으로 이어지는 과정을 나타낸 것이며, 다른 모든 동작(반사행동 제외)도 이와 같은 과정에 의해 처리되는 것이다.

이번에는 골프 스윙이 저장되고 실행되는 상황을 신경회로와 관련하여 생각해 보기로 하자.

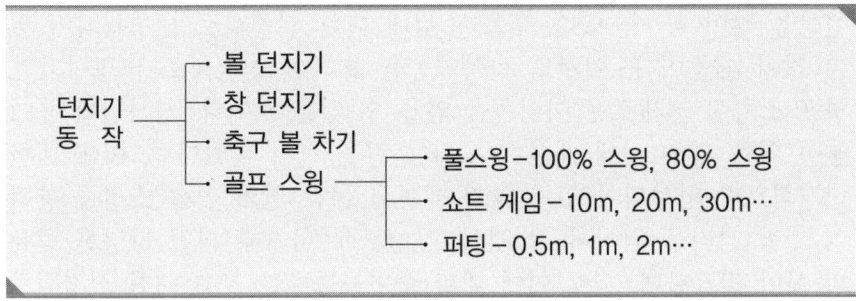

위의 표는 우리 뇌에 저장되어 있을 것으로 예상되는 골프 스윙 관련 기억의 위계 구조이다. 이는 관념적으로 분류된 것이며, 실제 동작유형으로 분류되기 위해서는 각 항목에 대한 운동신경회로가 형성되어야 할 것이다. 관념, 즉 '아마 이러할 것이다'라고 생각하는 것과 '실제의 동작'이 다른 것은 관념과 동작을 만들어내는 신경회로가 일치하지 않기 때문이다.

가령 퍼팅의 경우 경험을 통하여 위와 같이 0.5m, 1m, 2m… 등으로 수많은 퍼팅 동작이 구분되어 기억되는가? 그 거리를 상당히 많이 반복하여 연습하면 '그렇다'이다. 단 미터라고 하는 단위는 실제 거리가 아니고, 우리 뇌가 인식하는 거리를 말한다(퍼팅 심리학 '터치와 감각' 참조). 외형적으로 관찰되는 스윙의 형태는 하나일지 모르나 신경과 근육의 움직임의 관점에서 보면 같은 스윙은 존재하지 않을 것이다.

처음 골프를 배우는 경우라면 앞의 도식화된 표에 아직 골프 스윙이라는 아이콘이 없을 것이다. 반복연습을 통하여 신경회로가 형성되면 새로운 아이콘으로 던지기 동작의 하위 수준으로 등록될 것이다. 풀스윙만 연습한 사람에게 30m 피칭 샷을 주문해 보라. 스윙의 크기가 작아져야 한다는 생각은 하지만, 실제로는 이미 기억되어 있는 풀 스윙 때의 스윙 크기로 백스윙을 하게 될 것이다. 이를 인지한 뇌에서는 다운스윙 때 클럽이 내려오는 속도를 의도적으로 줄이게 되는 현상을 많이 볼 수 있다. 하프 스윙에 대한 신경회로가 형성되어 있지 않기 때문이다. 이것도 반복연습을 통하여 신경회로가 형성되면, 하프 스윙이란 새로운 아이콘을 얻을 수 있을 것이다. 경사면에 볼이 놓여 있는 경우 이에 대한 별도의 훈련을 하지 않았다면, 이에 대한 신경회로가 형성되어 있지 않기 때문에 여러 번의 연습 스윙을 통하여 스윙 감각을 얻어야 할 것이다. 필드에 나가게 되면 다양한 종류의 샷이 필요한데, 평소 이에 대한 준비-특별한 샷에 대한 신경회로의 형성-가 되어 있지 않으면 그때마다 임시방편적인 샷을 만들어 내야 하므로 좋은 결과를 기대할 수 없을 것이다.

11 신경회로에 대한 보충설명

앞으로 이 책에서 설명되는 모든 심리학적인 현상이나 심리기법 등은 '신경회로에 대한 개념'에 의하여 이루어진다. 예컨대 '자신감'이란 정신적인 자산도 실은 신경회로의 형성과 같으며, 반복연습에 의하여 형성될 수 있다는 것이다. 우리 인간의 모든 사고와 동작은 이미 형성되어 있는, 또는 새롭게 형성될 신경회로에 의하여 이루어지는 것이므로, 신경회로에 대한 개념을 명확히 이해할 필요가 있다.

40세 이후의 얼굴 모양은 스스로 책임져야 한다는 말이 있다. 항상 웃는 사람은 웃는 얼굴 모양을 만들기 위한 신경회로(얼굴 근육 회로, 긍정적인 사고 패턴)가 강하게 형성되어 있기 때문에 초상집에 가서 어려움을 겪게 될지도 모른다.

호된 시집살이를 사는 며느리는 하루에도 몇 번씩 "내가 시어머니가 되면 며느리한테 시집살이를 시키지 말아야지."라고 다짐한다. 그러나 시집살이는 일상생활 속에서 수없이 반복되므로, 그것이 하나의 습관이 되어 기억 속에 강하게 새겨진다. 그렇지 않겠노라는 다짐은 기억을 더욱 굳게 해 줄 뿐이다. 훗날 시어머니가 되면 과거의 경험은 새 며느리에게 그대로 재연된다. 의식하지 않아도 기억된 대로 나타나기 때문이다.

  우동을 생각해 보자. 어떤 사람은 우동을 보면 숟가락을 먼저 집는다. "우동은 국물을 먼저 먹는 것이다."라는 신경회로가 형성되어 있기 때문이다. 우동 신경세포와 국물 신경세포가 강하게 연결되어 있는 것이다. 어떤 사람은 젓가락을 집는다. "우동은 우동가락을 먹는 것이다."라고 생각하기 때문이다. 이러한 생각과 행태는 신경회로에 각인되어 있기 때문에 거의 변하지 않고 동일하게 반복되는 경향이 있다.

  나이가 들수록 일정한 방향으로의 사고 패턴과 동작 패턴이 반복되고 하나의 틀로 강하게 형성되기 때문에, 성인의 뇌는 이러한 고정화된 틀의 총 집합체라고 할 수 있다. 웬만한 것들은 이 틀 안에서 해결이 가능하고 틀을 반복하여 사용하게 되므로, 틀은 난공불락의 요새처럼 탄탄해진다. 틀과 다른 사고나 동작은 허용되지 아니한다. 이 틀과 다른 생각이나 동작은 거부당하거나 틀 범주 내에서 해결하려고 한다. 틀 안에서 해결되지 않는 케이스는 무엇이든지 안 되는 것이 된다. 창의력이 발휘될 여지가 별로 없다. 어떤 때는 자신의 생각과 다르게 기존의 신경회로에 기억되어 있는 대로 이루어진다. 이것이 바로 선입견 내지는 고정관념이다.

  신경회로의 틀은 환경의 변화에 따라 쉽게 변하지 않는다고 하였다. 그러므로 신경회로를 형성하여 고정화된 틀을 많이 만들어 두는 일은, 말하자면 자기 자신을 로봇을 만드는 것이라고 할 수 있다. 그저 정해진 틀 속에서만 움직이는.

  흔히 해외유학을 가는 동반 부모는 자기 자식들이 낯선 환경에서 잘 적응할 수 있을지 걱정을 많이 한다. 그러나 현지에서 정작 문제가 되는 것은 부모 자신들이다. 아이들은 새로운 환경에 금방 적응하지만 어른들은 기존 관념 때문에 현지 적응에 많은 어려움을 겪는다.

   반면에 이러한 틀이 형성되어 가는 과정에 있는 어린아이들은 고정화되어 있는 틀이 적기 때문에 생각이나 행동이 유연하다. 다른 말로 하면 고정관념이 없기 때문에 무엇이든지 잘 받아들이고 잘 배운다. "세 살 때 배운 버릇 여든까지 간다."는 속담이 있다. 어릴 적에 잘 배워두면 평생을 두고 잘할 수 있는 것이다. 그것은 바로 올바르고 정확한 신경회로를 형성하는 문제인 것이다.

   신경회로의 형성에 의한 고정관념은 개인적인 차원에서 머무르지 않는다. 그것이 사회적 또는 국가적 차원으로 확산되면 전체가 하나가 되어 움직인다. 과거 전체주의 국가 국민들의 획일화된 사고나 행동은 세뇌(洗腦)에 의하여 이념이나 사상이 국민들의 신경회로에 강하게 입력되어 있기 때문이다. 보수주의와 개혁주의는 어떤 특정 사고나 행동에 대한 입장, 즉 그에 대한 신경회로의 형성 문제이므로 무엇이 더 좋다고 말할 수 있는 것은 아니다. 보수주의자는 그런 방향으로 신경회로가 형성되어 있기 때문에 개혁주의자를 수용하지 못하는 경향이 있을 뿐이다. 그러므로 점진적 보수주의를 표방하면 보수주의와 개혁주의 모두로부터 표를 얻을 수도 있을 것이다.

   요약하면 동일한 생각과 동작을 반복하게 되면 그것들이 뇌와 신경에 기억됨으로써, 하나의 고정된 형태로 영구히 저장된다. 하나의 전용 신경회로를 만드는 것이라 하였다. 그러므로 골프 게임 또는 골프 스윙을 잘하려면 어떠한 생각과 동작을 반복하여 신경회로를 만들어야 할 것인가? 이것이 이 책의 핵심적인 내용이며, 추구하는 방향이다.

제3장 골프는 타깃 게임이다

제3장
골프는 타깃 게임이다

괴물을 보면 도망가는 것처럼, 어떤 움직임이 있기 위해서는 자극이 필요하다. 이러한 자극신호는 시각, 청각, 촉각, 후각 등의 다양한 감각기관을 통하여, 주위 환경에 있는 모든 사물과 사건에 대한 정보를 제공하고, 뇌는 입력된 정보를 바탕으로 필요한 반응을 결정하여 해당 근육에 보내게 된다. 일상생활뿐만 아니라 운동기술 장면에서 동작을 계획하고 실행하는 데 필요한 대부분의 환경정보들은 시각을 통하여 받아들여진다고 해도 과언이 아니다. 이러한 시각정보가 일반 행동에 어떠한 영향을 주고, 골프에는 어떠한 형태로 적용되는지 알아보기로 하자.

 action & reaction

콩글리시적 개념으로 생각하면, 'action(동작)'은 '특정 목적이나 의도를 가진 움직임'으로 해석되어 능동적인 느낌을 주며, 'reaction(반응)'은 '어떤 자극에 대한 대응 동작'으로써 수동적인 느낌을 갖게 한다. 그러나 인간의 모든 움직임은 '자극에 대한 반응'이란 의미에서 'reaction'만이 존재한다. 이는 인간의 움직임을 이해할 수 있는 근본적인 단서를 제공한다. 즉, 인간은 어떠한 자극이 있을 때, 그 자극에 대응하여 동작을 발생시킨다는 사실이다. 자극이 주어지지 않으면 동작도 없다.

우리가 숟가락을 드는 것은 밥이란 자극이 주어졌기 때문이며, 농구선수들이 점프를 하는 것은 리바운드된 볼 자극이 주어졌기 때문이다. 테니스 선수들은 볼 자극에 따라 이리저리 움직인다. 자극은 외부적인 것뿐만 아니라 내부적인 자극 – 상상, 생각 – 도 포함한다.
 이는 심리학의 기본이 되는 내용으로, 행동주의 심리학자들의 '자극 – 반응(stimulus - response)' 패러다임*과 다름없다. 그러므로 일상생활은 물론 모든 스포츠 상황에서 요구되는 동작을 실현하기 위해서는 어떤 자극이 필요하며, 어떤 자극일 때 동작을 가장 잘 실현할 수 있는가를 알아내는 것이 스포츠 심리학의 과제라 할 수 있다. 여기에서는 스포츠 동작을 유발하는 타깃 자극에 대하여 언급하고자 하는 것이다.

> *** 자극 – 반응 패러다임** : 다만 행동주의는 자극과 반응 사이에 뇌에서 발생하는 의지, 의도, 심상 및 목적 등의 정신적 활동의 개입을 배제한다. 즉, 자극과 반응 사이에 일어나는 '마음의 요소'에 대하여 관심을 두지 않는 입장이다. 그러나 실제적으로는 '마음의 요소'가 결과 행동에 직접적인 영향을 주는 것으로 밝혀지고 있는 바, 뇌에서의 중간 과정을 어떻게 조절하고 활용하는가에 따라 최종 행동을 조절하고 통제할 수 있는 것이다. 이 책에서는 뇌에서 발생하는 마음의 활동을 주의집중, 간섭, 불안, 자신감 등의 문제로 다루고 있다.

2 시각과 타깃

 모든 스포츠 활동은 타깃 게임이라고 할 수 있다. 축구나 농구, 핸드볼 등의 구기경기에서는 골대가 타깃이며, 경기 중 이루어지는 패스에서는 패스를 받을 선수가 타깃이 될 것이다. 양궁, 사격, 다트 게임은 타깃 자체가 운동기술의 목적이 된다. 운동경기 중, 시각은 타깃에 대한 공간적 거리, 위치, 방향에 대한 정보를 제공해 줄 것이므로, 상대방 선수나 환경적 요인에 의하여 타깃을 따라잡지 못하면 정보 입력이 차단되므로 동작 수행이 방해를 받을 것이다. 골프에서도 타깃이 갖는 중요성은 절대적이다.

그림 ❸-1 타깃을 향하여 샷을 하는 골퍼와 양궁선수

동작에 필요한 정보 제공이라는 측면에서 시각의 역할은 절대적인 중요성을 갖고 있다. 우선 시각의 놀라운 능력에 대해 알아보기로 하자.

3 시각정보는 필요한 동작을 유도한다

야구에서 외야수가 플라이 볼을 잡는 상황을 살펴보자.

타자가 볼을 치는 순간 야구 볼은 '딱' 소리와 함께 허공으로 솟아 오르게 될 것이다. 이 순간 외야수는 볼을 향해 달려가게 된다. '딱' 하는 소리와 함께 공중으로 솟아오른 볼은 청각과 시각정보로 입력되어 행위 시스템에서 '플라이 볼 잡기'라는 행위단위에 접속될 것이며, 운동 시스템으로 넘겨져 볼을 잡는 데 필요한 동작을 만들어내게 될 것이다. 이때 외야수는 볼의 방향을 좇아 수십 미터를 이동하며, 낙하 예상지점에 이르러 좌우로 미세한 조정을 거쳐 볼을 안전하게 잡는다. 이를 위하여 외야수가 하는 일은 볼을 계속 주시하기 위하여 시선을 볼에 고정시키는 것이며, 실제 몇 미터를 어떤 방향으로 이동하는지, 볼을 잡기 위한 발의 움직임이나 팔의 각도에 대하여 전혀 주의를 기울이지 않는다. 특히 시시각각으로 변하는 볼과 자신과의 거리를 계산하지 않아도 시각이 필요한 정보를 뇌에 제공해 준다. 시각이 주는 정보에 따라 무의식적으로 인체를 움직여 갈 뿐이다.

그림 ❸-2 외야수가 볼을 잡는 모습

외야수가 볼을 잡는 상황에서 뇌에서 이루어지는 과정을 생략하면, '시각정보=동작'이라는 등식이 만들어지며, "시각정보가 동작을 유도한다."고 말할 수 있을 것이다. 만약 시각정보가 바로 동작으로 이어질 수 있다면 가장 이상적이다. 왜냐하면 우리 뇌에서의 처리 과정은 많은 장애요소를 포함하고 있기 때문이다. 예컨대 볼을 잡기 위하여 달려가면서 볼을 놓칠지도 모른다는 불안감이나 펜스에 부딪칠지도 모른다는 생각을 하게 되면 볼에 대한 주의가 분산되므로 에러 확률이 높아진다.

마이클 조던이 슛을 날리는 것도 비슷하다. 마이클 조던은 드리블을 하다가 마크 맨을 따돌리고 링을 쳐다봄과 동시에 중거리 슛을 날린다. 이때에도 링까지의 거리가 몇 미터인지, 팔의 각도나 손목의 스냅 등 세부적인 움직임에 대해서는 주의를 기울이지 않는다. 단지 링을 보고 슛을 날릴 뿐이다.

볼링 선수도 앞으로 전진하되 몇 걸음을 걸어가는지, 언제 백스윙이 개시되는지 주의를 기울이지 않는다. 오직 핀을 주시하면서 볼을 던질 뿐이다. 초보자들은 가급적 볼링 공을 똑바로 던지려고 하며, 스텝을 정확히 맞추기 위해서 레인의 라인을 보면서 공을 굴린다. 실제 타깃인 핀에 대해서는 주의를 기울이지 않기 때문에 생각보다 잘 맞지 않을 것이다.

미국 메이저리그 현역 최고의 투수 중 한 사람인 그렉 매덕스 선수는 강속구를 던지는 정통파는 아니지만, 구석구석을 찌르는 정확한 투구로 '컨트롤의 마법사'란 별명을 갖고 있다. 그의 컨트롤의 비결은 바로 타깃의 정확성이다. 그는 타자가 배리 본즈인지 마크 맥과이어인지 의식하지 않을 때 가장 잘 던지게 된다고 한다. 오로지 포수의 미트가 어디에 있는지를 확인하고, 그곳으로 볼을 던지기만 하면 된다는 것이다. 포수 미트의 위치에 대한 시각정보가 필요한 투구 동작을 만들어 주기 때문이다. 타자에 대한 간섭 없이 타깃에 대해서만 주의를 집중한다는 말이다.

이처럼 우리의 뇌에서 동작을 선택하고 계획하는 데 필요한 정보는 우리가 생각하는 것보다 훨씬 정확한 정보들이 시각을 통하여 제공되고 있음을 알아야 한다. 그러므로 우리는 시각의 놀라운 정보능력을 인식하여야 하며, 이를 믿는 것이 중요하다. 이를 믿으면 다음

그림 ❸-3 투수는 포수의 미트만을 주시한다

의 예에서 보는 바와 같이 자연스런 동작을 만들어낼 수 있을 것이다.

　시각은 우리가 필요로 하는 동작을 자연스럽게 유도하는 정보를 갖고 있다고 하였다. 그러므로 타깃이 바로 우리의 움직임을 결정한다고 할 수 있을 것이다.

　예를 들어, 사격이나 양궁경기에서 과녁판을 치워 버리자. 그러면 사격이나 활쏘기 동작은 절대로 일어나지 않는다. '타깃=동작'이기 때문이다. 타깃 게임인 골프 경기도 마찬가지이다. 타깃이 없다면 골프 스윙 동작은 일어나지 않는다. 다만 볼을 타깃으로 하는 경우에는 골프 스윙이 아니라 볼을 멀리 치는 동작이 되는 것이다. 볼 이외의 타깃은 없으므로 볼이 어디로 가느냐는 관심 사항이 아니다.
　테니스 볼을 휴지통에 넣는 실험을 해 보자. 하나는 5m 거리에 두고, 다른 하나는 10m 거리에 놓는다. 5m에 있는 휴지통에 던질 때보다 10m에 놓여 있는 휴지통에 던질 때 팔의 좌우 움직임이 커짐을 알 수 있다. 휴지통의 위치에 대한 시각정보가 뇌에 제공되면, 이 정보를 바탕으로 뇌는 팔의 운동범위를 결정하는데, 볼을 던지는 순간 팔이 움직이는 각도나 회전의 크기를 의식하고 던지지는 않는다. 동전 던지기 게임도 마찬가지이다. 우리는 목표까지의 거리를 일부러 계산하지 않는다. 우리는 단지 목표를 보고 동전을 던지기만 하면 된다. 나머지 사지의 움직임은 우리가 의식하지 않아도 뇌의 지시를 받아 자동적으로 수행된다(제7장 무의식적으로 스윙하라 참조).

쇼트 게임은 이러한 '시각정보=동작 시스템'에 의하여 가동되는 감각을 익히는 것이 가장 바람직하다. 그린 주변에서의 피칭이나 치핑 시, 핀까지의 정확한 거리를 파악하기 위해 보폭으로 재는 경우가 있다. 세계적인 선수들도 그린 위에서 홀까지의 거리를 보폭으로 세어 계산하고, 거기에 맞는 백스윙의 크기를 결정하여 퍼팅을 하는 경우가 있다. 이 방법은 그린의 빠르기나 경사도를 다시 감안해야 하므로 이중, 삼중의 계산이 불가피하다. 정확한 퍼팅 스피드를 얻기 위해서 많은 계산을 해야 한다. 동작 계획 시 왼쪽 뇌를 통한 분석 등의 인지적 노력은 수행에 방해가 되는 경우가 많음에 유의할 필요가 있다.

시각의 막강한 능력을 인정한다면, 그저 홀을 바라보는 것으로 충분하다. 그러면 홀까지의 경사도를 감안한 모든 거리 정보가 시각을 통해 전해지며, 자연히 백스윙의 크기도 알아서 정해 준다. 이를 의식적으로 만들려고 하는 것은 부정확한 정보를 입력시키는 것이다. 손실이 정해진 중복 투자라고 할 수 있다.

사실 우리의 눈은 지구상에 생물이 존재한 이래 계속적으로 발달되어 왔으며, 유전적으로 그의 능력이 전해져 왔다고 할 수 있다. 이런 능력을 태어나면서 지금까지 잠자는 시간만 빼고는 항상 사용하고 있으므로, 우리의 눈이 갖고 있는 경험의 양은 무한한 것이라고 할 수 있다. 우리의 눈을 믿어 보자.

4 골프에서의 타깃

골프 스윙의 목적은 볼을 원하는 위치에 정확하게 보내는 데 있다. 그 원하는 위치가 바로 타깃이 될 것이며, 시각을 통하여 타깃에 대한 정보를 얻게 될 것이다. 그러나 골프에서의 타깃은 다른 스포츠와는 구별되는 몇 가지 특징을 갖고 있다.

1) 숨은 타깃 찾기

주말골퍼가 익숙하지 않은 코스에서 라운딩을 하는 경우, 캐디에게 타깃에 대한 조언을 구하게 되는데, 보통은 그린 뒤의 소나무 숲이라든가 벙커 오른쪽 등으로 막연하게 지정해 주는 경우도 있고, 경험이 풍부한 캐디라면 벙커 끝이라든가, 특정할 수 있는 비교적 작은 타깃을 일러주기도 한다. 그러나 타깃을 제대로 의식하고 플레이를 하는 골퍼는 그리 많지 않을 것이다.
첫째는 타깃의 중요성에 대한 인식도가 낮고,
둘째는 타깃을 잡기가 쉽지 않기 때문이다.

축구, 농구, 양궁 등은 타깃이 매우 명확하여 타깃 문제로 고민할 필요가 없는 반면에, 골프 코스에서는 타깃을 잡기가 매우 어렵게 되어 있다. 골프 코스는 사방이 확 트여 있어서 시각에 잡히는 정보가 많은 반면 각각의 정보 내용을 구별하기가 쉽지 않다. 우선 색깔만 해도 푸른 잔디에 푸른 나무 등 초록색 일색이어서 지형지물간 식별이 쉽지 않다. 마치 메뚜기나 매미, 카멜레온 같은 동물들이 자신을 보호하기 위하여 주변의 색과 같은 색으로 위장하고 있는 모습이다. 반면에 우리의 시선을 쉽게 끌어들이는 벙커, 거리표시 마크, 워터 해저드 등의 지형지물은 타깃으로 삼아서는 곤란한 것들이다.

이런 원초적 환경조건들은 골퍼로 하여금 타깃을 정확하게 잡는 일을 방해한다. 골프에서의 타깃 잡기는 '숨은 그림 찾기'와 같이 골퍼들에게는 보이지 않는 도전이 된다. 그래서 보기 수준의 주말골퍼가 하나의 타깃을 제대로 기억에 확정시켜 스윙을 하는 경우는 그리 많지 않을 것이다. 타깃 설정이 쉽지 않고, 작은 타깃을 선택한 후에도 이에 주의를 계속 유지하는 일은 말처럼 쉽지 않기 때문이다. 오히려 스윙 후에 어떤 타깃을 선정했었느냐고 물으면, 그냥 왼쪽 또는 오른쪽 등으로 막연히 대답하거나 잘 모르겠다고 하는 경우가 더 많은 것이 현실이 아닌가 싶다.

여러분도 지난번 게임에서 타깃에 대해 얼마만큼의 주의를 기울였는지 곰곰이 생각해 보기 바란다. 그리고 다음 게임에서는 타깃에 많은 주의를 기울여 보라. 샷의 정확성이 놀라울 정도로 향상될 것이다. 골프 스윙은 타깃에 볼을 보내는 동작이기 때문이다.

2) 마지막에 본 것이 타깃이 된다

초보자들은 드라이버 샷이나 아이언 샷의 타깃을 매우 넓게 설정하는 경향이 있다. 이를테면 페어웨이 좌우 나무 사이 또는 그린 전체를 타깃으로 하는 경우이다.

흔한 예로 라운딩 도중 자기 나름대로 타깃을 잡는답시고 캐디에게 묻는 말, "150m 거리표시 마크 사이로 치면 됩니까?"

거리표시 말뚝간 거리는 대략 40m 내외가 되므로, 이 사람의 타깃은 결코 조그만 타깃은 아니다. 볼은 타깃 범위 내 어디든지 갈 수 있다. 그리고 나서 볼이 좌우로 빠지면 머리를 갸우뚱한다. 아마 말뚝 사이로 친다고 생각할 때, 머릿속에는 말뚝 이미지가 강력하게 활성화되어 있었을 것이다. 우리의 뇌는 당연히 말뚝을 타깃으로 인식하였을 것이다.

앞의 휴지통에 볼 던지기 예에서 보듯이 휴지통이 왼쪽에 있으면 왼쪽으로 볼을 던지게 되는 것처럼, 우리의 몸은 시각이 주는 정보에 의해서 움직이게 되어 있으므로, 타깃이 크다는 것은 그 중 어디라도 볼이 갈 수 있다는 의미이다. 당연히 정확도가 낮아진다. 본인은 타깃을 보았다고 하지만, 본의 아니게 여러 개의 타깃을 보았을 것이다. 타깃은 보통 이상의 주의가 집중되지 않으면 잘 잡히지 않는다. 예컨대 스윙한 볼이 왼쪽으로 갔다고 하는 것은, 자신이 의식한 것은 아니지만 마지막 순간 활성화된 신경마디가 왼쪽 그린 옆에 있는 소나무일 수 있다는 것이다.

프레드 커플스가 1992년 마스터스 대회 마지막 라운드에서 선두를 유지한 채, 12번 홀 티 샷을 준비하고 있을 때였다. 12번 홀은 오른쪽에 핀이 위치하고 있었으며, 그린 앞에는 그 유명한 래 크리크(Rae's creek)가 흐르고 있었다. 핀을 직접 공략하는 것은 화약을 안고 불구덩이 속에 들어가는 것과 같은 상황이었다. 커플스가 그린 중앙을 타깃으로 삼은 것은 당연한 선택이었으며, 누구도 그렇게 할 것이란 결정을 의심치 않았다. 그러나 커플스의 샷은 깃대를 향하여 직접 날아가더니 그린 앞 언덕을 맞고 내리막 경사를 구르기 시작했다. 래 크리크에 빠지기 일보직전의 상황에서 볼이 풀에 걸리면서 멈추었다. 기적 같은 일이었다. 마스터스 대회는 신이 점지한 사람만이 우승할 수 있다는 사실을 커플스가 다시 입증한 것이었다. 커플스는 볼을 홀에 붙여 파로 마무리하고 결국은 최초의 메이저 타이틀을 획득하게 된다.

경기 후 인터뷰에서 기자는, "12번 홀에서는 너무 공격적인 플레이가 아니었는가?"라고 물었다. 커플스는, "핀 중앙을 공략하기로 마음먹었는데, 마지막 순간 바람이 불어 깃발이 심하게 펄럭이더군요." 그랬었다! 커플스의 기억에 마지막으로 활성화된 것은 펄럭이는 깃발이었으며, 뇌는 그것을 타깃으로 인식했던 것이다.

이 사례는 커플스의 문제만은 아니다. 많은 골퍼들이 그린을 공략하기 위해 타깃을 정하는 과정에서 깃발이 눈에 들어오는 경우에는 실제 타깃(깃대를 직접 노리지 않는 경우)을 잡기가 어려워진다. 그린 주위의 나무나 풀잎보다는 깃발이 더 눈에 잘 띄기 때문이다. 깃발은 그린을 공략할 때마다 우리의 시선을 집중하게 하는 강력한 자극이므로, 다른 자극보다 활성화가 쉽게 이루어질 것이다. 그린 주변의 해저드도 우리의 시선을 쉽게 장악하므로 타깃을 잡는 데 어려움을 주는 존재이다. 이처럼 숨어 있는 타깃의 문제는 통상 골퍼들이 의식하지 못하는 사이에 발생하므로, 골퍼들을 당황하게 한다. 자신의 스윙에 문제가 있지 않나 의심하게 되는 원인을 제공한다. 이러한 문제는 바로 1타의 손실뿐 아니라 다음 샷에까지 영향을 줄 수 있다. 타깃에 집중하는 과제가 얼마나 중요한 것인지 인식할 필요가 있다.

그림 ❸-4 나뭇잎이나 작은 솔방울을 타깃으로 한다

3) 가능한 작은 타깃을 선택한다

벤 호건의 연습 라운드 중 있었던 일이다. 페어웨이의 경사 때문에 그린이 보이지 않는 홀에 이르러 캐디에게 물었다.
"어디를 보고 겨냥해야 될까?"
"왼쪽에 있는 야자수 나무를 보고 치세요." 캐디가 말했다.
"몇 번째 야자수?"
이는 벤 호건의 완벽주의를 말할 때 자주 인용된다고 하는데, 이 사례의 진정한 의미는 골프에 있어 가장 근본적인 심리학 원칙을 호건은 충분히 인식하고 있었다는 사실이다. 우리 뇌는 타깃에 대응하여 인체의 움직임을 조절하는데, 타깃이 막연하거나 특정되지 않으면 우리 뇌도 막연하게 반응할 수밖에 없다는 사실 말이다.

왜 가능한 작은 타깃을 선택해야 하나?
그 이유는 간단하다. 벽에 걸려 있는 시계를 보자. 시간만을 알고자 하면 그냥 시계를 쳐다보는 것으로 충분하다. 그러나 시계바늘의 모양을 관찰하기 위해서는 눈을 가늘게 뜨고 시계 바늘에 초점을 모아야 한다. 즉, 주의를 집중시켜야 하는 것이다. 정확성을 최대의 목표로 하는 프로들이 가급적 작은 물체를 타깃으로 해야 하는 이유이다. 주의를 집중하지 않으면 원하는 타깃은 잘 잡히지 않는다.

우리의 인체는 정해진 타깃에 맞추어 움직이게 되어 있으므로, 특정 타깃을 설정하는 것이 매우 중요하다. 특히 우리 뇌는 '작은 물체'를 타깃으로 하였을 때, 즉 주의가 집중되었을 때 가장 잘 반응한다.
그러나 시각정보는 우리가 눈을 뜨고 있는 한, 일시에 여러 개씩 계속적으로 입력되므로, 시각정보는 시시각각으로 변하게 되어 있다. 아무 생각 없이 타깃을 바라보면 그린의 깃발, 주변의 벙커, 워터 해저드 등이 한눈에 들어오게 마련인데, 이들 정보들은 동일한 비중으로 신경마디를 활성화시킬 것이다. 이 중에서 활성화 정도가 큰 정보가 우리의 인체를 움직이는 타깃으로 정해질 것이므로, 특정 타깃을 활성화시키기 위해서는 그것에 주의를 집중시켜야 한다. 주의를 집중시키면 타깃을 특정화하기 쉬워진다.

특정 타깃 문제는 모든 스포츠에서 동일하게 적용된다. 야구에서 내야수가 일루수에게 송구할 때 그저 사람을 보고 던지지 않는다. 일루수가 내밀고 있는 글러브를 보고 던진다. 축구 페널티킥에서도 단순히 골대의 구석이 아닌 그물의 매듭 부분 등 특정할 수 있는 작은 부분을 타깃으로 하면 심리적 간섭 없이 골을 성공시킬 수 있는 확률이 높아진다.

프로들에게는 지극히 당연한 일일지 모르나 대부분의 아마추어 골퍼들은 이에 대한 인식도가 낮은 것이 사실이다. '골프=타깃'임을 다시 한 번 상기하자.

4) 쇼트 게임에서의 타깃

여기에서 쇼트 게임이라 하면, 그린 주변에서의 샷뿐만 아니라 100m 이내의 모든 샷을 의미한다. 필 미켈슨이나 톰 카이트같이 쇼트 게임이 강한 선수들은 100m 이내의 샷은 깃대를 보고 직접 때린다고 한다. 역시 프로들은 다르다고 생각할지 모르나 100m 이내에서 깃대를 타깃으로 하지 않는 프로는 없다. 홀까지의 거리가 가까워질수록 보다 정확한 샷이 요구되는데, 여기에서 깃대 이외에 어떤 것을 타깃으로 하겠는가?

흔히 주말골퍼들은 드라이버가 잘 맞은 경우 9번 이하의 쇼트 아이언으로 그린을 공략하게 될 것이다. 우선 타깃을 확인하고 어드레스에 들어가면 볼을 홀에 붙이겠다는 욕심이 나게 마련이다. 이런 저런 생각에 샷이 늦어지게 되는데, 처음 기억 속에 활성화되었던 타깃이 다른 정보에 의해서 밀려나게 된다. 막상 스윙 순간에는 기억되어 있는 타깃이 없고, 잡념만이 가득하다. 타깃 없이 볼을 치게 되므로 미스할 확률이 높아질 것이다.

5) 퍼팅에서의 타깃

휴지통에 볼 던지기 실험에서, 지름이 50cm인 휴지통과 지름이 1m인 휴지통을 놓고 실험을 해 보자. 입이 큰 휴지통이 던지기가 편하고 크게 신경 쓰지 않아도 잘 들어간다. 그러나 결과적으로는 지름이 작은 휴지통에 던졌을 때가 휴지통의 중심으로부터 벗어나는 정도가 작다. 타깃이 작을수록 주의집중이 잘 되므로 정확도가 높아지기 때문이다.

퍼팅에서의 타깃은 당연히 홀이다(경사도가 없는 경우. 경사가 있는 경우에는 가상의 홀이 타깃이 된다). 롱 퍼팅의 경우, 홀 주위 1m 이내에 붙인다는 생각으로 치면 긴장감이 덜해지므로 좋은 결과를 얻을 수 있다고 한다. 그럴 수도 있을 것이다. 이 경우 홀 주위 반경이 1m인 원주를 마

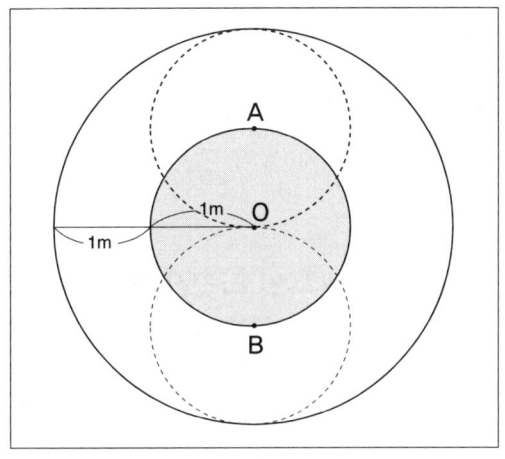

표 ❸-1 홀 타깃

음속으로 그려야 하고, 이 원주를 타깃으로 한다고 하자. 원의 중심인 홀을 타깃으로 하면 문제가 없으나, 원의 가장자리인 A 또는 B가 타깃이 되는 경우 그 점을 중심으로 하는 반경 1m의 원이 생기므로, 홀을 중심으로 계산하면 반경이 2m가 되는 원이 타깃이 되는 결과가 된다. 그러면 홀을 타깃으로 하는 경우에 비해 타깃의 면적이 4배가 되고, 에러 확률이 4배가 되는 셈이다. 이런 타깃 설정 에러는 쇼트 게임에서도 동일하게 적용될 것이다.

형식논리인 것 같지만 우리 시각능력은 매우 정확하므로, 입력된 대로 동작에 반영됨을 알아야 한다. 1m 주위에 붙인다는 생각 자체

가 형식논리적이다. 그 원의 중심은 바로 홀이기 때문이다. 홀을 타 깃으로 하지 않는다면 도대체 어디를 타깃으로 삼을 것인가? 그냥 1m 원 안에 넣는다는 생각은 커다란 타깃에 치는 것과 같다. 사격이나 양궁에서 '불스 아이(bull's eye, 과녁판의 중심 10점짜리 표적)'가 아닌 5점짜리 표적을 보고 쏘는 선수는 아마 없을 것이다.

다시 강조하지만 우리의 시각능력은 대단하다. 홀을 주시함으로써 매우 정확한 거리정보가 입력된다. 그리고 드라이버와 같은 롱 샷의 타깃이 나뭇잎 같은 작은 물체여야 하는 것처럼, 홀을 타깃으로 하되 홀 중앙에 삐죽 튀어나온 잔디자락 같은 것에 주의를 집중하는 것이 좋은 방법이다. 실제로 연습장에서 실행해 보라. 생각했던 것보다 그 효과가 뛰어남에 놀랄 것이다.

5 골프에서의 타깃은 볼이 아니다

1) hit와 swing의 차이

골프에서의 타깃은 볼을 보내고자 하는 위치이며, 볼이 타깃이 되어서는 안 된다. 이는 실제로 커다란 차이가 있다. 흔히 지적하는 예로써, "볼을 치지(hit) 말고, 스윙(swing)하라."는 말이 있다. 초보자들은 그 말뜻을 이해하기가 쉽지 않을 것이다. 이를 정확하게 표현하면, "볼을 맞추려 하지 말고, 볼을 타깃에 보낸다고 생각하라."이다. 이 두 개의 동작은 행위의 유형이 다르다. 여기에서 골프 스윙의 정의를 확인할 필요가 있다. '골프 스윙은 현재의 볼 위치에서 타깃으로 잡은 특정 지점에 볼을 보내는 동작'이다.

심리학 연구가 우리에게 주는 이점은 무의식적인 행동에 대하여 설명을 해 준다는 사실이다. 우리의 행동은 의식적인 부분보다 무의식적인 부분이 훨씬 많기 때문이다. 의식이 차지하는 부분은 바다에

떠 있는 빙산의 일각보다 작을지 모른다. 그럼에도 불구하고 우리는 의식적인 행동이 전부인 것처럼 생각하여, 실제 무의식적으로 발생되는 많은 현상들을 의식적인 수준에서 처리하려고 하기 때문에 많은 에러와 혼란을 초래하는 것이다.

위 두 개의 동작-hit와 swing-도 우리가 의식하지 못하는 부분이지만, 분명 우리 뇌에는 다른 행위단위로 등록되어 있는 것이다. 가장 알기 쉬운 예를 들어 보자. 연습장에서 볼 없이 스윙하는 경우에는 누구든지 멋진 폼이 나오지만, 볼을 놓고 치면 영락없이 이상한 폼-연습 스윙과는 다르다는 의미-이 되곤 한다. 프로들이 연습 스윙 때나 실제 스윙 때나 폼이 동일한 것은 하나의 행위단위에 의해서 스윙하기 때문이다. 행위단위가 다르다고 하는 것은 동작 형태가 다르고, 따라서 사용되는 근육의 종류와 강도가 다르다는 의미이다. "요즘 스윙이 잘 안 돼."라는 말은, 스윙이 아니고 볼을 맞추려고 한다는 의미로 해석하면 큰 무리가 없을 것이다.

이렇게 행위단위가 달라지는 근본적인 이유는, 자극이 무엇이냐? 즉, 무엇을 타깃으로 하는가에 달려 있는 것이다. 그린 위의 깃대를 향하여 볼을 보낸다는 생각은 '골프 스윙'이란 행위단위에 접속이 될 것이며, 볼을 맞춘다는 생각은 '클럽으로 볼 맞추기'라는 행위단위에 접속이 될 것이다. 이런 의미에서 골프 타깃의 중요성이 있는 것이며, 그것은 골프에서 근본적인 요소라고 할 수 있다. 행위 유형을 결정하기 때문이다.

2) 타깃은 기억 속에서 계속 유지되어야 한다

이러한 타깃의 중요성에 비하여 이를 정확히 의식하고 골프 스윙을 하는 사람은 그리 많지 않을 것으로 생각된다. 샷 준비단계에서 타깃을 설정하고, 어드레스에 들어서면 눈앞의 볼이 타깃으로 둔갑하는 경우가 많이 생긴다.

첫째는, 골프 스윙은 '볼을 맞추는 것'이란 그릇된 관념이다. 타깃의 설정은 볼을 치기 위한 부수적인 절차라고 생각하는 경우이다. 주객이 전도된 경우이다. 이러한 잘못된 관념은 골프 스윙이란 행위단위로 연결시키는 데 근본적인 장해 요인으로 작용한다.

둘째는, 볼에 집중한 나머지 당초의 타깃이 단기 기억상자에서 밀려나는 경우이다. 계속하여 주의를 기울이지 않으면 타깃 대신에 다른 기억들이 언제든지 자리를 차지해 버린다. 특히 초보자들은 볼에 대한 집중이 강하여, 진짜 타깃을 망각하는 경우가 많을 것이다. '볼+클럽+타깃 = 골프 스윙'에서 타깃이 빠지면, '볼+클럽 = 볼을 친다'로 행위단위가 변경될 것이다.

우리의 동작은 현재 머릿속에 입력되어 있는 정보에 의하여 이루어지게 되어 있다. 가끔 의식하지 않은 동작이 튀어나와서 스스로 의아하게 생각하지만 무의식적인 기억이 그 당시 뇌에 자리잡고 있었고, 그것에 의하여 행동이 유발되었던 것이다. 전혀 이상할 것이 없고, 분명 우리 뇌 속에서 정해진 절차에 따라 처리되었던 것이다. 단지 그것은 우리가 의식하지 않았던 부분일 뿐이다.

흔히 어드레스 상태에 들어가면 시각을 통한 여러 정보와 함께 의식하지 않은 기억들 — 과거 실패에 대한 기억, 실패에 대한 두려움, 미래에 대한 기대 등 — 이 동작 수행을 방해하여, 타깃에 대한 기억이 약해지거나 변할 수 있다. 이를 방지하기 위해 지체 없이 스윙하는 것이 바람직하다.

더욱이 골프 스윙은 동작 순간에는 타깃을 보지 못하는 자세가 되므로, 일시적으로 타깃에 대한 정보가 차단된다. 하지만 뇌에 타깃에 대한 기억이 계속 활성화되어 있으면 그것으로 충분하다. 타깃에 대한 정보는 다른 간섭이 없으면 약 20여 초 동안 유지된다고 한다. 쇠는 뜨겁게 달구어졌을 때 치라고 하였다. 모든 샷은 타깃에 대한 기억이 가장 활성화되어 있을 때 이루어져야 한다.

이런 점을 고려하여 아마추어 골퍼들에게 다음과 같이 어드바이스 하고 싶다.

- 어드레스 후, 마지막으로 타깃을 확인하라.
- 시선을 볼에 맞추어라.
- 바로 스윙하라.

잠깐 언급하였듯이 골프 스윙은 타깃을 왼쪽에 두고 이루어지므로, 스윙 동작 시 타깃을 볼 수 없게 된다. 샷의 정확도를 높이기 위해서는 타깃에 대한 기억을 가급적 생생하게 유지하는 방법이 필요할 것이다.

어떤 사람은 안테나라든가 긴 막대기를 보면 항상 그린 위의 깃대를 연상하고, 작은 구멍이 있으면 홀로 생각하여 그 안으로 볼이 굴러 들어가는 것을 마음속으로 그려본다고 한다. 그러면 실제 경기에서 크게 주의를 기울이지 않아도 깃대나 홀이 선명하게 보인다고 한다.
벽에 작은 점을 그려놓고 이를 주시하는 방법이나, 명상법 등을 통한 정신집중 훈련은 타깃에 대한 집중력 향상에 많은 도움을 줄 것이다.

6 헤드 업과 시각 피드백

필자가 전방에서 근무하던 시절, 겨울이 되면 땔감으로 장작을 패는 경우가 많았다. 나무의 한쪽 끝을 왼발로 고정시키고 다른 쪽 끝을 향하여 도끼로 내리치면, 큰 힘을 들이지 않아도 장작이 두 쪽으로 갈라지는 것이 매우 통쾌하고 재미있어서 자원해서 그 일을 하곤 하였다. 처음에는 골프에서 뒷땅치듯이 빗나가는 경우가 많았는데, 점차 숙달이 되면서 그저 아무 생각 없이 나무 끝을 보고 내려치기만 하면 생각보다 장작 중앙에 도끼날이 떨어지는 횟수가 많았다. 의식적으로 장작 중앙 부분을 치려고 노력했던 초기에는 오히려 빗나가는 경우가 더 많았다. 당시 장작 패는 재미와 함께 기술이 많이 늘었다는 생각은 들었지만, 그 뒤에 숨은 의미는 알지 못했다.

 망치로 못을 박는 실험에서 망치를 내리치는 순간 전등을 끄면 이미 개시된 동작의 운명은 어떻게 될까? "이미 동작이 개시되어 망치를 든 손은 일정한 방향으로 가속되고 있는데, 현재의 동작 행로에서 발생되는 오류를 수정할 수 있는 기회가 있는가?"의 문제로서, 학자들이 약 100년간 질문을 제기해 온 문제라고 한다.
 위 실험결과 전등을 끈 경우보다 전등을 켠 채로 동작을 수행하였을 때, 수행결과가 우수하였다고 한다. 이는 동작 진행 중의 오류가 시각 피드백에 의하여 수정되었다는 결론이다. 느린 움직임에 있어서는 언제든지 시각 피드백에 의한 수정이 가능함은 물론이다.

 처음 골프를 배우는 사람들이 골프 스윙을 '볼을 맞추는 행위'로

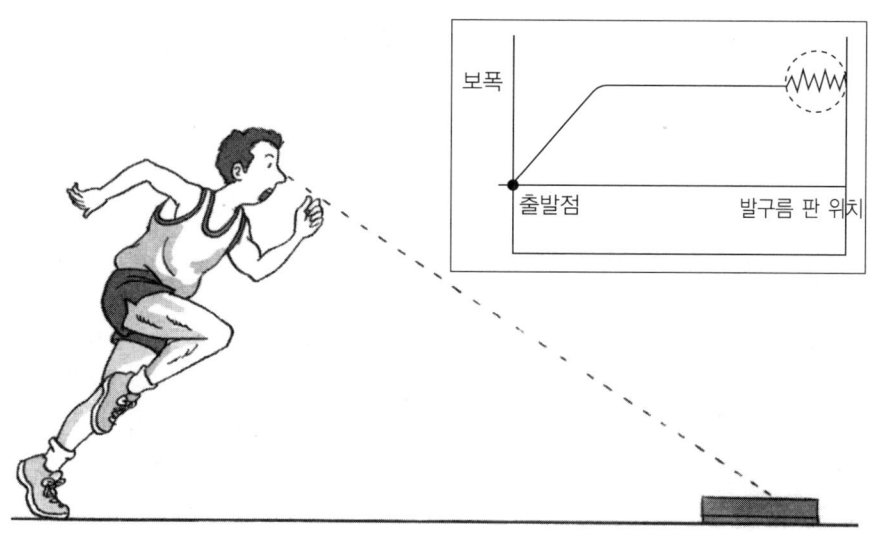

그림 ❸-5 멀리뛰기

인식하게 되는 이유 중 하나는 엄청나게 빠른 속도로 내려오는 조그만 클럽 페이스를 조그만 볼에 맞추어야 한다는 강박관념 때문이라고 생각한다. 누구나 할 것 없이 어드레스를 전후하여 클럽 페이스를 가상의 타깃 라인에 직각으로 예쁘게 맞추어 놓고, 다운스윙 시 어드레스 때와 똑같이 맞아주기를 기대한다. 그래서 손과 팔을 이용하여 어떻게 해서든지 정확히 맞추려고 노력하는 것 같다.

위 실험에서와 같이 골프 스윙도 '고정된 물체(볼)로의 빠른 움직임(다운스윙)'에 해당되는데, 다운스윙 중의 오류가 시각 피드백에 의해 수정되는가를 알아볼 필요가 있다. 우선 이해를 돕기 위해 멀리뛰기에서의 시각적 피드백에 대하여 알아보자.

멀리뛰기는 도움닫기의 속도를 최대로 하면서 발구름을 얼마나 정확하게 하는가가 기술의 핵심이다. 규칙상 발이 발구름 판 앞으로 나가면 파울이 되기 때문에 어떤 조건하에서도 정확하게 발을 내딛는 것이 중요하다. 그림 3-5에서 보는 바와 같이 초기 5~6보 동안은 보폭이 점차 증가하다가 6보 이후에는 거의 비슷한 보폭으로 도움닫기를 한다. 그러나 발구름 전의 6보는 상당한 보폭 차이를 보이는데, 이는 선수가 발구름 판을 정확히 구르기 위해 보폭을 조정하는 것으로 설명할 수 있다. 시각이 선수와 발구름 판 사이의 거리정보를 파악하여 뇌에 전달하면, 선수가 구름 판을 향하여 매우 빠른 속도로 움직이고 있는 상황에서도 뇌는 이 정보를 분석하여 사지에 필요한 움직임, 즉 보폭을 조정하는 일을 지시하는 것으로 설명될 수 있다.

위의 망치질이나 장작패기의 예처럼, 다운스윙 시의 클럽헤드와 볼과의 정확한 접촉을 위하여 시각 피드백이 작용하며, 이는 볼과 시각이 일정한 거리를 유지함으로써 이루어진다고 설명할 수 있다. 볼과 눈 사이의 거리가 조금이라도 바뀌면, 우리가 인식하지 못할 정도의 미세한 움직임이 이를 수정할 것이다. 그러므로 정확한 타격을 위해서는 볼에서 눈이 떨어져서는 안 되며, 볼과 눈 사이의 거리가 일정하게 유지되어야 할 것이다. 이런 두 가지 요건만 갖추어지면 그 조그만 볼을 어떻게 정확히 맞추어야 하는지 노심초사할 필요가 없는 것이다. 이제부터는 한 가지 걱정거리를 덜었으므로 편안한 마음으로 스윙할 수 있을 것이다.

 파워와 정확성을 겸비한 스윙을 구사하는 캐리 웹의 어드레스 시 헤드의 위치는 볼 뒤 10cm 정도이며, 타깃 라인과 일치하지도 않는다. 일반 골퍼들은 상상하기 어려운 일이다. 그렇게 하고도 임팩트 때 볼을 제대로 맞출 수 있을까?
 어드레스 시의 클럽헤드 위치는 중요하지 않다. 오히려 백스윙을 편하게 할 수 있다면 볼 뒤 10~20cm에 두어도 관계없다. 클럽헤드는 다운스윙 시 시각 피드백에 의하여 조정되기 때문이다. 중요한 것은 어드레스 시의 헤드의 위치가 아니라 스윙 내내 시선을 볼 위에 두고, 그 간격을 유지시키는 일이다. 스윙 역학적으로 보면 스윙 궤도와 축을 올바르게 가져가는 일과 같다.

 다운스윙 시 시각 피드백에 대한 증거는 스윙이 잘못되었을 경우 명백하게 나타난다.
 가끔 스윙이 무너졌을 때, 임팩트를 전후하여 왼팔이 쭉 뻗어 주지 못하고 닭 날개처럼 접혀지는 경험을 한 적이 있을 것이다. 아마추어 골퍼들의 가장 흔한 에러로서, 하체보다 상체가 먼저 움직이는 경우이다. 상체가 먼저 움직이게 되면 볼과 눈과의 거리가 가까워지므로 다운스윙의 궤도가 변해야 한다. 이러한 사실은 시각적 피드백에 의해서 즉각 감지되고, 이를 수정하기 위하여 왼팔을 움츠림으로써 스윙 궤도를 맞추려는 동작이 나오는 것이다.
 볼의 위치를 너무 왼발 쪽으로 두는 경우에도 비슷한 현상이 발생한다. 다운스윙이 정상적인 궤도를 타고 오다가 볼이 궤도 앞쪽에 위치한 것을 감지하게 되면 볼을 맞추기 위해 스윙 궤도를 수정해야 하는데, 우리 인체가 가장 쉽게 처리할 수 있는 방법은 손을 조작하거나 상체를 앞으로 내미는 것이다. 잘못된 볼 포지션도 시각적 피드백을 작동시켜 스윙을 복잡하게 한다.

제4장

마법의 단기 기억상자

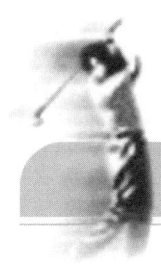

제4장
마법의 단기 기억상자

우리는 동작의 수행에 필요한 정보를 시각, 청각 또는 촉각과 같은 다양한 감각기관을 통하여 받아들인다. 특히 시각을 통한 정보 유입이 운동 수행에 있어서 가장 중요하다고 하였다. 전장에서 본 바와 같이 이러한 다양한 정보들은 감각분석기와 지각분석기를 통하여 자극정보의 의미를 분석하게 된다. 분석된 정보는 행위 시스템과 운동 시스템으로 넘겨져 필요한 행동을 실현하게 될 것이다. 이 장에서는 정보가 입력되어 행위 시스템으로 넘어가기 전까지 뇌에서 어떠한 처리 과정을 거치는지 알아보기로 하자.

 마음과 행동을 읽는 열쇠 – 단기 기억상자

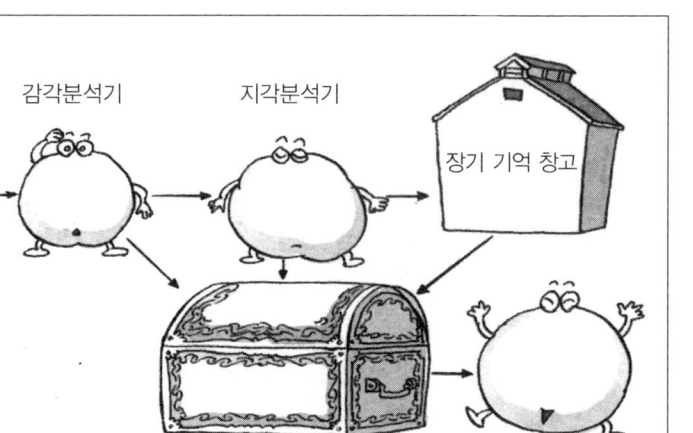

그림 ❹-1

가령 시각을 통하여 입력된 자극정보는 각 분석기의 신경회로를 경유하여 장기 기억에 연결되는데, 특정 자극과 관련되는 신경마디가 활성화됨으로써, 우리는 그 자극정보의 의미를 인식하게 된다. 이러한 신경마디의 활성화는 별도의 주의를 기울이지 않으면 단기간(18~24초) 지속되기 때문에 '단기 기억'으로 명명되고 있는데, 실제로 우리 뇌 안에 별도의 저장고가 있는 것은 아니고, 각 감각기나 장기 기억의 특정 신경마디가 활성화된 부분을 가리킨다.

그리고 활성화된 마디는 현재 의식하고 있는 부분을 가리키므로 이를 '활동기억(short term working memory)'이라 부르기도 한다. 이해의 편의상 단기 기억을 위한 가상의 공간이 존재한다고 가정하고, 이를 '단기 기억상자'라고 하자.

단기 기억상자의 중요성은 여기에서 가장 활성화된 정보가 바로 다음 단계인 동작으로 연결되는 중간 과정이기 때문이다. 그 당시 단기 기억상자 내에 어떤 정보가 들어 있었는가에 따라 동작이 결정되는 것이다.

예컨대 단기 기억상자 내에 우동이란 자극이 들어가면 젓가락을 들고 먹는 동작으로 연결되며, 스테이크 자극이 들어오면 포크와 나이프를 들고 스테이크를 자르는 동작을 하게 되는 것이다. 골프에서도 드라이버, 아이언, 퍼팅 등 모든 골프 스윙의 결과는 당시 단기 기억상자 내에 어떠한 정보가 들어 있었느냐에 의해서 결정되는 것이다. 즉, 단기 기억상자 내에 그립, 백스윙 시 손의 위치, 무게중심의 이동 등의 스윙 메커니즘이나 실패에 대한 두려움이 가득 차 있다면 골프 스윙은 이루어지지 않는다. 단기 기억상자 내에 타깃 정보가 입력되어 있으면 골프 스윙으로 이어진다.

그림 4-2에서 보는 바와 같이 단기 기억상자에 타깃이 들어 있으면 그 다음 단계인 행위 시스템으로 넘어가 동작을 계획하고 실행하지만, 단기 기억상자에 그립, 백스윙, 불안 등이 입력되어 있으면 그 다음 동작인 스윙으로 연결되지 못하게 되는 것이다. 골프 심리학에

그림 ❹-2

서 발생하는 모든 현상은 이 기본 틀에 의해 설명될 수 있으므로, 단기 기억의 개념을 명확하게 이해할 필요가 있다. 단기 기억상자란 개념은 골프 심리학의 비밀을 간직하고 있는 마법의 상자라고 할 수 있다.

2 단기 기억의 용량

 단기 기억은 현재 각 분석기와 장기 기억 창고에서 상당한 정도로 활성화되어 있는 신경마디의 집합이라고 할 수 있다. 장기 기억의 용량은 무제한인 것으로 알려져 있으며, 단기 기억의 용량은 제한되어 있다고 한다.

페어웨이에서 그린을 슬쩍 쳐다보자. 우선 그린의 모습과 깃대, 깃발, 주위의 벙커, 나무들, 퍼팅 중인 앞 팀 선수들 등 상당히 많은 정보들이 시각을 통하여 입력된다. 이들 정보는 상당 부분 감각기를 거치면서 소멸되고, 주의를 기울인 정보만 우리가 인식하게 되는 것이다. 그렇다면 한 번에 인식할 수 있는 정보의 양은 얼마나 될까? 이것이 단기 기억의 용량 문제이다.

제본스라는 사람은 접시에 콩을 던진 후 접시 위에 놓인 콩의 수를 세었는데, 콩이 3~4개 있을 때는 실수가 없었는데, 콩의 수가 많아짐에 따라 판단이 부정확하였다고 한다. 에르드만은 알파벳 문자를 0.1초 동안 제시하였을 때 4~5개 정도를 기억하여 보고할 수 있었다는 실험을 한 바 있다.

이들 연구는 의미 없는 자극들을 사용한 케이스이며, 의미 있는 자극을 사용하면 조금 더 잘할 수 있을 것으로 생각한 밀러라는 학자는 즉각 파악할 수 있는 양은 7±2개라고 하였다. 이때의 기본 단위를 청크(chunk)라 하였으며, 이는 '의미 있는 덩어리'를 의미한다고 하였다.

예컨대 사람들은 의미 없는 알파벳 문자 7개를 기억할 수도 있지만, 세 개의 문자로 된 단어도 7개-모두 21개의 알파벳이 될 것임-기억할 수 있다고 한다. 전화번호의 숫자가 처음에 7자릿수로 만든 것도 이러한 기억능력을 감안한 것이다. 그러나 전화번호도 그것을 의미있는 청크로 묶으면, 여러 개를 일시에 기억할 수 있을 것이다. 예컨대, 031-280-8282, 001-82-2-234-1212 등.

이후 연구에서는 숫자 7이 절대적인 수가 아님을 시사하고 있다. 주의를 집중하거나 의미가 복잡한 경우에는 단기 기억이 처리할 수 있는 용량단위가 줄어들게 된다. 단어를 7개 기억할 수 있어도 문장인 경우에는 2~3개 정도밖에 기억할 수 없다는 것이다.

이와 같은 단기 기억의 제한된 용량이 일상생활에서 갖는 의미를 보면, 일시에 많은 것을 생각할 수 없다는 사실이다. 한꺼번에 많은 것을 기억할 수 있다면 업무 처리나 단어 외우기 등에 유리할 것 같은 생각이 든다. 하지만 그것은 인체 구조상 불가능하다. 현재의 기억 용량보다 더 커진다고 하면, 우리 뇌가 정상적으로 가동하기 위한 산소와 영양분의 공급이 추가되어야 하므로, 심장이나 허파의 용량이 지금보다 커져야 한다. 그렇지 않으면 우리는 평상시에도 100m 달리기를 하는 것처럼 가쁘게 숨을 쉬어야 할지 모른다.

이러한 점을 종합적으로 고려하여, 신은 인간의 단기 기억의 용량을 다른 인체 구조와 균형 있게 작동되도록 만든 것이다. 문제는 정해진 용량을 얼마나 효과적으로 가동시키는가이다. 용량이 제한되어 있으므로 우리가 원하는 동작을 얻기 위해서 꼭 필요한 정보만을 입력시켜야 할 것이다. 이는 골프뿐 아니라 우리의 모든 일상 동작에도 그대로 적용된다. 골프를 배우거나 게임 중에 잡념이 가득하면 효과적인 동작이 산출되지 않을 것이다.

3 단기 기억과 주의집중

단기 기억의 용량이 정해졌다고 하는 사실은, 스포츠 동작에서는 역설적인 의미를 갖는다. 모든 스포츠는 집중력 정도에 의해서 성패가 좌우된다고 해도 과언이 아닌데, "생각을 적게 할수록, 집중을 더 많이 할 수 있다."는 것이다. 용량을 7로 했을 때, 생각을 적게 하여 1~2개 정도로 줄이면, 각 정보에 대하여 보다 많은 주의를 기울일 수 있기 때문이다.

독자인 자녀를 두고 있는 경우에는 너무 많은 주의를 기울여서 문제가 생길 수 있는 반면, 아이들이 많으면 각각의 아이들에게 미치는 부모의 손길이 적어질 수밖에 없는 것과 같다.

이러한 기본 개념을 다음의 그림을 통하여 알아보자. 그림에서 보듯이 3개의 직육면체의 부피는 동일하다. 즉, 단기 기억의 용량은 일정하다. A는 보통의 경우의 단기 기억 용량의 모습이라 할 수 있으며, 대략 7개 내외의 정보를 담을 수 있다. 이 중 몇 개의 단위가 활성화되면 B에서 보듯이 정보의 양은 줄어들지만 깊이가 커진다. 이는 각 정보에 대하여 깊은 처리가 이루어진다는 의미이며, 주의집중이 되었다고 할 수 있다. C에서는 단 하나의 신경마디만 활성화되어 있으며, 그 마디에 대하여 강한 주의집중이 이루어지고 있는 모습이다. C의 경우에는 그 정보에 의하여 동작이 이루어질 확률이 매우 높은 반면, A에서는 여러 개의 정보가 서로 경합하고 있는 상태이므로 몇 가지의 동작 가능성이 있는 경우이다. 그 정보는 동작에 도움이 될 수도 있고 그렇지 않을 수도 있다(자세한 내용은 '주의와 각성' 참조).

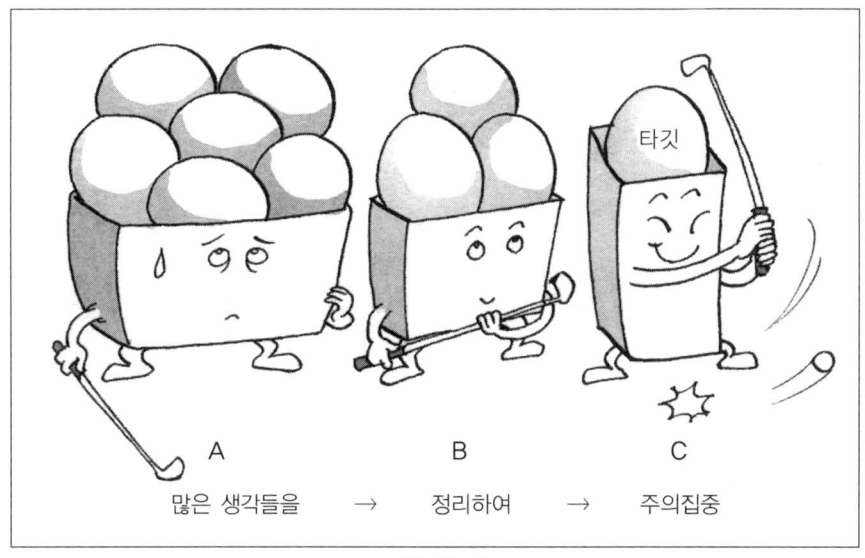

그림 ❹-3

제5장

골프는 집중력의 게임이다

제5장
골프는 집중력의 게임이다

앞장에서 소개한 단기 기억상자는 인간의 마음과 행동을 읽을 수 있는 마법의 상자라 하였다. 주의집중이란 단기 기억상자에 들어 있는 자극정보 중 특정 신경마디가 활성화되는 것을 의미한다. 이러한 주의집중의 문제는 골프를 포함한 모든 스포츠에서 매우 중요한 요소로 간주되고 있으므로, 이에 대해 자세히 알아보기로 하자.

 1   주의집중(concentration)이란?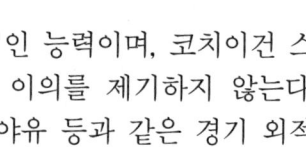

주의집중은 모든 스포츠 선수들의 필수적인 능력이며, 코치이건 스포츠 심리학자이건 이의 중요성에 대하여 이의를 제기하지 않는다. 그리고 주의집중 능력이란 관중의 환호나 야유 등과 같은 경기 외적인 요인과 개인의 감정 상태 등 내적인 자극에 영향을 받지 않고 주어진 과제에 주의의 초점을 유지하는 능력을 말한다. 특히 양궁이나 골프와 같은 정적인 게임에서는 특별한 의미를 가진다.

골프에서도 주의집중의 중요성에 대해서는 아무리 강조해도 지나치지 않지만 과연 주의집중이 무엇이며, 어떻게 하는 것인지에 대해서는 그다지 명확하지 않은 것 같다.

사람들은 집중이라는 말을 그다지 좋게 생각하지 않는 것 같다. 집중은 긴장을 연상시키기 때문이다. 선생님이 주의가 산만한 학생에게 수업에 집중하라고 하면 학생은 집중하려고 애쓰지만 거의 그렇게 하지 못한다. 집중하려고 노력하는 것은 집중이 아니다. 집중이란 '주의 초점을 과제에 맞추는 것'이다. 이를 가장 잘 이해할 수 있는 예는, 어린아이들이 장난감을 갖고 놀 때이다. 어린아이들은 노는 순간만큼은 옆에서 누가 뭐라 해도 들리지 않으며, 누구로부터도 방해 받으려 하지 않는다. 자기가 지금 하고 있는 일에만 몰두해 있다. 이것이 주의집중이다.

그리고 어린아이는 자기가 지금 무엇을 하고 있는지 알고 있을 것이다. '자기가 지금 무엇을 하고 있는지 알고 있는 것', 이것이 바로 주의집중이다. 이를 분석해 보면,

첫째, 주의집중은 현재의 상황에 대한 것이다(here & now). 마음이 과거나 미래에 있다면 현재의 과제를 효과적으로 수행할 수 없음을 경험적으로 알고 있을 것이다. 과거의 미스 샷을 생각하거나, 미래의 점수나 우승을 생각하지 말라는 것은 골프의 철칙이다. 주의집중은 마음을 현재의 과제에 붙들어 매두는 것이다.

1992년 혼다 클래식 3라운드 후, 2타 차의 선두로 나선 프레드 커플스는 선두로 나서는 것이 반드시 좋은 일은 아니었다고 한다. 선두에 나서면 당연히 우승(미래의 사건)을 염두에 두면서 플레이를 했는데, 한 번도 생각대로 된 적이 없었다고 한다. 그래서 항상 현재의 샷에 대해서만 집중한다고 했다. 현재의 샷 이외에 다른 생각에 주의를 집중하면 플레이가 잘 안 된다는 것이다.

둘째, 주의집중은 항상 선택을 요한다. 그래서 주의집중을 선택적 주의(selective attention)라고 한다. 우리가 무엇인가를 더 잘 보고 싶고, 더 많이 알려고 하면 그 대상에 대하여 주의의 초점을 기울여야 한다. 숲을 보다가 그 숲 속에 있는 특정 나무를 보고 싶으면 그 나무에 주의를 기울여야 하며, 그 나무의 잎사귀가 어떤 모양인지 알려면 주의를 더 많이 기울여야 하는 것과 같다. 선택되지 않으면 집중되지 않으며, 집중되지 않으면 동작으로 연결되지 않는다.

셋째, 무엇인가를 배우기 위해서는 반드시 주의집중이 필요하다. 이는 우리의 뇌와 신경회로의 구조상 그렇다. 주의집중이란 단기 기

억상자에 입력된 정보 중에서 특정 정보가 활성화되는 현상에 다름 아니다. 그러므로 집중을 하려면 필요한 정보를 우선적으로 단기 기억상자에 입력시켜야 할 것이다. 강의시간에 어제 여자친구와 다툰 것을 생각하고, 강의 후 만나서 화해를 해야겠다고 생각한다. 그 학생의 단기 기억상자에는 여자친구의 얼굴이나 어제 싸웠던 일(과거), 만나서 할 애기(미래) 등의 정보만이 입력되어 있기 때문에 선생님의 강의 내용(현재)은 전혀 입력되지 않았을 것이다. 당연히 집중도 없다. 집중을 하지 않으면 우리는 아무 것도 알 수 없으며, 배울 수 없다.

영어단어는 그 단어 자체에 주의를 집중하면 우리 뇌에 어렵지 않게 기억되지만, 100번의 스윙을 해도 매 샷 집중을 하지 않으면, 우리 뇌는 아무 것도 기억하지 못할 것이다. 거의 개선이 이루어지지 않는다.

주의집중은 비단 골프의 문제만은 아니다. 우리가 태어나면서부터 이제까지 배우고 이룩한 것은 모두 주의집중을 통하여 얻어진 것들이다. 주의집중이 되지 않으면 무엇이든지 배울 수 없고, 무엇이든지 잘할 수 없기 때문이다.

2 주의집중의 메커니즘

이러한 주의집중이 단기 기억상자 내에서 어떻게 일어나고 있는지 알아보기로 하자.

단기 기억상자에는 7개 정도의 기억정보가 들어갈 수 있다고 하였다. 주의집중이라고 하는 것은 우리가 필요로 하는 행동을 위하여 단기 기억상자에 입력된 기억 중, 특정 정보에 주의를 기울이는 것을 말한다. 골프에서는 타깃이 주의를 집중시켜야 할 정보가 될 것이다. 이러한 집중은 의식적으로 이루어지는 경우도 있으나, 무의식적으로 이루어지는 경우도 많이 있다.

그림 ❺-1

해변가에 누워 아무 생각 없이 바다를 바라본다. 시각에는 파도, 갈매기, 구름, 서핑하는 사람들 등이 정해진 용량 범위 내에서 인식될 것이다. 이때 각 정보들은 특별한 주의를 기울이지 않은 상태이므로 활성화 정도가 동일하다. 이때 선글라스를 낀 아름다운 여성이 앞을 지나간다고 하자. 그 여성이 파도보다는 많은 주의를 끌게 될 것이다. 우리의 시선은 상당 부분 그 여성에게 쏠릴 것이며, 그 여성에게 주의가 집중되었다고 할 수 있다. 주의가 집중되는 경우에는 관련 신경마디의 활성화 정도가 다른 신경단위보다 높아지며, 단기 기억상자에서 차지하는 비중이 커지기 때문에 단기 기억상자에는 7개보다 적은 수의 정보가 유지된다. 가령 그 여성에게 주의를 집중하는 동안에는 처음에 단기 기억상자에 들어와 있던 서핑하는 사람들이나 갈매기는 보이지 않게 된다.

조금 전의 여성이 이번에는 비키니를 입고 지나간다면, 이번에는 조금 전보다 그 여성에 대한 주의 정도가 더 높아질 것이다. 신경마디의 활성화 정도가 더욱 커져 단기 기억상자에는 2~3개 정도의 정보만이 유지될 수 있게 된다. 만약에 그 여성이 어떤 이유인지는 몰라도 비키니마저 입지 않았다고 가정하면, 우리의 단기 기억상자에는 오직 하나의 마디만이 활성화되어 있을 것이며, 다른 어떤 정보도 들어올 여유가 없어지게 되는 것이다. 머릿속에는 온통 그 여성에 대한 이미지로 가득 차 있을 것이다.

위 사례에서 본 바와 같이, 주의집중이란 단기 기억상자에 들어와 있는 특정 정보를 효과적으로 처리하기 위하여 다른 몇 가지 정보를 포기하는 것이라고 할 수 있다. 그리하여 어느 시점에 특정 정보만이 단기 기억상자에 입력되어 있는 상태를 말한다.

3 골프에서의 '주의집중'

1) 사례를 통해서 본 주의집중

골프에서의 주의집중은 '타깃에 대한 주의집중'을 의미하는데, 단기 기억 내의 타깃 정보가 다른 정보보다 활성화될 수 있도록 하는 것이며, 타깃과 무관한 정보들이 활성화되지 않도록 의식적으로 노력하는 것을 말한다. 이에 대해서는 프리샷 루틴에서 자세히 다루기로 하고, 여기에서는 위대한 골퍼들의 사례를 통하여 주의집중의 의미를 살펴보기로 하자. 먼저 골프 역사상 집중력의 대명사로 알려진 잭 니클러스의 예를 들어 보기로 한다.

잭 니클러스가 프로 데뷔 2년 차에 아널드 파머와 마지막 조에서 플레이할 때였다. 그 당시 아널드 파머는 골프 경기가 TV를 통하여 생중계되면서, 호남형의 외모(당시에는 아널드 파머와 같은 스타일을 미남형으로 보았다)와 공격적인 플레이로 전국적인 스포츠 영웅으로 대접받고 있던 때였다. 그의 팬들은 아널드 파머의 경기가 있을 때마다 구름처럼 몰려들어, '아니의 군단(arnie's army, '아니'는 아널드

그림 ❺-2 "이것이 주의집중이다."

의 애칭)'으로 불렸다. 그런 절대적인 인기 속에서 아널드 파머는 일방적 응원을 받은 한편, 풋내기 잭은 일방적 야유 속에서 게임이 진행되었다. 그날 따라 아널드 파머는 일방적으로 승리할 것이란 팬들의 기대에 부응치 못하고, 경기 내내 끌려다니다가 결국 18번 홀에 이르러 잭 니클러스의 우승 퍼팅만을 남겨두는 상황에 이르렀다. 경기 내내 아널드 파머의 부진을 안타까워하던 팬들은 분노가 폭발하여, 퍼팅 중임에도 불구하고 소리를 질러댔다. 자신들의 영웅이 뚱뚱보 풋내기한테 진다는 것은 상상하기조차 싫은 일이며, 여간 자존심 상하는 일이 아니었으리라. "야, 이 뚱보 녀석아, 네가 그 퍼팅을 넣을 수 있을 것 같아(당시 잭은 그의 비대한 몸집 때문에 별명이 뚱보였다)?" 등등 잭에게 갖은 야유를 퍼부었다.

그러나 잭은 조금도 동요하지 않고 퍼팅을 성공시켜 우승컵을 안게 되었다. 경기가 끝난 후, 기자들은 "갤러리들의 야유와 함성 속에서 어떻게 어려운 퍼팅을 성공시킬 수 있었느냐?"고 묻자, 잭은 아무 것도 몰랐다는 듯이 이렇게 반문했다. "갤러리요, 무슨 갤러리?" 이는 잭 니클러스의 놀라운 집중력을 말해 주는 사례로서, 여러 사람에게 회자되고 있는 에피소드이다.

집중력하면 벤 호건을 빼놓을 수 없을 것이다. 그는 자신의 게임에 너무 열중한 나머지 필드에서 동반자가 누구인지 관심을 두지 않았다고 하며, 말을 거는 일은 더더구나 없었다고 한다. 점수판은 절대로 쳐다보지 않았다고 하며, 갤러리들조차도 그가 웃는 모습을 보기 어려웠다고 한다.

한 번은 호건이 부치 하먼의 아버지인 클라우드 하먼과 같은 조로 플레이를 하고 있을 때였다. 하먼이 홀인원을 하였으나, 호건은 늘 그랬듯이 아무 말도 하지 않았다. 그 다음 홀로 이동한 호건은 캐디에게 물었다.

"누가 먼저 쳐야 하지?"

요약하면, 골프에서 싸워야 할 적은 바로 나 자신과 코스뿐이란 애기다. 동반자가 몇 번 아이언을 치는지, 스코어가 어떻게 되는지 등에 관심을 두게 되면 수행력이 떨어진다는 것이다. 코스에 집중하면 자연히 현재의 샷에 집중이 된다.

골프 역사상 깨지기 힘든 기록 중의 하나가 바이런 넬슨의 11연승 기록이다. 1945년 한 해 동안 11연승과 함께 19승(30게임 출전)을 기록하는 대업적을 남겼으며, 이로 인하여 1945년 전 스포츠 종목을 통틀어 올해의 선수로 뽑히는 영광을 누리기도 하였다. 넬슨의 11연승 기록은 제2차 세계대전 중에 작성된 것으로, 일부 유명 선수들의 전쟁 참가로 가능했다면서 그의 업적을 평가 절하하는 사람도 있으나, 당시 그의 평균 타수 기록(최저타 기록임. 68.33타)이 우연한 사건이 아니었음을 말해 주고 있다. 바비 존스조차 자신의 전성기 때도 넬슨에는 미치지 못한 것 같다고 말할 정도였다. 이 같은 대기록의 배경은 오로지 집중력의 승리라는 데 일치된 견해를 보이고 있으며, 넬슨

본인도 그렇게 믿고 있었다.

"집중력은 챔피언이라면 당연히 보유해야 할 기본 장비 같은 것이죠. 좋은 스윙을 가지고 있으면서도 성공에 이르지 못한 많은 선수들이 있는데, 집중력의 중요성을 깨닫지 못했거나, 집중력을 개발하지 못했기 때문이라고 봅니다. 스윙 도사들이 그저 그런 스윙을 하는 골퍼에게 지는 것은 샷에 집중을 하지 못했기 때문이죠. 그밖에 다른 이유로는 설명될 수 없을 것입니다. 제가 11연승에서 머무르고 만 것도 결국 정신적 피로에 의한 집중력 상실이 가장 큰 원인이었습니다."

바이런 넬슨이 골프를 하게 된 것은 목장을 사기 위한 돈을 벌기 위해서였다고 하는데, 전성기인 33세 때 전인미답의 대기록을 남긴 채, 그가 그렇게 원하던 초원의 목장으로 은퇴를 하고 말았다.

2) 현재에 머물러라, 그리고 한 번에 한 샷
(stay in the present, and one shot at a time)

주의집중은 '지금 여기에(here & now)' 있는 대상에 관한 것이라고 하였다. 과거나 미래를 생각하지 않고 현재의 샷에만 주의를 집중하는 것을 골프에서는 'stay in the present', 'one shot at a time'이라고 한다. 토너먼트에서 3라운드 선두를 달리고 있는 선수에게 인터뷰가 들어오면, 감초처럼 들어가는 대답이 있다.
"우승을 염두에 두지 않고 stay in the present, and one shot at a time 할 것입니다."

주말골퍼가 90대 벽을, 80대 벽을 눈앞에 두고 좌절하는 경우가 많은데, 미래에 대한 기대로 현재에 머무르지 못했기 때문이다. 홈런타자가 신기록 경신을 눈앞에 두고 많은 공백기를 갖는 것도 신기록이란 미래의 사건을 염두에 두고 게임에 임하기 때문이다.

잭 니클러스 왈, "나는 긴장하면 할수록, 한 번에 한 샷, 한 번에 한 상황만 생각하려고 노력한다."

전 미국 대학 선수권자였던 캐롤린 힐은 프로 전향 후 14년 만인 1994년 맥콜스 클래식에서 감격의 첫 우승을 차지하였는데, 스포츠 심리학자나 동양의 선(禪) 전문가로부터 골프 심리학에 대해 배운 것이 결정적인 도움이 되었다고 한다.
"나는 라운딩 내내 'one shot at a time'으로 플레이를 했습니다. 볼을 A에서 B로 보내는 일에만 집중했지요. 지난 샷이나 다음 샷에 대해서는 전혀 신경 쓰지 않았습니다."

게임이 잘 풀리지 않으면 집중력이 흐트러지기 쉬운데, 게임이 잘 되고 있을 때도 마음이 현재에 머무르고 있지 않으면 집중력이 떨어진다.
1953년 샘 스니드가 라이더 컵 멤버로 해리 휘트먼과의 매치플레이를 할 때였다. 36홀 중 30홀을 마친 상태에서 4up으로 리드하고 있었다. 스니드는 라이더 컵 매치 플레이 불패의 기록은 이번에도 유지될 것으로 확신하고, 오늘 저녁에는 근사한 스테이크를 먹어야겠다고 생각하면서 31번째 홀로 이동하였다. 그 후 다섯 홀을 연이어 내주면서 1다운으로 역전패하고 말았다. 스니드는 그의 쓰라린 실패의 교훈을 이렇게 표현했다.
"당신 손에 트로피가 주어지기 전까지는 절대로 트로피를 머릿속에 넣지 마라."

샘 스니드는 집중력은 인내심(patience)으로부터 비롯되는 것이며, 이는 강한 정신력으로 나타난다고 하였다. 미스 샷을 했을 때, 분노하거나 좌절하지 않고 주의의 초점을 현재에 유지할 수 있게 해 주는 것은 바로 인내심이라고 하였다.
그가 프로 데뷔 첫 연습 라운드를 가질 때의 일이었다. 그는 조지 파지오 외 2명과 함께 첫 티 샷을 하게 되었다. 긴장했던 탓인지 스니드의 첫 티 샷은 골프장 옆에 있는 허시 초콜릿 공장으로 날아갔다. 두 번째 샷은 더 큰 슬라이스가 되어 아예 공장 안으로 들어가 버렸다. 세 번째 볼은 티 박스 앞에 있는 연못으로 곤두박질쳐 버렸다. 3개의 티 샷을 쳤지만 어느 것도 인플레이되지 못한 상태였다. 동반 프로들은 345야드 파4홀에서 모두 260야드의 드라이브샷을 날려 놓고 기다리고 있었는데, 다른 프로들은 스니드의 수준에 대해서 불평하고 있었으나 파지오는 스니드에게 더 치라고 침착하게 말해주었다. 스니드의 4번째 샷은 핀 6m 거리에 낙하되었다. 그날 연습 라운드에서 스니드는 67타를 기록하였다. 이 이야기의 요점은 "절대 포기하지 마라(never give up)."이다.

가령 "전반은 포기하고, 후반부터 정신차려서 잘해야지."라고 생각하면 인내심은 사라지고 생각이 미래에 가 있으므로, 현재의 과제에 집중을 할 수 없게 된다. 집중력이 떨어지면 수행력도 떨어지게 마련이다. 주말골퍼에게 있어 인내심이란 샷을 미스하고도 이를 분석하거나 교정하려고 하지 않는 것이다. 새로운 스윙을 만들어내거나 미스 샷의 원인을 분석하지 않으며, 이는 연습장에서 코치와 하는 일이라고 생각하는 것이다. 이런 자세는 인내심 훈련이며, 정신력을 강화시키는 과정인 것이다.

4 주의집중의 과정

집중이란 단기 기억상자에 집중할 대상을 입력시키고, 그것을 계속하여 단기 기억상자에 머무르게 하는 것이다. 그러는 동안 집중이 된 대상은 다음 단계인 행위로 넘어가는 것이다. 주의집중이 어떤 과정을 거쳐서 이루어지는지 자세히 살펴보기로 하자.

① 먼저 집중을 위해서는 기존의 대상으로부터 집중할 대상에 주의를 이동시켜야 한다. 그 대상은 지금 '현재'의 과제이다.

우리 마음을 호수라고 가정하자. 호수가 잔잔할 때는 호수 주변의 나무나 풀, 하늘, 구름 등이 분명하고 깨끗하게 비춘다. 호수가 바람에 찰랑거리기 시작하면 모양이 왜곡되거나 형체가 불분명해진다. 우리의 마음도 마찬가지이다. 마음이 '지금 현재'에 머무르지 못하고 미래와 과거를 넘나들거나 해야 할 것과 하지 말아야 될 것들을 따지고 있다 보면, 호수의 물결처럼 마음이 동요되거나 불안해진다. 집중할 대상을 명확하게 구별하기가 어려워진다. 잔잔한 호수처럼 마음을 안정시키는 것이 집중을 하기 위한 선행 조건이 되는 것이다(quieting the mind). 골프에서 마음이 안정될 때까지는 아무 것도 하지 않아야 한다.

② 마음이 안정된 상태에서 집중할 대상으로 주의가 옮겨졌으면, 그 대상에 대하여 일단 관심을 가진 것이다. 그러나 집중 대상을 붙들어두기 위해서는 관심을 가진 것만으로는 부족하다. 그 대상에 흥미를 가져야 한다. 흥미 없는 관심은 오래 지속되지 않으며, 피상적일 수밖에 없다. 흥미 없는 일에 관심을 계속 두려면 많은 수고가 필요하므로, 몸과 마음을 지치게 한다. 공부에 관심을 둘 수는 있으나 흥미가 없으면 집중이 되지 않는 것과 같다.

흥미를 끌 수 있는 대상은 '가급적 작고 특정할 수 있는 타깃'이다. 대상이 작을수록 주의집중이 잘 된다고 하였다. 예컨대 온그린을 위해서 타깃을 찾다보면 많은 주변 정보-나무, 풀, 벙커, 깃대 등 등-가 입력된다. 그 중에서 깃대를 타깃으로 정하였다면, 그것만으로는 충분치 않다. 깃대의 끝부분 등 특정 부분을 타깃으로 삼아야 흥미가 유발된다는 것이다. 야구선수가 투수가 던진 볼에 집중하기 위해서 볼의 실밥에 주의를 집중하는 것도 같은 이치이다.

그리고 프로 선수들은 골프 볼에 까만 점이나 선을 그어두고 그곳에 주의집중하는 경우를 많이 볼 수가 있다. 많은 프로들이 사용하는 방법이라면 분명 효과가 있는 것이다. 필자가 아는 어떤 프로는 퍼팅 시 그 점 자체가 주의집중을 방해하기 때문에 그렇게 하지 않는다고 한다. 그 선수는 퍼팅할 때 무엇에 주의를 집중하고 있는지 궁금했다. 주의집중 방법은 어느 정도의 훈련시간을 요하기 때문에 당장 불편하다고 하여 바로 그만둘 문제는 아니다. 작고 특정된 대상은 막연한 대상보다 언제나 주의를 더욱 집중시킨다. 물론 흥미를 유발시킬 수 있는 집중 방법을 스스로 개발하는 것이 가장 바람직할 것이다.

③ 일단 흥미를 느낀 대상에 대해서는 주의집중의 정도가 깊어지는데, 이런 상태를 몰입(absorption)이라 한다. 몰입 상태는 타깃 정보가 단기 기억상자의 용량을 가득 채우면서 선명하게 자리잡고 있는 상태이다. 그렇기 때문에 다른 정보가 개입될 여지가 없다. 아이들이 열심히 장난감 놀이를 할 때와 같다.

몰입 상태에 들어선 골퍼들은 니클러스 사례에서 본 것처럼 주변에 누가 있는지, 무슨 소리를 하는지 알지 못할 것이다. PGA 투어 선수들의 실력은 종이 한 장 차이라고 한다. 그러므로 어느 누구라도 몰입 상태에서 플레이를 할 수 있다면 항상 우승할 수 있다고 한다. 위대한 플레이는 몰입 상태에서 이루어지는 것이며, 몰입과 친한 골퍼는 위대한 골퍼가 되는 것이다. 선수들이 시간과 노력을 들여 훈련을 하는 것은 오로지 몰입 상태에 들어가기 위해서이다. 몰입 상태에서는 최고의 수행(peak performance)이 이루어지기 때문이다.

매우 드물지만 일단 몰입 상태에 들어서면 모든 것이 명확하게 파악되고, 지금 상황에서 무엇을 해야 할지를 생각하지 않아도 저절로 되는 상태라고 한다. 골프 볼과 홀도 평소보다 커 보일 것이다. 몰입 상태에서의 플레이를 '무념무상의 플레이(play out of one's mind)'라 하는데, 심리적인 간섭 없이 플레이하는 것을 의미한다. 흑인 테니스 스타인 아서 애쉬 선수는 이러한 상태를 'Play in the zone'이라고 하였는데, 골프에서 더 자주 사용하는 용어가 되어 버렸다. 왕년의 홈런 타자 테드 윌리엄스 선수는 집중이 잘 되는 날에는 야구 볼이 슬로 모션으로 들어오거나, 어떤 때는 아예 자기 앞에 정지되어 있는 것처럼 보였다고 한다.

④ 익숙하지 않으면 주의가 분산된다.

주의가 분산되는 것은 두 가지 측면에서 생각해 볼 수 있다. 첫째, 일시적으로 많은 정보가 주어져서 주의가 분산되는 경우이다. 이 중에서 우리가 필요로 하는 타깃 정보에 주의를 집중시키기 위해서는 노력이 필요할 것이다. 둘째, 과제를 수행하는 데 불필요한 정보에 주의가 집중되는 경우를 생각할 수 있다. 이 경우는 정작 필요한 정보에 대한 주의를 빼앗겨 버리므로 주의가 분산된다고 할 수 있다.

첫번째 경우는 '간섭'에서 살펴보기로 하고, 여기에서는 두 번째 경우에 대해 생각해 보기로 하자. 어떤 자극이 주어졌을 때 그것이 이미 신경회로에 저장되어 있는 것이라면, 그 회로에 접속되어 자동으로 처리될 것이다. 그러나 새로운 자극인 경우에는 그것을 처리할 신경회로가 준비되어 있지 않을 것이다. 이런 경우 우리 뇌는 이에 대응하기 위하여 각성 시스템을 작동하게 된다. 각성 시스템이 작동되면 그 자극에 대한 주의집중이 일어난다. 예컨대 티 샷을 하기 위하여 타깃에 주의를 집중하고 있는데, 갤러리로부터 전화벨 소리가 나는 경우 자기도 모르는 사이에 소리가 나는 방향으로 고개를 돌리게 되는 경우이다.

이처럼 집중을 방해하고 주의를 분산시키는 것은 '새로운, 익숙하지 않은 자극'이다. 코스에 나갔을 때 플레이가 잘 되지 않는 날은 유난히 낯선 느낌이 많이 들었던 경험이 있을 것이다.

새로운 코스에서 플레이하는 일, 새로운 라이에서의 샷, 모르는 동반자와의 플레이 등 우리 뇌는 익숙하지 않은 것에 대해서는 항상 각성 시스템이 작동되어 주의를 집중시키게 되므로, 정작 필요한 정보는 무시될 수 있는 것이다. 그리고 뇌가 새로운 것에 적응하기 위해서는 바쁘게 회전되어야 하므로 수행력을 떨어뜨린다.

그러므로 외부적 자극에 대응하여 정신을 집중하기 위해서는 새로

움을 없애거나 줄이는 것이 좋은 방법이다. 무엇이든지 익숙하면 편안해지며, 편안하면 집중이 잘 된다(연습 심리학 참조).

대표적인 예는 옷 입기(dressing) 연습이다. 청바지를 입고 연습을 하던 오케스트라 지휘자가 실제 공연 시 턱시도가 매우 불편하게 작용하였다는 연구 보고가 있다. 옷을 갈아입는 것 같은 사소한 자극도 무의식적으로 수행에 간섭이 될 수가 있는 것이다. 타이거 우즈가 토너먼트의 마지막 날에는 반드시 빨간색 티셔츠를 입는 것은 빨간색 옷을 입었을 때 승리한 경우가 많았기 때문이며, 이는 빨간색 옷을 입으면 승리할 수 있다는 생각을 은연중에 심어준다. 빨간색 옷을 입으면 마음이 편해지고 플레이가 잘 되는 것이다.

5 간섭

환경으로부터의 많은 정보들은 단기 기억상자에 입력되고, 그 수는 특별한 주의를 기울이지 않는 한 대략 7개 정도가 유지된다고 하였다. 이 중에서 특별히 주의집중을 하는 대상에 대해서는 다음 단계인 반응 선택 과정에서 선택되는 확률이 높아진다고 할 수 있다. 그러나 7가지나 되는 정보가 동시에 단기 기억상자에 입력되어 있는 경우 서로 선택을 방해하는 현상이 나타나는데, 이를 '간섭(interference, '방해'라는 의미로도 사용된다)'이라 한다. 여러 개의 자극 중 특정 자극에 주의가 집중되지 못하는 동안에는 자극간 간섭이 발생하므로 혼동 또는 망설임으로 나타난다.

1) 간섭과 반응시간

빨간 색연필로 '빨강'이라고 쓰면 금방 알아맞힌다. 즉, 반응시간이 빠르다. 그러나 빨간 색연필로 '파랑'이라고 쓰면 응답시간이 다소 늦어진다. 씌어진 글자의 의미는 파랑이지만 쓰인 색은 빨강이어서, 순간적으로 의미와 색간의 간섭이 발생하였기 때문이다. 반응 선택이 지연되는 것이다.

애인의 생일선물을 사려고 백화점에 갔다. 손수건, 핸드백, 구두 그리고 향수가 대상으로 떠올랐다. 손수건을 사려니 좀 약소하다는 생각이 들었다. 핸드백을 사 주려니 지갑 사정이 여의치 않았다. 구두는 얼마 전에 아빠로부터 선물을 받았다고 자랑했던 터라 필요가 없을 것이라고 생각했다. 남은 것은 향수뿐이었다. 이제까지 단기 기억 상자에 들어 있는 각 대상들은 서로 같은 비중으로 활성화되어 있기 때문에 어느 것도 주의를 끌지 못하고 있다. 그래서 다음 행위단계로 연결되지 못하고 있는 것이다. 이 중에서 하나가 선택되면 그 대상은 주의가 집중되고 다음 단계인 '구매행위'로 연결되어, 그 매장으로 이동하게 될 것이다.

초보자들은 어드레스를 취한 상태에서 여러 가지 생각이 많기 때문에 스윙 동작 단계로 바로 연결되지 못하는 경우가 많다. 생각이 많으면 간섭이 발생하여 반응시간이 지연되기도 하지만, 주의가 분산되어 어느 하나도 잘 처리하지 못하게 된다. 대개의 경우 반응시간이 길어지면 심리적 불안이나 인체의 경직 현상이 초래되어 수행력이 저하될 것이다. 반면에 니클러스도 어드레스 자세에서 많은 시간을 소비하지만 초보자와는 달리 여러 가지 생각을 타깃 하나로 단순화하는 과정을 수행하고 있는 것이다.

이러한 반응시간은 수십 분의 일초를 다투는 운동 수행 과정에서 매우 중요한 의미를 가진다. 예컨대 투수가 직구 위주로 던지는 선수이면 타자 입장에서는 단기 기억 내에 직구가 활성화되어 있으므로 선택하기가 쉬워지고, 이에 따라 반응시간이 빨라진다. 반면에 투수가 직구, 커브, 싱커 등을 골고루 구사하는 선수라면 타자의 단기 기억 내에는 세 가지 단위가 같은 정도로 활성화되어 있으므로 서로 간섭이 발생하여 반응시간이 늦어질 것이다. 이런 경우, 미리 어느 하나의 구질을 예상하고 있으면 단기 기억 내에는 하나의 단위만 활성화될 것이므로, 선택 반응시간이 짧아져 효과적인 타격이 이루어질 수 있을 것이다. 탁구경기에서도 상대 선수가 다양한 구질의 서브를 구사하는 경우에는 그 서브를 받기 위해서 매우 신중을 기해야 한다. 왜냐하면 상대 선수의 서브 종류에 따라 각각 다른 형태의 리시브 자세를 취해야 하기 때문이다. 탁구선수나 테니스 선수들은 서브를 다양하게 구사하여, 상대 선수의 반응시간을 느리게 하는 것이 승리의 지름길이 되는 것이다.

그림 ❺-3

2) 동작의 자동화 처리(automatic processing)

"나는 한번에 두 가지 일은 못해.", "저 사람은 걸어가면서 껌도 못 씹는 사람이야." 행동이나 일 처리가 어설픈 사람을 비꼬는 우스갯소리인데, 두 가지 과제 사이에 간섭이 발생하기 때문이다. 걸어가면서 껌을 못 씹는 사람이 어디 있을까? 수백 길 낭떠러지 위에 놓인 외나무다리를 건넌다고 상상해 보자. 우선 인체의 균형을 잡는 일이 매우 어려운 과제이고, 떨어질지도 모른다는 불안 때문에 다른 과제는 아무 것도 할 수 없게 될 것이다. 껌은 물론이고 숨쉬는 일조차도 만만치 않을 것이다.

 일반적으로 학습의 초기단계에는 두 가지 과제를 동시에 처리하지 못하고, 통제적으로-순차적으로-처리된다고 한다. 처음에는 주의를 기울여야 하는 부분이 많으므로 단기 기억의 용량이 부족하게 된다. 그래서 하나의 과제를 먼저 수행하고 단기 기억상자를 비워 주어야 그 다음 단계의 과제를 수행할 수 있는 것이다. 일상생활에서의 대표적인 사례는 '자동차 운전하기'일 것이다. 처음 운전을 배울 때는 기어의 변속, 브레이크 페달 밟기, 액셀러레이터 조절, 핸들 조작 시 동시적으로 처리하지 못하여 매끄러운 운행이 잘 되지 않는다. 숙달이 되면 전방을 주시하는 것만으로 모든 인체의 움직임이 자동으로 수행된다. 커브 길에서의 핸들 조작 등도 무의식적으로 이루어진다. '시각정보=반응 동작'의 대표적인 사례이다.

 농구를 처음 배우는 사람에게 드리블을 하면서 팀 동료에게 패스하기를 기대하기는 곤란하다. 드리블을 하는 과제와 팀 동료를 찾는 과제를 동시에 처리하기 위해서는 의식적으로 처리해야 하는 정보가 너무 많아지기 때문에 단기 기억 내에 간섭이 발생하므로, 어느 하나도 제대로 처리하지 못하게 될 것이다. 보통은 패스를 하기 위해서 드리블을 멈추고, 패스할 팀 동료를 찾는 동작을 하게 된다. 동시에 두 과제를 처리하려고 하면 간섭이 생겨 아무 것도 제대로 처리하지 못할 것이다.

 골프를 처음 배우는 사람도 그립, 백스윙, 다운스윙 또는 팔의 움직임, 어깨의 움직임, 다리의 움직임 등등 처리해야 할 과제가 여러 개 있다고 생각하면, 간섭이 발생하여 어느 하나도 잘 처리하지 못하는 경우가 많이 있다. 각 과정은 동시에 처리되지 못하고 순차적으로 하나씩 처리된다. 그립을 먼저 잡은 다음, 그 다음 동작으로 넘어간다. 초보자는 그립을 잡는 동작만 해도 단기 기억의 용량을 모두 사용해야 하기 때문에 다른 동작은 수행할 여지가 없는 것이다.

 이와 같이 초보자가 필요한 정보를 의식적으로 처리하는 것과는 달리, 숙련된 선수들은 의식적인 노력 없이 많은 정보를 동시에 처리한다. 이러한 과정을 '자동적 처리'라고 하는데, 모든 운동기술에서 추구하는 최종 목표이다. 동작을 함에 있어 의식적인 노력이 필요하지 않으므로 주의집중이 요구되지 않는다. 그러므로 단기 기억상자는 용량의 여유가 생기므로, 간섭 없이 다른 과제를 동시에 처리할 수가 있는 것이다.

숙련된 농구선수는 드리블 동작이 자동화되어 있으므로, 단기 기억에서 드리블을 처리하기 위한 용량은 얼마 되지 않는다. 용량의 나머지 부분은 다른 과제인 패스할 동료를 찾는 일에 주의를 더 기울일 수 있게 된다.

이와 같은 자동화 처리 과정은 제2장에서 보았듯이 수많은 반복훈련을 통한 전용 신경회로망을 형성함으로써 만들어진다고 하였다. 그리고 전용 신경회로망은 반복에 의하여 신경마디간의 연계가 강화되어 있기 때문에 신경자극의 충격, 즉 활성화 정도가 크지 않아도-주의를 많이 기울이지 않아도-동작 단계로 연결될 수가 있는 것이다. 선수들은 그립, 스탠스, 정렬 등의 셋업 자세를 거의 동시에 처리하는데, 각 동작들이 많은 연습을 통하여 자동화되었기 때문이다.

이는 운동기술뿐 아니라 우리의 일상생활 속에서도 두 가지 과제를 동시에 수행하는 경우를 많이 찾아볼 수 있다. 커피를 마시면서 신문을 본다든가, 운전하면서 말을 하는 경우이다. 다만 두 과제 모두 자동화되어 있는 동작이라도 단기 기억의 용량 범위 내에서만 가능함은 물론이다. 예컨대 보고서를 타이핑하면서 말을 하다가 보고서 내용 대신에 대화 내용을 타이핑하는 경우가 생기는 것은, 자동화되어 있는 동작이라도 과제의 내용이 복잡하면 단기 기억 용량을 벗어나므로 간섭이 생길 수 있는 것이다.

3) 골프에서의 간섭

골프에서의 간섭 문제도 단기 기억의 제한된 용량과 특성으로 대부분의 문제가 설명되어질 수 있다. 우리의 동작 실행은 현재 단기 기억상자 내에 존재하고 있는 자극정보 중에서 가장 활성화되는 자극정보에 의하여 동작으로 연결될 확률이 가장 크다고 하였다. 문제는 단기 기억에 입력되는 정보가 동작 실행에 필요한 경우도 있지만, 동작을 방해하는 것일 수도 있다는 사실이다. 이를 효과적으로 선택하는 것이 좋은 골프의 기본이 되는 것이다.

골프 스윙에서 단기 기억에 입력되는 정보는 어떠한 것이 있을 수 있는지 생각해 보자.
먼저 시각을 통하여 많은 정보가 입력된다. 타깃, 벙커, 워터 해저드, 갤러리, 동반자나 캐디 등등 그 다음에는 장기 기억에 저장되어 있는 과거의 일화적(episodic) 기억이 있을 수 있다. 과거의 짧은 퍼팅 실패, 통쾌한 드라이버 샷, 홀인원, 생크가 나서 물에 빠진 기억 등등. 그리고 장기 기억에는 샷 기술에 대한 많은 기억이 저장되어 있다.
이러한 정보 중에서 제한되어 있는 단기 기억 용량을 최대한 활용하기 위해서는 불필요한 정보는 배재시키고, 꼭 필요한 정보만 입력시켜야 할 것이다.

과거 벙커 샷에서 다섯 번 만에 탈출했던 경험은 벙커에 볼이 들어갈 때마다 기억이 되살아나기 쉽다. 이런 기억은 감정적으로 형성되었기 때문에 다른 자극에 비해 활성화가 잘 되고 오래 지속된다. 이러는 동안 단기 기억상자 내에 있는 좋은 단서들은 억제되거나 새로이 입력될 공간이 축소되는 것이다.

초보자들은 준비 자세에서 스윙 메커니즘에 대한 생각을 많이 한다. 이를테면 다리를 고정시키고, 팔은 자연스럽게 내린 상태에서 그립을 잡고, 턱은 살짝 올려준 상태에서 볼을 응시하고, 무릎은 살짝 구부린 상태를 유지한다 등등. 하나 같이 맞는 얘기이다. 그러나 우리의 단기 기억상자에는 이들을 모두 수용하지 못하며, 각 항목별로 활성화 정도가 비슷하기 때문에 간섭이 발생하여 다음 동작 단계로

그림 ❺-4

넘어가는 데 시간이 걸린다. 흔히 초보자들은 어드레스 상태에서 많은 시간을 소비하는 것을 볼 수 있는데, 이런 이유 때문이다. 정작 스윙 동작에 필요한 타깃 단서보다도 과거 기억, 메커니즘 생각 등의 불필요한 단서만이 단기 기억에 자리잡고 있어서 스윙 동작으로 연결되지 못하는 것이다.

이때 단기 기억에 우연히 벙커가 입력되기라도 하면, 그것이 실마리가 되어 우리 인체는 벙커를 타깃으로 하여 볼을 보내게 될 수도 있다. 소위 말하는 어처구니없는 플레이는 축구나 야구 등에서도 가끔 일어나는데, 단기 기억에 우연히 입력된 불필요한 단서에 의해서 동작이 야기되었기 때문이다.

이들 예로부터 우리가 생각할 수 있는 최선의 기억정보는 과거도 미래도 아닌 현재의 기억이며, 그 현재의 기억은 타깃에 대한 정보여야 한다는 사실을 추론할 수 있다. 이런 정보를 단기 기억상자에 유지시키고, 그 외의 정보들은 가급적 입력되지 않도록 하는 것이 골프 심리학에서 추구하는 최상의 목표이다. 그것이 잘 되면 항상 최상의 수행을 이끌어낼 수 있을 것이다.

　단기 기억의 제한된 용량을 잘 이용하면 우리가 필요로 하는 동작 단서를 잘 관리하여 최상의 수행력을 이끌어낼 수 있는 방법을 찾을 수 있을 것이다. 이는 프리샷 루틴을 통하여 용이하게 달성될 수 있다(제9장 30초 스윙 패키지 참조).

　한 가지 재미있는 예를 들어 보자. 그것은 아무런 의미가 없는 정보를 단기 기억에 유지시킴으로써 부정적인 생각이 입력될 여지를 줄이는 방법이다.

　야구선수들은 타석에서의 긴장감을 줄이기 위해 껌을 씹는다고 한다. 그것도 아주 빨리 씹는 선수가 있는데, 투수가 볼을 던지기 직전 투수에 시선을 집중하게 되면 껌을 씹는 속도가 현저하게 줄어드는 것을 볼 수 있다. 이것은 껌을 씹는 행위도 단기 기억 용량을 차지하고 있음을 나타내 주는 증거가 된다.

　껌을 씹으면서 드라이버를 쳐 보자. 어드레스 자세에서 껌을 씹으면 오히려 마음이 편안해짐을 느낄 수 있다. 타자들이 껌을 씹는 이유이다. 껌을 씹기 위해서는 단기 기억의 일부 용량이 계속적으로 필요하고, 이 한도에서 다른 부정적인 생각이나 메커니즘에 대한 생각이 입력될 수 없기 때문이다. 어드레스에서 생각이 많은 골퍼들은 잡념을 줄이기 위하여 껌을 씹는 것이 하나의 방법이다. 다른 방법으로는 타깃을 계속 바라보고 있는 것이다. 타깃을 보다가 볼을 보는 동작을 반복하다 보면 자기도 모르는 사이에 OK 사인이 떨어진다. 그러면 스윙을 하면 된다.

　골프 스윙은 반복연습을 통하여 전용 신경회로망이 형성되면 주의를 하지 않아도 자동적으로 처리되도록 되어 있다. 이러한 사실을 모르는 많은 골퍼들이 이를 의식적으로 수행하려고 하기 때문에 간섭이 발생하는 것이다. 이 문제는 행위 시스템과 운동 시스템에서 자세히 다루어질 것이다.

제6장 각성과 불안

제6장
각성과 불안

1 주의와 각성

　TV에서 보면 범죄자를 윽박지르는 경우도 있고, 살살 달래서 잘못을 뉘우쳐 반성하게 하는 장면도 볼 수 있다. 윽박지르는 경우에는 범죄자의 긴장이 높아지므로 단기 기억상자에 처벌에 대한 두려움이나 공포 이외에는 다른 생각이 들어갈 여지가 별로 없다. 단기 기억상자에는 대답할 만한 아무런 단서도 입력되어 있지 않은 상태이므로 이런 상태에서 형사가 아무리 다그쳐 물어도 대답을 할 수 없을 것이다. 반면에 살살 달래는 경우에는 긴장이 낮아지므로, 단기 기억상자에 여러 가지 생각이 입력될 수 있다. 그래서 형사가 묻는 말에 어렵지 않게 대답할 수 있을 것이다.

　각성(arousal)은 깊은 수면에서부터 극도의 흥분 상태까지 이어지는 활성화 상태를 말하며, 생리적으로 호흡수, 심장 박동수, 땀 분비량 등으로 수준을 측정할 수 있다고 한다. 흔히 '열받는다', '긴장된다', '뚜껑이 열렸다', '흥분된다'는 각성이 높은 상태를, '따분하다', '흥미가 없고 지루하다'는 각성이 낮은 상태를 말한다.

　주의와 각성은 밀접한 관련을 갖는다. 즉, 각성도 단기 기억의 용량과 관련되는 문제이다.
　비키니 사례에서 보았듯이 주의집중이 커지면 각성이 높아진다. 특정 신경마디의 활성화가 증폭되어 이것이 다른 신경마디의 활성화를 방해하기 때문이다. 그러므로 각성이 높아지면 소수의 인지 단위가 강력히 주의를 모으고 나머지는 무시되는 것이다. 반대로 각성이 내려가면 여러 개의 인지 단위가 고르게 주의를 받으므로, 주의집중이 분산된다.

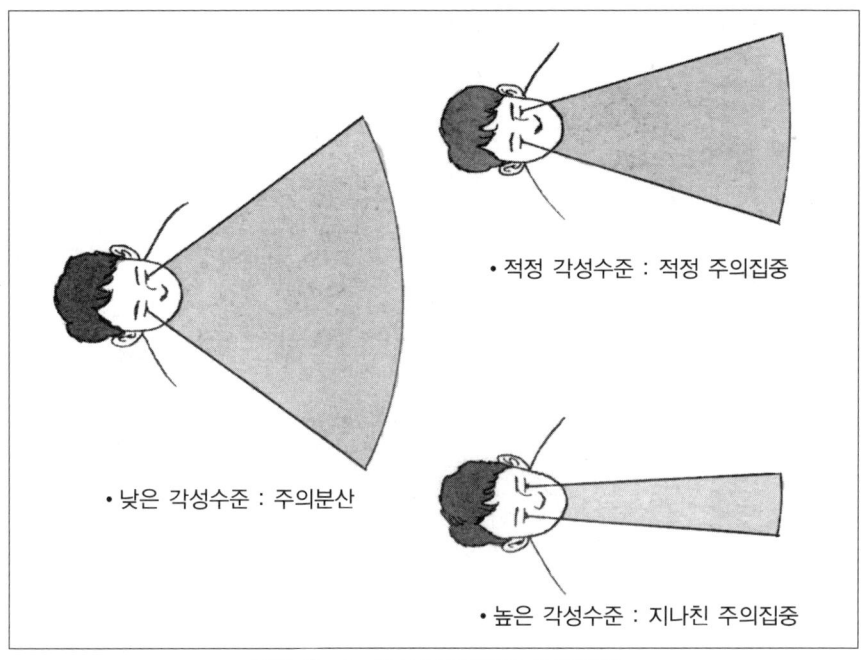

그림 ❻-1 각성수준에서의 지각범위

 이를 다른 식으로 표현하면, 각성의 증가는 특정 대상에 대한 주의집중을 가능케 하므로 그 사건이 일어날 가능성이 크다고 할 수 있으며, 각성이 감소된 상태에서는 여러 개의 대상이 존재하기 때문에 행동이 다양하게 나타날 수 있게 된다. 즉, 일어날 가능성이 적은 반응이 나타날 수도 있는 것이다. 농구경기 중에 마크할 상대를 놓치거나 패스 미스가 나오는 것은 잠시 현재의 당면 과제와 관련 없는 다른 대상이 단기 기억상자에 들어와 있었기 때문이다.
 졸릴 때와 같이 매우 낮은 각성 상태에서는 어느 것이든지 잘할 수 없겠지만, 각성이 높아진다고 무작정 좋은 것은 아니다. 극도의 공포 상태와 같은 높은 각성 상태에서도 좋은 수행을 기대하기 곤란할 것이다.

그래서 스포츠 심리학자들은 각성이 운동 수행에 미치는 영향에 대하여 많은 연구를 해 왔으며, 그것은 최상의 수행을 할 수 있는 각성수준을 밝혀내고자 하는 일이었다.

2 최적 각성수준

양궁

농구

역도

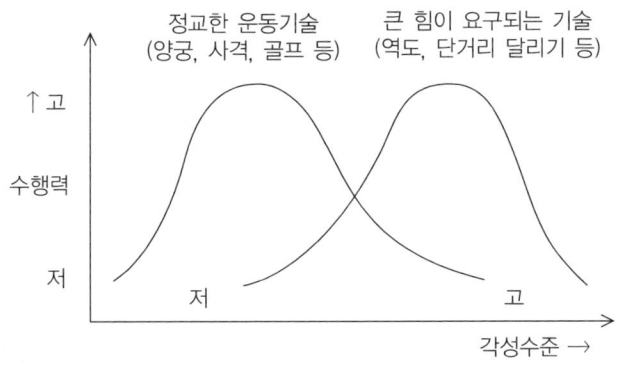

표 ❻-1 운동별 최적 각성 상태

위 그래프는 운동기술별로 요구되는 각성수준을 나타내는 표인데, 종목과 무관하게 공통적으로 갖는 특성은 각성수준이 높아질수록 수행력이 증가하다가 어느 수준 이상으로 증가하면 오히려 수행력이 낮아진다는 사실이다. 수행력이 가장 높은 각성수준을 '최적 각성수준(最適 覺醒水準, optimal level of arousal)'이라고 한다.

골프 심리학

앞의 표에서 보듯이 종목별로 최적 각성수준이 다름을 알 수 있다. 역도나 100m 달리기와 같이 큰 힘이 요구되는 운동기술에는 각성수준이 높을수록 수행력이 향상되며, 양궁, 사격, 골프 등과 같이 매우 정교한 움직임이 요구되는 운동기술은 낮은 각성수준에서 수행력이 최상이 된다. 그리고 모든 운동과제는 주의집중을 요하므로, 평상시보다는 약간 높은 수준의 각성이 필요하다.

3 각성과 투쟁 / 도피 반응

최적 각성수준과 긴장감을 조절하는 것이 왜 중요한가를 이해하기 위해서는 먼저 긴장감이 생리적, 심리적 상태에 어떤 영향을 미치는가를 알 필요가 있다.

우리의 인체는 위험에 처했을 때, 생존을 위해서 가장 적합한 기능을 발휘할 수 있도록 만들어져 있다고 한다. 하버드 의대 생리학자인 월터 캐논 박사는 위험에 직면하여 인체의 기능이 변화하는 현상을 '투쟁 / 도피 반응(fight or flight response)'이라고 하였다. 원시인들은 생존을 위한 식량을 구하기 위하여 목숨을 위협하는 맹수와 싸우기도 하고, 종족의 보존을 위하여 타 부족과의 전쟁을 다반사로 해야 했다. 상황에 따라 도망가거나 싸우거나 했을 것이다. 이때 원시인의 몸 안에서는 생리적인 변화가 일어나서 도망이나 싸움에 필요한 준비를 하게 되는데, 이러한 생리적 변화는 호르몬의 분비에 의하여 이루어진다. 이러한 반복적인 '투쟁/도피 반응'은 학습되어 뇌에 기억되며 유전적으로 계승되어, 우리의 뇌 한 구석에 남아 있다. 인간의 본능적인 공격 성향은 바로 원시시대로부터 전해져 온 것이다.

현대인들은 원시시대와 같이 생명을 위협하는 위험 상황에 처하게 되는 경우는 극히 드물 것이다. 그러나 반드시 생존을 위협하는 일이 아닐지라도 투쟁/도피 반응은 인간의 본능으로 남아 있으며, 인체도

그림 ❻-2 투쟁/도피 반응

그에 따라 반응한다. 첫 티 샷을 위하여 어드레스를 취하고 있는데, 주변에 독뱀이 다가오거나 사자가 노려보고 있다면 당신은 어떻게 될 것인가? 온몸이 긴장되어 꼼짝하지 못하고 그 자리에 서서 다리를 후들후들 떨거나, "오금아, 나 살려라." 하며 줄행랑을 칠 것이다. 우리 뇌는 실제 존재하는 위험과 우리가 느끼는 위험(perceived danger)과의 차이를 알지 못한다고 한다. 즉, 실제적으로 생명의 위협을 받는 상태는 아니지만, 수많은 갤러리들이 에워싸고 있는 가운데 프로 테스트의 첫 티 샷을 하는 사람도 거의 비슷한 반응을 보일 것이다.

투쟁/도피 반응에 직면하여 우리 인체에 어떤 현상이 일어나는지 알아보자.

Ⓐ 호르몬의 분비

위험에 도전하거나 도망가기 위해서는 많은 에너지가 필요할 것이다. 이때 아드레날린과 노르아드레날린은 핏속의 혈당과 심장 박동수를 증가시켜 위험에 대처하기 위한 에너지를 준비한다. 이는 우리 몸을 활동적으로 만들어 준다. 이런 활동적인 상태를 조절하지 못하면 정신적, 육체적으로 피곤해지므로 수행력이 떨어진다. 특히 골프에서 인체의 활동성 증가는 마이너스의 효과를 초래하기 쉬울 것이다.

ⓑ 심장 박동수의 증가

맥박과 혈압이 증가함에 따라 산소나 영양분 중 상당 부분이 뇌 쪽으로 집중된다. 높은 각성 상태가 지속되면 원래 손과 발에 공급되어야 할 혈액이 뇌 쪽으로 방향을 바꾸게 되므로, 손과 발은 상대적으로 차갑게 느껴지고 감각이 무뎌진다. 이런 현상은 근육의 긴장과 함께 진행되어, 팔다리나 자세가 편안하지 않음을 느끼게 된다. 이런 상태에서의 샷은 십중팔구 신통치 않을 것이다.

ⓒ 활발한 신진대사

투쟁/도피 반응이 지속되는 동안에는 많은 힘을 발휘할 것에 대비하여 계속 에너지를 만들어내야 하므로, 이것이 끝나면 피곤해진다.

신진대사가 활발해지므로 화장실을 자주 찾게 되는데, 어떤 선수들은 라운드 전에 자신이 얼마나 긴장하고 있는가를 화장실 가는 횟수로 판단하고 이에 대처한다고 한다. 말하자면 첫 티 샷에 나타난 독뱀으로부터 빨리 도망가기 위해서는 몸을 가볍게 하여야 하기 때문이다.

ⓓ 근육의 긴장

뇌에서 위험을 인지하면 신경을 통하여 근육에 신호가 전달된다. 근육이 긴장 상태에 돌입하면 빨리 도피하거나 싸우거나 둘 중의 하나를 선택하는 것이다. 그러나 골프에서는 도피하거나 싸울 일이 없다. 그러므로 근육의 긴장은 어떠한 방법으로든지 다른 곳에 사용되어 풀어야 하는데, 그것이 골프 스윙에 영향을 주면 필요 이상의 많은 힘이 동원될 것이므로 스윙에 방해될 것이다.

골프 스윙은 인체의 거의 모든 근육이 사용되어야 하는데, 이미 긴장 상태에 돌입한 근육은 말하자면 현재 '사용 중'이다. 긴장 상태에서 골프 스윙이 이루어진다는 것은 사용 중인 근육을 강제적으로 동원하는 결과이므로, 많은 힘이 필요한 것이다. 스윙도 잡아채듯 빨라진다. 그러므로 정상적인 스윙을 하기 위해서는 근육을 준비 상태-이완된 상태-로 만들어 놓아야 하는 것이다. 아마추어 골퍼들이 가장 이해도가 낮은 부분이 바로 이 부분이라고 생각한다. 특히 백스윙 톱 전후로 해서는 전신이 이완되어 있어야 한다. 다운스윙을 위한 준비는 다름 아닌 인체의 이완이다. 다른 메커니즘은 전혀 신경 쓸 필요가 없다. 이처럼 스윙이란 우리 인체의 특성을 아는 것으로부터 출발되어야 하는 것이다. 그리고 근육이 긴장되면서 가슴 근육이 수축될 수 있는데, 이는 짧고 빠른 호흡을 야기시킨다. 막 달려오다가 갑자기 멈추어서 샷을 하는 것과 같다.

이상과 같이 각성이 고조되었을 때, 우리 인체에 어떠한 현상이 일어나는지 알아보았다. 그리고 이런 생리적 현상들은 스윙을 방해하고 불안을 고조시킴을 알았다. 그러므로 골퍼들은 항상 신체의 긴장 상태를 모니터하면서 각성을 조절하는 것이 필요하다.

첫째, 생리적인 현상을 체크함으로써 자신의 현재 각성수준을 파악하여야 한다.

둘째, 그것이 최적 각성수준보다 높거나 낮으면, 적정 수준으로 조절해야 할 것이다.

챔피언 골퍼는 무엇이 다른가? 기술수준이 아니다. 심리적으로 최적 각성수준을 유지하고, 그것이 흔들리는 경우에도 즉시 원상복귀시킬 수 있는 능력이 바로 챔피언과 그렇지 않은 골퍼들의 차이점이다. '최적 각성수준＝최상의 수행능력'이기 때문이다.

지각기법에 의한 각성수준의 파악과 조절

 그렇다면 자신의 각성수준을 어떻게 알 수 있는가?
 골프나 다른 운동을 하면서 또는 일상생활 중에 '각성'이란 용어에 익숙하지 않기 때문에 당연히 이를 컨트롤할 수 있는 것이라고 생각하지 않는다. 그러나 이는 너무나 쉬운 문제이다. 위에서 언급한 대로 심장의 박동수, 혈압, 어깨나 목, 팔다리의 긴장 상태를 체크함으로써 알 수 있다. 더욱이 눈을 감고 해당되는 부분을 만져 보거나 느껴 보면 금방 알 수 있다. 현재의 생리적 상태를 체크함으로써 자기 자신의 각성 상태를 가늠하는 것이다. 그리고 필요하면 적절한 기법을 사용하여 각성수준을 최적 수준으로 조절하면 되는 것이다.
 이것이 바로 골프에서 지각기법에 의한 심리적 조절의 출발점이 된다. 대부분 골퍼들은 스윙이 잘못되면 메커니즘에 의한 문제라고 생각하는데, 사실은 생리적 변화에 의하여 우리의 인체가 굳어 있었기 때문임을 분명하게 파악하였다. 그리고 몸이 굳는 것은 실패에 대한 두려움, 결과 집착 등의 심리적 요소에 의하여 각성이 높아졌기 때문임도 알고 있다. 남은 것은 각성을 조절하는 방법을 찾아 배우는 일이다.

4 골프에서의 각성

1) 각성수준과 수행력

 표 6-2는 과제의 난이도에 따른 각성수준을 나타내고 있는데, 어려운 과제일수록 낮은 각성수준에서 수행력이 좋아지며, 쉬운 과제는 각성이 높은 수준에 있을 때 수행력이 향상된다는 것이다.

 골프를 처음 배우는 초보자들에게는 모든 것이 어려운 과제라 할 수 있다. 각성이 낮아야 수행력이 좋아질 것이므로, 편안한 마음으로

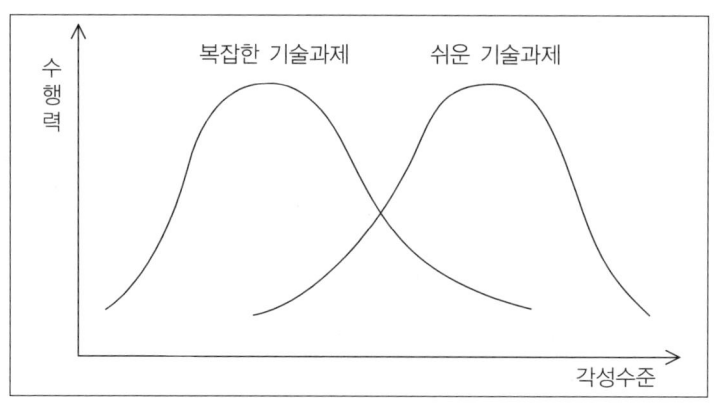

표 ❻-2 과제의 난이도에 따른 각성수준

치는 것이 매우 중요하다. 코치들도 배우는 사람의 기술수준이 낮은 경우에는 낮은 불안과 편안한 분위기를 만들도록 노력해야 한다. 저 각성수준은 초심자에게 성공적인 수행의 기회를 제공하고 이는 자신감으로 연결되므로 쉽고 빠르게 골프를 배울 수 있을 것이다.

골프는 전반적으로 낮은 각성수준이 요구되는 운동기술이지만, 기술별로 필요한 각성수준은 다르다고 보아야 한다. 퍼팅은 정교한 움직임이 필요하므로 롱 게임보다 각성수준이 낮아야 할 것이며, 드라이버는 상대적으로 각성수준이 다소 높아야 할 것이다.

2) 각성수준은 개인마다 차이가 있다

박세리 선수가 미국 LPGA 무대에 진출했을 당시, 박세리 선수가 출전한 경기를 생중계할 때였다. 중계방송 도중 박세리 선수가 동반자의 샷 모습을 바라보는 장면이 화면에 나타났다.

아나운서는 해설차 나온 그녀의 아버지에게 걱정스러운 듯한 목소리로, "박세리 선수가 다소 지쳐 보이는 것 같지 않습니까?"라고 하자, 그녀의 부친 왈, "세리는 저런 상태-약간 졸리운 듯한 모습이었다-일 때 가장 잘합니다."

박세리 선수의 최적 각성수준이 다른 사람보다 다소 낮은 것으로 추측되는 장면이다.

이 사례는 개인의 각성수준이 다르다는 사실을 알려주는 좋은 예라고 생각한다. 이처럼 각성수준은 개인별로 차이가 있기 때문에 먼저 자신의 최적 각성수준을 파악하고, 이것을 경기 내내 유지할 수 있도록 하는 것이 매우 중요하다. 그것은 경기 수행력과 직결되는 문제이기 때문이다.

필자가 호주에 있을 때였다. 퀸스랜드 주의 주니어 선수인 중학교 3학년 학생과 함께 벙커 샷 연습을 할 기회가 있었는데, 잠시 쉬는 시간에 이런 저런 얘기를 하다가 그 학생에게 골프를 하게 된 동기를 물어 보았다. 그 학생은 크리켓이나 축구 같은 운동은 자신의 내성적인 성격과 맞지 않을 것 같아 혼자서 할 수 있는 골프를 선택하게 되었다고 한다. 나의 기억에 의하면, 호주 소년들은 내성적인 성격의 골퍼들이 많은 것 같았다. 내향적인 선수들은 외향적인 선수에 비해 평균 각성수준이 낮다고 하는데, 내향적인 선수들의 각성수준이 골프에서 요구되는 각성수준과 맞아떨어지기 때문이 아닐까 하는 생각이 든다. 그렇다고 하여 외향적인 선수들이 내향적인 선수보다 골프를 잘 못한다는 의미는 아니다. 내향적인 선수들은 외향적인 선수보다 낮은 각성수준을 유지하기가 쉬울 것이란 의미이다.

3) 골프에서 각성이 높아지는 원인

각성이 적정수준을 넘어서면 몸과 마음이 경직되므로, 좋은 수행을 기대하기 어려울 것이다. 무엇이 골프에서의 각성을 올라가게 하는지 그 원인을 알아보자.

Ⓐ 미래에 대한 기대감, 미래 지향의 주의집중
시간에 쫓기거나 근심이나 걱정이 있는 경우, 미래에 대한 기대가 있는 경우에는 현재가 아닌 미래로 생각의 초점이 이동한다. 일반적으로 미래에 대한 생각은 뇌와 신경계의 활동을 빠르게 하는데, 이는 우리 인체의 자연적인 반응이다. 이는 각성의 증가로 나타난다.

중요한 회의가 있는데 늦잠을 자서 헐레벌떡 회사로 향하고 있다. 부장님이 인상 쓰는 모습이 눈앞에 선하다. 어떤 변명을 해야 하나? 등등으로 생각이 바빠진다. 내가 지금 무엇을 하고 있는지, 어디로 가고 있는지 모른다.

골프에서는 "경기가 끝날 때까지 스코어를 계산하지 마라", "리더보드(leaderboard)를 쳐다보지 마라."는 격언이 있다. 왜냐하면 스코어를 계산하다 보면 생각이 미래로 향하기 때문에 현재의 과제에 집중할 수 없기 때문이다. 더욱이 1타 차로 박빙의 리드를 하고 있음을 알게 되거나, 100타를 깬다거나, 저녁 내기가 걸려 있는 경우에는 기대감이 생겨 집중하기가 쉽지 않을 것이다.

B 분노와 좌절

필드에 나가면 자신의 핸디캡 수준은 유지할 것이란 잠재의식적인 기대가 있고, 이 정도의 퍼팅은 내 실력으로 성공시킬 수 있다는 자신감이 있다. 목표나 기대에 미치지 못하거나 미스 샷이 나오는 경우 분노하거나 좌절한다.

C 두려움

각성수준을 높이는 주요 원인이며, 가장 광범위하게 발생한다. 첫 티 샷에서 다른 사람들이 쳐다보고 있는 경우, 모르는 사람과 플레이하는 경우, 퍼팅이나 드라이버의 실패에 대한 두려움은 "사람들이 나를 어떻게 생각할까?", "이번 퍼팅을 실패하면 더블보기다." 등의 결과에 대해서 생각하게 되므로 생각을 미래로 향하게 한다.

D 흥분

플레이가 잘 되면 대개는 흥분하게 된다. 흥분을 조절하지 못하면 최적 각성수준을 넘어서게 되어 수행력이 손상된다. 고스톱에서 '첫

끝발이 개 끝발'이란 말은 초기의 좋은 출발이 끝까지 이어질 것이란 막연한 기대감으로 흥분하여 현재 과제에 집중을 못 하게 되는 경우이다. 골프에서 흔히 말하는 '버디 값'은 버디로 인한 흥분 상태를 조절하지 못했기 발생하는 현상인 것이다. 그래서 프로들은 라운드 초기에 흥분되는 것을 의식적으로 경계한다고 한다.

톰 카이트가 1992년 US 오픈에서 우승할 당시 7번 홀에서의 피칭 샷이 홀인된 순간 "하늘을 향해 뛰어오르고 싶었다."고 술회했다. 그러나 그는 그러지 않았다고 한다. 왜냐하면 아직도 11개의 홀이 남아 있었기 때문에.

4) 각성수준이 골프에 미치는 영향

운동 수행 중에는 주변의 환경으로부터 많은 정보가 입력되는데, 최상의 수행력을 얻기 위하여 자신의 수행에 필요한 정보를 얼마나 정확하게 감지하여 활용할 수 있는가가 중요하다. 만약 각성수준이 너무 낮으면 지각할 수 있는 범위가 상대적으로 넓어지게 되고, 따라서 많은 단서를 받아들이게 된다. 그러나 단서가 많다고 하여 이들이 모두 실제 운동 수행에 도움이 되는 것은 아니다. 오히려 필요하지 않은 단서까지 받아들일 수 있기 때문에 정작 필요한 단서에 주의를 기울이지 못하면 엉뚱한 행동이 유발될 수가 있다.

반면에 각성수준이 점차 높아지게 되면 주의를 기울일 수 있는 폭이 좁아지게 되므로, 부적절한 단서는 배제하고 적절한 단서만을 받아들일 수 있는 확률이 높아진다. 그러나 각성수준이 지나치게 높아지면 활용할 수 있는 단서에 대한 지각이 좁아지게 되어 운동 수행에 필요한 많은 단서를 놓칠 수 있는 가능성이 높아지게 되어 운동 수행력은 떨어지게 될 것이다. 필요한 정보에만 선택적으로 주의를 기울이는 것은 개인의 능력에 속하는 사항이므로, 연습을 통하여 숙달되어야 한다.

축구에서 경험이 적은 선수들이 비중이 큰 국제경기에 출전하면 각성이 증가되어 시야가 좁아지고 몸이 긴장되어 패스 미스가 많이 발생한다. 그래서 개인적 생각으로는 월드컵같이 비중이 큰 경기는 떠오르는 젊은 스타보다는 경험이 많은 고참 선수를 중심으로 하여 기용하는 것이 낫다고 생각한다. 월드컵에서 실제 골을 넣었던 선수들도 고참 선수였음이 이를 증명하고 있다.

일반적으로 골프는 다른 스포츠에 비해 다소 낮은 각성수준을 요구하므로 정적인 게임이라고 할 수 있다. 골프도 평소 일상생활에서의 습관이나 성격에 의한 평균적 각성수준을 반영한다고 보아야 하므로, 플레이 중에는 평소의 각성수준을 유지하는 것이 수행력을 높이는 방법이 된다. 흥분을 잘 하지 않고 성격이 침착한 사람들이 골프를 잘 치는 것은 이러한 각성수준과 관련이 있다고 본다.

복잡하고 다이내믹한 현대인들은 항상 바쁘게 움직여야 하므로 평균 각성수준이 높다고 할 수 있다. 골프장에서도 평소의 각성수준은 그대로 유지되는 경향이 있다. 도착하자 마자 워밍업도 없이 티 샷을 준비한다거나, 서두르는 듯한 게임 운영 등 높은 각성수준에서 라운딩이 진행되는 것이 보통이다. 이러한 높은 각성수준이 플레이를 방해하고 있다는 사실은 거의 깨닫지 못하고 스윙이 잘못되지 않았나에 주의를 기울인다.

프로 선수들은 게임 전에 충분한 워밍업을 통하여 각성수준을 조절하며, 많은 경기경험으로 인하여 게임 중에도 적정 수준의 각성을 유지한다. 그러나 경기 자체가 주는 스트레스가 크기 때문에 아마추어 골퍼보다 높은 심리적 부담을 안고 있다고 할 수 있다. 그러므로 티 샷 전에 각성을 조절하기 위한 조치를 취하지 않으면 플레이 중 이를 조절하기가 쉽지 않아진다. 높은 각성수준에서 플레이를 하면 그립을 잡은 손이 타이트해지고 스윙이 빨라진다. 터치와 감각은 없어지고 힘으로 밀어붙이려 한다. 인내심도 사라진다.

이러한 게임 특성 때문에 골프는 최적 각성수준보다 높은 상태에서 이루어지기 쉬운 것이다. 미국의 PGA 투어에서도 아주 젊은 선수들이 초반에 깜짝 선두로 나서는 경우가 빈번하지만, 결국에는 심리적 압박으로 각성수준이 높아지고 이를 조절하지 못하여 주저앉는 경우가 많다. 1급 프로 선수들도 높은 긴장 상태(높은 각성 상태)에서 플레이하는 것을 가끔 목격할 수 있다.

아널드 파머는 1966년 US 오픈에서 8홀 남기고 7타 차로 리드하다가 빌리 캐스퍼에게 플레이오프에서 역전패한 적이 있다. 최근의 가장 대표적인 케이스는 1996년 마스터스 대회에서 그렉 노먼이 슬로 플레이어인 닉 팔도에게 통한의 역전패를 당한 사건이다. 노먼은 3라운드까지 최적 각성수준을 유지하면서 누구도 넘볼 수 없는 것처럼 보이던 6타 차 리드로 선두를 지켰다. 그러나 마지막 라운드에서 78타로 무너지면서 많은 사람들을 안타깝게 한 바 있다.

지금 노먼은 마지막 조로 대기하면서 앞 조의 경기를 지켜보고 있다. 노먼이 가장 듣고 싶지 않은 말 중의 하나는 미국 메이저 대회 우승이 없다는 사실일 것이다. 과거 몇 차례 상대방의 행운의 샷 때문에 우승의 문턱에서 좌절했던 기억이 생생한데, 이번에는 6타 차의 여유 있는 리드를 지키고 있다. 드디어 그렇게 갈망하던 메이저 대회에서의 우승이 눈앞에 성큼 다가와 있는 것이다. 노먼은 미래에 대한 기대에 가득 차 있으며, 이번에는 기필코 우승을 해야겠다는 다짐을 한다.

노먼이 직면하고 있었던 상황을 이해할 수 있을 것이다. 첫 티 샷 전에 노먼은 미래에 대한 기대감으로 적정 각성수준을 이미 넘어서고 있었으며, 홀이 거듭 될수록 각성은 고조되어 스스로도 주체할 수 없는 지경에 이르고 말았던 것이다. 당시 코치였던 부치 하먼은 나중에 이렇게 회고했다.

"노먼은 스윙의 리듬을 잃었지요. 퍼팅이 평소보다 빨랐습니다. 걸음걸이도 재촉하듯 빨랐어요. 분명히 말하건대, 기술적으로 잘못된 부분은 없었습니다."

아널드 파머나 그렉 노먼은 평소에도 멘탈이 매우 강한 골퍼로 알려져 있었으며, 페이스 조절에 능하였기 때문에 많은 우승을 할 수 있었다. 이들이 이처럼 믿기 어려울 정도로 무너졌던 것은 다름 아닌

아드레날린을 주체하지 못했기 때문이다. 즉, 각성수준 조절에 실패했기 때문이다.

심리적 영향을 가장 많이 받는 퍼팅(쇼트 게임)에 대하여 생각해 보자. 퍼팅은 작은 근육을 사용하는 기술이므로 매우 낮은 수준의 각성이 요구된다. 자신이 퍼팅에 문제가 있다고 생각하는 사람들은 실제로 퍼팅이나 쇼트 게임 기술을 잘못 알고 있는 경우가 많은데, 그 잘못 알고 있는 메커니즘을 먼저 생각하고, 고치려고 애쓴다. 주말골퍼의 경우라면 잘못된 메커니즘보다는 각성수준이 높아져서 인체가 경직되기 때문에 수행력이 떨어지는 경우가 대부분일 것이다.

그러므로 퍼팅을 잘하기 위해서는 최적 각성수준을 먼저 체크하는 것이 순서이며, 그 다음에는 각성수준을 높이는 주요 원인-결과 집착, 실패 두려움, 흥분 등-이 무엇인지 파악할 필요가 있다. 이런 순서에 의하여 각성을 조절하고 원인을 제거하면 퍼팅은 자동적으로 개선될 것이다.

라운딩 중에서도 1번 홀 첫 티 샷, 벙커 샷, 어려운 라이의 경우에는 각성이 증가하기 때문에 우선적으로 자신의 현재 각성수준을 체크하여 적정 수준으로 낮춘 다음 샷을 준비하여야 한다. 각성이 높아지면 신체가 경직되므로 자연스런 스윙이 나오지 않기 때문이다.

한편 골프에서는 각성수준이 높아지는 것이 일반적 경향이지만, 때때로 낮은 각성수준에서 플레이하는 경우도 생긴다. 긴장이 너무 풀어져서 마음은 정해진 곳 없이 방황하고, 스윙은 타깃 없이 이루어진다. 바비 로크와 같이 기질적으로 느려서 항상 이완된 상태를 유지하는 골퍼도 있지만, 대개는 동기나 목표의식이 결여된 상태에서의 지루함 때문이다. 매번 같은 장소에서 같은 동료들과 라운딩을 하는 경우가 그런 케이스인데, 골프를 더 잘 쳐 보겠다는 목적의식보다는 단지 같이 모여서 골프를 칠 뿐이다. 당연히 주의가 산만해진다.

각성이 낮은 경우 어떠한 현상이 나타나는가?

오늘 저녁 친구와의 약속이나 갤러리 등 경기 외적인 요소에 신경을 쓰게 되므로, 샷에 필요한 정보를 부분적으로만 수집하게 된다. 이처럼 생각이 방황하므로 주의집중이 잘 되지 않고, 경기를 잘 해야겠다는 동기나 자극이 주어지지 않는다. 플레이도 대충대충 해 버린다.

프로 선수들이 초보 아마추어와 라운딩을 하는 것은 쉬운 과제이므로, 흥미를 많이 느끼지 못하거나 별로 중요한 게임이 아니라고 생각하면, 각성수준이 낮아져 오히려 점수가 안 좋은 경우가 있다. 반대로 자기보다 잘 치는 사람과 플레이를 하면 의외로 좋은 결과를 얻는 경우가 있는데, 그때가 그 사람에게는 가장 적당한 각성수준이라고 볼 수 있을 것이다.

80대 수준의 골퍼와 90대 수준의 골퍼가 같이 라운딩을 하면, 80대 수준의 골퍼는 지면 안 되겠다는 생각에, 90대 수준 골퍼는 한번 이겨 보겠다는 생각에 긴장하여 두 사람 모두 헤매는 경우가 많다. 결국 80대 골퍼는 90대로, 90대 골퍼는 100대의 점수로 경기를 마감한다. 두 사람 모두 평소의 실력을 발휘하지 못하고, 서로 컨디션이 나빠서 못 쳤다는 위로를 하면서 다음을 기약한다. 골프에서 심리 요인 (각성의 증가)이 경기력에 미치는 영향에 대한 흔한 예이다.

5) 프로 선수들의 각성수준

골프는 낮은 각성수준이 요구되는 운동이므로, 각성이 낮아지기는 힘들어도 높아지기는 쉽다고 하였다. 프로 선수 중에서도 기본 각성수준이 낮은 경우는 많지 않다고 한다. 기질적으로 각성수준이 낮은 선수들은 대체로 느긋한 스타일, 슬로 템포, 퍼팅과 쇼트 게임이 능한 특징을 갖고 있다.

이에 대표적인 선수는 바비 로크(퍼팅 심리학 참조), 프레드 커플스, 로렌 로버츠 등을 들 수 있다. 이 중 프레드 커플스는 부드러운 스윙과 함께 장타를 겸비하고 있어 지금도 많은 팬들의 인기를 차지하고 있다.

이런 선수들은 각성수준이 낮으므로, 프로 세계에서 경쟁력을 유지하기 위해서는 동기가 뚜렷하고 골프에 대한 열정이 있어야 하며, 명백하고도 실현 가능한 목표를 설정해 두어야 한다. 그렇지 않으면 경기력이 떨어지는 특성이 있다. 프레드 커플스는 한때 세계 최고의 선수였으나 자신의 등 부상과 부인과의 이혼, 아버지 병간호 등으로 프로 선수로서의 집중력이 많이 분산되어 있었으며, 프로 골퍼로서의 생활에 대한 회의로 은퇴를 고려하기도 하였었다. 이러한 동기의 불분명함과 우승을 해야겠다는 신념이 희박해지면서 커플스의 토너먼트 성적은 내리막길을 걷기 시작했다. 재혼 후 정신적인 안정을 찾으면서 투어에서 플레이하는 모습을 자주 보게 되는데, 과거 화려했던 시절의 모습을 다시 보여 주기를 기대해 본다.

로렌 로버츠는 생김새처럼 느긋한 성품의 골퍼이며, 퍼팅의 귀재이다. 그는 1981년 프로로 전향한 이래 13년간 실천 가능한 목표를 세우면서 끊임없이 동기부여를 해 왔다. 1994년 투어 첫승을 거두었을 때에도 승리의 기분에 도취되지 않고 냉정하게 한 발짝 물러서서 그 다음 목표를 생각해 보았다. 자신의 능력으로 도전할 만한 그러나 실천 가능한 목표를 세우고 거기에 매진하였다. 그것은 상금 랭킹 10위 이내에 들어가는 것이었다. 그 결과 1994년 상금 랭킹 6위를 마크했다.

반면 각성수준이 높은 골퍼들은 많다. 이들은 우승에 대한 집념이 강하고 동기부여가 확실한 경우가 많으며, 공격적인 플레이를 하는 것이 특징이다. 이런 종류의 선수들은 각성수준이 평균 이상이므로, 게임 중 자신의 몸과 마음의 상태를 주시하면서 각성수준을 일정하게 유지할 수 있도록 노력해야 한다. 타이거 우즈, 그렉 노먼, 아널드 파머 등이 대표적인 골퍼인데, 자신감이나 집중력이 우수하기 때문에 각성수준이 쉽게 변하지 않으며, 자기 조절 능력이 뛰어난 것이 공통점이라 할 수 있다.

각성 조절을 위한 이완과 활성화 기법

골프 동계훈련을 마치고 나면, 일반적으로 시합에서 좋은 결과를 얻을 수 있을 것이라 생각한다. 동계훈련 중 부족한 부분을 집중적으로 연습하여 기술수준도 많이 향상되었을 것이다. 그러나 막상 경기에 나가면 연습 때의 실력이 나오지 않는 경우가 많다. 훈련을 통하여 연마된 기술수준이나 신체적 능력 등은 신경회로에 기억되어 있는 것이므로 변하지 않는다고 하였다. 경기에 나가 변하는 것은 바로 선수의 심리적 상태이다.

연습 때의 기술, 체력, 전략 등은 그대로이지만 경기 중에 상실하는 것은 바로 집중력이나 각성을 적절히 조절하는 능력이다. 집중력과 각성을 상실하면 신체적, 정신적 기술력이 모두 저하될 것이다. 골프에서는 매 샷마다 그리고 라운딩 내내 일정하게 각성수준을 유지해야 한다. 그러면 자신이 보유하고 있는 능력을 손실 없이 발휘할 수 있게 되는데, 이는 게임의 페이스를 일정하게 유지하는 것과 같다.

경기를 하다 보면 결과 집착, 기대감, 불안 등이 원인이 되어 각성이 높아질 수 있다. 자신감이나 집중력 훈련을 통하여 각성을 고조시키는 심리적 원인을 애초부터 발생하지 않도록 하면 좋겠으나, 완벽하게 자신의 심리를 조절할 수 있는 사람은 없을 것이다. 그러므로 각성수준을 사후적으로 조절할 수 있다는 것은 매우 중요한 의미가 있다. 적정 각성수준은 최상의 수행을 의미하므로, 각성이 낮아지거나 높아지는 경우 이를 적정 수준으로 조절하는 것은 게임의 성패에 직결되는 문제이기 때문이다.

1) 낮은 각성의 활성화 방법

가끔 경기에 대한 목표의식이 없거나 정신집중이 안 되는 경우에는 각성이 낮아지므로 수행력도 떨어진다. 경기 전이냐, 경기 중이냐, 친구들과의 게임이냐의 상황에 맞추어 적당한 방법을 선택하여 실시하면 될 것이다.

A 워밍업

경기 전 스트레칭과 함께 가벼운 운동을 통하여 심장의 박동수를 늘이면 각성이 증가한다. 조깅, 사이클링, 계단 오르기 등의 가벼운 운동은 고조된 각성수준을 낮추기도 하지만, 낮은 각성 상태를 자극하여 적정 수준으로 끌어올려 준다.

B 목표 설정(goal setting)

목표의 내용은 자신이 컨트롤할 수 있는 능력 범위 내에서 다양하게 설정할 수 있다. 예컨대 오늘은 프리샷 루틴에 주의를 집중한다든가, 타깃을 명확히 정하기 위해 심상기법을 사용한다든가, 각성수준을 경기 내내 일정하게 유지하는 것 등을 목표로 정할 수 있을 것이다. 보기를 목표로 한다든가 더블보기를 하지 않겠다는 목표를 세우면 목표에 주의를 집중하게 되므로 각성이 낮아지는 것을 방지할 수 있고, 무리한 플레이를 자제하게 되므로 좋은 결과를 얻을 수 있다. 결과에 대한 집착은 몸과 마음을 긴장시키지만 결과를 향한 과정에 주의를 기울이면 몸과 마음이 편해진다.

C 내기 골프

내기 골프는 도박과는 구별된다. 내기 골프는 인간의 본성인 승부욕을 자극하므로, 게임에 대한 주의를 집중시켜 각성이 낮아지는 것을 방지해 준다.

2) 높은 각성의 이완 방법

골프 게임은 각성이 높아지기 쉬우므로, 각성 조절은 각성을 낮추는 것과 동일한 의미로 볼 수 있다. 대부분의 아마추어 골퍼들은 높은 각성 상태에서 플레이를 하면서도 이를 인식하지 못하기 때문에 실력 향상이 연습에 비해 더디다. 스스로 각성수준을 의식하고 체크할 수 있다면 이미 각성이 높아졌어도 이를 사후적으로 조절할 수 있으므로 보다 많은 성공의 기회가 주어질 것이다. 이는 매우 중요하므로 반드시 익혀야 할 기법이다. 이러한 각성 조절 기술이야말로 골프 기술의 중요한 부분임을 명심해야 한다. 그리고 각성 조절 기술은 습관처럼 발휘할 수 있어야 하므로 반복적으로 연습되어야 할 것이다.

각성수준을 조절하기 위해서는 먼저 각성 상태를 체크하여야 한다. 하루에 수 차례에 걸쳐 자신의 몸 상태를 체크해 보자. 식사시간 후같이 특정 시간을 정하여 실시하면 좋을 것이다. 어깨, 팔, 목, 등, 턱, 얼굴 등 특별히 긴장되기 쉬운 부분에 대해 의식을 집중한다. 긴장되어 있는 부분이 있으면 가볍게 풀어준다. 어깨를 들어올렸다가 내리거나, 얼굴의 근육을 움직이거나, 손을 꽉 쥐었다가 서서히 푸는 방법 등이 있다. 이런 식으로 반복하다 보면 긴장 여부, 긴장의 정도 등을 쉽게 인지하게 된다. 그리고 심장 박동수, 땀, 혈압 등의 생리적 현상을 체크함으로써 각성수준을 쉽게 파악할 수 있다. 먼저 몸의 상태를 느낌으로써 각성 상태를 파악할 있는 것이다. 첫 티 샷, 어려운 라이에서의 샷, 그린 주변 어프로치 및 퍼팅 전에 몸의 상태를 점검하는 습관을 만들어 두는 것이 좋다.

Ⓐ 만병통치 요법 - '복식호흡(diaphragmatic breath)'

인체를 점검하여 긴장 부분이 있으면 스트레치를 통하여 이완시켜 준 다음, 복식호흡을 실시하여 몸 전체의 긴장을 떨쳐낸다.

보통은 가슴 근육을 이용한 흉곽운동을 호흡이라 한다(흉식호흡, thoracic breath). 각성수준이 높아지면 흉식호흡을 하게 되는데, 몸이 긴장될수록 호흡이 얕아지면서 빨라진다. 그러면 산소 유입량이 감소하기 때문에 이를 보충하기 위하여 심장의 박동수가 빨라지는 것이다. 이는 인체의 긴장 반응을 유발한다.

반면에 복식호흡은 잠을 잘 때와 같이 편안한 마음으로 이완된 상태에서 자연스럽게 이루어지는 호흡이다. 이는 가슴과 배를 가로지르는 횡경막을 상하로 움직임으로써 이루어진다. 횡경막이 상하로 움직이면 '프로스타 그란딘'이라는 물질이 분비된다고 하는데, 이는 혈액순환을 도와주기 때문에 심장 박동수를 느리게 하는 효과가 있다. 이 물질은 폐의 밑부분에만 고여 있기 때문에 복식호흡을 해야만 분비된다고 한다. 이는 인체의 이완 반응을 유발하며, 마음을 느긋하게 만들어 준다.

잭 니클러스를 포함한 많은 골퍼들은 프리샷 루틴에 복식호흡을 포함시키고 있다. 복식호흡은 각성을 조절하는 '가장 쉬우면서도 가장 효과적인 기술'이므로, 비단 프리샷 루틴뿐 아니라 언제 어디서든지 수시로 실시하는 습관을 들이는 것이 바람직하다. 코스에서 어려운 라이에 처했을 때 뿐 아니라 연습 시에도 샷 준비 과정에 습관적으로 복식호흡을 실시하면 언제나 안정된 마음으로 샷을 할 수 있게 된다.

예로부터 도를 닦는 스님들은 모두 복식호흡을 함으로써, 건강하고 오래 살 수 있었다고 한다. 잠을 잘 때는 누구나 평온하게 보인다. 복식호흡을 하기 때문이다.

담배를 많이 피우는 사람들은 몸 안의 니코틴 양이 감소하면 담배를 피우고 싶어진다. 이때 담배를 피울 수 없는 상황이거나 담배가 떨어진 경우에는 초조해지거나 집중이 잘 되지 않는다. 이럴 때 복식호흡을 서너 번 하고 나면 마음이 안정되어, 하고 있는 일에 다시 주의를 집중할 수 있게 된다. 상사에게 꾸지람을 들었을 때, 하는 일이 잘 안 풀릴 때 복식호흡을 하여 마음을 안정시킨 뒤, 다시 한 번 생각해 보자. 반드시 좋은 아이디어가 나올 것이다.

일상생활에서 흔히 겪게 되는 분노, 짜증, 초조, 긴장과 같은 해로운 감정들은 복식호흡 한 방이면 모두 날려보낼 수 있다. 복식호흡은 만병통치 요법이라 할 수 있다.

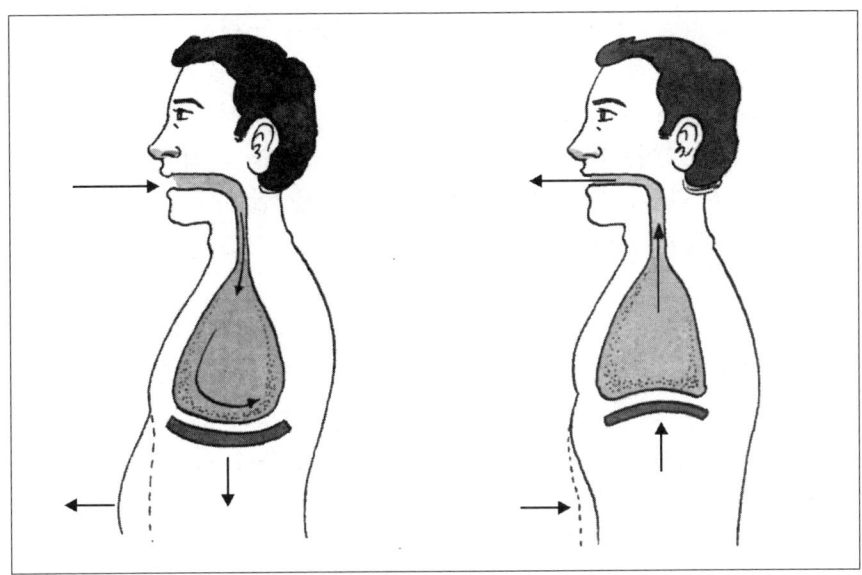

그림 ❻-3 복식호흡

복식호흡 방법

- 우선 폐가 세 부분으로 나누어져 있다고 생각하자.
- 코로 숨을 들이마시면서 횡경막을 아래로 밀어 내린다고 생각하자. 그러면 배가 불룩하게 나올 것이다. 이때 폐의 아랫부분부터 공기를 채운다고 생각한다.
- 가슴을 들어올림으로써 폐의 중간 부분에 공기를 채운다.
- 마지막으로 가슴과 어깨를 약간 들어올림으로써, 폐의 윗부분까지 공기를 채운다.
- 폐의 윗부분부터 차례로 공기를 토해낸다고 생각하자. 어깨와

가슴을 천천히 내리면서 계속 숨을 내쉰다. 아랫부분에 있는 공기를 배출하기 위해 배를 집어넣는다.
- 숨을 내쉴 때는 느리고 완전해야 하며, 공기가 배출될 때 모든 긴장이 공기와 함께 신체를 떠나는 것을 느끼려고 노력해야 한다.
- 하루에 이런 절차를 수십 번씩 반복하도록 노력하자.
- 하루에 일상적으로 일어나는 일들과 복식호흡을 관련지어서 연습하는 것이 효과적이다. 예컨대 퍼팅을 할 때는 무조건 복식호흡을 하고 어드레스에 들어간다거나, 일과가 시작되기 전에 그날 하루 할일들을 상상하면서 복식호흡을 할 수도 있을 것이다. 전화를 걸거나 받기 전에 복식호흡을 하는 것도 좋은 방법이다.

현대인들은 많은 스트레스 속에 살고 있기 때문에 각성과 복식호흡에 대하여 생각해 볼 필요가 있다. 상사로부터 꾸지람을 들으면 각성이 올라간다. 직장인들은 경험적으로 이를 현명하게 처리하는 방법을 알고 있다. 상사의 방에서 나오면서 복식호흡을 깊게 두어 번 실시한다. 창 밖의 먼 산을 물끄러미 쳐다본다. 파란 하늘도 보이고 진달래도 보인다. 잠시 후면 분비되었던 아드레날린이 없어지고, 몸과 마음이 편안해진다. 상사에 대한 분노의 감정도 사라지고 일상적인 상태로 복귀한다.

❷ 느린 템포의 동작(slow down)

커티스 스트레인지는 "내가 심리적 압박을 느낄 때 가장 먼저 하는 일은 복식호흡을 하는 것이다."라고 한 것처럼, 복식호흡은 각성을 조절하여 수행을 증진시킬 수 있는 가장 오래되고도 효과적인 기법이다. 이와 함께 매우 중요한 요소이면서도 잘 알려져 있지 않은 방법이 바로 '동작을 느리게 가져가는 것'이다. 운동선수들이 최상의 수행을 경험할 때 나타나는 현상 중 하나가 주변의 모든 것이 슬로모션으로 움직이거나 심지어 정지되어 있는 듯한 느낌을 갖는 것이라고 한다. 특히 골프에서의 느린 템포는 최상의 수행과 아주 가까운 거리에 있다는 것이 필자의 생각이다.

1974년 US 오픈에서 셋째 날까지 선두를 달리던 젊은 톰 왓슨은 마지막 라운드에서 79타를 기록하면서 메이저 대회의 우승을 놓치고 말았다. 이 경기를 지켜보던 바이런 넬슨은 왓슨의 스윙이 너무 빨라서 급작스럽기까지 했다고 하며, 그것이 경기력을 떨어뜨려 하이 스코어를 기록한 원인이 되었다고 왓슨에게 말해 주었다.
 "왓슨의 결점을 굳이 지적하자면, 행동이 너무 민첩하다는 것입니다. 마음가짐도 매우 적극적입니다. 그는 모든 것을 재빠르게 처리하지요. 이러한 그의 기본 성격 때문에 항상 빠르게 스윙합니다. 경쟁의 고조된 각성 상태, 특히 심리적 압박감 하에서 좋은 결과를 얻기 위해서는 빨라지는 스윙을 조절할 수 있어야 합니다."
 넬슨은 왓슨의 스윙 속도를 완화시키기 위해서 셋업 동작을 신중히 하도록 코치해 주었다. 느린 속도로 스탠스를 잡을 것과 왜글을 천천히 함으로써 좀더 유연한 느낌을 갖도록 한 것이었다.
 "내가 바이런 넬슨으로부터 받은 가장 소중한 레슨은 '템포'였습니다. 심리적 압박감 하에서는 템포가 빨라지기 때문에 스윙이나 생각도 같이 빨라집니다. 템포는 플레이를 잘하고 못하는 기준이 된다는 사실을 터득하였습니다."

 템포는 보통 '빠르기'를 말하는데, 어떤 일이나 생각이 빠르게 진행될 때, '템포가 빠르다'고 한다. 평상시 템포가 빠르다고 하는 것은 뇌와 신경에 템포가 '빠름'으로 기억되어 있는 것이며, 기억되어 있는 템포는 모든 일상적 동작과 생각에 영향을 준다. 기억은 다른 사람과 구별되는 개인의 고유한 특성을 구성하므로, 템포는 개인의 고유한 특성이라고 할 수 있다.
 그러므로 자신의 템포로 생각하고 행동하면 기억되어 있는 대로 뇌와 신경이 반응할 것이므로 무엇이든지 잘할 수 있을 것이나, 평소보다 서두르거나 지체하면 뇌는 익숙하지 않은 빠르기에 대응해야 하므로 무엇이든지 잘할 수 없을 것이다.
 먼저 골프에서의 템포는, 좁게는 백스윙 시작부터 폴로스루까지를,

넓게는 타깃을 설정하는 순간부터 피니시 후 결과를 음미하는 시간까지, 더욱 넓게는 첫 티 샷부터 18번 홀 마지막 퍼팅까지를 말한다. 이는 스윙의 템포 또는 게임의 페이스라고도 하는데, 템포나 페이스를 일정하게 유지한다는 것은 뇌와 신경에 이미 '기억되어 있는 빠르기'를 유지하는 것이라 할 수 있다.

그리고 템포는 빠르거나 늦거나 개인의 고유한 특성을 나타내는데, 심리적 압박하에서 각성이 높아지면 스윙이 빨라지는 경향이 있다. 스윙이 빨라지면 투쟁/도피 반응에서 설명하였듯이 생리적인 현상에 의해서, 심리적으로는 뇌가 익숙하지 않은 템포에 적응해야 하므로 스윙이 방해를 받게 될 것이다. 한편 게임을 포기하거나 게임에 대한 흥미를 갖지 못하는 경우에는 템포가 늦어져 스윙이 잘 되지 않을 것이다.

대개의 경우, 특히 경쟁의 압박감 속에서 플레이를 해야 하는 프로 선수들은 템포가 빨라질 것이므로, 이를 정상 템포로 되돌리는 것이 수행을 높이는 길이 될 것이다.

빠른 스윙 템포의 대명사인 닉 프라이스는 긴장감 속에서 스윙을 느리게 하는 것은 오히려 빠른 스윙과 마찬가지로 좋지 않은 영향을 주므로, 평소의 템포를 유지하는 것이 중요하다고 하였다.

잭 니클러스는 첫 티 샷에서의 높은 각성 상태가 스윙에 기억되면 템포가 빨라지기 때문에 전체 라운드를 망칠 수도 있다고 하였다. 그래서 그는 나름대로의 멘탈 전략을 개발하였다고 한다. "첫 티 샷의 긴장 상태에서 가장 경계해야 할 일은 백스윙을 서두르는 것이지요. 첫 티 샷을 할 때마다 나는 내가 원하는 스윙을 마음의 눈으로 봅니다. 그 스윙은 슬로 모션으로 나타나는데, 어깨, 팔, 손, 그리고 클럽이 하나가 되어 천천히 움직입니다. 이런 전략은 첫 티 샷을 그날의 베스트 드라이브로 만들어 줍니다."

자신의 템포는 뇌에 기억되어 있기 때문에 어느 순간 변하는 것이 아니다. 중요한 것은 각성수준이 높아져서 템포가 빨라지는 경우, 빨라진 템포를 정상 수준으로 끌어내리는 것이다. 슬로 모션은 빠른 템포를 중화시켜 뇌와 인체를 안정시키는 방법이라고 할 수 있다. 프로 선수들의 사례를 들어 보자.

유명 교습가인 존 제이콥스는 코스에 도착하여 10분 동안 신발을 갈아 신는다고 하며, 조니 밀러는 토너먼트 마지막 날인 일요일에는 면도하는 데 20분이나 걸린다고 한다. 1965년 US 오픈에서 우승한 게리 플레이어는 시합 전 몇 주 동안 모든 동작을 슬로 모션으로 수행했다고 한다. 당연히 면도는 물론 밥을 먹는 데도 많은 시간이 소요되었다. 이를 지켜본 주변 친구들은 "게리는 집에 불이 나도 슬로 동작으로 탈출해 나올 거야."라고 했다 한다. 데이비스 러브 3세는 긴장이 높아질수록 더 천천히 걸으며, 천천히 플레이하고, 느리게 스윙한다고 한다. 레이 플로이드는 자신의 전성기 시절에는 스윙이나 걸음걸이 등 모든 것이 절반의 스피드로 움직이는 것 같은 느낌이었다고 한다.

결론적으로 템포는 기억에 있는 것을 실현하는 것이므로, 템포를 유지한다는 것은 모든 동작이나 생각을 현재에 컨트롤할 수 있다는 것을 의미한다. 각성이 높아지면 동작은 빨라지고, 생각은 현재가 아닌 미래로 향한다.

6 불안 – 실패에 대한 두려움(fear of failure)

불안이 선수들에게 어떠한 영향을 주는가의 문제는 스포츠 심리학자들이 가장 깊게 연구해 온 분야라 할 수 있다. 불안은 생리적 각성을 고조시키며, 긴장이나 걱정, 두려움 같은 감정을 갖게 하여 선수들의 수행력을 떨어뜨리는 주요인이기 때문이다.

스포츠 상황은 경쟁 상황이며, 궁극적인 목표는 게임에서 승리하는 것이다. 게임에서의 승리 또는 특정 동작을 성공적으로 수행하지 못할 것 같은 심리적 상태에 이르면 근심, 걱정, 긴장, 두려움 등이 생기는데, 이를 통틀어 '불안'이라고 한다. 스포츠 상황에서의 불안은 한 마디로 '실패에 대한 두려움(fear of failure)'이라 할 수 있다. 실패에 대한 두려움은 자신감(confidence)의 부족이나 상실로부터 생기는 경우가 많다.

많은 스포츠 장면에서 상대 선수나 볼을 쫓아 가로 세로 뛰어야 하는 종목에서는 불안감을 별로 느끼지 못하는 것처럼 보인다. 그러나 정지 상태에서 특정 동작을 수행해야 하는 종목에서는 정지되어 있는 잠시의 시간적 여유를 틈타서 불안감이 엄습하게 된다. 농구에서의 프리드로 샷, 테니스나 탁구에서 상대방의 서비스를 받기 직전, 축구에서 페널티킥이 그러하다. 골프에서는 매 샷이 정지 상태에서

그림 ❻-4

이루어지기 때문에 항상 불안감이라는 적과 싸워야 한다. 불안감이 운동 수행에 미치는 영향을 사례를 통하여 알아보기로 하자.

오래 전 월드컵 출전권을 놓고 우리나라와 호주가 마지막 결전을 벌일 때였다. 호주는 비기기만 해도 되지만 우리나라는 무조건 이겨야 출전권을 따낼 수 있는 중요한 일전이었다. 관중들의 열화와 같은 응원 속에서 우리 선수들은 잘 싸웠지만 좀처럼 득점 기회를 내지 못한 채 전반을 1:1로 마쳤다.

그러다가 후반전 종료시간을 얼마 남기지 않은 상황에서 우리나라는 페널티킥을 얻는 데 성공했다. 월드컵에 다시 진출할 수 있다는 희망감에 당시 동대문 운동장은 열광의 도가니로 변해 버렸다. 키커는 백전노장 스트라이커인 A선수로 결정되었다. A선수는 예선전에서 페널티킥을 성공시킨 적도 있고, 당일 컨디션도 좋은 상태였다.

호주 선수들의 항의는 일축되고 드디어 심판의 호각이 울려 퍼졌다. 동대문 운동장에 운집했던 수많은 관중들은 일순간에 쥐죽은듯이 잠잠해졌다. 기대와 흥분감을 억누른 채, 숨소리조차 크게 내지 못했다. 마침내 A선수는 볼을 향해 달려가기 시작했다. '슛' 하는 순간, 볼은 호주 골키퍼의 가슴에 안전하게 안겨져 있었다. 차라리 골대를 살짝 빗나갔더라면 아쉬움의 탄성이라도 나왔으련만…. 너무 어처구니없는 상황에 관중들은 할말을 잃어버리고 말았다.

수십 년이 지난 지금, 당시 A선수의 심리 상태를 분석하여 보자. 우선 A선수는 페널티킥의 성공 여부가 선수 개인은 물론 국가적으로도 매우 중요한 상황이었음을 인지했을 것이며, 만약에 골을 성공시키지 못하면 국민들로부터 엄청난 비난을 받을 것이라고 생각했을 것이다. 이 두 가지 요소는 스포츠 현장에서 불안을 야기시키는 전형적인 요소이다. 이로 인하여 A선수는 '실패에 대한 두려움', 즉 고도의 불안감에 휩싸이게 된 것이다. 골을 넣겠다는 생각보다는 상대방 골키퍼가 볼을 방어하면 어쩌나 등등의 부정적인 생각이 머릿속에 가득하였을 것이다.

불안감이 커지면 각성이 고조되어, 비키니 사례에서 본 바와 같이 우리의 단기 기억상자에는 오직 하나의 대상만이 활성화될 것이고, 그 대상에 의한 행동이 이루어질 가능성이 높아지게 되는 것이다. 당시 A선수는 높은 각성으로 시각 범위가 좁아져서 오로지 골키퍼만이 시야에 들어와 있었던 것으로 추측된다. 오로지 골키퍼를 피해야 한다는 생각.

그러나 A선수의 행동은 단기 기억 속에 있는 유일한 단서 – 골키퍼 – 에 의하여 이루어지게 되어 있었으므로, 결과는 슈팅이 아니라 골키퍼에게 볼을 패스하는 것이었다. 최근의 사례는 2002년 한·일 월드컵 대회에서 대한민국과 스페인의 8강전 페널티킥 승부에서 스페인의 4번째 키커로 나온 젊은 호아킨 선수의 실축일 것이다. 약관의 호아킨 선수는 떠오르는 스타답게 멋진 플레이를 보여 주었지만, 역시 젊은 탓인지 조국의 승리를 위해서 페널티킥을 반드시 성공시켜야 한다는 심리적 압박감을 이겨내지 못하고 말았다. 그의 페널티킥도 슛이라기보다는 거의 패스 수준이었다.

이러한 예는 상대 선수에 대한 비현실적인 두려움으로부터도 발생할 수 있다. 미국 PGA에서 필드의 신사이며 장타자인 데이비스 러브 3세는 잘 치다가도 유독 타이거 우즈만 만나면 죽을 쓰는 징크스가 있다. 타이거 우즈한테는 질 것이라는 '실패의 예상' 때문이다. 경쟁 상태에서 자신의 능력이 상대방에게 미치지 못한다는 인식이 들면 불안이 시작될 것이고, 자신감을 잃게 되는 것이다. 기술이나 신체적 조건이 유사한 경우에는 심리전에서 이기는 사람이 경기에서도 승리하는 것임은 누구나 알고 있는 사실이다. 이를 '경기하기 전에 지는 것'이라고 한다.

제7장

무의식적으로 스윙하라

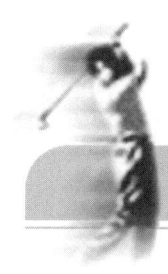
제7장
무의식적으로 스윙하라

　단기 기억상자에서 주위가 집중된 신경마디는 활성화가 증폭되어 다른 마디의 활성화를 억제하면서 다음 단계인 동작으로 연결된다. 이렇게 활성화된 단위들은 행위 시스템으로 넘겨져서 반응으로서의 동작을 계획하고, 다시 운동 시스템으로 이어져 동작을 실행하게 되는 것이다.

　행위 시스템과 동작 시스템의 관계는, 계획:실행, 기억:동작, 이미지:행위의 관계로 이해될 수 있을 것이다. 행위 시스템과 운동 시스템은 우리가 이제까지 수많은 동작을 수행하면서 인식하지 못했던 중요한 단서가 들어 있다.

 1 잠재의식으로 스윙하라는 것

　필자가 골프를 배우면서 가장 궁금했던 부분은 바로 "서브컨셔스 (subconscious)로 스윙하라."는 것이었다. 서브컨셔스는 우리말로 '잠재의식'이란 뜻인데, 우리가 의식하지 못하는 마음속 깊은 곳을 의미한다. 골프 서적에도 가끔 그런 이야기가 나오고, 필자의 코치인 톰 린스키도 "프로들은 잠재의식으로 스윙한다."는 말을 자주 하였었다. 골프 스윙도 동작인데 어떻게 의식하지 않고 골프 스윙을 할 수 있단 말인가? 당시로서는 이해가 잘 되지 않는 부분이었다. 도대체 잠재의식으로 스윙하라는 것이 무슨 말이냐고 물어 보았다. "스윙 메커니즘을 생각하지 말고, 아무 생각 없이 치는 것."이라고만 대답해 주었다. 그 자리에서 나는 고개를 끄덕이기는 하였지만, "그래도 내가 무엇을 하고 있는지는 의식하고 있어야 하지 않을까?"라는 생각이

맴돌고 있었다. 좀처럼 풀 수 없는 수수께끼 같은 이야기였다.

스윙 메커니즘을 생각하지 않으면 잠재의식적으로 치는 것이고, 스윙 메커니즘을 생각하면 의식적으로 치는 것이 된다. 골프 스윙을 의식적으로 치지 않는다면 동작을 만들어내는 그 무엇이 잠재의식 속에 들어 있다는 말인가? 이에 대한 해답은 우리 뇌의 행위 시스템과 운동 시스템을 이해하면서 구할 수 있었다. 그리고 이제까지 궁금했던 점들이나 잘못 이해하고 있었던 점들도 깨닫게 되었다.

2   행위단위의 추상적 본질

1) 행위단위

먼저 우리의 뇌(행위 시스템)에는 먹기, 말하기, 운전하기, 퍼팅하기 등과 같은 동작들이 저장되어 있다. 이들 각각의 단위 동작을 '행위단위'라고 하자. 우리가 일상생활이나 운동기술을 통하여 수행하는 동작은 헤아리기 힘들 정도로 많이 있다. 아무리 장기 기억 용량이 무한하다고는 하지만, 수십만 수백만 가지의 동작들이 장기 기억 속에 일일이 기억되어 있다고 보아야 하는 것일까?

그리고 동작이란 대뇌에서 해당 근육으로 명령을 내리는 것인데, 대뇌에서 동작에 참여하는 수많은 근육들 각각에 대해서 결정을 내리는 데 관여한다면, 대뇌의 활동은 아마도 마비되거나 터져 버리고 말 것이다. 이렇듯 많고 복잡한 근육을 어디에서 어떻게 조절하고 제어하는 것일까?

실제 우리는 어떤 동작을 수행하면서 어느 근육이 어떻게 움직이는지 의식하지 못하고 있다. 대뇌에서 이런 복잡한 조절을 할 수 없는 것이 분명하다면, 대뇌보다 하위에 있는 구조 어디에선가 이 문제를 해결하고 있다고 생각할 수밖에 없을 것이다. 그렇다면 대뇌에서 동작에 관하여 담당하는 것은 무엇일까?

 처음에 골프 스윙을 배우는 사람도 어느 정도는 골프 스윙과 유사하게 동작을 취하는 것을 알 수 있다. 그러나 뇌에 이미 기억되어 있는 행위단위에 의하여 동작이 이루어진다는 가정하에서는 골프 채를 처음 잡은 사람은 골프 스윙이란 행위단위가 없을 것이므로, 골프 스윙의 흉내를 낼 수 없어야 할 것이다. 행위단위의 정의를 수정해야 하는 것인가?

 실제는 어떠한가? 비단 골프 스윙이 아니더라도 예컨대 볼링, 당구, 다트 게임 등을 해 보지 않은 사람들도 동작이 다소 부자연스럽기는 해도 어느 정도까지는 유사한 동작을 실행해 내는 것을 우리는 경험상 알고 있다.
 그리고 연습장에서 100회의 골프 스윙을 했다고 하자. 100회의 스윙 중 정확히 같은 스윙은 없다고 생각할 것이다. 각각의 골프 스윙은 사용되는 근육이 달랐을 것이므로, 100개의 새로운 스윙 동작이 생성되었다고 할 수 있는가?

 이러한 행위단위와 관련된 두 가지 의문에 대하여 답하기 전에 아널드 파머나 잭 니클러스의 스윙을 비교해 보자. 우리는 두 사람의 스윙은 분명히 다르다고 생각한다. 다른 골퍼와 구별되는 스윙 스타일을 가지고 있기 때문이다. 골프 스윙은 반복적인 연습을 통한 전용 신경회로망의 형성에 의하여 만들어지는데, 반복적인 연습 과정은 특정한 동작 유형을 유도할 것이며, 그러한 반복연습은 동작 유형을 개인의 특성으로써 상당히 비슷하게 만드는 경향이 있다. 그러므로 위에서 언급한 100개의 스윙이 전혀 새로운 것이라고 말하는 것도 타당하지 않은 것 같다. 비슷비슷하면서도 미세하게 차이가 나는 100개의 스윙에서 그것이 무엇인지 꼭 집어 말할 수는 없지만, 변하지 않는 요소, 공통적인 특성을 나타내는 요소가 있는 것이 아닐까?

2) 행위단위의 추상성

그렇다면 대뇌에 기억되어 있다고 생각되는 행위단위의 본질은 어떻게 정의되어야 할까?

방에 켜져 있는 전등을 스위치를 눌러서 끄는 행위를 생각해 보자. 서 있는 상태에서는 보통 손가락을 이용하여 스위치를 누르게 될 것이다. 어떤 게으른 사람은 누워서 발가락으로 스위치를 누를 것이다. 만약에 양팔에 책을 가득 안고 있다면 손을 사용할 수 없으므로, 팔꿈치나 등으로 스위치를 누를 수 있을 것이다. 이처럼 "스위치를 눌러서 전등을 끈다."는 하나의 행위단위가 여러 가지 방법을 통하여 실현될 수 있음을 보았다. 만약에 뇌에 기억되어 있는 행위단위가 "전등은 손가락으로 눌러서 끈다."라는 특정 기억 상태라고 한다면, 다른 방법으로는 전등을 끌 수 없어야 할 것이다. 결국 뇌에 저장되어 있는 것으로 생각되는 행위단위는 구체적인 내용이 아니라 '추상적인 그 무엇'이란 추측을 할 수 있다.

또 다른 예는 '글쓰기' 과제 실험이다. 자신의 이름을 오른손으로, 왼손으로, 또는 입에 펜을 물고 쓰는 실험이다. 오른손으로 글씨를 쓰는 경우 이외에는 능숙하게 쓸 수는 없겠지만 할 수 있다는 것은 확실하다.
서툴기는 하지만 어떤 수단을 이용하든지간에 모두 자신의 이름을 썼으며, 각 글자의 일반적 특성 - 각 글씨의 특유한 길이와 각도 등 - 과 개인적인 차이는 유지되었다고 한다.
만일 '글쓰기'라는 하나의 행위단위가 장기 기억에 저장되어 있는 특정한 기억(추상적이 아니고 구체적인 기억)을 구체적으로 실현하는 것이라면, 다른 방법으로는 전혀 글을 쓸 수 없어야 할 것이다. 그래서 수행자의 '기억에 있는 무엇인가'가 필기된 자신의 이름에 공통적으로 적용된다고 생각하게 되었다. 글씨를 쓰는 속도나 크기 또는 사용된 근육은 서로 다르지만, 어떤 추상적인 구조가 그대로 표현되었다는 것이다.

이해를 돕기 위해서 예컨대, 글쓰기 과제에서 보듯이 오른 손으로 쓰는 경우와 왼손으로 쓰는 경우를 비교할 때, 쓰는 시간과 힘의 크기는 다르지만 그림과 같이 일정한 패턴을 보여 주고 있음을 알 수 있다.

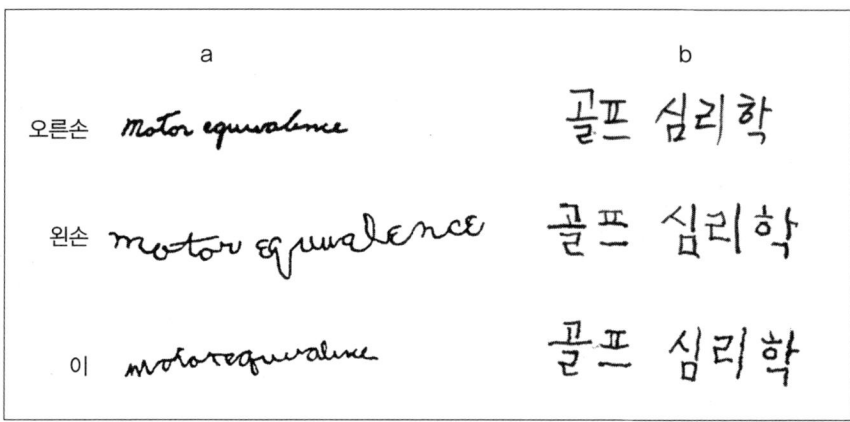

그림 7-1 글쓰기

셸리스라는 학자는 이러한 행위 시스템은 '집행자 무지(執行者 無知, executive ignorance)'의 원리에 따른다고 하였다. 즉, 집행자(행위단위)는 행위의 세부사항을 알지 못하며, 통제하지도 못한다는 것이다. 가령 큰 기업의 사장이 저렴한 노동력을 이용하기 위하여 아시아 지역에 공장을 지으라고 해당 부서에 지시를 내리는 것에 비유할 수 있다. 그러나 사장은 어디에 어떻게 공장을 지으며, 소요되는 자금은 어떤 방법으로 조달할 것인지 등에 대해서는 세세하게 알려고 하지 않으며, 그것 때문에 방해받고 싶어하지 않는다는 것이다. 설사 그 지시가 잘못되었다 하여도 어느 정도까지는 진척되는 경우가 많다. 이러한 비유는 실제 동작에서도 유사하게 적용된다.

이렇게 보면 행위단위는 그 행위의 구체적인 감각이나 동작의 세

부사항이 아니라 하나의 추상적 개념이며, 행위단위에는 그 행위를 다른 행위와 구별시키는 불변, 고정적인 요소를 포함하고 있다고 할 수 있다. 그것은 동작이 이루어지는 절차, 시간, 상대적인 힘의 크기라고 할 수 있다('힘×기간=충격량'이므로 결국 행위단위는 충격량을 조절하는 것이란 유력한 학설이 있다).

그리고 우리가 대뇌에 기억하고 있는 행위단위는 특수한 행동이 아니며 오히려 보편적인 행동에 관한 것이며, 보편적인 행동으로부터 별도의 반복적인 연습을 통하여 특수한 행위 유형을 만들어가는 것이라 할 수 있다. 처음 배우는 사람들이 별 어려움 없이 다양한 운동 기술을 배울 수 있는 것도 추상화, 일반화된 행위단위가 존재하기 때문이다.

일반화된 운동 계획(generalized motor program)

행위단위는 운동 심리학에서는 '일반화된 운동 계획(generalized motor program)'이라고 한다.

이는 인간의 동작이 어디에서 어떻게 만들어지는가의 문제로서, 오랜 논란의 대상이 되어 왔던 문제이다. 과거에는 인체의 감각신경에 의한 피드백에 의하여 인간의 동작이 이루어진다고 하였다. 즉, 어떤 감각자극이 있을 때 그 자극에 대한 반응으로 동작이 발생한다는 것이다. 그러므로 자극이 주어지지 않으면 동작이 만들어지지 않는다는 것이다.

인체에는 자극을 받아들여 뇌에 전달하는 구심성 감각신경과 뇌에서의 처리 과정을 근육에 전달하는 원심성 운동신경이 있다고 하였다. 피드백 이론자들에 의하면 구심성 감각신경이 차단되면 피드백 기능을 상실하게 되므로 동작이 발생하지 않는다는 것이다. 그러나 원숭이들이 양쪽 앞다리의 구심성 신경통로를 차단 당한 후에도 일상적인 활동에 전혀 방해를 받지 않는다는 사실을 실험을 통하여 발견하게 되었다. 물론 작은 조각을 줍는 행위와 같이 섬세한 조작에는 약간의 결손을 보여 주었다고 한다. 그리고 전쟁 중에 부상으로 구심성 신경이 마비된 환자들도 정상적인 동작을 수행하는 데 별 어려움이 없었다는 연구가 있다.

이들 연구로부터 도출될 수 있는 결론은 감각자극은 동작을 위해 필수적인 것이 아니란 점이다. 그렇다면 동작을 일으키는 원인은 무엇인가? 인체 내부나 외부의 환경적인 자극이 없는 경우에도 인간의 뇌에는 특정 행동에 대한 기억이 저장되어 있다는 것이다. 이를 '일반화된 운동 계획'이라고 한다. 즉, 처음 골프를 치는 사람들도 어느 정도는 볼을 맞힐 수가 있는데, 이는 뇌에 이미 골프와 비슷한 유형의 일반화된 운동 계획이 저장되어 있기 때문인 것이다. 일반화된 운동 계획은 행위단위로서 동작에 대한 구체적인 세부 내용이 아니고 추상화된 명제라 하였다. 이에 대해서는 다음 장(스윙 이미지)에서 자세히 언급할 것이다.

다운스윙은 웬만해서 멈추지 않는다

1) 운동 시스템은 우리가 의식하지 못하는 영역이다

'망치', '못' 그리고 '나무판의 위치'라는 자극정보가 단기 기억상자 내에서 동시에 활성화되면, 행위 시스템에 있는 '망치질하기'라는 행위단위를 활성화시키며, 활성화된 행위단위는 운동 시스템으로 넘겨져 실제 동작으로 실행될 것이다. 행위단위가 동작에 필요한 세부적인 사항을 취급하지 않는 추상적 명제이므로, 실제 동작에 필요한 근육의 사용과 조절 문제는 운동 시스템에서 담당한다. 이러한 문제는 대뇌가 아닌 대뇌의 하위 수준에서 일어난다고 한다. 개략적인 구조를 알기 쉽게 나타내면 다음과 같다.

일반적인 운동 계획	┈▶	행위 시스템	┈▶	대뇌 운동 피질
세부적인 운동 계획	┈▶	운동 시스템	┈▶	소뇌, 기저핵

예를 들어 테이블 위에 놓여 있는 동전을 집는다고 하자. 우선 동전을 집어야 한다는 결정을 하게 될 것이다. 우선 동전의 위치를 시각으로 확인하면, '집는다'는 행위단위가 활성화될 것이다. 여기까지는 대뇌에서 이루어지므로 우리는 그 결정을 의식한다. 그 다음에는 '집는다'는 행위단위가 운동 시스템으로 넘겨져서 실제 집는 행위가 실행될 것이다. 그러나 운동 시스템에 의하여 이루어지는 실제 행위는 우리가 전혀 의식하지 못하는 상태에서 발생한다.

우리는 의식적으로 동전을 집는다고 생각하지만 그 이후 일어나는 제반 움직임에 대해서는 의식하지 못한다. 손과 팔이 처음에 어떤 속도와 각도로 움직이기 시작하고, 동전에 가까워지면서 움직임 속도가 줄어들고, 엄지와 검지손가락이 벌어지면서 동전을 집는다 등에 대한 의식은 전혀 이루어지지 않는다.

바쁜 일이 있어 계단을 두 칸씩 올라가야겠다는 의사결정은 의식하지만, 다리와 무릎이 어떤 각도로 움직이는지 의식하지 않는 것과 같다.

운동 시스템에서 이루어지는 동작의 복잡한 세부적인 내용은 우리의 의식 영역 밖에서 이루어짐을 확인하였다. 자극정보가 활성화되고 이것이 관련된 행위단위에 연결되면, 그 다음 일들은 우리 의식 영역 외에서 일어난다는 것이다.

운동 시스템의 중요성은 우리가 의식하지는 못하지만 기억에 저장되어 있는 내용들이 실행되고 있다는 사실이다. '동전을 집는다'는 행위단위가 활성화되기만 하면 운동 시스템은 자동으로 실행되는 것이다. 의식적으로 팔과 다리의 움직임을 조절하여 동전을 집어 보라.

매우 부자연스러운 동작이 연출되고, 의도한 동작을 수행하기가 매우 어렵게 느껴질 것이다.

키스 동작을 한 번 생각해 보자.
게리 쿠퍼와 잉글리드 버그만이 주연한, 헤밍웨이 원작 '누구를 위하여 종은 울리나'에서 두 사람의 키스 장면은 영화사상 가장 유명한 '키스신' 중 하나로 손꼽히고 있다. 그 장면에서 "키스할 때, 코를 어디에 두어야 하는지 궁금했다."는 잉글리드 버그만의 대사가 기억난다. 아마 첫키스하기 전에 팔이나, 머리, 입, 삐죽 튀어나온 코 등의 신체 부위를 어떻게 움직여야 하는지에 대한 것을 상상했던 모양이다. 골프 스윙의 메커니즘을 생각하듯 키스 동작의 메커니즘을 생각했다고 할 수 있다. 키스를 할 때, 근육의 움직임을 생각하면서 수행 한다면 참으로 부자연스럽고 재미없는 일이 될 것이다. '키스하기'라는 행위단위가 활성화되면 나머지 움직임은 자동으로 실행될 것이다. 골프 스윙도 바로 그런 경우이다.

2) 의식하지는 못하지만 행위단위는 그대로 실행된다

전에 언급한 한 집행자 무지의 원리에 의하면, 사장의 지시는 이미 대략적, 추상적으로 결정되어 있는 것이며, 해당 부서에 던져지면 실행에 옮겨지게 될 것이다. 최소한 그것이 현실적으로 부적절한 지시였다는 판단이 들게 될 때까지 지속될 것이다.
행위단위는 동작에 대한 추상적 명제로서, 일단 활성화되면 다른 명령이 내려질 때까지 운동 시스템에서 실행에 착수되어 해당 동작이 집행된다.

예를 들면, 타이핑을 치는 과제에서 갑자기 정지신호를 보냈을 때도 약 0.2초 동안은 타이핑을 계속하며, 100m 달리기에서 부정 출발 선수가 발생하여 정지신호를 보내도 여러 걸음 더 나아가서 서서히 멈추게 된다.

망치로 못을 향하여 내리치려고 하는데 갑자기 누군가 자신의 이름을 불러 고개를 돌리는 순간, 망치는 못을 향하여 질주하여 손을 다치는 경우가 있다.

초등학교 시절 선생님의 질문에 답하기 위해서는 손을 든 학생 중에서 선생님이 지목하는 학생이 답변권을 얻게 된다. 어떤 때는 선생님의 질문을 오해하였음을 깨닫고 손을 들지 않아야 한다고 생각하는 순간, 이미 손은 올라가 있는 경우를 경험한 적이 있을 것이다.

우리에게 익숙한 사례로는 타자가 스윙을 하려다가 이를 철회하는 경우이다. 직구를 예상한 타자가 커브가 들어오자 이미 스윙이 개시된 배트를 거두어들이려고 하는 경우에도 배트는 벌써 몸의 앞쪽까지 나와 있게 된다.

이들 사례가 의미하는 바는 행위단위라는 것은 대뇌에서 미리 구성되고, '하나의 단위'로 실행된다는 증거이다. 행위단위가 일단 활성화되어 동작이 착수되면 그 동작이 수행되지 않아야 한다는 신호를 보내더라도 그 동작은 일어나 버린다. 동작이 착수되는 시점은 대뇌에서 하위 수준으로 이전되어 운동 시스템의 지배를 받게 되는 시점이 될 것이다.

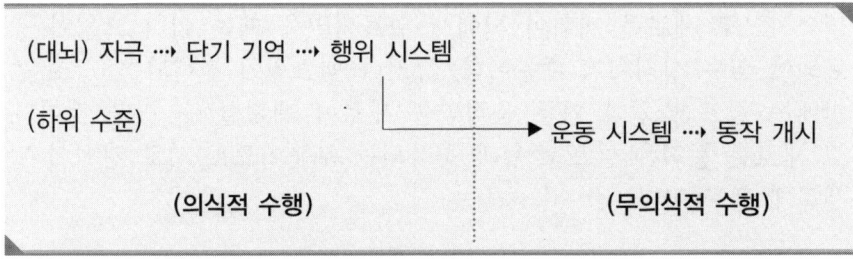

3) 다운스윙은 컨트롤할 수 없다

'완벽한 스윙을 찾아서'의 연구진들은 밀폐된 실내 연습장에서 다음과 같은 실험을 하였다. 피험자는 실내의 전등이 꺼지면 그 시점에서 스윙을 멈추는 실험이었으며, 백스윙으로부터 다운스윙이 이루어

```
테이크에웨이 ·········· ▶ 백스윙 톱
                         다운스윙 시작 ·········· ▶ 임팩트
     정지 1              정지 2              정지 3
```

지는 모든 시점에서 전등을 끄고 결과를 관찰하였다. 위의 내용에서 보는 바와 같이, 백스윙이 종료되는 시점 및 다운스윙이 시작하는 시점을 전후하여 전등을 껐을 때는 다운스윙을 멈추지 못했다고 한다. 한편 백스윙은 대략 0.7초 정도의 시간이 소요되는 바, 이 정도의 기간 중에는 스윙을 바꾸거나 변경할 수 있는 충분한 여유가 있기 때문에 의식적인 동작의 개입이 가능했다고 한다.

다운스윙이 이루어지는 약 0.2~0.25초 동안은 기존의 행위단위와 운동 시스템에 의하여 사전에 계획된 내용에 따라 실행되는 바, 이와 다른 움직임을 시도할 수 없다. 다운스윙이 진행되는 동안 이와 다른 움직임을 계획하기 위해서는 거의 다운스윙에 소요되는 시간만큼이 필요하므로 새로운 계획이 뇌에서 완료되었을 때는 이미 스윙이 종료되어 있는 상태이기 때문이다. 그러나 백스윙이 진행되는 0.7초 동안에는 골프 스윙과 다른 움직임을 새로이 계획할 수 있을 것이나, 그 새로운 동작은 골프 스윙과 중복되는 부분이므로 서로 간섭이 발생하게 될 것이다.

"다운스윙 중 오른팔을 뻗어라.", "오른팔을 몸통에 붙여서 내려라." 등 다운스윙에 대한 레슨은 이미 실행되고 있는 스윙 동작과의 충돌을 일으켜 스윙을 방해할 것이다(스윙 키 참조).

4) 스윙 메커니즘을 생각하면 안 맞는 이유

"스윙 메커니즘을 생각하지 않으면 언제나 우승했고, 한 개 생각하면 가끔 우승했으며, 두 개 생각하면서 우승한 적은 없었다."고, 일찍이 골프 천재 바비 존스는 갈파한 바 있다.

스윙 메커니즘을 생각하면 볼이 잘 안 맞는 이유는 간섭이론에서 본 바와 같이, 팔, 다리, 머리, 어깨 등 여러 가지를 생각하다 보면 그들 사이에 간섭이 발생하여 적절한 동작으로 연결되지 못한다고 하였다. 즉, 골프 스윙은 단기 기억상자 내에 타깃 정보가 들어와 있을 때 스윙 동작으로 연결되는데, 메커니즘에 대한 정보가 들어 있기 때문에 동작으로 연결되지 못하는 것이다.

원리는 동일하지만 여기에서는 행위단위와 운동 시스템과 관련하여 설명하고자 한다.

프로들을 위한 정기 골프 세미나가 개최되었는데, 첫 날은 골프 이론 강의가 있고, 둘째 날은 참석자 전원이 라운딩을 하는 스케줄로 짜여 있었다고 한다. 한 프로는 급한 용무를 처리하느라고 골프 이론 강의가 끝난 토요일 오후 늦게 도착하였다. 그 프로는 새로운 골프 스윙 이론을 듣지 못한 것을 아쉬워하였으나, 이튿날 골프 대회에서는 우승을 차지하였다고 한다.

통상 골프 이론 서적을 보거나 메커니즘에 대한 설명을 듣고 나서 골프를 치면 잘 안 되는 경우가 많다. 기존에 기억되어 있는 스윙 이미지와 새로 적용하려는 이미지 사이에 간섭이 발생하기 때문이다. 골프 스윙이라는 행위단위는 추상적 개념으로 이미 기억 속에 고정화되어 있으며, 이를 수행하는 운동 시스템에도 전용 신경회로망이 형성되어 하루아침에 바뀔 수 없는데, 이를 변경하려는 과정에서 빚어지는 갈등 때문이다.

위 사례에서의 프로는 새로운 이론을 의식하지 않고 기존의 이미지대로 쳤기 때문에 아무런 간섭이 발생하지 않았던 것이다. 다른 프로들이 새로운 스윙 이론과의 싸움에서 헤매고 있는 동안 그 프로는 아무런 간섭 없이 평소의 실력을 발휘했을 뿐이다.

이러한 스윙 메커니즘에 대한 간섭이란 무엇인가?
일단 적절한 자극에 의하여 골프 스윙이란 행위단위가 활성화되면, 운동 시스템은 행위단위와 하나의 세트로 가동되는 것이다. 그리고 실제 골프 스윙은 우리가 의식하지는 못하지만 운동 시스템에서 자동적으로 수행된다고 하였다. 현재 수행되고 있는 동작에 덧붙여서 의식적으로 동일한 스윙 동작을 이끌어 가려고 하는 것은 동작의 중복이다. 음식을 씹으면서 말을 하려면 버벅거리게 되는 것과 같다. 양손을 머리 위로 들고 있는데, 손을 다시 들어올리라고 하면 힘만 더 들어간다. 동작이 중복되면 근육이 긴장되어 어느 하나도 제대로 수행할 수 없게 될 것이다.

공부하려고 막 준비하고 있는데 빨리 공부하라고 재촉하는 것이며, 잘 달리고 있는데 뒤에서 밀어 넘어지는 경우와 같다. 스윙을 의식하지 않고 하면 자연스러운 동작이 연출되는데, 의식적으로 동작을 중복시켜 부자연스럽고 급작스런 동작이 연출되는 것이다.

이러한 중복 내지 간섭은 우리의 일상생활 습관에서 비롯되는 것이다. 우리는 모든 행동을 의식의 테두리 안에서 해결하려 하고 그렇지 않은 경우에는 불안해한다. 우리는 모든 것을 의식하면서 행동하는 것처럼 착각하고 있다. 이제까지 설명된 것처럼 우리가 의식하는 것은 행위단위가 활성화될 때까지 뿐이며, 그 이후로는 의식 영역의 밖에서 이루어지고 있는 것이다. 우리의 많은 행동은 무의식적으로 수행되는 것이 훨씬 많음을 알아야 한다. 그러나 무의식적으로 수행될 수 있는 것은 이미 그 동작이 자동화되어 뇌와 신경에 저장되어 있기 때문에 우리가 주의를 하지 않아도 된다는 의미이지, 무에서 유가 창조된다는 말은 아니다.

다리의 움직임을 의식하면서 걸어 보자. 의식적인 걸음걸이는 매우 어색하고 부자연스럽듯이 스윙을 의식하지 않음으로써 기존의 기억된 골프 스윙이 그대로 재현될 수 있다는 사실을 명심하자.

"Let the subconscious do it."(잠재의식이 하도록 내버려두어라.)
"Let it flow."(물 흐르듯이 하라.)
이러한 표현들은 많은 경험을 통하여 얻을 수 있는 느낌이라고 할 수 있는데, 행위단위와 운동 시스템의 속성을 파악함으로써 이해할 수 있는 부분이다.

《테니스의 내적 게임》의 저자이며, 유명한 테니스 코치인 티모시 갤웨이(Timothy Gallway)는 테니스를 가르치면서 터득한 심리적 요소의 중요성과 방법을 자신의 골프에 적용한 바 있다. 그것이 바로 베스트셀러인 《골프의 내적 게임(Inner game of golf)》이란 책이다. 그가 골프를 시작하여 싱글로 가기까지 자신이 경험하고 깨달은 바를 기록한 골프 심리학 저서인데, 스윙 메커니즘에 대하여 다음과 같이 말하고 있다.

"내가 테니스를 가르치면서 깨달은 사실은 동작을 이렇게 하라, 저렇게 하라는 식의 교육은 아무런 효과가 없다는 것이었다. 볼을 치기 위하여 팔이나 다리의 움직임을 조정하려는 것은 수행을 향상시키기 위한 효과적인 방법이 아니었다. 근육은 언어적 지시를 이해하지 못하며, 지시에 대한 우리의 생각은 눈과 손의 협응을 전혀 이해하지 못하기 때문이다.

코치의 지시에 따라 동작을 맞추려고 노력하는 학생을 보면, 인체의 자유로운 움직임이 방해되어 오히려 간섭이 발생하곤 하였다.

동작이나 폼에 대한 과도한 지시는 실력 향상에 전혀 도움이 되지 않는다는 사실을 깨달으면서, 나의 지도법은 질적으로 커다란 진보가 있었다. 배우는 학생들이 코치의 지시 내용이나 자신으로부터의 내적인 지시에서 해방되었을 때, 볼을 더 잘 친다는 사실을 확인할 수 있었다.

 테니스를 치는 법에 대하여 알고 있다고 생각하는 모든 것을 잊어버려라.

 테니스에서 에러의 가장 주된 요인들은 메커니즘을 잘 모르기 때문이 아니고, 바로 테니스 선수 자신의 마음 - 의심, 긴장, 주의집중의 실패 - 에 있는 것이다. 의심 하나만 제거해도 당장 몇 가지의 기술적 진보가 일어났다."

제8장 스윙 이미지

제8장
스윙 이미지

 행위단위는 동작의 세부적인 내용을 기억하지 않는 추상적인 명제라고 하였다. 추상적인 명제라는 것이 무엇을 의미하는 것일까? 지금까지 학자들이 연구하고 주장하는 내용에 의하면 행위단위란 동작의 순서, 동작의 시간적 구조 그리고 동작이 생성되는 힘에 관한 추상적 코드를 기억하는 것이라고 한다.

 우리는 행위단위가 나타내는 추상적 명제와 운동 시스템이 하나의 세트로 움직인다는 사실을 알고 있다. 그 중 운동 시스템은 우리의 의식 영역 밖에 있어 우리가 관여할 수 없는 부분이다. 그러므로 행위단위의 추상적 명제의 정체를 밝혀내는 것이 동작을 이해할 수 있는 지름길이 될 것으로 생각하여, 추상성의 의미를 찾아나서 보기로 한다. 이를 통하여 골프 스윙의 핵심적 요소가 무엇인가를 알고자 하는 것이다.

 동작의 구체적인 내용은 의식할 수 없으므로, 의식하지 말아야 한다

 추상성이라는 말을 쉽게 이해하면 구체적이지 않다는 말이다. 행위단위는 우리 사지가 구체적으로 움직이는 방식에 대한 것이 아니라는 의미이다. 예컨대, '피아노 치기', '수영하기', '축구 볼 차기' 하면 말로 표현하기는 어렵지만 우리 머릿속에는 '그것이 무엇이다' 라는 이미지는 갖고 있다. 바로 그러한 다소 막연한 이미지가 행위단위의 추상성이 아닐까라고 생각했다.

그 정도의 막연한 이미지가 어떻게 정교한 행동으로 이어질 수 있을까란 의문을 제기할 것이다. 피아노 치기가 왜 어려운가? 피아노 치기란 '손가락으로 해당되는 음을 찾아 건반을 누르는 행위'라고 간단하게 정의할 수 있으나, 실제 이루어지는 동작을 분석해 보면 손가락, 팔, 어깨, 몸통 등의 미세한 근육들이 매우 복잡하게 움직이는 것을 알 수 있다. 골프 스윙과 같은 전신운동에서는 우리 인체의 모든 뼈와 관절, 수천 개의 근육이 일사분란하게 순서에 입각하여 작동된다.

이처럼 우리의 뇌는 상상할 수 없을 정도로 복잡한 근육의 움직임을 아무 문제없이 처리할 수 있는 엄청난 능력을 보유하고 있다. 우리는 뇌의 놀라운 능력을 믿어야 한다. 이를 우리의 얕은 의식으로 제어하려는 노력은 부질없는 수고임을 알아야 한다. 뇌의 기억능력을 믿으면 자연스러운 동작이 산출된다.

이는 회사에서 조직 구성원의 능력을 믿는 것에 비유될 수 있다. 조직의 능력을 믿어야 하고, 개인의 능력을 믿어야 한다. 이를 불신하고 상사가 일일이 간섭하면 조직의 효율성이 손상된다. 그러면 조직이 경직된다. 조직 속에 있는 사람들의 마음도 경직된다.

동작을 수행하는 뇌를 믿지 못하면 몸이 경직된다. 걸으면서 뇌를 믿지 못하고 의식적으로 사지의 움직임을 통제하려고 하면 몸이 경직되고 부자연스러워진다. 골프 스윙도 마찬가지이다.

앞으로 구체적인 동작 내용에 대해서는 우리 뇌의 기억능력 – 운동 시스템 – 에 맡기는 것으로 하자. 왜냐하면 동작의 세세한 부분은 우리가 의식하지는 못하지만 이미 기억되어 있으므로 의식적으로 생각하지 않도록 하자.

 2 스윙 이미지는 바로 골프 스윙의 핵심이다

행위단위는 '그것은 무엇이다'라는 인지(認知, awareness) 내지는 느낌(feeling)을 말하며, 영상 이미지로 나타난다고 한다. 좋아하는 사람이나 고향의 언덕을 생각하면 그것들의 모습이 우리 머릿속에 영화처럼 떠오른다. 우리가 의식하고 있는 영역인 감각단계에서부터 행위 시스템까지는 시각적 이미지 형태로 활성화됨을 알 수 있다.

그러므로 행위단위는 그 동작에 대한 시각적 이미지라고 할 수 있으며, 골프 스윙이라는 행위단위는 스윙 이미지라고 표현할 수 있다.

1) 싸리 빗자루에 얽힌 에피소드

필자는 스윙 이미지라는 대목에 이르러 다른 부분보다 많은 생각을 하게 되었는데, 두 가지 재미있는 사실을 확인하게 되었다. 하나는 인간 기억의 무궁함이었다. 스윙 이미지라는 주제에 대해 고민하는 과정에, 사고활동이 깊어지면서 그 동안 잊고 지냈던 기억들이 여기저기서 되살아나는 것이었다. 옛날 일들이 새삼스럽게 손님처럼 반갑게 느껴졌다. 다른 하나는 뇌의 신경망 구조에 대한 것이었다. 먼저 스윙 이미지라는 주제가 활성화되고, 이 주제에 따라 기억의 신경회로망이 확산되면서 구석에서 잠자고 있던 신경마디를 활성화시켜 잠에서 깨웠다는 사실이다. 이 신경마디는 오랜 잠에서 깨어나 앞으로는 스윙 이미지라는 마디와 함께 활성화되어 단기 기억상자에 자주 등장하게 될 것이다.

다음의 사례는 기억의 저편에서 찾아온 가장 반가운 손님이었으며, 이 책에서 필자가 말하고 싶었던 내용의 많은 부분을 설명해 주고 있다.

필자가 전방부대에서 군복무할 때 몸으로 깨달은 기술이 있었다.

부대에서는 가을이 되면 월동준비가 시작되는데, 산에서 싸리나무를 꺾어다가 수백 자루의 빗자루를 준비해 두는 일이 중요한 작업 중 하나였다. 전방에는 겨울이 되면 하루가 멀다 하고 눈이 내려서 제설작업이 장난이 아니었다.

전방부대의 대대본부라야 취사병, 당번병, 작전병 등 필수요원을 빼고 나면 불과 몇 명되지 않는데, 담당해야 할 도로구역은 엄청나게 많아서 눈 쓸다가 봄을 맞이한다고 해도 결코 심한 말이 아니었다. 새 아침이 되면 새 빗자루를 들고 다시 출동하였다. 육체는 피로하였지만 군인정신으로 일했기 때문에 견딜 만은 했다. 어쨌든 나에게 눈의 이미지는 낭만보다는 노동에 가까웠다.

 서울에만 살던 필자가 싸리 빗자루질을 해 보았을 리 만무하고, 매우 서툰 동작으로 애쓰는 것이 안되어 보였던지 충청도 출신 고참이 "빗자루는 팔로 하는 게 아녀, 이렇게 몸으로 하는 거여."라면서 시범을 보여 주었다. 힘들어 죽겠는 판에 그 말이 귀에 들어올 리 만무했다. 고참의 말뜻을 깨닫기 시작한 것은 제설작업이 한창이던 며칠 후였다.
 그때는 정말 힘이 들어서 팔을 더 이상 움직일 수가 없었는데, 눈 덮인 도로는 좀처럼 줄어들지 않았다. 체념하듯 몸으로 밀어붙이기

팔로 쓸기 　　　　　　　　　몸통으로 쓸기

그림 8-1

시작했다. 아니 이게 웬일인가? 오히려 힘은 덜 들면서 눈은 더 잘 쓸어지는 것이 아닌가? 갑자기 눈 쓰는 일이 재미있어졌다. 그 다음 날, 전날의 기억을 되살려 몸으로 하는 빗자루질을 하려고 하였으나, 이상하게도 생각만큼 잘 되지 않았다. 생각과 실제 동작이 잘 맞아떨어지지 않는다는 느낌이었다. 우선 급한 대로 팔로 쓸기 시작했다. 오후가 되자 몸으로 쓰는 동작이 나오기 시작했다. 이런 과정이 며칠 동안 반복되었는데, 오후가 되어서야 제대로 된 몸으로 쓰는 동작이 나오는 것이었다.

필요는 발명의 어머니라고 했던가? 어느새 나는 어떻게 하면 빗자루질을 효율적으로 할 수 있을까에 대해서 관심을 갖게 되었다. 전에는 아무 생각 없이 하던 빗자루질의 메커니즘에 대해서 흥미를 갖게 된 것이었다. 전에 빗자루질 요령을 코치해 주었던 고참을 찾았다. 그 고참은 실제 동작을 시범 보여 주었다. "자, 이렇게 빗자루를 잡은 다음 팔을 움직이지 말고 몸을 돌려, 몸으로 빗자루를 쓴다고 생각하는겨."

그랬었구나! 나는 왜 팔의 힘이 떨어졌을 때만 몸으로 쓰는 동작이 나왔던 이유를 알 것 같았다. 팔 힘이 떨어지면 팔을 움직일 수 없으므로 몸으로 움직일 수밖에 없었던 것이다. 고참 말대로 팔을 움직이지 못하면 팔을 고정시키는 결과가 되는 것이었다. 팔에 힘을 뺀 상태에서 빗자루를 잡고 몸을 틀면 빗자루는 힘 안 들이고 따라오는 것이었다. 팔로 쓸겠다는 것을 포기했을 때 비로소 몸으로 하는 동작이 나올 수 있는 것이었다. 그야말로 몸으로 배운 훌륭한 기술이었다. 그 이후로 힘 안 들이고 빗자루를 다루게 되었음은 물론이었다. 내 밑으로 졸병이 들어오면 우선적으로 가르쳐 주어야 할 기술이라 생각했다. 그래야 졸병이 처리하는 면적이 넓어질 것이므로.

우리는 흔히 골프 스윙은 몸통으로 하라는 말을 많이 듣는다. 왜 몸통으로 스윙을 해야 하나?

영화의 한 장면을 생각해 보자. 범인이 숨어 있을 것으로 생각되는 집에 진입하기 위하여 형사들은 현관문으로 돌격한다. 처음에는 손으로 밀어 본다. 문이 굳게 닫혀 있음을 안 형사는 이번에는 발로 문을 걷어차 본다. 그래도 문이 열리지 않으면 이번에는 몸으로 문에 부딪쳐 본다. 그러면 '쾅' 소리를 내면서 문이 열린다.

이것이 시사하는 바는 무엇일까? 우리의 뇌는 경험상 손보다는 다리가, 다리보다는 몸통이 더 강한 힘을 발휘한다는 사실을 알고 있다는 것이다. 이를 골프 스윙에 적용하면 손이나 팔에 의한 스윙으로 200m를 보냈다면, 몸통을 사용한 스윙은 250m+알파의 거리를 확보할 수 있는 것이다. 뇌는 이런 사실을 알고 있으나 우리가 뇌의 지식을 이용하지 못할 뿐이다. 왜 클럽의 중심에 볼을 맞추는데도 거리가 나지 않을까 하고 고민하는 분이 많이 있는 것 같다. 팔에 의한 스윙을 포기하는 순간 뇌의 지시에 의하여 몸통이 그 역할을 떠맡게 될 것이다. 골프 스윙을 팔로 해야 한다는 생각을 버리지 않는 한 몸통에 의한 스윙은 잘 이루어지지 않을 것이다.

흔히 동작에 대한 기억은 '절차적 기억(procedural memory)'이라 하여, '동작이 어떠한 순서로 움직임을 수행해야 하는지에 대한 정보'를 담고 있는 것으로 정의된다. 밥먹기, 수영하기, 망치질 등의 행위단위도 그것들이 이루어지는 순서나 절차에 대한 정보를 기억하는 것이라고 할 수 있다.

'골프 스윙에 대한 절차적 기억=골프 스윙에 대한 행위단위=골프 스윙 이미지'의 등식이 성립하므로, 골프 스윙 이미지는 '골프 스윙이 이루어지는 순서(인체의 움직임)에 대한 기억'이라고 할 수 있다.

절차적 기억과 관련하여 반드시 생각해 볼 문제는 절차가 시작되기 직전, 즉 동작 직전 우리 인체가 어떠한 상태에 놓여 있는가이다. 우리 인체가 어떠한 자세로 되어 있는가에 따라서 동작이 이루어지는 양상이 달라진다는 사실이다.

위의 에피소드에서 본 바와 같이 빗자루를 잡는 방법과 빗자루 쓸기 동작에 들어가기 직전의 자세가 중요하다고 생각한다. 처음에 빗자루를 두 손으로 꽉 잡으면 팔에 의한 쓸기가 되므로, 몸통을 이용할 수가 없게 된다. 반면에 빗자루를 잡은 팔을 고정시키면 몸통에 의한 쓸기가 가능해진다.

이를 골프에 적용시켜 보면 그립과 어드레스 자세에 따라서 스윙이 달라진다는 것이다. 스윙은 앉아서 할 수도 있고, 꼿꼿이 서서 할 수도 있다. 그러나 선 상태에서 약간 구부렸을 때 가장 효율적인 스윙이 이루어짐을 잘 알고 있다. 올바른 셋업이 이루어지지 않은 상태에서는 올바른 스윙이 이루어지지 않는다. 기본 자세를 자꾸 강조할 수밖에 없는 것은 이런 이유 때문이다. 셋업의 중요성을 유난히 강조한 골퍼는 잭 니클러스인데, 골프에서 심리가 차지하는 비중 50%, 셋업 40%, 스윙 10%라고 한 바 있다. 이러한 준비 자세의 중요성은 투수의 셋업 자세, 타자의 배팅 자세에서 보는 바와 같이, 정지 상태에서 시작하는 모든 스포츠에 동일하게 적용된다.

이와 같은 셋업-동작 직전의 인체가 처해 있는 상태-의 중요성은 글쓰기 과제 실험에서 보았듯이, 오른손으로 쓰던 왼손으로 쓰던 간에 글쓰기란 행위단위의 추상적 구조에 의하여 이름을 쓸 수는 있지만 거기에 도달하는 움직임은 다르다는 사실에서 본 바와 같다. 이는 전적으로 인체의 움직임 특성에 의한 것이다. 팔, 다리, 손, 발, 몸통, 히프, 어깨 등의 신체 분절이나 손목, 팔꿈치, 어깨, 히프, 무릎 등의 관절은 움직일 수 있는 범위가 한정되어 있으며, 현재의 놓여 있는 상황에서 가장 수행하기 편한 동작을 선택하는 경향이 있기 때문이다.

2) 헤일 어윈의 '긴 낫'

두 번째 사례는 US 오픈을 두 번이나 제패한 바 있고, 현재는 시니어 투어를 주름잡고 있는 헤일 어윈(Hale Irwin)의 스윙 이미지이다.

헤일 어윈이 어릴 적, 그의 아버지는 항상 "골프 스윙은 자루가 긴 낫으로 풀을 베는 모습과 같다."고 말해 주었는데, 아버지의 그 말이

어윈에게는 최고의 골프 스윙 이미지를 갖게 해 주었다. 그도 소년 시절에 긴 낫을 사용해서 풀을 베곤 하였는데, 핸들이 매우 길어서 두 손을 이용하여 잡게 되어 있었고, 낫 머리가 무거워서 급하게 휘둘러서는 안 되는 도구라고 생각하게 되었다. 그렇기 때문에 부드러운 리듬감을 갖고 휘두르지 않으면 자신의 다리가 어떻게 될지 상상할 수도 없는 위험한 도구였다.

아무튼 사용하기가 만만치 않은 도구였기 때문에, 먼저 두 발이 균형 있게 자리잡아야 했으며, 부드럽고 리듬감 있게 앞뒤로 흔들어 주어야 했다. 골프 클럽은 낫에 비해 매우 가볍고 움직이기 쉬워서 스윙을 서두르게 되는 경향이 생기며, 백스윙이 완료되기도 전에 다운스윙으로 전환하게 되는데, 긴 낫에서는 불가능한 일이었다.

그림 ❽-2 헤일 어윈의 스윙 이미지

긴 낫으로부터 어원이 갖게 된 스윙 이미지의 핵심은 다음과 같이 요약할 수 있을 것이다.

첫째, 긴 낫은 무겁기 때문에 백스윙을 서두를 수가 없으며, 어쩔 수 없이 스윙 페이스(pace)가 부드럽고 일정하게 될 수밖에 없다.

둘째, 백스윙에서 다운스윙으로 전환될 때도 낫의 무게 때문에 서두르지 않게 되며, 부드럽게 전환된다.

셋째, 다운스윙은 낫의 무게 때문에 내려올수록 가속(acceleration)된다.

이 사례는 골프 스윙 동작의 추상적 요소 중에서 힘과 시간적 구조를 잘 나타내 주고 있다. 즉, 백스윙과 다운스윙에서의 바람직한 스윙 스피드(힘+스윙 시간)를 정확하게 제시해 주고 있다 하겠다.

이와 유사한 예로는 큰 도끼로 나무 밑둥을 치는 이미지가 있다. 도끼 헤드의 무게 때문에 백스윙이나 다운스윙을 서두를 수 없으며, 다운스윙 시에는 도끼 헤드의 원심력이 매우 크기 때문에 손이나 팔의 개입 없이 스스로 가속된다.

태권도 선수는 당수로 벽돌을 격파하는 이미지를 생각할 수 있을 것이다. 손을 내리치는 순간 팔에 힘이 들어가 있으면 상대적으로 손에는 적은 힘이 가해지므로 스피드가 줄어들 것이다. 손에 힘을 집중시키기 위해서는 팔에 있는 운동량을 전부 손에 실어주어야 할 것이다. 그러면 팔에는 힘이 빠지고 손은 가속되어 엄청난 힘을 발휘할 수 있게 된다.

나무판에 못을 박는 일을 생각해 보자. 망치질은 망치의 중심과 못머리의 중심이 접촉했을 때 가장 큰 힘을 발휘하는데, 이는 골프 스윙의 원리와 흡사하다. 망치질을 세게 하는 경우에는 생각보다 못이 잘 박히지 않는데, 근본적인 이유는 망치자루를 강하게 잡기 때문에 망치머리의 스피드가 감소하고, 중심을 잘 맞추지 못하기 때문이다. 어떤 때는 못머리 중심을 빗나가서, 못은 구부러지고 망치는 나무를

그림 ❽-3

때리기도 한다. 망치자루를 가볍게 잡고 서서히 망치머리를 가속시키면 큰 힘을 들이지 않고서도 긴 못이 한번에 쑤욱 들어간다.

3) 스윙 이미지의 내용

싸리 빗자루 사례와 헤일 어윈의 스윙 이미지 사례를 통하여 파악된 내용들을 바탕으로, 스윙 이미지의 추상적 코드(code) – 동작의 순서, 동작의 시간적 구조, 동작이 생성되는 힘 – 에 대하여 밝힐 차례가 되었다.

우선 동작의 순서에 대해서는 싸리 빗자루 사례에서 충분히 설명되었으므로, 여기에서는 동작의 시간적 구조와 동작이 생성되는 힘에 관한 요소를 살펴보자.

사물이나 인체가 움직이기 위해서는 충격량(impulse)이 필요한데, '충격량=힘×작용시간'의 구조로 되어 있다. 인체 움직임에서는 '일정 기간 동안 근육의 수축에 의하여 팔다리를 움직이는 데 작용한 힘'이 될 것이다. 가령 동일한 충격량으로 골프 스윙을 한다고 하자. 힘이 크면 시간이 짧아지고, 힘이 상대적으로 적으면 시간이 길어질 것이다. 그러므로 골프 스윙에서 '힘'이 크면 스윙이 빨라지고, '힘'이 적으면 스윙 시간이 길어진다. '힘'과 '시간' 요소가 결합되면 '스윙의 스피드'로 나타남을 알 수 있다. 글쓰기 과제에서 보았듯이 동작의 스피드와는 관계없이 행위단위의 추상적 구조에 의하여 동작이 이루어지는 패턴은 동일할 것이다(표 8-1 참조).

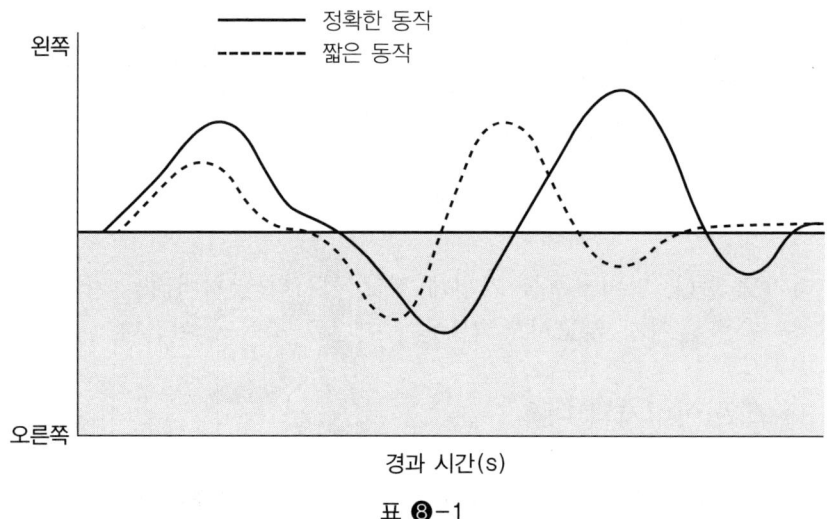

표 ❽-1

이처럼 스윙 이미지의 추상적 구조인 순서, 시간, 힘의 세 요소는 서로 결합되어, '스윙의 순서'와 '스윙 스피드'를 만들어낸다고 할 수 있다. 이것이 골프 스윙의 핵심적인 요소이다.

처음에 우리가 막연하게 생각했던 행위단위의 추상적 구조란, 다름 아닌 동작의 핵심적 요소와 동일하다는 사실을 알게 되었다. "운동기술을 새로 배운다는 것은 그 기술의 핵심적 내용을 익히는 것이다."
란 정의와도 정확하게 부합한다. 결론적으로 골프 스윙의 핵심적 요소는 스윙 동작이 일어나는 순서이며, 스윙의 스피드를 의미하는 것이라 할 수 있다. 이는 바로 스윙 이미지의 내용이 되는 것이다.

그리고 스윙의 순서와 스윙 스피드는 상호 협응(coordination)되었을 때 자연스런 스윙을 만들어낼 것이다.

골프와 같이 복잡한 운동에서는 참여하는 인체 부분이 많기 때문에 이들간의 순서를 익히는 일이 쉽지 않다.

중요한 포인트는 인체의 구조적 특성상 스윙 스피드를 천천히 했을 때, 인체의 움직임 순서(스윙 리듬)가 정확히 이루어진다는 점이다. 처음 골프를 배우는 사람들은 강하게 쳐야 한다는 생각 때문에 스윙 스피드가 빨라지는 경향이 있다. 이 때문에 스윙 동작의 순서를 잘 익히지 못하는 것 같다. 그리고 스윙 스피드는 개인차가 있는 부분이어서 자신의 적정 스피드(스윙 템포)를 찾는 것이 중요하다.

골프 스윙은 스윙 동작의 순서와 스윙 스피드의 조화에 의하므로, 어느 정도의 스윙 스피드에서 인체의 자연스런 움직임이 생성되는가를 본인이 느끼는 것이 바로 골프 스윙을 터득하는 방법이 될 것이다.

골프 스윙 = 리듬 + 템포 + 밸런스

4) 스윙 이미지 만들기

위 여러 사례에서 본 것처럼, 스윙 이미지는 오히려 실제 스윙 동작과는 차이가 있다. 스윙 이미지는 동작의 추상적 구조-순서와 스피드-를 기억하는 것이므로, 그 동작이 실제 골프 스윙의 순서와 스피드 요소를 반영하고 있다면 어떤 동작이라도 스윙 이미지로 할 수 있다는 사실을 보여 주고 있다.

단, 자신의 골프 스윙 동작은 스윙 이미지로 사용할 수 없다. 실제 동작과 이미지는 같을 수 없고, 양자간의 차이를 일치시키는 과정이 있을 뿐이다. 그리고 양자가 같다는 것은 골프 스윙이 완성되었다는 의미이기 때문이다. 그러나 다른 사람의 스윙은 자신의 이미지로 사용할 수 있을 것이다. 자신과 체형이 비슷하고 정통 스윙을 구사하는 프로의 스윙은 좋은 스윙 이미지가 될 수 있을 것이다. 프로의 스윙을 분석하지 말고 그저 눈으로만 보면서 스윙에 대한 시각적 이미지를 형성하는 것이 좋은 연습방법이다.

한편, 사례에서 나타난 스윙 이미지의 특징은 과거에 본인이 직접 경험한 동작을 스윙 이미지로 삼았다는 것이다. 다시 말하면 그 싸리빗자루와 긴 낫을 직접 사용해 봄으로써, 그에 대한 기억이 이미 뇌에 기억되어 있다는 사실이다. 마침 싸리 빗자루와 긴 낫의 동작 순서와 스피드가 골프 스윙에서의 그것들과 맞아떨어졌기 때문에 아주 훌륭한 스윙 이미지가 될 수 있었던 것이다. 느낌에 의한 골프 레슨으로 유명한 밥 토스키는, 다운스윙은 커다란 폭포에서 물이 떨어지는 것과 같다고 하였다. 강물이 폭포 끝 부분에 다다른 순간 잠시 멈추는 듯한 느낌이 들다가 이내 절벽 밑으로 하강하게 되는데, 계속 가속되어 엄청난 속도로 쏟아진다. 이처럼 골프 스윙 이미지는 그것을 생생하게 몸과 마음으로 느낄 수 있을 때 효과적인 이미지가 되는 것이다. 몸과 마음으로 느껴지지 않으면 이미지일 뿐, 동작과는 잘 연결되지 않을 것이다.

간접 경험과 직접 경험은 그것이 장기 기억에 저장된다는 점에서는 같지만, 직접 경험에 의한 스윙 이미지는 실제 그것을 실현하는 신경회로망(근육)이 형성되어 있다는 점에서 차이가 있다. 간접 경험에 의한 스윙 이미지는 골프 스윙의 핵심적 내용을 기억하고는 있지만, 그것을 실현할 신경회로망은 연습을 통하여 형성시켜야 할 것이다.

50,000달러 상당의 도넛

호주에서 골프를 배울 때 코치였던 톰 린스키는 첫 시간에 5달러(우리 돈으로 약 3,500원 정도) 상당의 도넛(도넛 모양의 쇳덩어리에 합성수지를 입힌 스윙 보조재로써, 클럽 끝에 끼워서 사용한다)을 주면서, "이 도넛은 조그맣고 5달러에 불과하지만, 50,000달러의 가치를 지닌 마술의 도구이다."라고 설명해 주었다.

이것의 원리는 어윈의 사례와 거의 비슷한 것이다. 당시만 해도 스윙의 원리에 대한 개념이 없어서 이 조그만 물건에 별 관심을 기울이지 않았었다. 지금은 이 도넛을 사용함으로써 스윙의 핵심적 내용을 쉽게 터득할 수 있다고 확신한다. 이 도넛을 사용하면 골프 스윙의 추상적 요소 3가지 - 스윙의 핵심 요소 - 를 일거에 마스터할 수 있기 때문이다.

① 도넛을 클럽헤드에 끼우면 헤드 부분의 무게가 늘어나므로 백스윙 스피드가 일정하게 유지되며, 다운스윙도 완만하게 가속되어 스윙의 원리 - 가속도와 원심력 - 를 생생하게 느낄 수 있다.
② 스윙 궤도가 정확하게 유지되므로 올바른 신경회로망을 형성하는 데 엄청나게 도움이 된다.
③ 헤드의 원심력에 의하여 스윙이 이루어지므로 스윙 축을 잡을 수 있으며, 팔과 손의 개입을 줄여갈 수 있다.

조그만 도넛 하나가 스윙을 잡아준다고 생각해 보라. 이보다 값진 것은 그 어디에서도 찾을 수 없을 것이다.

3 이미지와 실제 동작의 차이

1) 관념과 실제의 차이

우리는 어떤 동작을 수행함에 있어서 '우리가 했다고 생각하는 것'과 '실제로 발생한 것'과는 다른 경우를 많이 경험한다. 골프처럼 익숙하지 않은 동작을 처음 배우는 경우에는 더욱 그러할 것이다. 문제는 자기가 생각한 대로 동작이 발생한다고 착각하고 있다는 사실이다.

이 착각은 대개 골프 스윙을 복잡하고 어렵게 만든다. 예를 들면 임팩트 시 손목을 이용한다고 생각하는 것이다. 손목은 스스로 움직일 수 없는 부분이므로 어떠한 경우에도 손목이 능동적으로 할 수 있는 일은 없다. 몸통이나 팔뚝의 근육이 움직임에 따라 수동적으로 움직일 뿐이다. 그러나 골프 스윙에서는 손목이 많은 일을 하는 것처럼 잘못 알려져 있다. 아무 것도 할 수 없는 손목으로 무엇인가를 하려고 하므로 문제가 발생하는 것이다.

그러나 원리를 알고 있는 경우에는 착각을 이용할 수가 있다. 예를 들면, 다운스윙 시 헤드 스피드의 가속이다. '가속'의 문제는 드라이버부터 퍼팅에 이르기까지 모든 스윙의 핵심이다. 실제로는 임팩트 직전 최대의 스피드에 도달하지만 임팩트 이후 최대의 속도가 된다고 생각함으로써, 헤드의 가속과 스윙 궤도를 정상적으로 유지하기 쉬워진다.

2) 이미지와 동작의 연결 - 신경회로

우리는 프레드 커플스나 어니 엘스와 같은 부드럽고 멋진 스윙에 대한 이미지를 머릿속으로 그려볼 수 있으며, 그러한 이미지를 머릿속에 그리면서 스윙을 한다. 그들과 비슷한 스윙이 나올 것이라고 생각하면서. 그러나 그들과 같은 유연한 스윙은 실현되지 않을 것이다.

왜 안 되는 것일까?
우리가 생각하는 것처럼 스윙 이미지가 작동하지 않는 다른 이유는 이미지를 동작으로 연결시켜 주는 신경회로가 형성되어 있지 않기 때문이다. 즉, 행위 시스템의 골프 스윙 단위와 운동 시스템을 이어주는 다리를 놓아야 한다.

골프 스윙과 같이 익숙하지 않은 운동을 수행하는 경우에는 기존에 사용되던 신경과 근육만이 이용되므로, 우리가 갖고 있는 이미지 '이럴 것이다' 또는 '이래야 할 것이다'가 통용되지 않는다. 골프 스윙은 기존의 동작과 구별되는 동작의 특성이 있기 때문에 사용되는 근육도 달라야 할 것이기 때문이다.

반복적인 연습을 통하여 쓰이지 않던 신경과 근육을 활성화시킴으로써, 이미지와 실제 동작을 일치시키는 과정을 밟아야 할 것이다. 처음 골프 스윙을 할 때는 어깨의 회전이 잘 이루어지지 않는데, 이는 상체가 긴장되어 있는 탓도 있지만, 신경회로가 충분히 발달되어 있지 않기 때문이기도 하다. 자신은 어깨의 회전이 충분히 이루어졌다고 생각하지만 실제로는 그렇지 않은 경우가 많다.

반복적인 연습은 이미지와 실제 동작을 연결시켜 주는 신경통로를 개설하는 과정이다. 이미지와 실제 동작이 일치하면 완벽한 동작이 실현된다고 볼 수 있으며, 우리의 일상생활에서 이루어지는 많은 자동화된 동작들은 이미지와 실제 동작이 일치하는 경우이다.

사례에서 본 바와 같이, 스윙 이미지는 실제 동작을 그대로 카피하는 것이 아니고 그것에 대한 주관적 느낌이다. 내가 골프 스윙에 대하여 어떻게 생각하고 있는가의 문제이다.

실제 동작이 일어나는 과정은 우리가 의식하지 못하는 부분이지만, 이미지와 실제 동작을 일치시키기 위해서는 실제 동작이 어떻게 이루어지는지 아는 것이 선행되어야 한다. 이는 비디오 촬영 등을 통하여 용이하게 파악할 수도 있으며, 코치가 옆에서 점검해 줄 수도 있을 것이다. 이미지와 실제 동작을 일치시키기 위해서는 평소 연습 시에 실제 동작을 느끼면서 연습하는 것이 매우 중요하다('지각기법에 의한 연습' 참조).

제9장

30초 스윙 패키지

제9장
30초 스윙 패키지

 파블로프의 학습이론

'망치와 못'이란 자극이 단기 기억에 입력되어 활성화되면 '망치질'이란 신경단위가 동시에 활성화되는 것처럼, 학습은 신경마디간의 연계 강도를 변화시키는 것이다. 이러한 동작간 연계 강도의 변화는 파블로프식 조건 형성과 동일한 과정에 의하여 일어나므로, 골프 스윙이란 동작을 학습하는 것도 관련되는 신경마디간의 연계 강도를 강화시키는 과정이라고 할 수 있다.

우리에게 익숙한 이반 파블로프(Ivan Pavlov)의 '조건반사'에 대한 기억을 더듬어 보고, 이것이 골프 스윙을 학습하는 문제와 어떻게 관련되는지 알아보기로 하자.

파블로프는 소화에 대한 연구로 노벨상을 수상한 러시아의 생리학자였다. 원래 그는 침과 위액이 소화와 어떤 관련이 있는지에 대해서 관심을 갖고 있었으며, 이를 위하여 개를 대상으로 그 유명한 실험을 하게 된다. 우선 개의 침샘에 튜브를 연결시키는 수술을 통하여 튜브를 입 밖으로 빼냄으로써, 외부에서 침이 나오는 것을 관찰할 수 있게 하였다. 그리고 개에게 침을 흘리게 하기 위하여 실험실 조수에게 개의 입에다 고기가루를 뿌리게 하였다. 파블로프는 얼마 지나지 않아서 개가 설익은 행동을 하는 것을 목격하였다. 즉 조수가 방에 들어가기만 하면 아직 고기가루를 뿌리지 않았는데도 침을 흘리기 시작하는 것이었다.

다시 말하면 소화와 전혀 관련이 없어 보이는 자극(조수의 발자국

소리나 조수의 모습)에 의하여 일어나는 소화 반응(침을 흘리는 행위)을 관찰하게 되었는데, 이런 현상은 순수 생리학에서는 설명될 수 없는 부분이었으며, 그 해답은 심리학에서 찾아야 했던 것이다. 이후 후원자의 도움을 얻어 완벽한 실험조건을 갖추고 정밀 실험을 하게 되는데, 이때는 조수 대신 종소리(실제는 메트로놈이었음)를 자극으로 사용하였다.

이 실험이 이루어진 것은 1800년대 후반으로, 심리학이 아직 순수 과학으로 인정받기 전이었다. 그후 이 실험은 심리학 사상 가장 획기적인 실험 중의 하나로 평가되고 있다. 당시만 해도 인간의 행동은 예측할 수 없으며, 신에 의하여 정해진 행동을 수행한다는 사고가 지배하고 있던 때였다. 파블로프의 실험과 같이 어떤 조건에 의하여 인간의 행동을 조절할 수 있다는 생각을 하지 못했었다. 사람들은 맛있는 음식을 보면 당연히 입에 침이 돌고, 음식 준비하는 것만 보아도 침이 생긴다는 사실을 오래 전부터 알고는 있었으나, 어느 누구도 이런 사실에 주목하지 않았다. 파블로프는 이런 평범한 사실로부터 인

그림 9-1 파블로프의 실험

간이 어떻게 학습을 하게 되는가에 대한 원리를 발견하였던 것이다. 뉴턴이 떨어지는 사과를 보고 만유인력의 법칙을 발견하였듯이.

위 파블로프의 실험결과를 심리학적으로 풀이해 보자.
"고기가루가 개의 입에 뿌려지면 반드시 침을 흘리게 된다."는 말의 의미는, 개의 신경회로망에 '고기가루 마디'와 '침 흘리기 마디' 사이에 이미 강력한 연계가 되어 있다는 것이다. 이는 반복된 경험에 의하여 신경회로망이 그렇게 만들어졌다고 할 수 있다.

원래 종소리가 울리는 것과 침 흘리는 것과는 서로 독립된 사건이며, 우연한 사건에 불과하다. 그러나 고기가루를 주기 전 종소리만으로도 침을 흘린다는 사실은 반복 경험에 의하여 종소리마디, 고기가루 마디 및 침 흘리기 마디간에 신경회로상 연계가 형성되었다고 할 수 있을 것이다. '관련되는 신경세포간의 연계가 강화되는 것', 이것이 바로 파블로프식 학습의 기본 원리이다.

한 걸음 더 나아가 종소리를 울린 후 한참 뒤에 고기가루를 뿌려 주었더니 종소리만으로는 침을 흘리지 않았으며, 종소리와 고기가루를 동시에 제시한 경우에도 마찬가지였다. 이런 결과로부터 추론하건대, 종소리와 고기가루간의 연계를 강화시키기 위해서는 두 개의 자극이 시간 간격을 두되, 거의 동시에 제시되어야 함을 알게 되었다.

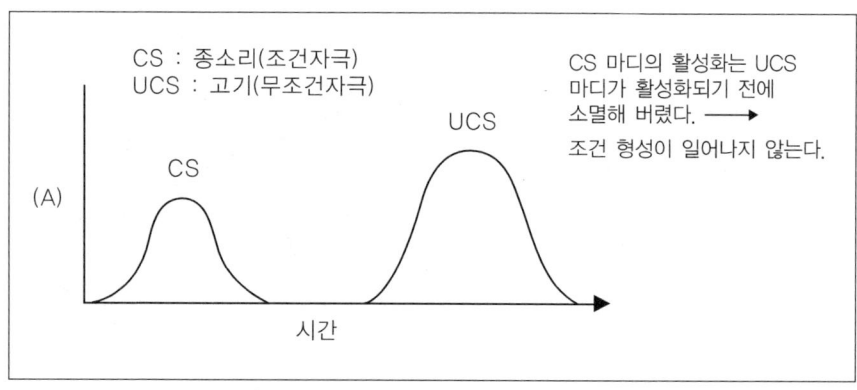

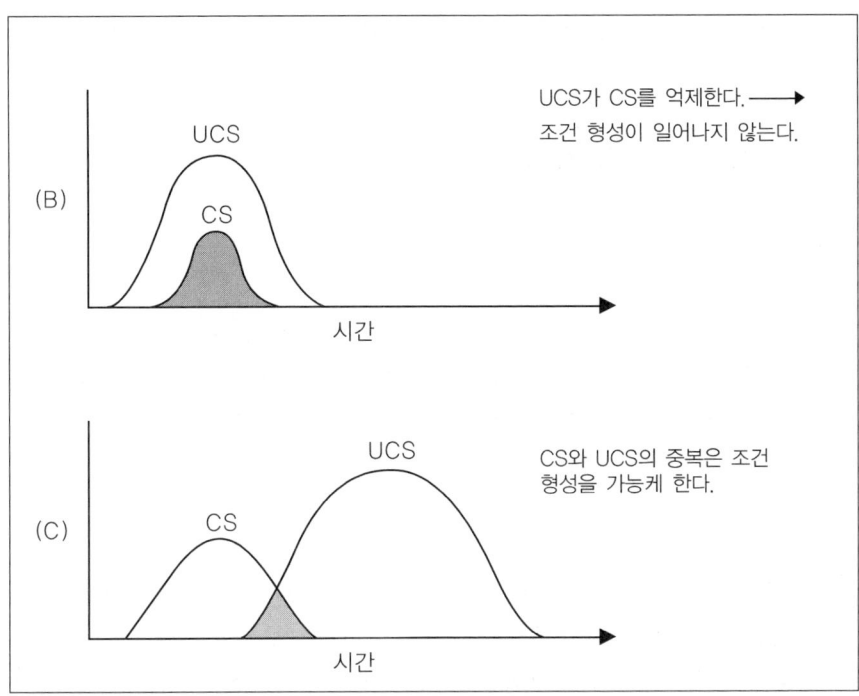

표 ❾-1

    표 9-1의 (A)에서 보듯이 종소리가 울린 뒤 어느 정도 시간이 지나 고기가루가 뿌려지면 그때는 이미 종소리 자극은 우리 뇌에서 사라진 후이므로, 종소리 자극과 고기가루 자극은 서로 만날 일이 없는 것이다. 따라서 신경마디간 연계는 형성되지 않을 것이다.

    (B)는 두 개의 자극이 동시에 주어지는 경우인데, 고기가루 자극은 이미 침 흘리기 마디와 강한 연계를 이루고 있는 반면 종소리 자극은 연계가 없으므로, 이는 우연한 자극으로 남을 뿐이다.

    (C)는 종소리 자극과 고기가루 자극이 시간적으로 중복되는 경우이다. 종소리 마디가 활성화되어 있는 상태에서 고기가루 마디가 동시에 활성화되어 두 마디간 중첩되는 부분이 생긴다. 이런 현상이 반복되면 두 마디간 조건이 형성되었다고 하며, "종소리 마디가 활성화되면 반드시 고기가루 마디가 활성화되며, 이어서 침 흘리기 마디도

활성화될 것이다."라는 것을 정확하게 예측할 수 있는 것이다.

2 30초 스윙 패키지

1) 기본 원리

위의 학습 원리는 특정 자극이 주어졌을 때 반드시 특정 반응이 동시에 일어나는 메커니즘을 설명하고 있다. 이는 바로 우리 뇌에서 자극이 처리되는 과정을 나타내는 것이다. 파블로프의 학습 원리를 염두에 두면서 이를 골프 스윙에 응용해 보기로 하자.

실전 라운딩에서의 샷은 볼에 다가서서 라이를 체크하는 것으로부터 시작된다고 할 수 있는데, 스윙이 완료될 때까지는 약 30초의 시간이 소요된다고 하자(스윙은 개인차가 있는 부분으로써, 대개 20~40초가 소요될 것이다). 30초라는 짧은 시간 동안에도 시각을 통하여 유입되는 많은 환경적 정보와 내부로부터 일어나는 마음의 동요 등을 처리하기 위하여 우리 뇌는 바쁘게 움직이고 있음을 알아야 한다. 이 30초간 우리의 뇌를 어떻게 사용하는가에 따라서 골프 스윙의 성패가 좌우되는 것이라 할 수 있다.

우리는 이미 단기 기억상자 내에서 이런 많은 정보들이 어떻게 집중되고 서로 간섭하고 있는지 알고 있다. 그러므로 골프 스윙을 잘 하려면 필요한 정보는 주의를 집중시키고, 불필요한 정보는 간섭이 발생하지 않도록 배제시키면 될 것이다. 그야말로 논리 자체는 간단하다.

2) 파블로프식 조건 형성

골프 스윙의 성패 ─ 볼을 의도한 타깃으로 정확히 보내는 일 ─ 는

 골프 심리학

30초간 우리의 뇌를 어떻게 활용하는가의 문제, 즉 30초 스윙 패키지를 어떻게 꾸미는가의 문제라고 할 수 있다.

우선 프로 선수들이 30초간 통상적으로 행하는 동작을 살펴보기로 하자. 먼저 라이 상태, 바람의 세기, 타깃까지의 거리나 위치 등 샷에 대한 정보를 수집한 후 사전에 계획된 게임 플랜에 따라 클럽을 선택한다(코스 매니지먼트). 볼 뒤에 서서 볼의 궤적(trajectory)과 타깃에 볼이 떨어지는 장면 등을 상상한다(mental imagery). 연습 스윙을 2회 정도 실시한다. 어드레스를 취한다. 왜글(waggle) 등을 통하여 신체의 긴장을 풀어준다. 타깃을 주시한다. 볼을 보면서 스윙을 개시한다.

이러한 일련의 샷 준비 과정은 선수마다 약간씩의 차이는 있을지언정 프로들은 반드시 하는 일이며, 항상 정해진 순서대로 행한다. 프로들은 이러한 준비 동작을 언제 어디서나 동일하게 수행함으로써 일관성 있는 샷을 유지하는 것이다. 그렇지 않으면 큰일나는 것으로 생각하며, 실제로도 샷의 정확성에 문제가 생긴다. 프로들도 중요한 순간에 과도한 긴장으로 인하여 결정적 실수를 하는 경우가 심심치 않게 발생하는데, 그 이유는 바로 이러한 준비 동작을 평소처럼 수행하지 않았기 때문인 경우가 많다.

> **골프 스윙 관련 정보**
> - 필요 정보 : 타깃, 스윙 이미지
> - 방해 정보 : 과거의 실패 기억, 미래에 대한 기대, 스윙 메커니즘 등

우리의 시각은 왕성한 정보 제공능력으로 인하여 30초간 특별히 주의를 기울이지 않으면 많은 정보들이 무차별적으로 입력된다고 하였다. 그리고 주로 방해 정보를 구성하는 과거와 미래에 대한 정보들은 무의식적으로 입력되는 경향이 있으므로, 이를 억제하는 것이 중요한 과제가 된다. 반면에 필요 정보는 단기 기억상자 내에 반드시

입력시켜야 하고, 유지되어야 한다.

위와 같은 전제 사항은 우리의 뇌를 효과적으로 가동시킬 수 있는 중요한 단서를 제공하고 있다.

첫째, 30초의 샷 준비 동작을 단기 기억상자에 순서에 입각하여 입력시키는 일이다. 필요 정보를 단기 기억상자에 미리 채워 버린다는 발상이다. 30초 동안 정해진 동작을 부지런히 수행함으로써, 단기 기억의 용량을 장악한다면 다른 방해정보를 원천적으로 봉쇄하는 효과를 기대할 수 있는 것이다.

원래 골프 스윙은 우리 신경회로에 장기 기억되어 있기 때문에 쉽게 변하지 않는다고 하였다. 이 기억은 개인의 잠재능력이라 할 수 있으며, 뇌에서 다른 방해가 없다면 있는 그대로 나타나야 한다. '시각정보=동작'이 된다면 최선이 될 것이다. 그러나 대부분의 경우 방해정보에 의해서 간섭이 발생하므로, 잠재능력이 그대로 발휘되지 못하는 것이다. 실제 샷 능력은 잠재능력 이상으로 발휘되지는 않으므로 최고의 수행을 위해서는 신경회로가 방해받지 않도록 뇌에서의 간섭을 최소화하는 것이 된다.

이에 '실제 샷 능력 ≥ 잠재능력 - 간섭'이란 함수관계를 생각할 수 있을 것이다.

둘째, 이러한 방해를 줄이기 위해서 또 한 가지 생각할 수 있는 문제는 샷 준비 동작간에 강한 연계를 형성하는 일이다. 즉, 클럽을 뽑는 순간부터 샷이 이루어질 때까지의 동작을 항상 동일하게 반복함으로써 파블로프식의 조건 형성을 만드는 것이다. 우리의 뇌 신경회로망에서 처음 동작마디가 활성화되면 그 다음 동작마디가 동시에 활성화될 것이고, 이어서 순차적으로 연계되도록 한다는 의미이다. 동작간 연계가 강력해지면 동작의 자동화를 실현해 주므로, 크게 주의를 기울이지 않아도 다른 방해정보의 개입을 차단할 수가 있는 것이다.

우리는 이제까지 샷이 이루어질 때까지의 30초간 단기 기억상자에

그림 ❾-2 30초 스윙 패키지의 구조

입력해야 할 정보 내용과 그 원리가 무엇인지 생각해 보았다. 다음에 처리할 문제는 준비 동작의 구체적인 내용이 무엇이며 어떤 방법으로 수행해야 하는지 알아보는 것이 될 것이다.

> * **프리샷 루틴**은 통상 어드레스를 취하는 동작을 전후하여 실제 샷이 이루어지기까지의 일련의 반복적인 샷 준비 동작을 말하는데, 앞의 표에서는 중간 단계로 표시되고 있다. 프리샷 루틴은 골프 심리학의 하이라이트라고 할 수 있다. 이 책의 시작부터 지금까지의 모든 내용은 이를 설명하기 위한 사전 작업에 불과한 것이다. 이 책에서는 그림 9-2와 같이 프리샷 루틴의 개념을 30초 스윙 패키지란 이름으로 확대하여 적용하고자 하는 것이다. 이의 근거는 파블로프식 학습의 원리와 뇌와 신경회로의 구조 및 역할이 될 것이다. 좁은 의미의 프리샷 루틴에 대해서는 장을 달리하여 설명하기로 한다.

3 태세(set)

1) 태세란?

수년 전 필자는 큰맘먹고 퍼터를 교체한 적이 있었는데, 교체하자마자 같은 종류의 퍼터가 유난히 많이 눈에 띄는 것이었다. 그 퍼터는 비교적 고가의 제품이어서 갑자기 사람들이 그 퍼터를 많이 구입했다고 볼 수는 없는 일이었고, 사실은 필자의 뇌가 그 클럽에 초점이 맞추어져 많은 퍼터 중에서도 그 퍼터가 눈에 잘 띄었던 것이었다. 이런 현상을 심리학자들은 태세(set)라고 한다. 우리의 마음은 태세화된 대상은 무엇이든지 금방 알아차리는 경향이 있다. 필자가 골프 교습을 시작하면서부터는 골프 연습장이 유난히 눈에 잘 띄었는데, 전에는 실내 골프 연습장이 그렇게 많은 줄 몰랐었다.

이러한 태세는 우리가 실제로 행하고 보는 모든 것에 영향을 주고 있으며, 일상생활에서 많은 예를 찾아볼 수가 있다.
애인의 전화를 기다리고 있으면 바로 애인의 목소리를 알아차릴 수 있으나, 기대하지 않은 사람의 전화 목소리는 바로 알지 못하는 경우가 많다. 사전에 준비되어 있다는 것은 우리 뇌의 한 구석에서 관련된 신경마디가 대기하고 있는 것이라 할 수 있다.
주식투자에서도 자기가 관심이 있는 종목은 쉽게 눈에 띄는데, 그렇지 않은 종목은 다른 사람이 아무리 추천을 해도 관심이 안 가게 된다. 뭔가를 기대하고 있지 않으면 아무리 코앞에 기회가 와도 알아차리지 못하는데, 그것에 대한 태세화가 안 되어 있기 때문이다.
사랑에 눈이 멀면 애인의 장점에 대해서만 태세화되기 때문에 단점은 알아차리지 못하게 되어, 불행한 경우 나중에 헤어지는 사유가 되기도 한다. 태세가 뇌에 고정화되면 고정관념이나 선입견이 되어 그와 다른 사항에 대해서는 별 관심을 두지 않으려는 경향이 생기는 것이다.

태세화를 특정 신경회로 또는 특정 방향으로의 신경회로의 형성이란 측면에서 이해하면 골프와 같은 운동기술에도 적용되는 것이다. 필드에 나가면 경사진 라이에서의 샷, 벙커 샷, 러프 샷 등 연습장에서는 할 수 없는 다양한 종류의 샷이 요구되는데, 이에 대한 태세화가 안 되어 있으면 당황하게 되어 샷을 그르치는 경우가 많다. 그러므로 평소에 다양한 상황에서의 샷을 연습하여 신경회로를 형성하여 두면 그런 상황에 도달했을 때 어떻게 처리할지 용이하게 알아차리게 된다. 그것은 반복연습을 통한 정신적 태세화가 되어 있기 때문이다. 특히 그린 주변에서는 태세화된 대상을 많이 만들어 두는 것이 필요하다.

2) 태세와 30초 스윙 패키지

무엇이든지 미리 태세화가 되어 있으면 필요한 정보를 그만큼 쉽게 얻을 수 있으며, 잘못되는 확률도 적어진다고 하였다. 예컨대 두 사람에게 카드에 나타나는 사물의 이름을 맞히는 게임을 하면서 A에게는 동물 카드가, B에게는 꽃 카드가 나올 것이라고 미리 말해 주고는 호랑이 카드를 제시하였다. 실험 결과 A는 거의 실수가 없이 잘했다고 한다. 동물카드가 나올 것으로 태세화가 되어 있었기 때문이다.

우리가 책이나 영화를 볼 때 그 주제를 미리 알고 있으면, 주제에 대해 강력한 태세화가 되어 있기 때문에 주제와 관련되지 않는 사항에 대해서는 주의를 기울이지 않게 된다. 공부할 때도 마찬가지이다. 그날 배울 내용에 대하여 사전에 교육을 실시하면 주제에 대하여 태세화가 되어 있기 때문에 교육효과가 높아질 것이다.

30초 스윙 패키지는 골프 스윙과 관련한 일련의 동작을 조건화시켜 하나의 행동 단위로 묶어내고자 하는 발상이다. 그리고 조건 형성의 중요성은 선행 동작은 후행 동작의 정확한 예언자라는 사실이다. 그러므로 30초 스윙 패키지는 골프 스윙을 위한 태세화 과정을 만드는 것이라고도 할 수 있다. 클럽 선택은 그 다음에 진행될 심상을 예상하고 심상은 연습 스윙을 예언하면서, 스윙까지 연쇄적으로 동작을 유도한다는 식이다.

다음에서는 30초 스윙 패키지를 구성하고 있는 내용에 대하여 자세히 알아보기로 하자. 이들은 골프 스윙의 실행적 측면에서 핵심적 내용이 된다.

제10장

게임 플랜(*game plan*)

제10장
게임 플랜(game plan)

 축구에는 4-4-2전법, 4-3-3전법 등이 있고, 농구에는 개인방어와 지역방어 전법이 있다. 코치들은 상대방이 누구인가, 자신의 선수들이 어떤 장·단점이 있고, 현재의 컨디션이 어떤 상태인가를 면밀히 검토하여 사전에 적절한 경기 계획을 수립할 것이다. 경기 중, 사전 계획대로 잘 진행되지 않으면 선수를 교체하거나 일부 작전을 변경하기도 하겠지만, 경기 전 수립된 게임 플랜의 기본 틀은 변경시키지 않는다. 그 기본 틀은 선수들의 능력 범위와 연습량 등을 감안해서 결정된 것이기 때문이다. 기본 틀을 벗어나는 작전은 선수들에게 예상하지 않았던 정신적·육체적 부담을 초래하여, 오히려 경기력을 떨어뜨릴 것이다.

 반면 좋은 게임 플랜은 선수들에게 정신적인 편안함을 제공해 준다. 사전에 계획된 플랜에 따라 자신의 맡은 바를 충실하게 수행하면 되고, 많은 임기응변적인 행동이 필요치 않기 때문이다. 그만큼 우리 뇌는 타깃에 보다 집중할 수 있게 된다.
 이러한 원리는 골프 게임에도 그대로 적용된다.

1) 마스터 플랜은 사전에 수립되어야 한다

 마스터 플랜은 한 라운드를 플레이하면서 1번 홀부터 18홀까지 전체 과정에 대한 사전 계획을 수립하는 것을 말한다. 사전에 마련된 마스터 플랜에 의거하여, 실전에서 그때그때 샷 계획을 수립하는 과정은 코스 매니지먼트(course management)가 될 것이다.
 프로 선수들은 사전에 코스를 점검하고 그에 대한 게임 플랜을 세운다. 게임 플랜에는 매 티 샷에 사용될 클럽의 종류, 타깃의 위치,

예상 낙하지점, 해저드의 위치, 타깃 거리 등을 포함하며, 바람이나 비 등의 날씨 변수도 고려된다. 프로들은 보통 코스 내 지형지물간 거리, 그린의 크기 등을 상세하게 적은 야디지 북(yardage book)을 사용하는데, 단순히 코스에 대한 정보를 알고자 하는 것이 아니고, 주어진 코스를 어떻게 공략할 것인가를 준비하고 계획하는 것이다.

벤 호건은 게임 플랜을 꼼꼼하게 챙기는 선수로 유명하였다. 전성기 시절의 벤 호건은 18번 홀의 그린으로부터 시작하여 각 홀을 그린에서부터 티까지 거꾸로 걸으면서 볼 낙하지점을 정했다고 한다. 먼저 홀을 공략하기에 가장 적합한 지점을 정한 다음 클럽을 선택하였다. 그리고는 볼이 낙하하는 모습을 머릿속으로 그려본다. 볼이 성공적으로 예상 낙하지점에 안착하는 것을 상상하고, 다음 장소로 이동한다. 호건이 US 오픈 연습 라운딩 후 기자들과의 인터뷰에서, "라운딩을 해 보니 7번 아이언을 칠 곳이 없더군요. 7번 아이언을 백에서 아예 빼야겠어요."라고 말했다는 재미있는 일화가 있다.

그림 ⑩-1 벤 호건의 게임 플랜

잭 니클러스를 빼놓고 게임 플랜을 얘기할 수는 없을 것이다. 니클러스의 프로 초년 시절만 해도 연습 라운딩을 하면서 메모장과 펜을 들고 다니는 골퍼들은 매우 드물었다고 하는데, 니클러스는 라운딩이 있을 때마다 수첩을 들고 다니면서 열심히 기록하는 습관이 있었다. 이를 자주 목격하게 된 다른 프로 선수들도 그를 따라하게 되었으며, 게임 플랜 수첩은 이후 널리 유행되었다고 한다.

그리고 이런 게임 플랜은 사전에 수립되어야 한다. 일단 코스에 들어가면 가급적 샷에 대한 분석을 적게 하고 임기응변적인 조치를 억제함으로써, 머리를 단순하게 유지하는 것이 유리하기 때문이다. 그럼으로써 뇌는 잡념 없이 타깃에 대해서만 집중할 수 있게 될 것이다. 라운딩 시 심리적 간섭을 최소화시킨다는 차원에서, 게임 플랜을 세운 다음 그 플랜에 따라 라운딩 전에 상상으로 라운딩을 해 보는 것이 좋은 방법이다. 사전에 정해진 클럽으로 예상 타깃에 볼을 성공적으로 보내는 것을 상상해 본다. 그리고 나서 실제 라운딩에 들어가면 더욱 친숙한 코스가 되므로, 편안한 마음으로 플레이를 할 수 있을 것이다. 골프에서는 특히 마음의 동요를 줄이면 스코어도 덩달아 줄어든다.

일반 주말골퍼들의 경우에는 자신의 홈 코스가 아니면 전혀 새로운 환경에서 플레이를 해야 하므로 사전에 게임 플랜을 세울 수 없을 것이므로, 그때그때 대처할 수밖에 없을 것이다. 스코어 카드를 보고 홀의 구조나 거리를 파악하거나, 캐디 또는 코스를 잘 아는 동반자의 도움을 받아 코스 전략을 세워야 할 것이다. 핸디캡이 높은 아마추어 골퍼들은 게임 플랜이 없기 때문에 그때그때 임기응변적인 플레이가 속출하고, 잘못된 샷을 보상하기 위해서 무리한 경기운영을 하게 될 확률이 높을 것이다. 뇌는 계속되는 새로운 상황과 이변(異變)에 대응하기 위하여 매우 바쁘게 움직여야 하는데, 심리적 간섭이 생겨 좋은 결과를 기대하기는 어려울 것이다.

2) 게임 플랜은 경기의 페이스를 일정하게 유지해 준다

 육상 장거리 경주에서는 구간 내내 페이스를 일정하게 유지하는 것이 성공의 관건이 된다. 페이스를 유지한다는 점의 중요성은 고속도로에서의 자동차 운전을 생각하면 쉽게 이해할 수 있다. 고속도로에서 규정속도 이하인 80~90km로 주행하면 우리의 몸과 마음은 매우 편해진다. 여유가 있으므로 창문을 통해 경치도 감상하고, 동반자와 담소도 나누면서 즐거운 여행을 하게 된다. 차가 밀리면 속도를 늦추면 되고, 한적한 길에서는 조금 빠르게 갈 수도 있을 것이다. 그러다가 속도를 높이면 몸과 마음은 긴장하기 시작하고 편안함은 사라진다. 앞만 보고 달리게 된다. 그리고 사고 위험은 높아질 것이다.

 골프 경기도 장거리 경주와 같으므로, 18홀 내내 페이스를 일정하게 유지하는 것이 중요하다. 게임 플랜은 앞으로 발생될 것으로 예상되는 일들을 사전에 정해 놓은 계획이므로, 게임 플랜이 지시하는 대로만 수행하면 큰 변화 없이 페이스를 일정하게 유지할 수 있다.
 헤일 어윈 선수는 전 홀에서 파(par)를 목표로 경기를 한다고 한다. 게임 플랜대로 하다 보면 버디가 나올 수 있다는 것이 그의 경기 운영 철학이다.
 한때 영국에서는 보기 골프(bogey golf)란 개념이 유행한 적이 있었다. 18홀 전체를 보기를 목표로 플레이를 한다는 것이다. 이는 보기를 목표로 한다는 게임 플랜을 갖고 플레이를 한다는 의미이기도 하다. 그러면 무리하지 않고 플레이를 하게 되고, 몇 개의 파만 기록해도 금새 80대로 진입할 수 있다는 논리였다. 보기에 들어서지 못하고 있는 골퍼로서는 가장 이상적인 게임 플랜이라고 생각한다.
 그러나 미국에 전파되는 과정에서 심한 비판의견에 부딪혀 별 관심을 얻지 못하고 흐지부지되고 말았다. 골프는 자연에 대한 도전이며, 이 과정에서 성공과 좌절을 맛보는 것이 골프의 진정한 유인(誘引)인데, 보기 골프는 골프를 지루하게 만들어 골프의 흥미를 반감시킨다는 것이었다. 그러나 실력의 향상이 없는 골프야말로 골퍼를 지루하게 만든다. 일부러 실패와 좌절을 맛보기 위해서 골프를 치는 사람은 없다. 골프를 치는 이상 꾸준히 실력이 향상됨으로써 골프의 진정한 묘미를 만끽할 수 있다는 사실을 부인하는 사람은 없을 것이다.

보기 골프 개념은 매우 합리적인 제안이었음에도 불구하고 골퍼들의 에고(ego)에 의하여 사장(死藏)된 케이스라고 생각한다. 에고는 자존심 또는 자기 중심적인 사고라고도 할 수 있겠는데, 골퍼들의 실력을 가로막는 가장 큰 장애요인이 되고 있다.

3) 게임 플랜은 변경된 조건에 따라 수정될 수 있다

개별적인 샷 플랜은 마스터 플랜에 의하여 사전에 결정되어 있으므로, 별단의 사건이 생기지 않는 한 정해진 대로 시행하면 될 것이다. 그러나 골프 경기는 흘러가는 시냇물과 같아서 때와 장소에 따라 빠르게, 느리게 또는 장애물을 지나쳐야 하는 경우가 생긴다. 예상치 못한 환경적인 변화에 대응하기 위해서는 당초 게임 플랜을 수정해야 하는 경우가 발생한다.

그래서 당초 계획에는 이러한 수정 가능성을 고려해 두는 것이 보통이다. 벤 호건은 골프는 조정(adjustment)의 게임이라고 하였다. 자신의 현재 샷 능력과 환경조건 – 코스의 상태, 바람, 볼이 놓여진 라이 상태 등 – 과 타협하여 가장 바람직한 것을 선택하는 과정이다.

첫째, 외부적인 조건이 변경되는 경우 이를 고려하여 개별적인 플랜을 수정해야 할 것이다. 예컨대 비가 와서 지면이 젖어 있는 경우에는 롤(roll)이 적어지며 뒷바람이 부는 경우에는 롤이 많아질 것이므로, 클럽 선택 시 이를 가감하여야 한다. 맞바람이 부는 경우에는 로프트가 작은 아이언을 사용하여 낮은 궤도의 샷을 구사하여야 할 것이다. 외부 환경의 변화에 의하여 마스터 플랜을 수정하게 되는 경우, 우리 뇌는 변화된 환경조건에 적응하기 위하여 별도로 가동되어야 하므로 주의가 분산된다. 그러므로 당초 마스터 플랜의 범위 내에서 가급적 보수적인 방향으로 결정하는 것이 뇌의 혼란을 줄여주는 방법이다.

둘째, 내부적 조건인 골퍼의 심리적인 상태가 변경되는 경우이다. 오랜만에 출동한 주말골퍼는 연속적인 더블 파에 정신적으로 크게 위축될 것이다. 점수를 복구하기 위해서 게임 플랜에 없는 무리한 샷이 시도된다. 악순환이 반복된다. 드디어 그날의 게임을 포기한다. 그 순간 우리 뇌는 잔잔한 호수처럼 맑아지면서, 평소의 실력이 발휘되기 시작한다. 머릿속이 깨끗해지면서 타깃이 선명하게 눈에 들어오기 시작한다. 그러나 이미 게임은 다 끝나간다. 아쉽지만 다음 게임을 기대할 수밖에 없다.

반면 줄 버디를 잡아 나가면 계속되는 성공에 도취되어 자신감이 고조된다. 게임 플랜에 없는 적극적이고 공격적인 플레이가 전개된다. 2000년 브리티시 오픈에서 3타 차 리드를 유지한 채, 마지막 홀에 도착한 프랑스 출신 장 반데 발드 선수는 새로운 오픈 챔피언의 탄생을 기대하는 많은 갤러리 앞에 서 있었다. 오늘은 플레이가 유난히 잘 풀렸다고 생각한다. 갤러리들에게 챔피언으로서 멋진 샷을 보여주고 싶었다. 좁은 페어웨이에서 드라이버를 선택한다. 중계방송 중이던 해설자가 깜짝 놀라 우려를 표시한다. 드라이버 샷이 줄 수 있는 이득이 전혀 없는 홀이었다. 당초 게임 플랜에 의하면 2번 아이언이었으며, 더군다나 3일 내내 2번 아이언 티 샷을 했던 홀이었다. 결국 장 발데 반드 선수는 트리플 보기를 범하고 만다. 순간적인 승리감에 도취되어 게임 플랜을 무시한 결과치고는 너무 비싼 대가를 치룬 케이스였다.

게임 플랜은 자신의 신체적·정신적 능력 수준을 고려한 계획이다. 게임 플랜을 무시하는 행위는 자신의 능력 범위를 초과하는 경기운영을 하겠다는 것이므로 실패의 확률이 매우 높을 것이다. 무엇보다 중요한 것은 게임 플랜이 경기 중 발생하는 심리적 동요를 잡아준다는 사실이다. 게임 플랜대로만 수행하면 필요 이상으로 흥분하거나 낙심하지 않고, 일정한 페이스로 경기 감각을 유지할 수 있다. 게임 플랜은 그런 목적으로 활용되는 것이다.

4) 보수적인 전략과 확실한 스윙(conservative strategy, cocky swing)

게임 플랜 수립 시 고려할 사항은 자신의 기술능력과 스코어이다. 이 두 가지 요소에 의하여 기본 계획이 수립된다. 그 다음은 위험 (risk)과 보상(reward)을 비교해 보는 것이다. 위험요소는 비중을 크게 두고 보상요소는 비중을 적게 가져가는 것이 보수적 전략이다.

전략은 보수적으로 짜되, 스윙은 확실하게 한다. 티 샷과 세컨 샷에서는 위험요소를 피하는 것이 가장 중요하고, 거리는 그 다음 고려 사항이 되기 때문에 의사결정을 명확히 해 둘 필요가 있다. 거리를 우선적으로 고려하기 위해서는 위험과 보상의 내용을 따져 보아야 한다. 게임 플랜을 통하여 사전에 이러한 의사결정을 해 두면, 실제 경기에서 정신적인 부담을 상당 부분 경감시킬 수 있기 때문에 수행력이 향상될 것이다.

레이업(lay-up)은 위험과 보상을 비교하여 보수적인 선택을 하는 경우이다. 티 샷과 세컨 샷은 위험요소를 회피하면서 목표하는 곳에 볼을 보내는 것이므로 넓은 의미로 레이업 샷이라고 할 수 있다. 아마추어 골퍼들은 의외로 레이업에서 많은 실수를 한다. 레이업 샷은 목표 없이 대충 앞으로만 쳐 두면 되는 샷이라는 그릇된 생각 때문이다. 이 경우 타깃은 어디라도 될 수 있다. 레이업에서 OB나 뒷땅이 자주 나오는 것은 단기 기억상자에 타깃 정보가 없었기 때문이다. 레이업 샷은 짧게 치는 샷이라는 생각 때문에 부드럽게 치는 경향이 있는데, 그린 앞의 워터 해저드를 염두에 두고 부드럽게 스윙했는데, 볼이 생각보다 훨씬 많이 나가 물에 빠지는 수도 있다. 결국 레이업에서 가장 중요한 요소는 타깃을 명확하게 설정하고 평소의 샷을 하는 것이다.

티 샷이나 파5에서의 세컨 샷은 자신이 가장 자신 있는 거리가 남도록 정확하게 볼을 보내야 한다. 확실한 타깃이 정해져 있는 것이다. 다른 샷 못지 않게 타깃에 대한 주의집중이 요구된다. 거리를 결정했으면 홀을 공략하기 좋은 안전하고 평평한 위치를 찾아야 한다.

그리고 샷 능력에 대한 한계적 상황에 처했을 때도 보수적인 전략과 확실한 스윙이 요구된다. 온그린을 위해서는 5번 아이언이 필요한데, 5번 아이언을 정확하게 구사할 수 없다면 7번 아이언을 확실하게 스윙하는 것이 좋다. 모자라는 거리는 쇼트 게임으로 커버한다는 생각으로 안전한 장소를 택해서 샷을 해야 한다. 파4의 심한 도그레그 홀에서 페어웨이 중간에 해저드가 많은 경우, 프로들은 4번 아이언을 두 번 사용하는 것을 주저하지 않는다는 사실을 기억해 둘 필요가 있다.

2001년 마지막 메이저 대회인 PGA 챔피언십 경기에서 한 타 차 리드를 지키고 있던 데이비드 톰스 선수는 마지막 파5홀에서 필 미켈슨 선수가 투 온을 시도할 것임을 알았지만, 침착하게 세컨 샷을 레이업한 뒤 세 번째 샷을 핀에 붙여 버디를 잡음으로써 우승하였다. 보수적인 전략과 확실한 스윙의 대표적 케이스였다.

제11장

상상력으로 스윙하라

제11장
상상력으로 스윙하라

 심상(visual imagery, visualization)이란 마음속으로 상상하는 것

"당신 집에 창문이 몇 개 있습니까?"란 질문을 받으면, 우리는 머릿속으로 집의 내부를 둘러보게 된다. 안방을 거쳐서 거실로 부엌으로 멘탈 스크린(단기 기억상자)에 창문들이 스캐닝(scanning) 된다. "사자의 얼굴을 그려보시오."란 지시를 받으면 멘탈 스크린에 사자의 얼굴을 띄우고, 눈, 코, 입, 갈귀 등을 구체적으로 스캐닝해 갈 것이다. 무엇인가를 생각하게 되면 그 사건이나 물체가 마치 영화 장면이나 사진처럼 시각화되어, 멘탈 스크린(단기 기억상자)에 나타난다.

이를 우리말로는 시각적 심상(視覺的 心像)이라고 하며, '어떤 사물이나 사건을 마음속으로 상상하는 것', '마음속으로 그려보는 것'이라 할 수 있다. 또는 '마음의 눈(mind's eye)으로 보는 것', '마음의 사진기로 물체를 찍는 것'이라고도 한다. 이런 설명은 우리의 기억이 활성화될 때, 시각적 이미지로 단기 기억상자에 표시되는 데서 비롯되며, 단기 기억상자는 스크린에 해당된다. 그러므로 멘탈 스크린(mental screen)이라 함은 단기 기억상자와 동일한 의미이다.

심상은 우리가 많이 접하는 말이면서도 구체적으로 알려지지 않은 측면이 있다. 그러므로 심상에 대해서 다른 스포츠 활동에서의 사례와 함께 폭넓게 다루어 보기로 한다.

2 심상의 위력

심상이란 주제에서 처음 거론되는 것은 앨버트 아인슈타인이다. 아인슈타인은 어떻게 상대성 원리를 개념화할 수 있었는가를 설명하였는데, 자신이 만약 빛 속에 들어가서 여행하면 세상이 자신에게 어떻게 비출까를 상상해 봄으로써, 물론 그가 빛의 속도로 여행을 한 것은 아니지만 마치 실제로 그랬던 것처럼 세계를 관찰하였다. 그러한 상상이 과학의 역사를 바꾸어 놓은 것이다.

아인슈타인의 위대한 발견은 연구소에서 이루어지지 않았다. 여유로운 시간 속에서 자유롭게 상상할 수 있을 때, 위대한 발견이 탄생할 수 있다.

왓슨도 어느 날 유전자의 구조는 어떤 형태여야 하는가를 늘 머릿속으로 상상하다가 그것이 이중 나선구조임을 밝혀내었다.

신경외과 의사인 찰리 윌슨은 매일 아침 그날 예정되어 있는 수술에 대하여 얘기하고, 그것을 자세히 복기함으로써 전체 수술 과정을 머릿속에서 실시하였다. 그와 함께 수술을 하는 의사는 마치 두 번째로 수술을 하는 것 같은 생각이 들어서 아무리 어려운 수술도 쉽게 했다고 했다.

건축가들은 땅을 파기도 전에 이미 머릿속에는 앞으로 지어질 건축물이 선명하게 그려져 있다. 상상력이 일을 추진하는 원동력이 된다.

성공적인 비즈니스맨들은 출근길이나 책상 앞에서 그날 하루의 일을 미리 상상해 본다. 오전에는 사장에게 보고할 일을 점검한다. 잘된 것과 잘못된 것을 분명하게 보고하는 자신을 상상한다. 오후에는 중요한 계약이 있다. 계약을 성공적으로 마치고 거래처와 악수하는 장면을 상상한다. 그날의 스케줄은 상상한 대로 진행된다. 미리 생각해 둔 것이므로 당황하거나 주저함이 없이 자연스럽고 자신감 있게 진행된다.

어떤 분야의 정상에 오른 사람들은 모두 풍부한 상상력의 소유자이며, 창의성은 바로 심상에서 나온다는 사실을 알 수 있었다. 심상이야말로 성공의 필수 전략이다.

과거 소련 등의 동유럽 국가에서는 각종 스포츠 종목에 심상을 포함한 심리 기술을 도입하여 커다란 성공을 거둔 바 있는데, 오늘날에는 챔피언이 되기 위해서 필수적으로 갖추어야 할 기술이 되고 있다. 심상을 잘 활용하는 선수만이 챔피언이 될 수 있다.

3 심상이란 무엇인가?

1) 심상은 기억을 재생·창조하는 것이다

골프 대회에서 하루종일 프로 선수들의 경기를 쫓아다니다 보면, 뭔가 자신의 실력이 향상된 듯한 느낌을 갖게 되는 경우가 있다. 그

그림 ⑪-1 프레드 커플스의 심상

것은 프로 선수들의 샷이나 경기운영 방법들을 눈으로 보면서 우리 마음에 사진을 찍게 되는데, 이는 마음 내부적으로 경험을 한 것과 같기 때문이다. 그리고 이때 찍어둔 사진을 다시 재생시켜, 프로 선수들의 스윙을 모방할 수도 있다. 이것이 심상의 본질적인 모습이며, 심상은 기억에 바탕을 두고 있는 것이다.

프레드 커플스는 중요한 순간에서는 과거 자신의 샷 중에서 기억에 남는 멋진 샷을 염두에 두고 샷을 준비한다고 한다.
"나는 볼 앞에 서면, 내가 치고자 하는 샷을 머릿속으로 그려봅니다. 그것이 성공적인 샷이라면, 7년 전의 샷일 수도 있고 바로 어제 친 샷일 수도 있지요. 사람들은 미스 샷을 생각하기도 하는데, 나는 아무리 치기 싫은 상황에서도 미스 샷을 생각하지 않습니다. 예컨대 1992년 니산 오픈, 리비에라 CC 14번 홀에서 데이비스 러브 3세와의 연장전 당시 승리를 안겨주었던 6번 아이언 샷을 생각하면서, 나는 지금 아구스타 18번 홀에 서 있습니다. 그때를 생각하면서 나 스스로에게 말합니다. '자, 지금 나는 리비에라 CC 18번 홀에 있다.' 그리고 볼이 페이드되면서 날아가는 모습을 그려봅니다. 모든 샷을 이런 식으로 하지요."

그렉 노먼도 자신의 머릿속에 성공한 샷 리스트를 넣어두고 다니면서 필요할 때마다 인출하여 사용한다고 한다. '성공한 샷 은행'을 만들어 두고, 성공적인 샷이 이루어질 때마다 은행에 적금 들듯이 저장하는 것이다. 이것이 많이 축적되면 커다란 자산이 된다. 이는 강력한 효력을 발휘하는 심상 기술로 알려져 있으며, 샷에 대한 자신감을 증대시켜 준다고 한다.
그리고 새로운 경험을 마음속에 심어두기 위해서 심상을 이용하는 경우도 있다. 다음 사례는 심상을 어떻게 어느 정도까지 해야 하는가를 잘 말해 주고 있다. 피겨 스케이팅 선수인 낸시 커리건은 올림픽을 준비하면서 심상 프로그램을 개발한 바 있다. 탈의실에서 나와 관중에게 인사를 하는 것부터 시작하여 공연을 성공적으로 마치고 자부심과 기쁨에 코치와 포옹하는 장면에 이르기까지 완벽한 시나리오를 작성하였던 것이다. 그녀는 자신이 올림픽 경기에 출전해서 할일들을 미리 생각하고, 그에 따라 마음속으로 시연(rehearsal)하였던 것이다.

잭 니클러스는 매치 플레이의 경우 1번 홀부터 10번째 홀까지 10&9(9홀 남기고 10홀 이김)로 스트레이트 승을 거두고 그 자리에서 상대 선수와 악수를 하고 게임을 마무리하는 장면을 미리 생각하고 게임에 임한다고 한다. 퍼팅의 경우에는 퍼팅 후 볼이 홀에 들어가는 소리를 확인하고, 그 볼을 집어들고 다음 홀로 이동하는 자신의 모습을 상상한다고 한다. 니클러스는 이러한 자신감을 심상 기술을 통하여 실현해 왔던 것이다.

2) 모든 감각을 활용하여 상상한다

심상은 보통 시각화(visualization), 마음의 눈으로 보는 것(seeing

그림 ⑪-2 조니 밀러의 심상

with the mind's eye)으로 정의되어 시각이 전부인 것처럼 생각되지만, 어떤 사건이나 사물을 경험하기 위해서는 모든 감각이 중요하다. 그럼으로써 이미지가 더욱 생생해지고, 심상의 효과도 증대된다. 이는 개인의 심상능력과도 관련이 있다.

마음속으로 퍼팅 연습할 때 단순히 볼이 홀에 들어가는 모습뿐 아니라 홀에서 '땡그렁' 소리가 나는 것을 들을 수 있어야 하며, 벙커 샷 연습 시에는 '팟' 하면서 클럽이 모래를 퍼내는 소리를 들음으로써 심상을 더욱 생생하게 해 준다. 야구선수라면 '딱' 하는 소리와 함께 볼이 담장을 넘어가는 모습을 상상할 수 있을 것이다.

그리고 심상을 더욱 실감나게 하기 위해서는 그 경험과 관련된 감정을 함께 재생시키는 것이다. 전에 언급한 예에서 프레드 커플스가 멋진 샷을 회상하는 순간, 그때의 통쾌함이나 만족감을 동시에 느낀다면 심상의 효과는 그만큼 커질 것이다.

3) 외부의 자극이 없는 심상

심상은 외부 자극 없이도 가능하다. 한때 잘 나가던 챔피언이었던 조니 밀러 선수는 의자에 앉아 눈을 감고 자신의 스윙 동작을 그려 보면서 반복하여 연습을 했다고 한다. 7번 아이언으로 그린을 향해 날린 샷이 깃대를 맞고 홀로 들어가는 장면을 상상하고는 회심의 미소를 지어 보자. 클럽도 없고 코스에 나가지도 않으면서 누워서 샷을 연습할 수 있고, 싱글을 기록하는 장면을 상상할 수 있다는 것은 심상이 주는 즐거움이요, 혜택이다.

2차 대전 당시 일본군의 포로가 된 미군 장교가 포로수용소의 무료한 생활을 이겨내기 위해서, 고향 집 앞에 있는 골프 코스를 매일 아침 라운딩하는 자신을 상상했다고 한다. 종전 후, 그 장교는 귀향하여 고향의 골프장에서 실제 라운딩을 하였는데, 보기 수준의 골프가 싱글로 바뀌어 있었다고 한다.

4 과연 심상 기술은 효과가 있을까?

정신 훈련(mental practice)이란 심상을 통하여 운동기술을 마음속으로 시연하는 것이다. 통상 멘탈 훈련은 운동기술 학습과 수행력을 향상시키는 데 많은 도움을 준다고 알려져 있다. 그 증거는?

1) 과학적인 증거

특정 동작을 수행하는 동안 우리 뇌는 신경회로망을 통하여 끊임없이 근육에 신경 충격을 보내야 하는데, 실제 움직임 없이 그 동작을 상상만 하는 경우에도 실제 동작 때와 비슷한 신경감응이 생긴다고 한다. 눈을 감고 스윙을 해 보자. 우리 몸 안에서 근육이 미세하게 움직이는 듯한 느낌을 인지할 수 있을 것이다.

스키 선수에게 익숙한 코스의 슬로프를 내려오는 상상을 하도록 하고 다리 근육의 전기적 활동을 체크하였는데, 근육의 움직임은 그 슬로프의 굴곡을 그대로 반영하는 것으로 나타났다고 한다. 특히 회전할 때나 굴곡이 큰 지점을 통과하는 것을 상상하는 중에는 근육의 수축이 크게 일어났다고 한다.
이 실험의 의미는 실제 동작과 심상에 의한 사용 근육이 유사하다는 것으로써, 특정 동작을 수행하는 데 필요한 신경회로망을 강화하는 데 심상이 기여할 수 있다는 사실을 보여 주고 있다.
그러므로 실제 동작 전에 이루어지는 심상은 필요한 신경마디를 사전에 워밍업 시키는 효과가 생길 것이다. 동작을 수행하는 데 필요한 신경마디가 사전에 워밍업되면 실제 동작을 수행하는 데 도움이 될 것이다. 다음 장에서 소개되는 연습 스윙에서 보듯이 연습 스윙을 실제 동작과 동일하게 해야 하는 이유는 이미 활성화된 신경마디를 그대로 사용하게 되므로, 잘못될 확률이 적어지기 때문이다.

골프 스윙과 같은 던지기류 동작의 어려움은 인체의 움직임이 시간적 차이를 두고 순차적으로 발생한다는 것인데, 심상을 이용하면 매우 유리한 점이 있다. 인체의 움직임 순서를 익히는 데는 느린 스윙이 매우 효과적인데, 골프 스윙을 상상으로 하면 실제 스윙 시보다 스윙 속도가 느려지기 때문이다.

그리고 심상은 골프 스윙의 이미지 중 인체의 움직임 순서와 같은 중요 요소를 마음속으로 리허설해 봄으로써, 스윙 이미지를 형성시켜 준다는 이점이 있다.

2) 경험적인 증거

호주의 앨런 리찰슨(Allen Richardson)은 농구선수들을 3개 조로 나누어 심상 실험을 한 바 있다.

첫째 조는 하루 20분씩 실제 슛 연습을 하도록 하고,

둘째 조는 같은 시간 동안 락커에서 골대에 볼을 던지는 상상만을 하도록 하였으며,

마지막 조는 아무런 연습도 하지 못하도록 조치하였다.

3주 후 각 조를 대상으로 슛 능력의 개선 정도를 체크하였다. 그 결과 마지막 조는 개선이 전혀 없었으나, 첫째와 둘째 조는 거의 비슷한 정도로 슛 능력이 개선된 것으로 나타났다고 한다. 그리고 둘째 조에 속한 선수 중에서도 개인별로 심상을 조절하는 능력에 따라 차이가 있었음을 발견했다고 한다. 예컨대 슛 동작을 아주 생생하게 시각화하기는 하였지만, 볼 없이 슛 동작만 연습한 선수보다 볼의 표면 촉감을 느끼고 볼이 링에 맞고 튀어나오는 소리까지 들으면서, 즉 자신의 모든 감각을 모두 동원하여 심상을 수행한 선수의 향상도가 두드러졌다고 한다.

왕년의 테니스 스타였던 크리스 에버트는 중요한 시합을 앞두고 항상 심상을 통한 연습을 하였다고 한다. 먼저 상대방의 특유한 공격 스타일을 상상하고, 자신이 상대방의 공격을 성공적으로 받아치는 장

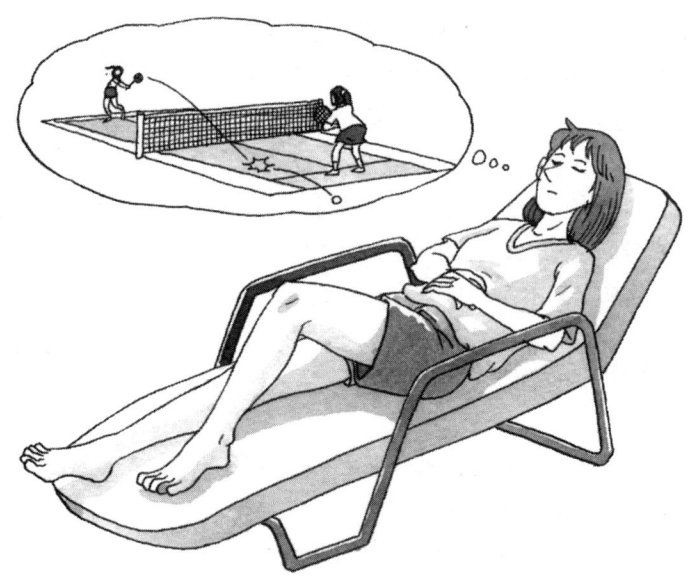

그림 ⑪-3 크리스 에버트의 심상

면을 마음속으로 끊임없이 연습했다고 한다. 그리고 볼의 착륙지점을 머릿속에 미리 입력시켜 놓지 않고는 서브나 스트로크를 하지 않았다고 한다.

 운동선수들이 심상 연습을 얼마나 중요하게 생각하며, 그의 효과를 신뢰하고 있는지, 어느 캐나다 출신 다이빙 선수의 증언을 통하여 확인해 보기로 하자.
 "나는 항상 머릿속으로 다이빙을 연습했다. 취침 전에도 그랬다. 나는 내가 마치 올림픽 경기장에서 실제로 하는 것처럼 경기 순서에 맞추어 그대로 연습했다. 내가 입고 있는 수영복은 물론이고 모든 것을 똑같이 시행했다. 다이빙이 잘못되면 다시 시행했다. 다이빙 연습을 마치기까지는 1시간이 족히 걸리는데, 실습보다 심상 연습이 더 좋았다. 주말이 되어 실습이 없는 날에는 5회 정도의 심상 연습을 하곤 하였다."

그림 ⑪-4 잭 니클러스의 심상

골프 황제 잭 니클러스는 아마도 골프 심리 사례에 가장 빈번하게 등장하는 인물일 것이다. 그만큼 그는 정신적으로 가장 무장이 잘 된 골퍼였으며, 실제로도 심리 기술을 가장 잘 활용한 골퍼이기도 하다. 그는 볼을 자기가 원하는 방법으로 원하는 장소에 보내는 것은 50% 심상에 의한다고 하였다. 니클러스는 어떤 샷을 하더라도 그것을 미리 마음속으로 보고 믿었다고 한다(See and believe it).

다음은 모든 심리학 서적에서 빠짐없이 인용되고 있는 심상의 예인데, "골프에서의 심상은 이런 것이다."라는 것을 단적으로 보여 주고 있다.

"나는 연습장에서 연습 볼을 치더라도 머릿속으로 샷에 대한 생생한 그림을 그려보기 전에는 절대로 샷을 하지 않습니다. 그것은 마치 컬러 영화를 찍는 것과 같죠. 먼저, 나는 내가 볼을 보내고자 하는 장소에 볼이 놓여 있는 모습을 봅니다. 장면은 순식간에 바뀌어, 볼이 그 장소로 날아가는 모습, 높은 궤적으로 올라가다가 그린 위에서 하

제11장 · 상상력으로 스윙하라

강하는 모습, 그린에 떨어져서 볼이 핀에 다가가는 모습 등을 그려봅니다. 화면이 잠시 어두워지는 듯하다가 앞 장면에서의 이미지에 따라 스윙을 하는 내 모습이 나타나는 것을 봅니다."

니클러스의 전성기 시절 그는 슬로 플레이어로 비난을 받기도 했는데, 니클러스의 어드레스와 셋업 절차는 분명 다른 선수에 비해 많은 시간을 필요로 하는 것이었다. 우리 식으로 생각하면 기를 모으는 과정이라고도 생각할 수 있는데, 아무튼 그의 놀라운 집중력은 바로 그러한 특유한 절차를 수행하는 과정에서 비롯되었음은 틀림없는 사실인 것 같다. 한 번은 그의 슬로 플레이가 이슈가 되었을 때, "퍼팅하기 전에 도대체 무엇을 생각하십니까?"란 질문을 받은 적이 있었다.
"나는 먼저 퍼팅 라인을 마음속으로 그려봅니다. 그 라인을 따라 볼이 굴러가는 모습과 볼이 홀로 빨려 들어가는 장면을 상상하지요. 그 다음 홀에 들어갔던 볼이 다시 나와서 라인을 따라 퍼터 앞에 멈추어 서는 것을 봅니다."

많은 전문가들은 니클러스가 다른 골퍼를 훨씬 능가하는 업적을 기록할 수 있었던 것은 그의 뛰어난 집중력 기술이었다고 믿고 있다. 그의 성공 비결인 집중력은 위와 같은 심상 기술의 활용에 의하여 비롯된 것이었다.

5 골프와 심상

1) 상상한 대로 동작이 이루어진다

우리는 이 장에서 잭 니클러스가 자신감을 실현하고, 집중력을 유지하는 방법으로 심상 기술을 어떻게 활용하였는지 보았다. 우리는 심상이라는 용어에 익숙하지 않은 탓에 심상을 아직도 낯설게 생각할 수도 있을지 모르겠다. '심상'이란 쉽게 생각해서 '마음속으로 상상하는 것'이며, 이렇게 마음속으로 상상한 것은 단기 기억상자인 멘탈 스크린에 나타나며, 이는 다시 실제 우리가 원하는 동작으로 연결된다고 하는 기본 구조와 같다.

그러므로 심상이란 특별한 기술이 아니며, 이를 얼마나 잘 활용하느냐의 문제 – 우리가 원하는 동작으로 연결될 수 있도록 심상을 어떻게 구성하는가의 문제만 있을 뿐이다.

대개의 주말골퍼들은 홀을 공략할 작전을 잘 세우고는 어드레스에 미처 들어가기도 전에, "잘 칠 수 있을까?", "이번에도 뒷땅치면 안 되는데." 등등 부정적인 사고와 망치는 시나리오를 자처해서 만드는 경향이 있다. 이런 약한 생각은 잠재능력을 갉아먹는 주범이 된다. 이런 유형의 부정적인 사고를 '멘탈 해저드'라고 하며, 벙커나 워터 해저드와 함께 반드시 회피해야 할 대상이다. 샷에 대한 계획이 수립되었으면 멘탈 해저드가 개입되지 않도록, 그 다음 단계로서 바로 심상을 수행하는 것이 중요하다.

골프를 치다 보면, 경험해 보지 않은 어려운 라이에서 플레이를 해야 하는 경우가 종종 발생한다. 그와 비슷한 상황에서의 과거 실패를 생각하게 된다. 그 사건은 이미 뇌에 기억되어 있으며, 이번에 다시 단기 기억상자에 등장한다. 기억되어 있는 대로 뇌는 지시를 하게 될 것이다. 실패한 샷을 생각하면 왜 샷이 실패하는가에 대한 이유이다.

2) 심상에 대한 사례

심상이란 이런 스윙 메커니즘에 대한 생각과 부정적인 사고 대신에 타깃에 대한 성공 이미지를 멘탈 스크린에 가득 채우는 기술을 말한다. 타깃에 대한 생생한 이미지를 뇌에 가득 채우면, 간섭 없이 스윙 동작이 자동적으로 연결되기 때문이다.

게리 플레이어는 퍼팅 연습을 하면서도 항상 심상을 통한 성공 이미지를 생각했다고 한다.

"나는 퍼팅 연습을 할 때마다 메이저 대회의 마지막 우승 퍼팅을 상상합니다. 자, 게리 이것은 US 오픈 우승 퍼팅이야. 이건 브리티시 오픈 우승 퍼팅이다. 그때도 그렇지만 지금도 나는 꿈은 언젠가 실현된다고 믿고 있습니다."

게리 플레이어가 1965년 US 오픈을 위하여 매일 준비했던 일은 리더보드(leader-board)를 지날 때마다 그의 이름이 맨 위에 올라와 있는 것을 상상하는 것이었다.

"내가 역대 우승자들의 이름이 황금색으로 새겨져 있는 리더보드 옆을 지나가고 있을 때였습니다. 나는 그때 이번 우승자 칸에 나의 이름이 새겨져 있는 것을 보고는 깜짝 놀랐습니다. 그것은 너무도 선명해서 마치 진짜인 것처럼 느껴졌습니다. 다른 우승자와 똑같은 밝은 황금색이었어요. 그 사건 이후 대회 내내 나는 내가 우승하는 모습을 상상하면서 플레이를 했습니다. 마지막 날 리더보드 우승자 칸에는 게리 플레이어라는 이름이 선명하게 아로새겨져 있더군요."

1994년 골프 매거진과의 인터뷰에서 잭 니클러스는 20년 전인 1975년 당시 플레이했던 코스, 특정 라운드, 특별했던 샷, 홀 등에 대하여 얘기했다.

"나의 투어 초기 시절 동료들이 라운드나 특별한 샷에 대하여 논의를 하는 것을 보고는, 어떻게 그렇게 잘 기억할 수 있을까 하고 궁금했었죠. 지금은 여러 해 전에 친 샷을 모두 기억할 수 있습니다. 라운드 중 주의를 집중할수록 더욱 잘 기억할 수 있습니다. 여러분들도 좋은 샷이나 멋진 샷을 선택적으로 기억해 두었다가 똑같은 스윙이 필요할 때 그 이미지를 다시 재생시켜 활용할 수 있을 것입니다."

오래간만에 친구들과 주말 라운딩을 하는 날 서로 즐거운 마음으로 기분 좋게 티 샷을 날린다. 그러나 모처럼만의 라운딩 탓인지 긴장하여 오너의 드라이버 샷은 왼쪽으로 휘어져 OB가 나고 말았다. 그 다음 친구도 역시 같은 방향으로 OB. 세 번째 티 샷을 준비하고 있는 친구는 앞선 친구들의 OB가 안타깝기는 하였지만, 자기마저

OB를 낼 수는 없다는 생각으로 반대 방향을 향하여 샷을 날린다. 이 마저 OB. 마지막 순번의 친구는 이러지도 저러지도 못 하고 우물쭈물하다가 토핑이 나서 간신히 OB는 면한다.

"오너가 잘못 치니까 줄줄이 죽쑤는구먼." 친구들은 악의 없는 농담을 주고받으며 다음 장소로 이동한다. 그러나 첫 홀부터 발걸음은 가볍지 않다. 이는 실전에서 심심치 않게 발생하는 일로써, 주말골퍼들이라면 몇 번씩은 경험하였을 법한 사례일 것이다.

정말 오너가 OB 났기 때문에 다음 사람들도 OB가 난 것일까? 그것의 인과관계를 인정할 수 있는가? 이런 현상을 뇌의 특유한 모방(unique mimicking) 기능이라고 설명하는 학자도 있으나, 지금까지 우리가 알고 있는 지식으로 충분히 설명할 수 있다.

첫째, 실제 동작은 동작 직전 단기 기억상자인 멘탈 스크린에 나타난 정보에 의하여 야기될 확률이 높다고 하였다. 두 번째 사람이 티샷 직전 본 것은 오너의 볼이 숲 속으로 들어가는 장면이었다. 그것은 매우 강력한 이미지로 그 사람의 뇌에 자리잡게 된다. 나름대로 자신의 타깃에 주의를 기울이지만, 긴장한 탓에 각성이 높아져 그 장면이 오랫동안 멘탈 스크린에 머무르게 될 확률이 클 것이다. 볼이 숲 속으로 들어가는 장면을 본의 아니게 기억하고 있는 것이며, 볼이 들어간 곳이 바로 타깃이 된다. OB를 내기 위한 모든 필요한 정보들이 머릿속에 가득하였던 것이다.

둘째, 멘탈 스크린에는 정보가 시각적 이미지로 나타난다고 하였다. 이 말은 우리 뇌는 부정사(否定詞, 영어로는 not)를 인식하지 못한다는 의미이다. 사랑하는 사람과 헤어진 후 "다시는 생각하지 말아야지."라고 생각하면 할수록 자꾸만 그 애인의 얼굴이 생각난다. "미국의 월드 무역센터가 여객기에 의해 폭파되는 장면을 생각하지 말아야지." 하는 순간, 우리의 멘탈 스크린 상에는 불타고 있는 월드 무역센터의 모습이 떠오른다. 세 번째 친구가 "나는 숲 속으로 OB를 내지 말아야지."라고 생각하는 순간, 볼이 숲 속으로 들어가는 장면이

그림 ⑪-5

멘탈 스크린에 선명하게 입력되는 것이다.

샘 스니드가 마스터스 대회에서 짐 터네사 선수와 같은 조로 경기를 하고 있었다. 스니드는 언제부터인지 자기도 모르는 사이에 자기 타순이 올 때까지 상대방 선수의 동작을 관찰하는 습관이 있었다. 그날도 터네사가 티 박스에서 하는 동작을 유심히 보고 있었다. 먼저 티 샷을 한 터네사는 임팩트 순간 클럽헤드가 밀리면서 커다란 슬라이스가 발생하여 볼이 숲 속에 떨어지고 말았다.

"그 순간 나의 머릿속에는 터네사의 모든 동작이 너무나도 강렬하게 박혀 버렸지요. 내 차례가 되었는데도 그때의 이미지가 여전히 생생하게 자리잡고 있었습니다. 나의 근육은 그 이미지대로 작동되어 터네사와 똑같은 동작을 반복하고 말았습니다. 볼이 떨어진 장소도 터네사의 볼 바로 옆이었습니다. 그 이후부터 나는 동반자를 지나가는 행인 보듯이 무심코 보는 습관이 생겼습니다. 더욱이 티 샷 하는 순간에는 아예 고개를 돌려 먼 산을 바라보면서 내 순서를 기다립니다."

이와 유사한 예는 얼마든지 찾아볼 수 있다. "벙커에 넣지 말아야지.", "워터 해저드를 피해야지."라는 생각은 자신의 의지와는 반대로 회피하려는 대상을 타깃으로 설정하는 결과가 된다.

우리는 의아하게 생각할지 모르나, 우리의 뇌는 정해진 절차에 따라 있는 그대로의 상태를 실현할 뿐이다. 우리의 동작은 멘탈 스크린에 있는 정보에 의해서 이루어질 뿐이다. 실제로 이상한 것은 아무 것도 없다. 우리가 이상하다고 느낄 뿐이다.

앞의 니클러스 사례에서 보듯이 심상을 시연함으로써, 자연스럽게 목표로 하는 타깃에 주의가 집중됨을 알 수 있다. 심상이 주의집중을 위해서 얼마나 효과적인 수단이 되는지 분명하게 확인하였다. 주의집중이라 하여 타깃을 뚫어져라 쳐다보는 것이 아니고, 스윙 전 준비 동작으로서 자연스럽게 심상을 시연하는 것으로 충분하다. 우리의 멘탈 스크린에는 심상만으로도 타깃 정보가 선명하게 자리잡게 될 것이다.

6. 골프와 우뇌

1) 두 개의 뇌

우리의 뇌를 해부하여 위에서 보면 두 개의 반구(半球)로 나누어져 있는데, 두 개의 반구는 신경다발인 뇌량으로 연결되어 있어 좌우 반구가 서로 정보를 교환하고 있다고 한다. 과거에는 간질에 걸린 환자 중에서 이 뇌량을 절단하는 경우가 종종 있었다. 간질이란 한쪽 뇌에 이상이 생겨 발작을 일으키는 병인데, 뇌량을 통하여 다른 뇌에도 영향을 주게 된다. 발작이 생기면 죽는 수도 있으므로 차라리 뇌량을 절단하여 다른 뇌에는 영향을 주지 않게 함으로써, 약을 먹는 등의 응급조치를 취할 수 있도록 한 것이었다. 이들 뇌량을 절단한 환자들의 뇌를 연구함으로써 우뇌와 좌뇌가 가진 고유의 기능들이 비로소 세상에 알려지게 된 것이다. 그 중 하나가 좌우의 뇌가 전혀 다른 기능을 한다는 사실이다.

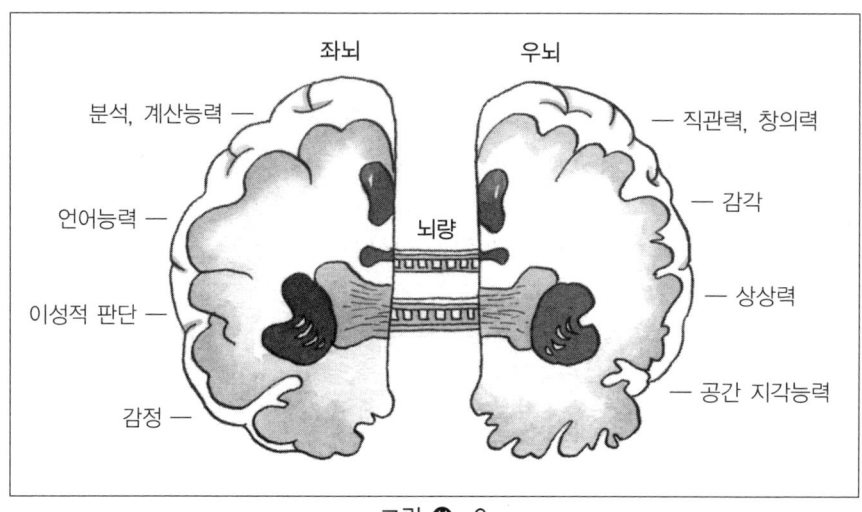

그림 ⑪-6

각 뇌는 아래와 같은 기능을 갖고 있는 것으로 알려지고 있다.
• 좌뇌 : 분석 및 계산능력, 언어능력, 이성적 판단, 감정
• 우뇌 : 직관력, 창의력, 감각, 상상력 및 공간 지각능력

우리가 말을 하거나 분석, 계산할 때, 희노애락의 감정이 표출될 때는 좌뇌가 활성화되며, 미술작품이나 음악을 감상하거나, 명상이나 상상을 하면 우뇌가 활성화된다. 이는 과학적으로 이미 증명된 사실이며, PET라는 기기를 사용하면 금방 알 수 있다고 한다. 그러나 우뇌와 좌뇌는 뇌량을 통하여 정보를 교환하므로, 양 뇌를 고르게 발달시켜야 두뇌가 좋아진다고 한다. 그러므로 유아들에게 음악, 미술, 무용이나 운동을 통한 우뇌 훈련을 많이 시키면 머리가 좋아진다.

맛있는 음식을 먹으러 식당에 갔다고 하자. 후각이나 미각을 통하여 입력되는 느낌을 그대로 우뇌에 전달하면 음식의 맛을 음미할 수 있다. 그럼으로써 마음이 즐거워진다. 갑자기 돈을 누가 내야 하나를 생각하면 이해득실에 빠져 마음이 불편해지고, 맛감각은 사라진다. 좌뇌가 활성화되었기 때문이다. 골프도 친구들끼리 재미로 치면 즐거운 마음이 되지만 내기가 걸리면 이해득실을 따지게 되므로, 몸과 마음이 긴장된다. 좌뇌가 활성화되기 때문이다.

2) 우뇌는 어떤 기능을 가지고 있나?

우리 현대인은 서구식 좌뇌 중심의 사고방식에 익숙해 있기 때문에 무엇이든지 사물을 보면 분석하고 계산하려고 한다. 이는 우뇌 중심의 생활을 하는 동양의 선사나 고승들의 직관이나 감각에 의한 생활과는 차원이 다르다. 그렇다면 어느 것이 유리할까? 필자의 경험이나 주위의 사례를 보면, 좌뇌 중심의 인간은 학교에서 우등생 소리를 듣고 직장에서도 승진을 빨리 하지만 커다란 사회적 성공은 직관이나 창의력이 우수한 우뇌 중심 인간의 차지가 되는 것 같다. 좌뇌는 분석뇌이므로 부분을, 우뇌는 통합뇌이므로 전체를 대상으로 한다고 볼 수 있다. 우뇌 중심의 인간은 항상 사물을 전체의 모습으로 파악하고 있으므로 사물을 보는 직관력이 뛰어나고, 정신적인 여유와 긍정적인 사고를 갖고 있기 때문이라고 생각한다.

그리고 과학적으로 우뇌를 사용하면 뇌에서 호르몬이 분비되어 기분을 좋게 한다고 하는데, 이 호르몬은 마음을 편하고 여유롭게 만들어 준다. 편안한 마음은 몸을 이완시켜 준다.

역사적으로 훌륭한 업적을 남긴 사람들은 우뇌를 사용하는 동안 위대한 발견을 한 경우가 많았다. 책상에 앉아서 좌뇌를 사용하여 분석하고 계산하는 동안에는 아무 것도 얻지 못했다. 긴장을 풀고 조용한 상태에서 우뇌로 상상을 할 때 위대한 일들이 벌어졌다.

뉴턴이 만유인력을 발견한 것은 그의 연구실이 아니었다. 그가 케임브리지 대학을 휴학하고 시골에 있는 사과나무 아래에서 잠을 자고 있다가 우연히 떨어지는 사과를 보고 우뇌에서 정보를 얻었던 것이다.

아르키메데스는 왕관의 진위 여부를 조사하라는 왕의 명령을 받고 고민하다가 휴식을 취하려고 목욕탕 속에 들어갔다가 물이 넘치는 것을 보고 아이디어를 얻었다.

일본의 노벨상 수상자 중에 천재들이 모인 동경대보다는 정신적으로 여유가 많고 전원적인 환경을 가진 교토대 출신들이 압도적으로 많은 것도 우뇌의 사용과 무관하지 않을 것이다.

3) 골프와 우뇌 사용법

이러한 분할 뇌의 기능을 골프에 적용한 예는 게리 와이렌 박사의 《The new golfing mind》와 티모시 갤웨이의 《Inner game of golf》란 골프 심리학 서적이 있다. 와이렌 박사는 좌뇌는 '분석뇌', 우뇌는 '통합뇌'라고 명명하였으며, 갤웨이는 셀프(self) 1과 셀프 2로 나누어 설명하고 있다. 두 사람의 개념은 유사하나, 주장하는 방향에는 다소 차이가 있다. 그러나 기본적으로 좌뇌에 의한 의식적인 컨트롤이 아닌, 우뇌에 의한 무의식적인 감각으로 골프를 쳐야 한다고 주장하는 점에서 맥을 같이한다.

골프는 감각에 의해 쳐야 한다고 한다. 이 책이 지향하는 바도 바로 느낌에 의한 골프이다. 그러나 감각이나 느낌이라는 것은 우리가 볼 수도 만질 수도 없기 때문에, 감각이 중요하다는 사실을 인정하면서도 들을 때마다 막연하다. 이 책의 곳곳에 감각에 의한 골프를 소개하고 있으나, 그 개념을 명확하게 이해하기 어려운 면이 있으리라 생각된다. 지금까지 사고하고 행동한 방식과 다르기 때문이다. 여기에서 좌뇌, 우뇌 문제를 취급하는 이유는 '느낌'이란 개념을 '우뇌'라고 하는 실체를 매개로 설명하면 다소 이해하기 쉬울 것이란 생각 때문이다.

느낌(feeling)이란?

우리는 "느낌이 온다.", "감 잡았다."라는 말을 사용하는 경우가 있다. 이는 그것이 무엇인지 알고 있으며, 그것을 처리하는 방법을 알고 있다는 의미이다. 그러므로 '느낌'이라는 것은 과거의 경험에 바탕을 두고 있는 것이며, 그것은 바로 기억의 문제인 것이다. 즉, 느낌이나 감각은 반복적인 연습에 의하여 신경회로가 강하게 형성되어 있는 상태를 말한다. 따라서 프로 선수들은 느낌으로 친다고 할 수 있으며, 아마추어들은 무엇을 어떻게 처리하는 방법을 잘 알지 못하는 상태이므로, '어떻게(how to)'에 집착하게 되고 분석적으로 흐르게 되는 것이다.

게임이 잘 풀리는 날은 "오늘은 감이 좋다."는 말을 하는데, 이는 간섭 없이 기억(경험)이 인출되고 있다는 의미이며, 의식적으로 생각하지 않아도 무엇을 어떻게 처리해야 하는 방법을 알고 있다는 의미이다. 감이 좋지 않다는 것은 복잡한 생각, 불안 등에 의해 기억의 인출이 방해를 받고 있다는 의미이다. 이런 경우에는 의식적으로 기억되어 있는 스윙 이외에 다른 스윙을 만들어내려고 할 것이므로, 좋은 결과를 얻을 수 없는 것이다.

먼저 게리 와이렌 박사가 양 뇌의 기능을 골프에 적용한 내용을 알아보자.

- 좌뇌(분석뇌) : 경기 상황 분석, 클럽 선택, 프리샷 루틴, 라이 상태 체크, 자세 정렬 등
- 우뇌(통합뇌) : 샷에 대한 심상, 거리감, 템포, 감각, 터치감, 트러블 샷에 대한 상상력 등

와이렌 박사의 기준은 양 뇌의 기능이 분화되어 있다는 기본 전제

하에, 골프 경기의 제반요소들을 형식적으로 꿰어맞춘 것 같은 느낌이 든다. 골프는 전적으로 우뇌를 사용해야 한다는 것이 필자의 생각이다. 왜냐하면,

첫째, 좌뇌는 모든 대상을 분석하고 계산하기 때문에 자연히 잘잘못을 판단하게 되고, 잘못에 대한 인식은 마음을 불안하게 하며, 자신을 믿지 못하게 한다. 이는 몸과 마음을 긴장시키므로 골프 스윙과 게임을 방해할 것이다. 위에 분석뇌의 기능으로 예시된 항목들도 일견 타당성이 있는 것 같아 보이지만, 그것이 좌뇌에서 이루어지는 한 잘잘못에 대한 판단이 개입할 여지가 많다고 생각한다.

둘째, 분석과 계산은 결과를 요구하므로 결과에 집착하게 된다. 결과를 얻어야 한다는 생각은 몸과 마음을 긴장하게 한다. 흔히 승부욕이 강한 사람은 좋은 결과를 얻는 경우가 많은데, 승리를 얻기 위하여 주어진 과제에 집중하기 때문이다. 그러나 단지 승리를 해야겠다는 생각은 몸과 마음을 긴장시켜 수행력을 떨어뜨린다. 미래의 결과에만 집착하여 현재의 과제에 집중을 하지 못하기 때문이다.

우뇌를 사용한다는 것은 '시각이나 기타 감각기관을 통하여 있는 그대로를 받아들이는 것'이다. 이것이 바로 '느낌'에 의한 골프의 시작이다. 이렇게 있는 그대로를 받아들이면 저장되어 있는 기억에 연결되어 분석하지 않아도 자동적으로 처리되는 것이다. 거기에는 판단이 개입되지 않으므로 마음이 불안해지거나 불신이 생기지 않는다. 몸과 마음이 편안해진다.

이와 같은 근거로 위의 항목들은 모두 우뇌를 통해 이루어져야 한다는 것이다. 이것도 결국 단기 기억상자에 어떤 대상을 입력시키는가의 문제이다.

첫째 방법은 좌뇌를 조용하게 잠재우는 것이다. 좌뇌는 분석기능과 언어라는 강력한 무기를 보유하고 있어 과묵한 우뇌는 좌뇌를 이기지 못한다. 일단 좌뇌가 활성화되면 우뇌는 설 자리가 없어지므로 사

전에 이를 막아야 한다. 대표적인 예가 스윙 메커니즘을 생각하지 않음으로써 잘못하고 있다는 인식을 갖지 않는 것이며, 미스 샷이 나왔을 때 이를 인정함으로써 흥분이나 분노의 감정이 생기지 않도록 하는 것이다. 밥 트웨이 선수는 한때 스윙을 교정하다가 도약할 수 있는 기회를 놓친 선수였다. 여러 해 동안 스윙 메커니즘 때문에 고생하다가 이를 떨쳐 버리면서 다시 우승을 하기 시작했는데, 그의 일성(一聲)은 "모든 스윙 메커니즘은 느낌으로 전환되어야 한다."였다.

둘째 방법은 우뇌를 적극적으로 사용하여 좌뇌가 참견하지 못하게 하는 것이다.

이에는 심상 기술이 있다. 자신이 원하는 바를 적극적·긍정적 마음으로 상상함으로써, 몸과 마음이 편해지고 좌뇌가 개입할 여지가 없어진다. 역사상 심상 기술을 가장 잘 활용한 골퍼는 잭 니클러스였다. 우뇌를 가장 잘 활용한 골퍼인 셈이다.

그 다음에는 명상이 있다. 명상이라고 하는 것은 오로지 무념무상의 경지만을 말하는 것은 아니다. 그저 자신이 좋아하는 세계를 떠올리기만 해도 명상이 된다. 샷을 한 다음 이동시간 중에 자기가 좋아하는 사냥, 낚시, 정원 가꾸기 등을 생각하는 것만으로도 우뇌는 충분히 활성화되고 몸과 마음은 편해진다.

그밖에 거리감이나 템포, 트러블 샷에 대한 상상력도 좌뇌에 의한 분석 없이, 지금 있는 상태를 그대로 받아들임으로써 우뇌가 활성화된다. 우뇌는 경험에 의해 기억되어 있는 정보에 근거하여 필요한 동작을 만들어낼 것이다.

제12장 연습 스윙

제12장
연습 스윙

샷에 대한 심상이 끝나면, 심상이 아직 멘탈 스크린에 활성화되어 있는 상태에서 다음 단계인 연습 스윙으로 넘어간다. 이러한 전이 과정은 반복적 수행에 의해 자동화된 수순이라 하였다. 연습 스윙도 심상과 마찬가지로 타깃 이미지와 스윙 이미지를 더욱 생생하게 멘탈 스크린에 잡아두는 과정이며, 이를 유지하면서 다음 단계인 프리샷 루틴으로 넘겨주게 된다.

모든 프로 선수들은 바위처럼 변하지 않는 일관된 샷 준비 동작을 갖고 있는데, 선수마다 차이는 있지만 항상 일정한 패턴에 따라 이루

그림 ⑫-1 연습 스윙은 실제 스윙같이

어진다. 그 중 하나가 연습 스윙이다. 심상을 통하여 획득한 멘탈 이미지를 간직한 상태에서, 실제 스윙에 앞서 스윙을 시연(試演, rehearsal)하는 것이다. 이러한 목적을 적이 달성하기 위하여 연습 스윙은 어떻게 수행되어야 하는지 알아보기로 하자.

 ## 연습 스윙은 실제 스윙같이 해야 한다

TV를 통해서 보는 프로 선수들의 연습 스윙은 실로 다양하지만, 대개는 실제 스윙과 혼동될 정도로 똑같은 경우가 많다. 연습 스윙은 연습 스윙일 뿐이라는 생각은 금물이다. 연습 스윙은 실제 스윙이란 생각으로 수행되어야 한다. 실제 스윙과 같은 연습 스윙은 멀리건(mulligan)을 한번 받는 것과 같다고 생각하면 금방 이해가 갈 것이다. 반면에 주말골퍼들의 연습 스윙과 실제 스윙은 여러 면에서 차이가 있는데, 연습 스윙의 목적과 역할을 명확히 인식할 필요가 있다.

첫째, 연습 스윙은 스윙에 관련된 신경마디를 사전에 활성화시키는 역할을 하므로, 실제 사용될 신경마디를 워밍업시키는 과정이라 할 수 있다. 그럼으로써 연습 스윙 시의 느낌과 활성화된 신경마디를 그대로 실제 스윙으로 옮겨갈 수 있다. 연습 스윙은 우리 뇌에게 "다음에 실행될 실제 스윙을 미리 한번 해 보니, 준비하고 있으시오." 라고 예고해 주는 것이다. 실제 스윙과 다른 연습 스윙은 엉뚱한 신경마디를 활성화시켜 줄 수 있음을 유의하여야 한다.

둘째, 연습 스윙은 근육의 긴장을 풀어주는 역할을 하므로, 실제 스윙 시 근육의 저항을 감소시켜 주고 스윙을 부드럽게 해 준다.

적지 않은 사람들이 젖먹던 힘까지 동원하여 힘차게 연습 스윙을 하는 것을 자주 목격한다. 그 이유를 물어 보았더니, 근육을 풀어주기 위해서 힘차게 휘둘러 보는 것이란다. 너무 강하게 스윙하면 오히려 근육이 경직되기 쉽다. 강하게 휘두른 후에 어드레스 자세를 취하면 아직도 근육이 얼얼함을 느끼게 된다. 강한 연습 스윙은 강한 실제 스윙으로 이어질 확률이 매우 높다. 차라리 부드러운 연습 스윙이 인체의 긴장을 풀어주는 데는 더 도움이 될 것이다.

한참 달리가다 갑자기 걷게 되면 걸음걸이가 잠시 부자연스럽게 되는데, 근육이 걷는 상태로 적응하는 데 시간이 필요하기 때문이다. 힘차게 스윙했다가 부드러운 스윙으로 전환하고자 하는 경우에도 이런 적응 과정이 필요할 것이다. 더도 말고 덜도 말고 실제 스윙과 같이 하는 것이 바람직하다.

그리고 많은 골퍼들이 연습 스윙을 하면서 잔디를 떠내려는 경향이 있는데, 특히 아이언은 찍어 쳐야 한다는 그릇된 생각 때문인 것 같다. 아이언의 경우에는 볼을 먼저 쳐야 하므로, 스윙의 최저점은 볼의 바로 앞부분이 된다. 이는 볼을 친 후 헤드의 원심력에 의해 팔이 펴지면서 자연스럽게 잔디를 파고 들어가는 현상인 것이다. 이를 의식적으로 수행하려고 하면 손과 팔에 힘이 들어가는데, 이는 손과 팔 근육의 수축에 의한다. 근육이 수축되면 팔의 길이가 짧아지므로 오히려 토핑이 날 것이다. 또 잔디를 파려고 애쓰다 보면 뒷땅치기가 되기 쉽다.

 2 연습 스윙은 항상 같은 횟수로 시행되어야 한다

클럽을 빼는 순간부터 스윙에 이르기까지 일련의 동작을 항상 동일하게 반복 수행함으로써, 샷의 일관성을 보장받을 수 있다고 하였다. 그러나 그 중 어느 한 동작이라도 빠지거나 순서가 바뀌면 이를 받아들이는 뇌는 당황하게 될 것이다. 예상치 못한 사건은 항상 우리 마음을 긴장하게 하고 불안하게 만든다. 그렇기 때문에 연습 스윙은 항상 동일한 횟수로 시행되어야 한다.

횟수는 각자의 성향에 따라 정하되, 1~2회 정도가 무난하다고 생각한다. 단 1회로 실시하고자 하면 방법상 주의를 집중하여 실제 스윙처럼 완벽한 스윙을 한다는 생각을 가져야 할 것이다. 2회를 실시하는 경우에는 첫번째는 부드럽게 실시하고, 두 번째에는 실제 스윙처럼 시행할 수 있을 것이다. 어느 것을 선택하든지간에 횟수와 방법은 지켜야 할 것이다. 두 번을 초과하여 실시하는 경우에는 지연 플레이로 동반자에게 실례가 될 수 있으며, 불필요한 에너지 소모를 초래한다. 대개 연습 스윙을 많이 하는 사람들은 자신의 스윙을 믿지 못하기 때문에 스윙을 반복하게 되는데, 의미 없는 스윙은 스윙에 대한 불신감만 더해 주게 될 것이다. 한번의 확실한 연습 스윙으로 마무리하고, "이것으로 충분하다."고 생각하는 자세가 중요하다.

특수한 상황에서의 샷은 예외적으로 처리될 수 있을 것이다. 왜냐하면 익숙하지 않은 라이에서의 샷은 골퍼의 뇌에 스윙 이미지가 형성되어 있지 않을 것이므로, 뇌에서 스윙 신호를 쉽사리 보내지 못하게 된다. 주말골퍼들은 "이런 경우 어떻게 쳐야 하나?"란 스윙 메커니즘(스윙 방법)을 생각하기 때문에 샷을 망치기 쉽다.

이런 상황에서는 먼저 우리 뇌에 충분한 정보를 제공하는 것이 중요하다. 즉, 라이 상태와 타깃을 번갈아 보면서 이에 대한 정확한 시각정보를 뇌에 전달한다. 그 다음에는 메커니즘을 생각하지 말고, 뇌가 상황을 분석하여 적절한 스윙 사인을 줄 때까지 부드러운 스윙을 반복하여 실시한다. 임시로 사용할 신경회로를 만드는 과정이다. 조금씩 느낌을 갖게 될 것이다. 뇌가 지시하는 대로 따라간다는 생각을 갖는 것이 중요하다. 잠시 후 OK 사인이 떨어지면 연습 스윙 때의 느낌 그대로 스윙을 하면 된다.

3 연습 스윙 시에도 타깃 이미지는 유지되어야 한다

골프 스윙은 타깃 게임이므로 전 단계인 심상을 통하여 얻은 타깃 이미지는 연습 스윙에서도 계속 유지되어야 한다. 스윙 동작은 타깃 정보에 의하여 유발되는 것이기 때문이다. 타깃 없이 스윙도 없다. 그러므로 피니시 동작에서 타깃을 바라보는 것이 바람직하다. 다시 한 번 타깃을 상기시켜서 신경마디가 계속 활성화 상태를 유지하도록 하는 조치이다.

연습 스윙이 종종 효과를 보지 못하는 이유는 볼과 타깃을 무시하고 시연되기 때문이다. 연습 스윙을 단순히 몸을 푸는 과정으로 이해해서는 안 된다. 많은 골퍼들이 연습 스윙 후에도 패인 디봇 자국을 계속 주시하는 습관이 있는데, 이런 경우 멘탈 스크린에 남아 있는 정보는 실제 타깃이 아니라 디봇 자국이 되는 것이다. 피니시 동작에서 그린 주변에 있는 벙커나 워터 해저드를 바라보았다고 하자. 우리 뇌는 "아하, 이 사람은 벙커로 볼을 보내고 싶어하는구나."라고 생각하게 된다는 것이다.

4 리듬과 템포를 잡아라

골프 스윙은 대뇌에 이미 기억되어 있는 스윙 이미지에 의하여 수행되는데, 스윙 이미지의 핵심적 요소는 '스윙 스피드'와 '인체의 움직임 순서'라고 하였다. 골프 스윙에서 리듬(rhythm)은 인체의 움직임 순서에, 템포(tempo)는 스윙 스피드에 일 대 일 대응한다고 생각하면 쉽게 이해할 수 있다.

즉, 리듬은 움직임 순서 – 발-다리-히프-몸통-어깨-팔-클럽헤드의 순서 – 를 의미하며, 템포는 백스윙의 시작부터 피니시까지 소요되는 전체 시간을 의미한다. 이로써 우리가 막연히 알고 있던 리듬과 템포에 대하여 명쾌하게 정의를 내렸다고 생각한다.

그러므로 리듬과 템포를 유지하라는 것은 적절한 스윙 스피드로 동작의 순서에 따라 스윙하라는 것과 같다. 부연하면 스윙 스피드와 인체 움직임 순서는 뇌에 기억되어 있는 추상적 개념이라면, 리듬과 템포는 이러한 스윙의 핵심적 요소가 실제 스윙 단계에 이르러 감각 형태로 변신한 것이라고 할 수 있다. 그러므로 연습 스윙은 뇌에 저장되어 있는 스윙 이미지 신경마디를 사전에 활성화하는 작업이기도 하다.

1) 리듬 – 인체 움직임의 순서

리듬 개념의 이해를 돕기 위한 좋은 예가 있다. 오랜만에 디스코장에 가는 경우 젊은 사람들의 손에 이끌려 무대로 나가긴 하는데, 몸이 뜻대로 움직이지 않아 팔과 다리가 엇박자로 움직인다. 스텝은 어떻게 밟으며, 팔은 어떻게 움직여야 할까? 춤을 춘다고는 하지만 자신이 생각해도 부자연스럽다. 춤의 메커니즘을 생각하고 있기 때문이다. 시간이 지남에 따라 음악의 리듬에 적응이 되면 자연스러운 몸놀림이 나오기 시작한다. 소위 리듬을 탄다는 말인데, 리듬에 자신을 맡기면 평소 연습하지도 않은 몸놀림이 자연스럽게 나타난다. 춤을 포함한 모든 동작은 메커니즘이 아닌 리듬에 의해서 수행되는 것이다. 자신의 춤 스타일이 있다는 것은 자신만의 고유 리듬이 뇌에 기억되어 있다는 의미이다. 이런 경우에는 언제 어디서든지 자신의 춤을 실현할 수 있을 것이다.

피겨 스케이팅, 체조 동작, 테니스 서브, 수영 등 모든 동작에는 움직임의 순서가 있다. 이 순서를 지키지 못하면 실수를 하거나 자연스럽지 못한 동작이 연출된다.

골프도 마찬가지이다. 골프 스윙은 마치 춤추듯이 하라는 말이 있다. 인체가 움직이는 리듬감을 느끼고 그것을 유지함으로써 항상 좋은 스윙을 가져갈 수 있다. 골프 스윙을 배운다는 것은 스윙의 리듬을 기억하는 과정이므로, 연습장에서 볼을 치는 것보다 방안에서 춤을 추듯이 스윙의 리듬감을 익히는 것이 더 바람직하다.

2) 스윙 템포 – 빠르기

템포는 테이크어웨이로부터 시작하여 하나의 샷을 완성하기까지 소요되는 시간이라고 하였다. 스윙 스피드가 빠르냐, 느리냐의 문제이다. 템포에 대해서는 두 가지 면에서 생각할 점이 있다.

첫째는 신경회로망적 입장에서의 문제이다.
오른팔을 머리 위로 든 다음, 서서히 내리면서 팔과 어깨 근처의 근육 움직임을 느껴 보자. 그 다음에는 팔을 빠른 속도로 내리면서 근육의 움직임을 느껴 보자. 팔을 아래로 내린다는 면에서 같은 결과를 초래하지만 사용되는 근육의 종류와 강도가 다름을 알 수 있을 것이다. 빠른 스윙과 느린 스윙은 신경회로가 다르다는 말이다. 즉, 느린 스윙은 빠른 스윙의 단순한 축소판이 아니다.

피칭웨지와 샌드웨지의 로프트 각도 차이는 약 8도로서, 각 아이언 간 각도 차이인 4도의 두 배가 된다. 그래서 두 클럽의 평균거리 중간에 볼이 떨어지는 경우 샌드웨지로 강하게 치기도 어렵고, 피칭웨지로 부드럽게 치기도 만만치 않게 된다.
보통은 피칭웨지를 평상시의 약 80% 정도의 힘으로 부드러운 스윙을 시도하게 되는데, 결과는 생각보다 신통치 않은 경우가 많다. 신경회로망적 입장에서 보면 이런 결과는 당연하다. 평상시의 스윙은 이미 전용 신경회로가 형성되어 있는 반면, 부드러운 스윙은 그렇지 않기 때문이다. 부드러운 템포의 스윙은 평상시 템포 스윙의 동생뻘쯤 되는 것으로 생각하면 오산이다. 즉, 스윙의 핵심인 템포가 다르므로 둘은 전혀 다른 스윙이다. 평소에 부드러운 스윙을 연습함으로써, 평상시의 스윙과 형 동생의 관계를 맺을 수 있을 것이다.

프로 선수들은 다양한 샷에 대한 신경회로가 구축되어 있기 때문에 스윙 템포의 미묘한 차이를 식별할 수 있다. 주말골퍼들은 그러하지 못하므로, 평소에 다양한 템포의 샷을 연습함으로써 신경회로망을 형성해 두면 실전에서 강력한 무기가 될 수 있을 것이다. 그렇지 않은 경우라면 차라리 평상시의 템포로 가는 것이 실수를 줄이는 방법이다.

둘째는 스윙 원리와 관계되는 문제이다.

스윙 원리란 인체의 회전이 순차적으로 이루어지되, 질량이 큰 다리와 히프가 먼저 회전하고 질량이 점점 적은 부위로 옮겨가는 구조를 의미한다. 운동량 보존의 법칙에 따라 인체의 각 부위가 갖는 운동량은 동일하므로, 질량이 큰 부위는 회전속도가 느리고 질량이 작은 부위는 회전속도가 빠르다. 마지막에 회전하게 되는 클럽헤드는 질량이 제일 적으므로, 회전 스피드가 최대가 될 것이다. 따라서 스윙 스피드는 몸통의 회전속도에 의하여 결정되며, 팔, 클럽헤드로 진행되면서 회전속도가 빨라지게 되는데, 각 인체 부위간 회전속도 비율은 항상 동일하게 유지된다.

타이거 우즈의 스윙은 누구보다 빠르지만, 느린 스윙을 하는 경우에도 몸통과 팔과 클럽헤드가 회전하는 속도의 비율은 언제나 동일하다. 흔히 볼을 강하게 치려고 할 때 손과 팔만에 의한 빠른 스윙이 되기 쉬운데, 이 비율을 지키지 못하였기 때문에 발생하는 현상이다.

제13장

프리샷 루틴
(pre-shot routine)
– 일관성의 비밀

제13장
프리샷 루틴(pre-shot routine)
- 일관성의 비밀

 행동 습관으로서의 루틴

'루틴'이란 한 마디로 '습관화된 동작'을 말한다. 많은 반복 수행을 통하여 전용 신경회로가 형성되어 있는 것이다. 일상적인 동작도 마찬가지이다. 아침에 잠을 깨면 먼저 신문을 찾아 문 밖으로 나간다. 신문을 집어들고 화장실로 향한다. 세수를 하고 밥을 먹는다. 그 다음 양치질을 한 후 머리를 빗는다 등등. 이들 동작은 어제도 내일도 동일하게 이루어질 것이다. 여행을 가거나 급한 일이 있어서 루틴 동작 중 하나라도 빠지거나 순서를 바꾸게 되면 무언가 불안하고 어색함을 느끼게 된다. 마치 뭔가 잘못된 듯한 느낌이 들기도 한다.

반면에 루틴을 평소대로 수행하면 마음이 차분히 가라앉고 동작을 서두르지 않게 된다. 중요한 사실은 이들 동작은 반복 수행으로 습관화되어 있기 때문에 우리가 의식하지 않아도 신경회로를 따라 정해진 순서대로 자동적으로 이루어진다는 것이다.

 정형화(定型化)된 동작의 틀

육상 400m 장애물 경기 챔피언인 에드윈 모세스라는 선수가 있었다. 모세스는 연속하여 두 번 우승하기도 힘들다는 400m 장애물 경기에서 3년간 1위를 놓치지 않아, 육상뿐 아니라 모든 스포츠 전문가 사이에서는 불가사의로 받아들여지고 있던 선수였다. 흑인 특유의 유연성은 뛰어나다고 보더라도, 체격조건은 그저 보통 수준에 지나지

않은 선수였다. 스포츠 전문가들은 모세스의 비밀을 풀기 위하여 다각도로 모세스를 연구하기 시작했다. 연구결과로 발표된 결론은 다음과 같았다.

　육상 400m 장애물 경기는 100m 달리기처럼 무조건 스피드를 요하는 경기가 아니다. 상당히 빠른 스피드로 달려야 하며 지구력을 겸비해야 한다. 특히 장애물을 넘어야 하기 때문에 보폭의 리듬과 타이밍 조정이 매우 중요한 경기이다. 그러므로 400m 내내 일정한 페이스를 유지하는 것이 승리의 관건이다.

　모세스의 경기를 분석한 결과, 모세스는 첫 발을 내디딜 때부터 첫 번째 장애물을 넘을 때의 발의 위치 등 테이프를 끊는 순간까지 양 발의 착지점이 항상 일정했다고 한다. 스포츠 전문가들은 모세스의 비밀은 바로 일관성(consistency)이라고 결론지었다. 모세스 본인도 일관성을 유지하기 위해서는 무엇보다도 심리적 안정이 가장 중요했다고 말하고 있다. 모세스는 달리는 순간은 관중의 존재나 우승에 대해 의식하지 않았으며, 몇 번째 장애물인지에 대해서 전혀 신경 쓰지 않았다고 한다. 그저 골인 지점만 생각하면서 달렸다고 한다.

　이 연구결과를 접한 미국 PGA협회에서는 모세스의 비밀, 즉 일관성의 문제를 골프에도 적용할 수 있다고 생각하여, 골프에서의 일관성은 무엇이며, 골프에서도 일관성을 유지하면 항상 우승할 수 있는 것일까 등에 관한 연구에 착수했다고 한다.

　골프 게임의 특성상 골프에서의 일관성은 클럽 선택 시점부터 샷을 할 때까지 골퍼의 일거수 일투족이 얼마나 일관성 있게 반복되는가로 결론을 내리고, 투어 선수들을 대상으로 광범위하게 일관성을 조사한 바 있다. PGA협회의 조사결과에 의하면, 일관성이 높을수록 상금 순위도 비례하여 높았다고 하며, 그 중에서도 그렉 노먼 선수의 일관성이 가장 뛰어났던 것으로 조사되었다고 한다. 당시 그렉 노먼이 세계 No.1의 위치를 유지하고 있었던 것은 우연이 아니었음을 입증한 셈이다. 가령 노먼 선수는 볼 뒤에서 타깃을 정하고 어드레스에 들어갈 때 항상 동일한 숫자의 걸음수와 보폭을 유지했다고 하며, 스탠스의 발 위치도 언제나 정확했다고 한다. 이러한 동작은 본인도 모르게 무의식적으로 처리되고 있으나, 이렇게 자동화된 동작이 되기까지는 많은 훈련과 노력이 필요한 것임을 인식해야 한다.

  게임 플랜을 세우고 타깃과 스윙 이미지에 대한 심상을 거쳐 실제 연습 스윙까지 성공적으로 완료한 상태이다. 다음은 자동화된 프로그램 수순에 따라 뇌에서는 볼에 접근하라는 지시를 내리게 되며, 최종 준비단계인 프리샷 루틴에 들어가게 될 것이다. 이는 야구에서 타자가 타석에 진입하는 과정과 매우 흡사하다.

  타자는 자기 타순을 기다리면서 투수의 구질, 내야수나 외야수의 움직임 동향을 파악하면서 자신이 볼을 쳐 보낼 방향을 생각한다. 유격수를 넘겨 레프트 필더 앞에 떨어지는 안타나, 왼쪽 펜스를 넘기는 홈런을 머릿속으로 상상하면서 실제와 같이 연습 스윙을 한다. 선행 타자가 안타를 치고 일루로 진출했다. 자신의 타순이다. 타석을 향하여 출동한다. 연습 스윙 시의 이미지를 간직한 채 타석에 들어선다. 먼저 자기 스탠스에 맞추어 타석의 흙을 고른다. 자신이 상상했던 목표지점을 응시하면서 연습 스윙을 몇 번 해 본다. 배트를 어깨 위로 세우고 빙글빙글 돌리면서 투수를 노려본다.

  NBA 농구 어시스트의 귀재 존 스탁턴과 명콤비를 이루면서 우편배달부란 별명을 갖고 있는 칼 말론 선수의 프리드로 샷 루틴은 유명하다. 먼저 볼을 잡고 바닥에 세 번-딱 세 번이다-튀긴다. 가슴 앞에서 볼을 두 번 회전시킨다. 링을 주시하면서 웅크린다. 링을 보고 바로 던진다. 두 번째 샷도 전과 완전히 똑같이 수행한다. 다른 선수에 비해 다소 복잡한 동작이지만 항상 똑같은 동작을 반복한다. 필자도 그의 특유한 루틴을 많이 보아 왔기 때문에 그대로 따라할 수 있는 정도이다. 칼 말론은 이런 루틴을 통하여 몸과 마음이 안정됨을 느낄 것이며, 슛이 성공할 것이라고 확신할 것이다.

  여기에서 중요한 사항은 선수들의 이러한 준비 동작은 언제 어디서나 동일하게 수행된다는 점이다. 유명한 프로 선수들도 어떤 때는 이런 움직임을 평소와 다르게 수행하거나, 공연히 안절부절하지 못하는 경우를 볼 수 있는데, 결과는 여지없는 실패이다. 프리샷 루틴을 평소대로 수행하지 못하여 주의집중이 흐트러졌기 때문이다.

이를 염두에 두면서 타이거 우즈의 에피소드를 통하여 골프에서의 프리샷 루틴의 일관성과 정확성이 무엇인지 확인하기로 하자.

몇 년 전 텍사스에서 열린 토너먼트에서 타이거 우즈가 그린 위에서 퍼팅을 준비하고 있을 때였다. 그의 아버지 얼 우즈는 전 PGA 선수였던 찰리 시포드와 얘기를 나누고 있었다. 얼 우즈는 그린을 등지고 타이거의 일관성 있는 프리샷 루틴에 대하여 설명하고 있었으며, 시포드는 얼과 마주 선 상태로 그의 얘기를 들으면서 타이거의

그림 ⑬-1 타이거 우즈의 프리샷 루틴

프리샷 루틴을 관찰하고 있었다.

"내 아들은 먼저 연습 스트로크를 하지요. 그리고 한 번 더 합니다. 그 다음 타깃을 본 후 볼을 봅니다. 다시 타깃을 한 번 더 보고 볼을 봅니다. 그리고 나서 바로 임팩트를…." 얼 우즈가 '임팩트'라고 말하는 바로 그 순간, 타이거의 퍼터 블레이드가 볼을 치고 있었다. 타이거 우즈의 성공에는 이러한 일관성 있는 루틴이 중요한 역할을 하고 있는 것이다. 긍정적이고 일관성 있는 루틴은 긍정적이고 일관성 있는 수행을 만들어 준다.

3 골프의 프리샷 루틴

1) 프리샷 루틴의 기능

우선 30초 스윙 패키지에서 지금까지의 과정을 다시 정리해 보면 아래와 같다.

> 게임 플랜 ◑ 심상 ◑ 연습 스윙 ◑ 프리샷 루틴 ◑ 스윙 개시

위 진행 절차는 30초 스윙 패키지 내에서 이루어지는 일련의 절차이다. 각 동작간에는 파블로프식의 조건 형성이 되어 있으므로, 앞 동작은 그 다음 동작을 유발하는 구조로 되어 있다고 하였다. 그리고 30초 스윙 패키지는 다른 방해 정보가 개입하지 않도록, 스윙 관련 정보만을 단기 기억상자 내에 채우는 과정이라고 하였다.

대부분의 골퍼가 자신의 평소 능력에 미치지 못하는 결과를 내는 이유는 불필요한 방해정보가 임의로 단기 기억상자에 넘나들도록 방치하였기 때문이며, 이는 샷 이미지를 흐리게 만든다. 이런 의미에서 30초 스윙 패키지는 샷에 전념할 수 있게 해 주는 시스템이며, 골퍼들의 잠재능력을 100% 발휘하게 해 주는 과정이라고 할 수 있다.

연습 스윙에까지 이르는 동안 우리의 신경과 근육은 실제 스윙을 위해서 워밍업된 상태이며, 타깃 정보는 뇌 속에 생생하게 활성화되어 있다. 드디어 실제 스윙을 위한 출동명령이 내려지고, 본격적인 채비를 갖추는 동작으로 진입한다.

이제까지의 과정은 비교적 편안한 상태에서 수행되었으나, 프리샷 루틴에 오면 정신적인 압력이 전 단계보다 가중되기 시작한다. 밖에서 예상문제를 열심히 암기하고 있던 면접 준비자가 갑자기 자기 이름이 호명되어 면접자와 마주 앉았을 때의 마음 상태와 비슷할 것이다.

프리샷 루틴 시점에 이르러 실제 샷을 준비하는 동안에는 그 동안 단기 기억상자를 호시탐탐 엿보던 부정적인 사고가 독버섯처럼 피어오르며, 어드레스 자세를 잡는 순간 그 동안 공들여 쌓아놓은 타깃 이미지보다 메커니즘에 대한 생각으로 주의가 옮아간다. 이런 식으로 뇌를 잘못 작동시키는 습관은 적지 않은 기간 동안 강력한 신경마디가 형성되어 있기 때문에 아마추어 골퍼들의 수행력을 떨어뜨리는 주범이 되고 있는 것이다.

단기 기억상자에서 신경마디가 활성화되는 기간은 다른 방해가 없는 경우 대략 20초 내외로서, 시간 경과에 따라 활성화 정도가 약해지고 다른 강력한 자극에 의하여 일거에 밀려날 수도 있으므로, 방해 정보가 끼어들지 못하도록 프리샷 루틴이 정하는 바를 열심히 수행해야 한다. 그럼으로써 타깃 정보를 단기 기억상자에 유지시킬 수 있는 것이다. 이처럼 프리샷 루틴의 기능과 목적도 전 단계와 동일하다. 다만 수행하는 내용이 다를 뿐이다.

2) 프리샷 루틴은 동일하게 반복되어야 한다

이처럼 프리샷 루틴의 기능은 불필요한 정보나 부정적인 사고를 배제함으로써, 타깃 정보만을 단기 기억상자에 유지시켜 준다는 의미가 있다. 한 걸음 더 나아가 이는 타깃에 대한 주의집중을 의미하며, 정해진 절차에 따라 프리샷 루틴을 실행하면 원하는 샷을 성공적으로 수행할 수 있다는 자신감의 근거가 된다. 프리샷 루틴이 갖는 중요성을 마이크 레이드 선수의 말을 인용하여 알아보기로 하자.

"프리샷 루틴의 중요성은 아무리 강조해도 지나침이 없을 것입니다. 그것은 바로 '일관성'의 열쇠라고 할 수 있습니다. 볼을 치기 전에 실시하는 프리샷 루틴은 우리 뇌로 하여금 언제 볼을 칠 것인지를 알게 해 줍니다. 프리샷 루틴은 우리 뇌가 스윙을 준비할 수 있도록 예고해 준다고 할 수 있죠. 볼을 치기 전의 동작이 매번 다르면 그만큼 샷도 불규칙해지게 마련이죠. 사전 동작이 매번 다르면 우리의 뇌는 언제 샷을 할지 예측이 안 되기 때문입니다.

잭 니클러스가 1986년 마스터스 대회에서 역대 최고령으로 우승할 당시, 클럽을 백에서 꺼내는 순간부터 샷을 할 때까지 매번 정확히 13초가 소요되었다고 합니다. 볼 앞에 서자마자 스윙을 하는 리 트레비노 선수도 소요시간은 다르지만 루틴의 내용은 항상 일정합니다. 프리샷 루틴은 자신의 사인처럼 항상 똑같아야 합니다.

여러분도 자신만의 프리샷 루틴을 만들어 두면, 샷에 집중하는 데 많은 도움이 될 것입니다. 프리샷 루틴은 생각을 단순하게 해 주므로 샷에 대한 수행력을 높여 줍니다.

가끔 자기도 모르는 사이에 부주의한 습관이 프리샷 루틴에 끼여드는 경우가 있는데, 프리샷 루틴의 작은 변화가 게임을 망치게 하는 요인이 될 수 있습니다. 샷이 평소와 같이 잘 안 되기 때문에 스윙 메커니즘에 문제가 있는 것으로 착각하기도 합니다. 샷을 할 때마다 쓸데없는 생각을 많이 하게 되지요. 나의 경우, 한동안 슬럼프에 빠진 적이 있는데, 그 원인은 프리샷 루틴 시 타깃을 두 번 보는 대신 세 번 쳐다보았기 때문이었습니다. 나의 루틴을 점검하였더니, 처음에는 타깃 전체를 보고, 두 번째는 타깃의 특정 부분을 보았습니다. 세 번째는 다시 전체적으로 보더군요. 원래 루틴에 포함되지 않았던 '세 번째 타깃 보기' 때문에 한 달 동안 영문도 모른 채, 어려운 경기를 했던 것입니다. 다시 타깃을 두 번만 보게 되면서 나의 경기 감각은 되돌아왔습니다. 나의 원래 루틴을 되찾았던 것이지요. 믿기 어려울지 모르겠지만 타깃을 두 번만 봄으로써 아주 편안하게 샷을 할 수 있었습니다."

니클러스가 마지막 홀 세컨드 샷을 앞두고 코스 공략 계획을 짜고 있을 때였다. 현재 마지막 조에 편성되어 있는 톰 왓슨과는 동타로써, 이번 홀에서 파만 기록한다면 왓슨이 마지막 어려운 두 홀을 파로 마친다는 가정하에 연장전으로 갈 수 있다는 판단을 내리고, 7번 아이언으로 그린 중앙을 공략하면 파는 무난할 것이라고 생각하였다. 예의 니클러스식 샷 이미지를 상상하고 연습 스윙을 한 후 셋업 자세를 취하고 있었다.

이때 갑자기 17번 홀에서 갤러리들의 함성이 들려왔다. 왓슨이 버디를 기록했음을 직감적으로 알아차린 니클러스는 파를 해서는 연장전에 갈 수 없다는 사실을 깨달았다. 그린 뒷편에 있는 깃대를 직접 공략하기 위해서는 6번 아이언이 필요했다. 니클러스는 깃대를 향하여 6번 아이언을 힘차게 휘둘렀다. 아니 그런데 이게 웬일인가? 니클러스의 샷이라고는 전혀 상상할 수 없을 정도의 뒷땅성 샷으로 볼은 그린 앞 벙커에 빠지고 말았다.

결국 니클러스는 마지막 홀을 보기로 마침으로써 연장전에 대한 희망은 물거품이 되고 말았다. 천하의 니클러스도 왓슨의 버디 소식에 당황한 나머지 클럽을 변경하면서 당연히 치루어야 했던 프리샷 루틴을 그만 생략하고 말았던 것이었다.

 4 프리샷 루틴의 실행

1) 가상의 타깃 라인을 그린다

볼을 보내고자 하는 방향과 일직선상에서 볼 뒤 2~3m 지점에 선다. 타깃을 주시하면서 실제 타깃 연장선상에 있는 특정 마크(안테나, 나뭇가지, 건물 등)를 잡아둔다. 그 다음에는 볼 앞쪽 40~50cm 지점에 중간 타깃을 설정한다. 각 타깃 점을 연결하는 가상의 라인을 머릿속에 그려둔다.

 실제 타깃 자체를 특정할 수 있다면 그것을 타깃으로 하면 될 것이나, 실제 타깃이 잔디라든가 단지 조그만 물체인 경우에는 어드레스 상태를 취했을 때 빛의 반사에 의해 그 물체를 볼 수 없는 경우

그림 ⑬-2 타깃 설정

가 종종 발생하므로 연장 타깃을 잡아두는 것이다. 그리고 타깃은 우리의 흥미를 끌 수 있는 가급적 작은 것이면 좋다고 하였다. 그래야만 주의를 집중시키기가 용이하며, 주의집중된 대상은 오랫동안 활성화되기 때문이다.

타깃 정보의 중요성을 감안할 때, 타깃 라인이 머릿속에 선명하게 자리를 잡을 때까지 충분한 시간이 필요하다. 대개의 아마추어 골퍼들은 볼만 잘 치면 되지 않느냐는 잘못된 생각 때문에 타깃을 잡는 문제에 대해 심각하게 생각하지 않는 것 같으며, 타깃을 잡는 방법도 어설픈 게 사실이다. 특정 타깃을 잡지 않으면 시각에 들어온 모든 것을 타깃으로 한 것이 되며, 이는 타깃이 없다는 것과 같다. 마음이 볼을 치겠다는 생각으로 분주해져 타깃이 볼로 바뀌는 과정이다.

이처럼 아마추어들은 어드레스에서 보내는 시간이 볼 뒤에서 타깃 라인을 설정하는 시간보다 훨씬 많은 것이 사실인데, 타깃을 먼저 분명하게 설정하고 어드레스에 들어서서 모든 동작을 신속하게 수행하는 것이 바람직하다.

2) 조준(aim) 및 정렬(alignment)

타깃 라인이 그려지면 뇌로부터 다음 동작에 대한 지시가 내려진다. 우선 중간 타깃과 볼을 연결하는 타깃 라인과 클럽 페이스가 수직(sguare)이 되도록 조준한다. 클럽헤드를 지면에 고정한 채, 자신의 스윙 타입에 맞추어 어깨, 히프, 무릎 라인이 타깃 라인과 평행하도록 정렬한다. 스탠스는 개인의 특성과 샷의 종류에 따라 스퀘어, 오픈 또는 클로즈드로 잡으면 될 것이다. 스탠스를 먼저 잡고 클럽헤드를 맞히면 오조준이 되기 쉬우므로 순서를 지키는 것이 바람직하다.

이러한 준비 동작은 이미 뇌에 기억되어 있으므로 일사천리로 진행되어야 하는데, 그 다음 실행명령이 떨어지지 않는 경우가 있다. 이는 방금 전에 그려 놓은 타깃 라인이 빛의 반사에 의해 사라졌다거나, 단기 기억상자 내에 타깃 이외의 다른 정보가 침입한 것이다. 이런 경우 우리 뇌는 당황하게 되고, 타깃에 대한 의심이 일어날 수 있다. 우리 뇌는 신경회로망으로 복잡하게 연결되어 있기 때문에 잠시라도 주의를 기울이지 않으면 끊임없이 확산되어, 온갖 기억 정보를 쏟아내기 때문이다. 이런 때는 가차없이 뒤로 물러나야 한다. 그리고 처음부터 다시 시작해야 한다.

미국 PGA 투어에서 55승을 기록한 빌리 캐스퍼(Billy Casper) 선수의 예를 들어 보자.

그는 페어웨이에 떨어진 볼에 접근하면서 백 앞에 멈추어 선다. 주머니에서 야디지 북을 꺼내어 타깃까지의 거리를 계산한 후 다시 주머니에 집어넣고, 캐디에게 샷에 대하여 얘기한다. 클럽을 백에서 꺼낸다. 볼에 다가서서 셋업을 취한 후 왜글을 실시한다. 그때 근처에서 카메라 셔터를 누르는 소리가 들린다. 볼로부터 물러나 잠시 사진기사를 노려보면서 백이 있는 위치로 돌아와서 클럽을 백에 넣는다. 볼로부터 10야드 뒤로 다시 돌아가 처음부터 루틴을 다시 시작한다. 잠시 흐트러진 뇌의 활동을 처음부터 다시 가동시키기 위함이다.

그러나 일단 어드레스를 취하면 무조건 쳐야 한다는 생각도 있고 동반자의 눈치도 보아야 하고 뒤로 물러서자니 자존심 문제도 있어, 그것이 뜻대로 되지 않는 경우가 많다. 마음이 불안한 상태에서의 샷은 어떤 경우에도 좋은 결과를 얻지 못할 것이다. 동반자에게 미안하다는 생각이 있으면, 마치 눈에 티끌이 들어간 것처럼 눈을 비비면서 뒤로 물러서는 것도 한 방법이다.

야구에서 타자들은 조금이라도 꺼림칙한 것이 있으면, 주심에게 타임을 선언하고 타석 밖으로 나와 몸과 마음을 재정비하고 다시 타석으로 들어간다. 뇌의 가동이 일시적으로 정상 궤도를 이탈하면 당면한 샷은 물론이고 다음 샷 감각에도 영향을 줄 수 있다는 사실을 유의해야 한다.

셋업의 중요성은 스윙 동작을 위한 자세이기도 하지만, 스윙을 위한 정신적 준비단계이기도 하다. 셋업을 취하는 동안 샷에 대한 이미지나 스윙을 위한 자기와의 대화가 있을 수 있고, 셋업을 위해서 분주하게 움직이는 동안 마음을 평온하게 할 수 있기 때문이다.

1974년 잭 니클러스는 그의 저서에서 다음과 같이 정신적 준비와 셋업의 중요성을 강조하였다. "볼을 특정 지점으로 보낸다는 의미에서의 골프 스윙은 50%의 멘탈 이미지, 40%의 셋업, 그리고 10%의 스윙이라고 생각합니다. 나의 셋업 시간이 남들보다 길고 신중하게 수행되는 이유입니다. 내가 생각하고 있는 샷에 적합한 셋업이 이루어지지 않으면, 생각대로 샷이 실행되지 않는다는 것을 알고 있습니다."

니클러스와 같은 조로 플레이하던 아널드 파머가 니클러스의 슬로 플레이에 대해서 경기운영위원회에 이의를 제기한 적이 있었다. 니클러스가 제한 시간을 초과하여 샷을 하고 있다는 주장이었다. 이에 대해 니클러스는, "나의 어드레스 시간이 긴 것은 사실이지만, 그만큼 신중하게 샷을 준비하기 때문에 잘못될 확률이 적고, 따라서 전체 샷 시간을 계산하면 다른 선수에 비해 결코 길지 않을 것이다."고 주장하면서, 각자의 샷 시간을 측정하자고 요청하였다. 이튿날 심판위원회에서는 니클러스와 아널드 파머를 포함한 몇몇 선수의 샷 시간을 재 보았다. 역시 니클러스의 말대로였다. 오히려 파머의 샷 시간이 니클러스보다 길었던 것으로 측정되었다고 한다.

초보자에게 있어 조준 시 가장 문제가 되는 것은, 어깨의 정렬이 타깃의 오른쪽을 향하는 경향이 있다는 것이다. 이는 타깃 라인을 설정하지 않은 채 무작정 어드레스를 취했거나, 타깃을 보면서 볼의 옆으로부터 접근하기 때문이다. 우리 시각 구조상, 왼쪽에 있는 물체를 옆으로 서서 보면 실제 물체가 있는 위치보다 오른쪽으로 치우쳐 있는 것으로 인식된다. 이런 사태를 예방하기 위해서 타깃 라인과 중간 타깃을 설정해 두는 것이다. 설령 타깃 라인에 맞추어 정렬을 한 경우에도 어드레스 자세를 취하고 보면 타깃이 오른쪽으로 치우쳐 보이게 된다. 그래서 애써 정렬한 라인을 오른쪽 방향으로 틀어 버리는 사례가 생각보다 많다. 머릿속에 그려진 라인을 믿고 실행해야 한다.

이러한 인체 구조에 의한 원초적 오조준 현상은 우리가 생각하지 못한 복잡한 문제를 야기시킬 수 있음을 알아야 한다. 오조준 상태에서 잘 맞은 타구는 항상 타깃의 오른쪽 방향으로 가게 될 것이다. 이를 인식하지 못하는 골퍼는 스윙 메커니즘에 이상이 생긴 것으로 오해하여, 클럽 페이스를 닫거나 바깥에서 안으로 당겨 치는 보상 동작이 습관화될 수 있다. 아마추어 골퍼들의 맹점이라면 무엇이든지 잘 안 되면 스윙 메커니즘 탓으로 생각한다는 사실이다.

스윙은 어느 날 갑자기 변하는 것이 아니다. 오히려 상당 기간 같은 형태로 유지된다고 하였다. 우리가 의식하지 못하는 부분인 백스윙이나 다운스윙 메커니즘에 매달리지 말고, 스윙에 영향을 주는 요소-볼 포지션, 그립, 스탠스 등의 셋업 요소들-를 먼저 체크해 보는 것이 중요하다. 기본으로 돌아가라는 말이다. 스윙은 이들 기본 요소에 의하여 정해지는 것이기 때문이다.

3) 왜글(waggle)과 스윙 트리거(swing trigger)

어드레스 자세를 오래 취하고 있으면 몸 전체가 경직되는데, 이런 상태에서는 좋은 샷이 나오기 힘들 것이다. 어드레스는 상체를 앞으로 숙이고 무릎을 굽힌 상태를 유지해야 하는 자세이다. 이 자세에서 우리 인체가 중력에 저항하면서 붕괴되지 않기 위해서는 근육이 경직되어야 한다. 이 상태를 지속시키기 위해서는 자세 유지 근육뿐 아니라 옆에 있는 근육들이 동원되어 함께 지지해 주어야 한다. 그러다 보니 몸 전체가 경직되는 것이다. 어린 시절 말썽을 부려서 손들고 서 있는 벌을 받은 적이 있을 것이다. 잠시 동안은 팔 근육으로 버티지만 시간이 경과함에 따라 어깨, 등, 몸통 근육이 동원되어 팔이 내려오지 않도록 지지해 주어야 한다. 벌을 서고 나면 팔뿐만 아니라 온몸이 뻐근해지는 것은 이 같은 이유 때문이다.

왜글은 긴장되어 있는 팔을 풀어주기 위해서 그립을 잡은 상태에서 손목을 좌우로 꺾어가면서 흔들어 주는 동작이다. 모자 챙을 위로

꺾는 것이 트레이드 마크인 예스퍼 파르네빅 선수는 어드레스 자세에서 클럽을 위로, 다시 좌우로 짧게 흔들어 주는 동작을 서너 번 반복한다. 프로 선수들이 왜글을 실시하는 형태는 저마다 특징이 있다.

그리고 어드레스 자세를 취하다 보면 다리 근육도 경직되므로, 왜글뿐 아니라 지면에 접하고 있는 발을 일정한 패턴에 따라 가볍게 움직여 주는 것이 좋다. 대부분 프로들도 그렇게 하고 있다. 근육이 경직된 상태에서 샷을 하면 좋은 결과를 얻을 수 없다는 사실을 알기 때문이다. 아마추어 골퍼들은 스탠스를 잡은 상태에서 발을 움직이는 것을 금기사항으로 알고 있는지, 마치 석고상처럼 굳은 채로 서 있다. 다리와 발은 계속 움직여서 근육이 긴장되지 않도록 하는 것이 좋다. 주말골퍼들에게 발을 수시로 움직이는 습관을 갖도록 권하고 싶다.

왜글에 이어 스윙 트리거를 실시한다. 정지 상태에 있는 클럽헤드, 팔, 어깨, 몸통 등을 움직이기 위해서는 많은 힘이 필요하다. 이는 팔과 어깨를 경직시키는 직접적인 원인이다. 기본적으로 스윙 트리거는 어드레스라는 정지 상태의 관성을 극복하고 부드러운 백스윙을 만들어 주기 위해서 인체의 일부를 미리 움직여 주는 동작을 말한다.

팔이나 손을 타깃 방향으로 움직이다가 백스윙을 시작하는 경우도 있고, 오른쪽 무릎을 타깃 방향으로 구부렸다가 다시 반대 방향으로의 반동을 이용하는 경우도 있다. 샘 스니드나 니클러스처럼 머리를 오른쪽으로 돌리는 방법도 있다.

캐리 웹이나 마이크 위어 선수는 1/3 크기의 백스윙으로 왜글과 스윙 트리거를 겸하는 것 같다.

뉴질랜드 원주민 출신인 마이클 캠블 선수는 다소 복잡한 동작을 반복하는 데 일관성이 돋보인다. 양다리를 번갈아 움직이면서 왜글한다. 타깃을 본다. 양다리를 번갈아 움직이면서 왜글한다. 타깃을 본다. 양다리를 번갈아 움직이면서 왜글한다. 타깃을 본다. 스윙한다.

4) 최종 타깃 확인

프리샷 루틴을 포함한 30초 스윙 패키지는 오로지 타깃 정보를 단기 기억상자에 묶어두고 채워 넣음으로써, 뇌로부터 간섭 없이 스윙 사인을 얻어내기 위한 과정이었다. 왜글 등을 통하여 몸과 마음을 이완시킨 상태에서 마지막으로 타깃을 주시한다. 그 다음 볼을 본다. 뇌에서는 스윙 사인이 떨어진다. 바로 스윙한다. 이것으로 프리샷 루틴을 포함한 30초 스윙 패키지는 대단원의 막을 내린다.

제14장

스윙 키
swing key, swing thought

제14장
스윙 키
swing key, swing thought

 스윙 키란?

걷기, 밥먹기, 글씨 쓰기 등 대부분의 일상화된 동작은 자동화되어 무의식적으로 이루어지며, 의식적으로 수행하려면 오히려 부자연스러운 동작이 연출된다고 하였다. 정도는 덜할지 모르나 골프 스윙도 그 범주에 속한다. 일찍이 바비 존스는 "스윙에 대해서 아무 생각 없이 플레이한 경우에는 항상 우승했다."고 하였다. 베스트 골프를 위해서는 스윙에 대한 생각이라 할지라도 단기 기억상자에 입력시키지 않는 것이 바람직한 것이다.

그러므로 가장 이상적인 형태는 '시각=스윙'으로 나타나는 경우이다. 그저 눈으로 보고, 스윙하는 것이다. 이는 마치 뇌에서의 처리과정을 생략한 것과 같은 모습인데, 걷기 등과 같이 완전 자동화되어 무의식적으로 처리되는 수준을 의미한다.

프로 골퍼들은 모두 마음을 비우고자 노력하며, 무아지경(無我之境)의 상태에서 플레이하기를 갈구한다. 그러면 자신의 잠재능력을 100% 발휘할 수 있기 때문이다. 그러나 유감스럽게도 골프 스윙에서는 완전히 마음을 비우는 것은 불가능에 가까운 일이다. 바비 존스 같은 구성(球聖)도 "어쩌다 한 번 있을까말까 한 일이며, 자기도 모르는 사이에 잠시 왔다가 금방 사라지는 것."이라고 말할 정도니까.

그러면 실제는 어떠한가?
대부분의 프로 선수들은 한두 가지의 스윙에 대한 생각을 갖고 있다고 한다(우리의 단기 기억 용량을 감안하면 세 가지 이상의 스윙 키는 곤란할 것이다. 주말골퍼들은 단기 기억의 용량을 초과하는 3~6가지의 스윙 생각으로 간섭이 발생한다). 샘 스니드는 'oily(기름같이 부드럽고 매끄러운)'가 스윙 키였다.

이는 뇌에 저장되어 있는 자신의 스윙 이미지에 접근하기 위한 방편으로써, 스윙 키라고 한다. 스윙을 불러내는 주문(呪文)이라고도 할 수 있다. 마치 방문을 열쇠로 열듯이, 스윙 키는 골프 스윙이라는 방에 들어갈 수 있는 길잡이라고 할 수 있다.

좋은 스윙 키는 골프 스윙의 훌륭한 안내자이며, 좋은 스윙 키는 몸과 마음을 편안하게 해 준다. 스윙 키가 안내하는 대로 따라가기만 하면 항상 성공적인 샷을 실행할 수 있다는 믿음이 생기기 때문이다.

"여러 가지 복잡한 생각을 기억하려고 애쓰기보다는 하나의 스윙 키에 집중했을 때, 항상 플레이가 잘 풀렸습니다. 신뢰할 수 있는 스윙 키는 페이스가 흔들리지 않고 언제나 게임을 잘 풀어나갈 수 있도록 도와주었습니다. 왜냐하면 스윙 키에 집중하는 한, 스윙에 대한 의심이나 주저함이 끼여들 여지가 없어지기 때문입니다. 단지 스윙 키에 맞추어 내가 필요한 샷을 하면 되니까요."(톰 퍼처)

2 스윙 키 고르기

1) 스윙 키의 선택기준

골프 스윙은 타깃 정보만이 단기 기억에 활성화되었을 때 가장 잘 수행될 수가 있는데, 의식적으로 스윙 키를 생각한다는 것은 위험의 소지를 안고 출발하는 것이라 할 수 있다. 그러므로 스윙 키의 역할은 의식적인 생각이 직접 몸을 움직여 준다는 전제하에 시행되어야 할 것이다. 즉, 잘 선택된 스윙 키는 몸과 마음을 연결(integration of body & mind)시켜 주는 다리 역할을 하는 것이다.

그러기 위해서 스윙 키는 이미 신경회로가 형성되어 있는 동작을 대상으로 하여야 한다. 그래야 몸과 마음이 일체가 되어 움직여 줄 것이다. 결국 스윙 키도 스윙의 한 부분으로써 평소 반복적으로 연습되어야 함을 알 수 있다. 라운드 중에 새로운 스윙 키를 생각하는 것은 머리를 복잡하게 할 뿐 아니라 신경회로가 형성되어 있지 않을 것이므로 수행력을 떨어뜨릴 뿐이다.

그 다음으로 스윙 키를 선택하는 기준은 스윙 원리이다. 왜냐하면 스윙 원리는 스윙 키의 유효성을 판단하는 객관적인 기준이 되기 때문이다. 스윙 원리는 인체 부위의 동작 원리와 이에 적용되는 무게중심, 균형, 축 등의 문제를 다룬다. 예컨대 스윙축과 관련하여 "머리를 고정시켜라."는 고전적인 스윙 키가 있는데, 이를 스윙 원리에 적용하여 설명해 보자.

먼저 골프 스윙에서 백스윙과 다운스윙의 축이 다르므로, 머리가 스윙의 중심이 된다는 생각은 사실과 다르다. 그리고 인체의 구조상 머리가 약간 움직였을 때 상체의 회전이 용이해진다고 한다. 머리가 고정되어 있으면 인체의 균형을 유지하기 위하여 스웨이나 역피봇이 되기 쉽다. 스윙의 원리를 알아야 어느 것이 올바른 스윙 키인지, 좋은 스윙 키는 어떤 것인지를 판별할 수 있는 것이다. 원리를 모르면 이 스윙 키에서 저 스윙 키로 전전하게 될 것이다. 좋은 스윙 키는 스윙 원리를 반영하고 있으며, 원리에 따른 스윙을 실현시켜 줄 것이다.

스윙 키는 일견 그럴듯해 보이고 일시적으로 효과가 있지만, 그리 오래 지속되지 않는 특성이 있다고 한다. 그래서 스윙 키는 자주 바뀌는 경향이 있는데, 그런 것들은 본래적 의미의 스윙 키라고 볼 수 없다. 원리에 입각한 스윙 키는 영원하며, 잘 선택된 스윙 키는 강력한 효험을 갖고 있다.

다만 스윙 키는 개인적인 특성 - 개인의 현재 기술수준이나 신체 형태 - 때문에 자신에게는 효과가 있어도 다른 사람에게는 잘 안 먹히는 경우가 많다. 당연한 얘기지만 나와 다른 사람은 신경회로의 구조가 다르게 형성되어 있기 때문이다. 자신의 스윙 동작을 비디오 카메라로 촬영하여 본 사람들은 종종, "내 스윙이 왜 저럴까? 내가 생각한 것과는 딴판이네." 하면서 놀라는 경우가 많다. 며칠 동안 열심히 스윙 연습을 하여 자신의 스윙이 많이 변했다고 생각하고는 다시 촬영해 보아도 결과는 전과 다른 모습을 발견하기 어렵다. 주관적 느낌이란 이런 것이다. 자신의 생각과 실제 스윙이 다름을 알지 못하는데, 하물며 자기의 느낌을 다른 사람에게 어떻게 전해줄 수 있겠는가?

우리는 유명 프로들이 남긴 스윙 키를 모방하는 사례가 많은데, 스윙 원리에 입각하지 않은 것들도 있고 그들 자신의 개인적인 느낌을 반영하는 것이 대부분이므로, 누구에게나 동일하게 적용될 수 있는 것이 아님을 유의하여야 한다. 그럼에도 불구하고 신문, 잡지, TV 레슨은 독자나 시청자들이 마치 그렇게 해야 하는 것처럼 생각하게 하므로, 신중하게 접근되어야 할 문제이다. 스윙 키는 공공연하게 강요될 성질의 것이 아니고, 골퍼 스스로가 자신에게 적합한 것을 선택하여 반복연습을 통하여 신경회로를 형성해야 하는 문제이다.

몇 가지 스윙 키를 고르는 기준을 살펴보자.

2) 스윙 키와 관련된 시점이 백스윙 톱을 전후하여 발생하는 것은 곤란하다

하나의 동작은 그것이 행위 시스템에서 운동 시스템으로 넘어가면 시위를 떠난 화살처럼 다시는 돌아올 수 없는 선을 넘는 것이라 하였다. 그 선을 넘어선 동작은 하나의 단위로 실행되며, 그 동작이 실행되는 동안에는 다른 동작을 동시에 행할 수 없다고 하였다. 밥을 삼키면서 말을 할 수 없는 것과 같다. 이 두 동작은 같은 부위의 근육을 사용하고 있기 때문이다. 운전을 하면서 말을 할 수 있는 것은 동작간 사용 부위가 다르기 때문에 가능하다.

골프 스윙의 경우 백스윙 톱의 전후 시점은 바로 이 돌아올 수 없는 선이 된다. 이 선을 넘어서 실행되는 스윙은 우리가 의식할 수도 없고, 통제할 수도 없는 부분이다. 벤 호건은 이런 현상을 직시하여, "다운스윙은 레슨이 필요하지 않은 부분이다."라고 언급한 바 있다. 그럼에도 불구하고 이 부분에 대한 많은 스윙 키가 돌아다니고 있다. 흔한 예를 들어 보자.

"오른쪽 팔꿈치를 옆구리에 밀착시켜라."
"다운스윙 시 오른쪽 무릎을 왼쪽으로 붙여라."
"임팩트 시 오른손을 사용하라."
"임팩트 시 오른팔을 뻗어 주어라."

위의 예들은 다운스윙 때의 동작을 대상으로 하는 오류를 범하고 있으며, 동시에 인체의 특정 부위를 대상으로 하고 있으므로 이중 오류에 해당한다.

다운스윙은 0.2초 내지 0.25초가 소요되는데, 이 시간은 뇌가 다른 동작을 지시하는 데 필요한 최소기간이라고 한다. 그러므로 다운스윙이 진행되는 동안에는 다른 동작이 이루어질 수 없는 기간이다. 예컨대 임팩트 시 오른손을 사용하기 위해서는 다운스윙 중에는 실현될 수 없으므로 다운스윙 전에, 즉 백스윙 이전부터 미리 생각하고 있어야 한다. 이 경우 다운스윙 시에 오른손을 사용한다는 것은 이미 실행되어 진행되고 있는 스윙에서 오른손의 역할과 중복될 것이므로, 동작간 간섭이 발생하거나 오른손이나 오른팔에 힘이 들어가 경직될 것이다. 하체가 아닌 손이 먼저 움직인다.

그렇다면 이러한 스윙 키는 왜, 어떻게 나왔을까? 다운스윙은 우리가 의식하지 못하는 동작이지만, 임팩트가 일어나면 그 충격이 샤프트를 따라 손에 전해지고 이 감각이 뇌에 전달되어 임팩트가 일어났음을 감지하게 되는데, 임팩트 후에 발생하는 오른손 충격을 임팩트 시 오른손을 사용한 것으로 착각하고 있는 것이다. 오른손에 충격이 느껴지는 순간에는, 이미 볼은 저 멀리 날아가고 있을 것이다.

"임팩트 시 오른팔을 뻗어 주어라."도 오른손을 사용하라는 것과 같은 이유로 잘못된 스윙 키다. 상당수의 골퍼들이 임팩트 후 폴로스루까지도 오른팔을 뻗고 있는 경우를 볼 수 있는데, 폴로스루는 클럽 헤드의 원심력에 의하여 팔이 펴지는 현상이다. 그래서 팔에 힘이 들어가 있지 않으면, 펴졌던 팔은 자연스럽게 다시 접혀야 한다. 의식

그림 ⑭-1

제14장 · 스윙 키(swing key, swing thought)

적으로 뻗은 팔은 다른 인체 부위의 움직임을 방해하므로, 자연스런 폴로스루가 이루어지지 않을 것이다.

골프 스윙은 테이크어웨이가 리드한다고 하였다. 테이크어웨이가 잘 되면 스윙의 나머지 부분은 인체의 자연스런 회전과 클럽헤드의 원심력에 의하여 정상 궤도를 만들어 가기 때문이다. 그러므로 테이크어웨이와 관련된 스윙 키는 스윙을 직접 이끌어낼 확률이 크다고 할 수 있다.

"테이크어웨이 시 클럽헤드를 매우 천천히 시동하라."가 권장할 만한 대표적인 스윙 키이다.

"골퍼들은 누구나 약점이나 결점이 있게 마련인데, 특히 심리적인 압박감이 더해졌을 때 약점이나 결점이 쉽게 나타난다는 사실입니다. 스윙 키는 이를 극복할 수 있는 좋은 방법입니다. 나의 경우는 클럽을 볼로부터 천천히 뺀다고 생각했을 때, 주의집중이 잘 되고 스윙 페이스를 유지하는 데 도움이 많이 되었습니다."(러스 코크란)

3) 인체의 특정 부위의 동작을 강요하는 것은 바람직하지 않다

인체의 특정 부위의 움직임이나 고정을 강요하는 스윙 키는 특정 부위를 경직시키고 결과적으로 인체의 자연스런 움직임을 방해할 소지가 많기 때문이다.

골프 스윙은 인체의 각 부위가 순서에 따라 연쇄적으로 반응했을 때 자연스런 스윙 동작과 파워가 산출되는데, 인체의 특정 부위를 강조하게 되면 그 부분에 의식이 집중되므로 긴장이 발생한다. 이 긴장된 특정 부위는 자연스런 연쇄 반응을 당연히 방해할 것이다.

"머리를 고정시켜라."
"어깨가 턱을 지나치도록 하라."
"왼팔을 곧게 펴라."
"오른손을 사용하라."

"그립을 잡은 양팔이 삼각형을 유지하라."
"다운스윙 시 왼손으로 그립을 당겨라."

이러한 스윙 키들이 무조건 잘못되었다는 것은 아니다. 잘 이해하면 많은 도움이 되기도 한다. 즉, 스윙 키라는 것은 왜 그런 스윙 키를 사용해야 하는가에 대한 원리적 이해가 선행된다면 '약'이요, 영문도 모른 채 스윙 키 자체에만 매달리면 '독'이 될 수도 있는 것이다.

예컨대 바비 존스의 스윙 키인, "어깨가 턱을 지나치도록 하라."는 어드레스 자세에서 턱이 약간 들려 있고, 상체와 팔의 회전이 제대로 이루어지면 자연스럽게 나타나는 결과적 현상인데, 이를 잘못 이해하여 어깨를 턱 밑으로 들이밀면 오른쪽 어깨가 들려서 몸통의 꼬임이 이루어지지 않을 것이다.

4) 느낌을 주지 못하는 막연한 내용은 지양되어야 한다

골프 스윙은 느낌(feeling)으로 한다는 말이 있다. 느낌이라는 것은 어떤 동작이나 물체를 경험함으로써 그 감각이 뇌에 기억되어 있다는 의미이다. 샘 스니드는 그립의 세기는 "그립을 작은 새를 잡듯이 하라."고 하였다. 그러나 작은 새를 잡아 보지 않은 사람은 그 감각을 알지 못할 것이므로, 그립을 어떻게 잡아야 할지 막연한 경우가 생길 수 있을 것이다.

"다운스윙 시 왼쪽에 벽을 쌓아라."
"체중을 이동시켜라."
"오른쪽 사이드를 폭발시켜라."

이들 예에서 사용되고 있는, '벽', '체중', '오른쪽 사이드'는 막연한 표현이다. 우리 뇌에 이들에 대한 개념이 서 있지 않으면 동작으로 연결되기 어려울 것이다.

3 프로 선수들의 스윙 키

독자 여러분들이 자신의 스윙 키를 만드는 데 참고할 수 있는 프로 선수들의 스윙 키 몇 개를 소개하고자 한다.

■ **상체가 몸의 회전을 조절하도록 한다.**(톰 퍼처)

"백스윙 시에는 나의 벨트 버클을 오른쪽으로 회전시키고, 다운스윙 시에는 벨트 버클을 타깃 방향으로 회전시킨다는 생각에 주의를 집중하면, 스윙의 타이밍과 페이스가 잘 맞습니다. 스윙 페이스를 팔로 조절하다 보면 스윙이 매우 빨라지는 경향이 있는데, 나의 경우에는 상체의 회전에 초점을 맞추면 일관되게 좋은 템포로 스윙을 할 수 있습니다."

그림 ⑭-2

- **'하나-둘-셋'을 생각하라.** (에이미 앨코트)

"일찍이 나는 심리적 부담하에서는 스윙 메커니즘보다는 템포에 주의를 집중함으로써 플레이가 잘 된다는 것을 배웠습니다. 좋은 템포를 유지하기 위한 나의 비결은, 하나-둘-셋에 맞추어 스윙을 가져가는 것입니다. 나는 옛날부터 샘 스니드의 스윙을 부러워해 왔는데, 그의 스윙은 항상 하나-둘-셋에 따라 이루어지는 것 같았습니다."

그림 ⑭-3

- 천천히 생각하라, 천천히 움직여라, 천천히 스윙하라. (마이크 레이드)
- 프리샷 루틴을 유지하라. (스티브 페이트)
- 머리를 볼 뒤에 유지시켜라. (린 코넬리)
- 팔을 자연스럽게 늘어뜨려서 긴장을 해소하라. (데비 매씨)

- 팔과 어깨의 삼각형을 유지하라.(돈 폴리)
- 모든 샷에 하나 – 둘을 생각하라.(휴버트 그린)
- 어깨로 스윙을 시동하라.(에드 스니드)
- 클럽을 타깃 라인에 따라 직선으로 빼준다.(톰 카이트)

이상과 같이 프로 선수들의 스윙 키는 가지각색이며, 어떤 때는 상반되는 경우도 있다. 이는 모든 골퍼들의 스윙이 같지 않다는 말과 일맥상통한다. 다시 강조하지만 스윙 키는 자신의 고유한 스윙의 일부이므로 자신에게 적합한 것을 선택하여야 하며, 일단 선택된 스윙 키는 습관화되도록 반복연습하는 것이 중요하다.

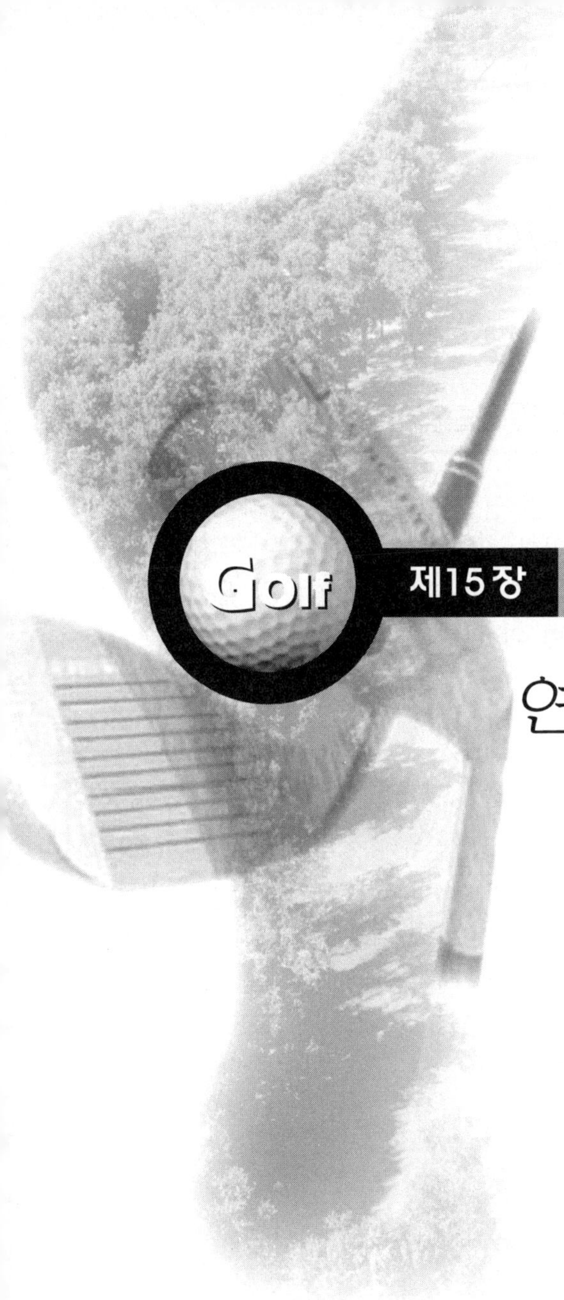

제15장 연습 심리학

제15장

연습 심리학

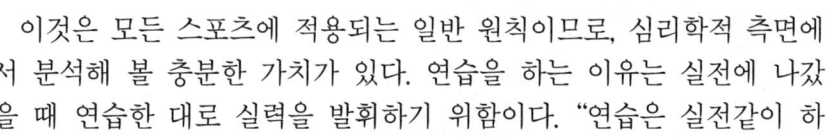

 연습은 실전같이, 실전은 연습같이

이것은 모든 스포츠에 적용되는 일반 원칙이므로, 심리학적 측면에서 분석해 볼 충분한 가치가 있다. 연습을 하는 이유는 실전에 나갔을 때 연습한 대로 실력을 발휘하기 위함이다. "연습은 실전같이 하라."고 했으므로, 먼저 '실전같이'의 의미를 파악해 보기로 하자.

1) 실전과 같은 주의집중

어떤 동작이나 기술을 수행하는 데 있어 가장 중요한 심리적 요소는 주의집중이다. 어떤 대상에 대하여 주의가 집중되어 있으면 학습과 수행력이 향상된다는 것은 심리학의 기본이다. 주의집중이 잘 안 되면 그 동작이나 기술의 수행이 방해를 받는다는 사실을 뇌와 신경계의 구조에서 본 바와 같다. 기존 동작을 연습하거나 새로운 기술을 학습하기 위해서는 항상 주의집중이 필요한 것이다. 그러므로 "연습은 실전같이 하라."는 말은 연습 시 주의를 집중해야 한다는 의미이다. "연습은 곧 실전이다."란 말은 심리학적 관점에서 보면 지극히 당연한 귀결이다.

연습은 실전이라는 말을 실감나게 해 주는 예는 양궁이나 사격일 것이다. 양궁선수나 사격선수들의 연습은 실전과 같은, 아니 그 이상의 집중이 필요하다. 실전에서는 관중, 성적에 대한 기대, 실패에 대한 두려움 등 주의를 분산시키는 요인들이 많아서 연습 때와 같은 주의집중이 어렵다는 사실을 알기 때문이다. 골프도 물론 타깃에 대한 주의집중이 연습의 핵심이 되어야 한다. 타깃 없이 볼을 치는 것은 바스켓 없는 농구요, 과녁판 없는 사격이다. 골프 스윙은 볼을 타깃으로 정확히 보내는 운동이므로, 스윙 자체보다는 타깃을 보고 스윙을 하는 연습이 더 중요하다.

연습 때 타깃에 대한 주의집중 훈련이 되어 있지 않은 상태에서 코스에 나가면 타깃을 설정하고 거기에 주의를 집중한다는 것 자체가 새로운 작업이 된다. 할 일이 많은데 익숙하지 않은 작업이 추가되므로, 우리 뇌는 혼란스럽게 될 것이다.

그리고 골프에서의 주의집중은 바로 타깃에 대한 주의집중이며, 이는 30초 스윙 패키지를 통하여 용이하게 달성할 수 있다고 하였다. 연습 시에 30초 스윙 패키지의 내용에 따라 매 샷에 대하여 주의를 기울여야 한다. 한 개의 볼이라도 더 치는 것이 급한 주말골퍼에게는 가슴에 와닿지 않는 얘기일 것이다. 그러나 30초 스윙 패키지는 실전 라운딩에서 반드시 수행되어야 하므로, 연습을 통하여 숙달시켜야 한다. 숙달되지 않은 어설픈 행동은 오히려 심리적 간섭으로 작용할 것이므로 샷 능력을 저하시킨다. 30초 스윙 패키지는 연습장이 아닌 방이나 사무실 또는 심상을 통하여 잠자리에서도 연습할 수 있으므로 시간 나는 대로 익혀 두는 것이 좋다.

2) 실전에서의 심리적 부담

실전에서는 긴장감, 실패에 대한 불안감 등의 심리적 부담이 수반된다는 점에서 연습 상황과는 다르다. 주의집중 훈련은 이미 연습 과정을 통해 되어 있는 상태이므로, 연습 때와 같이 심리적 부담 없이 경기에 임하라는 뜻으로 해석할 수 있다.

연습이라는 것은 신경회로망적 접근에서 볼 때, 기존의 신경회로망 연결을 더욱 강화시켜 기술을 자동화 단계로 끌어올리거나 새로운 기술에 대한 신경회로망을 구축하는 일에 다름 아니다. 따라서 실전에 임한다는 것은 이미 만들어진 신경회로망을 사용한다는 의미이므로, 그 이상의 능력을 발휘할 수는 없다고 하였다. 기존에 형성되어 있는 신경회로망이 현재의 능력 상태를 나타내는 것이다. 그러므로 실전에서는 심리적 간섭을 최소화하여 능력을 최대한 발휘할 수 있게 하는 것이 승리의 관건이 된다. 모든 운동경기에서 심리학이 중요하다는 것은 바로 이런 사실을 두고 하는 말이다.

예컨대 태권도 선수가 시합 당일에 그 동안 연습하지 않았던 이단 옆차기 기술을 발휘할 수는 없을 것이다. 어설픈 기술은 상대방의 반격을 허용하기 때문이다. 그 동안 갈고 닦은 주특기를 얼마나 잘 사용하여 상대를 제압하는가의 문제만 남아 있는 것이다. 강타자들이 상대 복서를 넉다운시키는 것도 자신의 주특기 – 혹이건 스트레이트이건 – 에 의하는 경우가 대부분이다.

상대방에 대한 두려움이나 관중들의 존재 등으로 인하여 정신적으로 위축되는 경우에는 그나마 열심히 갈고 닦은 장기를 써먹지 못하는 경우가 비일비재하다. 축구선수들의 슈팅 능력이나 패스 능력 등은 신경회로망이 강하게 형성되어 있기 때문에 어느 순간 그 능력이 저하되거나 없어지는 것이 아니다. 그러나 강팀을 만나면 자기의 평소 실력 이하로 플레이하는 경우를 종종 볼 수 있는데, 이런 현상은 심리적인 요인 이외의 다른 것으로는 설명되지 않는다.

실전에서 연습 때와 같이 심리적 긴장을 느끼지 않기 위해서는 연습 시 긴장감을 조성시켜 놓고 연습하는 방법이 효과적이다. 통상 어려운 상황이란 익숙하지 않은 상황을 말한다.

어려운 상황에서 반복적으로 연습하여 그런 상황에 익숙해지면, 긴장감이 상당 부분 해소될 것이다. 골프의 메커니즘이 아닌 느낌을 강조하는 교수법으로 유명한 밥 토스키는 실제 그린 주변으로 가서 볼을 여기 저기 던져놓는 방법으로 쇼트 게임의 감각을 느끼도록 훈련시킨다. 어려운 라이를 골라서 연습하도록 한다. 이는 심리적 부담

속에서 자신감을 갖게 해 주는 좋은 방법이다.

심리적 부담이 많은 쇼트 게임 – 치핑, 피칭, 퍼팅 – 은 심리적 부담을 느끼는 상황을 만들어 놓고 연습하는 것이 매우 유용한 방법이다. 예컨대 그린 주변에서의 치핑 연습은 2개를 홀인할 때까지 계속하는 식이다. 매번 2개씩 홀인시키므로 치핑은 홀에 붙이거나 우연히 들어갈 수 있는 것이 아니고, 홀에 넣는 것이란 생각을 갖게 한다. 홀인되는 것을 반복하여 목격함으로써 믿게 된다(see it, believe it). 하루에 칩 샷을 2개씩 넣는다면 훌륭한 쇼트 게임 플레이어란 자신감을 고취시켜 줄 것이다.

연습벌레로 알려진 게리 플레이어는 벙커 샷을 연습하되, 목표로 한 홀인 숫자를 채울 때까지 벙커에서 나오지 않았다고 한다. 이런 연습은 그를 최고의 벙커 샷 전문가로 만들어 주었다. 그렉 노먼은 홀을 중심으로 1피트, 2프트, 3피트 지점 사방에 볼을 놓고 퍼팅을 하였는데, 모두 성공시키면 거리를 1피트씩 늘려갔다. 볼이 하나라도 안 들어가면 처음부터 다시 시작하여야 한다. 노먼의 전성기 시절에는 6피트 거리의 퍼팅을 모두 성공시켰다고 한다. 이런 연습은 의도적으로 심리적 부담감을 조성함으로써, 실전에 대비하는 방법들이다.

3) 실제와 같은 상황

실제와 같지 않은 상황은 심리적 부담감을 가중시켜 수행력을 저하시킨다.

인간은 본능적으로 익숙하지 않은 것과 만나면 몸과 마음이 긴장하게 된다. 맞선을 본다거나 중요한 거래의 상대방을 처음 대면하는 경우 다소 긴장하게 마련이다. 시골에서 처음 서울 구경을 온 사람들도 새로운 환경에 긴장한다. 초보 운전자가 핸들을 꽉 잡는 것처럼 골프 클럽을 처음 잡는 사람도 그립을 아주 세게 잡는다. 점차 익숙해지면서 그립의 압력도 줄어들기 시작한다. 이러한 긴장감은 몸을 위축시키고, 마음을 불안하게 하므로 수행력을 저하시킨다. 익숙하지 않은 것은 우리에게 학습하는 기회를 만들어 주긴 하지만, 경기장에 나와서 새로운 것을 학습해야 한다면 그만큼 생각해야 할 일들이 많아지기 때문에 경기 수행력은 떨어질 수밖에 없는 것이다.

축구나 농구에서 홈 그라운드의 이점은 흔히 우리가 말하는 것처럼 심판에 의한 이점이나 관중효과에 의한 이점으로 해석하는 경향이 있는데, 다른 심리적 측면으로는 익숙한 환경이 선수들의 마음을 편하게 해 준다는 점이다. 그럼으로써 심리적 간섭 없이 가지고 있는 실력을 최대한 발휘할 수 있는 것이다.

미국의 올림픽 위원회는 올림픽이 개최되는 도시의 종목별 경기장의 모습, 예컨대 사격장의 경우 사격장의 구조나 주변 환경 등을 사전에 조사하여 그와 유사하게 연습장 조건을 만들어 준다고 한다. 선수들이 그 환경에 익숙하게 적응함으로써, 실전에 이르러 변화된 환경에 당황하지 않도록 하는 것이다.

농구경기에서 박빙의 리드를 유지하고 있는 상황에서 마지막 30초는 게임의 승패를 결정하는 중요한 시점이 된다. 따라서 선수들은 많은 심리적 압박감을 갖게 된다. 코치들은 심리적 스트레스를 극복하기 위한 수단으로 연습조건을 실제 상황처럼 만들어 경험하게 한다. 시계를 타임아웃 30초 전에 맞추어 놓거나, 관중들의 함성을 녹음한 테이프를 크게 틀어주고 프리드로나 슛 연습을 하는 것이다. 이런 모의 연습은 실제 상황이 닥쳤을 때, 선수들이 당황하지 않고 침착하게 게임을 풀어갈 수 있도록 도와준다.

골프에서는 익숙하지 않은 코스에서 플레이할 때, 심리적으로 많은 부담감을 느끼며 실제로도 좋은 성적이 나오지 않는다. 새로운 환경에 적응하기 위하여 우리 뇌는 별도로 가동되어야 하기 때문이다. 이런 경우에는 자기에게 익숙한 코스를 상상하면서 플레이하는 것이 좋은 방법이 될 것이다. 자기에게 익숙한 코스는 언제나 마음을 편하게 해 주기 때문이다.

2 양(量)보다 질(質)

1) 목표 설정(goal setting)

대개의 주말골퍼들은 목적 없이 드라이버를 멀리 치는 것을 연습이라고 생각하는 경향이 있으며, 그것에 대해 만족해하는 것 같다. 본인이 만족한다면 그것으로 좋다고도 할 수 있다. 그러나 스코어를 줄이는 문제에 관한 한 전혀 도움이 되지 않는다. 좋은 체력운동은 될지언정 효과적인 연습은 아니다.

효과적인 연습이 이루어지기 위해서는 "내가 왜 연습을 하는가?"에 대한 뚜렷한 목표가 설정되어야 한다. 즉, 기술 향상에 대한 명확한 의지가 있어야 한다. 예컨대 '글씨 쓰기'는 수십 년이 지나도 그다지 좋아지지 않는데, 그것은 글씨를 좀더 잘 써야겠다는 목표가 없기 때문이다.

목표 설정을 하는 가장 중요한 이유는, 내가 지금 무엇을 하고 있는지 알고 있으면 그 과제에 자연스럽게 주의가 집중되기 때문이다. 주의가 집중되면 학습이 잘 된다는 사실은 누차 강조한 바 있다. 연습 목표는 코치와 함께 자신의 능력 범위를 감안하여 정하는 것이 좋다.

2) 질적인 연습(quality practice)

그러면 스코어를 줄이고 샷 능력을 향상시켜 줄 수 있는 질적인 연습이란 어떤 것인가? 한 마디로 '코스에서 하는 것처럼 연습하는 것'이다.

연습장에서 연습한 것은 그대로 실전 라운딩에서 써먹을 수 있어야 한다. 주말골퍼들은 연습장에서는 엄청나게 잘 맞는데 코스에 나가면 잘 안 된다는 말을 많이 한다. 첫째 이유는 지금까지 설명해 온 바와 같이, 익숙하지 않은 환경조건에 의한 심리적 간섭과 이로 인한 주의 분산 때문이다. 둘째 이유는 코스에서 하듯이 연습을 하지 않았기 때문이다. 여기에서는 두 번째 이유에 대해서 설명한다.

ⓐ 기술을 다양하게 연습하라

코스에서는 보통 어떤 일이 발생하는가? 모든 샷은 매번 다른 조건 — 라이의 경사도, 벙커, 러프, 낙엽 위 등 — 하에서 이루어진다. 상황이 이러한데, 보통 아마추어 골퍼들은 연습장에서 어떻게 연습하는가? 대개 동일한 클럽으로, 동일한 타깃을 두고, 동일한 라이에서, 동일한 구질의 샷을 20~30개씩 때려낸다. 이러한 일은 코스에서는 절대로 발생하지 않을 것이다.

그럼에도 불구하고 왜 이런 식으로 연습할까? 반복적인 연습을 통하여 스윙을 갈고 그 클럽에 대한 자신감을 갖기 위함이라고 생각할 수 있다. 이런 식의 집중적인 연습은 '연습을 위한 연습'이지 '실전을 위한 연습'은 아니다. 코스에서의 적응력 면에서는 효과적이지 않다.

제한된 연습시간에 많은 기술을 습득해야 하는 골퍼로서는 어떤 연습 방법이 효과적일까? 이에는 분단연습(分斷練習, blocked practice)과 무선연습(無選練習, random practice)이 있다. 이를 골프에 적용해 보면, 분단연습은 롱 게임이 숙달될 때까지 연습하는 것이며, 무선연습은 롱 게임, 피칭, 치핑 등의 다양한 기술을 클럽을 바꾸어 가면서 골고루 연습하는 방법이다. 직감적으로는 분단연습이 옳은 것 같으나, 장기적으로는 무선연습이 효과적이다. 단, 무선연습은 하나의 기술을 집중적으로 연습하는 분단연습에 비해 학습이 더딜 것이다. 그러므로 초보자는 일단 분단연습을 통해 기술을 하나하나 마스터해 나가다가 기술이 향상됨에 따라 무선연습의 비중을 높여 가는 것이 바람직할 것이다.

여기에서는 기술 향상이 더딘 무선연습이 어떻게 더 많은 학습효과를 산출할 수 있을까에 대해서 알아보기로 하자.

첫째는, 드라이버 하나의 기술만을 연습하면 이미 활성화되어 있는 기억을 계속하여 이용하게 되므로, 기술에 대한 집중의 정도가 약해도 될 것이다. 반면에 여러 개의 기술을 번갈아 사용하게 되면 그때마다 새로운 기술을 접해야 하므로, 우리 뇌는 계속적으로 가동되어 각 기술들에 대한 기억을 되살려야 할 것이다. 이런 반복 과정을 거치면서 각 기술에 대한 기억이 명확하게 세분화될 것이다. 이는 코스의 다양한 상황에서 적절한 동작을 쉽게 이끌어낼 수 있도록 해 준다.

둘째는, 하나의 스윙을 어떻게 볼 것인가의 문제이다. 하나의 스윙은 '타깃 설정+셋업+스윙'으로 이해해야 한다. 어드레스 자세를 취하고 스윙하는 것을 하나의 스윙으로 본다면, 그것은 스윙의 반쪽만 연습하는 것이다. 이러한 반쪽 스윙으로 필드에 나가기 때문에 생각한 것보다 좋은 결과를 얻을 수 없는 것이다. 그러나 무선연습은 매번 클럽을 바꾸어야 하므로, 하나의 스윙 전체를 연습하게 될 것이다.
즉, 매번 타깃을 변경함으로써 타깃을 설정하는 작업에 익숙해지고, 셋업과 신체 정렬을 자동적으로 연습하는 효과가 있다.

B 다양한 상황에서 연습하라

예컨대 드라이버를 칠 때, 전방에 계곡이나 연못이 있다고 생각하는 식이다. 아이언의 경우는 반드시 타깃을 정하고 그 타깃으로 볼을 보낸다고 생각한다. 쇼트 게임에서는 벙커를 넘겨 핀에 붙인다고 가상한다. 칩 샷을 할 때는 전방에 있는 볼이나 특정 표시를 홀이라고 생각한다. 이러한 연습은 연습의 흥미를 증대시키는 한편, 자신도 모르는 사이에 심상 기술과 주의 집중력을 향상시켜 준다. 최소의 연습으로 최대의 효과를 보는 방법이다.

"단순히 볼을 맹목적으로 치기보다는 하나하나의 볼이 실제 라운 딩에서의 샷이라고 생각하라. 실제 코스 상황을 상상하라. 핀의 위치나 그린 주위 벙커가 어디에 있으며…"(낸시 로페즈)

ⓒ 프리샷 루틴을 사용하라

프리샷 루틴은 골프 심리학의 모든 것을 함축하고 있다. 극단적으로 '골프 심리학=프리샷 루틴'이라고 해도 좋을 것이다. 매 샷마다 프리샷 루틴을 실시함으로써 프리샷 루틴을 완전 자동화시켜 놓아야 한다. 그러나 일관성이 결여된 어설픈 프리샷 루틴은 심리적 부담이 될 수도 있다.

3 어떻게 연습하나?

1) 연습방법에 대한 몇 가지 가이드

Ⓐ 먼저 스윙 템포를 잡아야 한다

경기 전, 프로들은 일정한 패턴에 따라 연습을 한다. 보통은 웨지로부터 시작하여 드라이버까지 연습한 후 다시 웨지로 내려온다. 쇼트 아이언은 스윙을 서두를 수 없으므로, 스윙 템포를 조정하는 데 매우 유용하다. 반드시 쇼트 아이언으로 마무리하여 스윙 템포를 올바르게 유지하는 것이 바람직하다. 볼이 잘 맞지 않는다는 것은 많은 경우 스윙 템포에 문제가 있는 경우이므로, 메커니즘을 생각하지 말고 쇼트 아이언으로 내려서 연습하면 의외로 쉽게 해결된다. 스윙 템포는 스윙의 핵심요소이기 때문이다.

아마추어 골퍼들은 몸을 풀기 위해 드라이버를 많이 이용하는데, 이는 스윙 템포를 빠르게 하는 경향이 있으므로 유의하여야 한다. 클럽을 두 개 포개어 휘두르면 클럽 무게 때문에 빠르게 스윙하지 못하므로 템포에도 적응하고 몸을 풀 수 있는 일석이조의 효과가 있다.

ⓑ 연습시간의 배분

평상시 연습할 때, 몇 가지 유념할 사항들이 있다. 먼저 클럽별 연습시간의 배분이다. 기본적으로 200m의 드라이버나 1m의 퍼팅이나 샷의 가치는 동일하게 1타이므로, 실전에서 많이 사용하는 클럽 순으로 시간을 할애하는 것이 합리적이다. 그런 경우 쇼트 게임 비중은 60%이상이 되어야 한다.

드라이버는 절대로 5%를 넘지 않도록 한다. 실전에서 드라이버의 사용 횟수는 라운드당 파3홀을 제외한 모든 홀에서 드라이버를 잡는다 해도 14회가 최대이며, 그것도 한 홀을 마치기까지 일정한 시간이 경과한 후에 드라이버를 다시 잡게 된다. 반면 연습장에서는 보통 20~30개 이상의 드라이버를 일시에 다 쳐 버린다. 몸이 안 풀렸거나 컨디션이 안 좋은 날은 20~30개의 드라이버가 추가될 것이다. 코스에서의 상황과는 완전히 다르다. 질적인 연습방법이 아니다. 드라이버는 한번에 5개 정도씩 치되 일정한 간격을 두고 반복하는 것이 바람직하다. 반드시 프리샷 루틴을 통하여 주의를 집중하고, 신중하게 한샷 한샷 연습하는 것이 바람직하다. 그리고 매일 조금씩 연습하는 것이 좋다.

드라이버가 잘 맞다가 그 중 하나라도 슬라이스가 나면 스윙에 의심을 갖게 된다. 의심은 몸과 마음을 경직되게 하므로 슬라이스가 반복되기 쉽다. 반복된 슬라이스 경험은 뇌에 축적되어 강하게 기억될 것이다. 그래서 드라이버에 자신이 없는 사람이 되고 만다. 드라이버는 다루기 힘든 클럽이므로 성공한 샷에 대해서만 주의를 기울여 기억하는 습관이 중요하다.

그리고 신체 상태가 좋지 않을 때는 연습을 하지 말아야 한다. 예컨대 왼쪽 다리를 다치면 오른쪽 다리를 주로 사용할 수밖에 없는 것처럼, 왼쪽 팔꿈치나 어깨에 무리가 생긴 경우에는 자기도 모르는 사이에 오른손이나 팔을 이용하게 되므로, 오른손과 팔의 신경회로가 강화된다. 좋지 않은 습관이 배일 수 있다.

ⓒ 연습의 선택과 집중

아직 보기 수준에 이르지 못한 주말골퍼라면 3번 및 4번 아이언은 아예 백에서 빼는 것이 좋다고 생각한다.

쇼트 게임의 대가인 데이브 펠츠는 자신의 친한 친구이자 프로인 톰 카이트, 톰 젠킨스, 짐 시몬스 등 6명을 불러놓고 3번 아이언이 스코어에 미치는 영향에 대하여 조사한 결과를 얘기해 주었다. 요점은 3번 아이언 거리를 두고 5번 아이언으로 샷한 다음 쇼트 게임으로 핀에 붙여 파를 세이브하는 것이 평균점수를 낮추어 준다는 실험결과였다. 평소 데이브 펠츠의 조사결과를 100% 신뢰하고 있던 친구들은 좋은 아이디어라며 한번 실행해 보겠노라며 그 자리를 떠났다.

그러나 명색이 PGA 프로인데 3번 아이언을 젖혀두고 5번 아이언을 사용한다는 것은 프로로서의 자존심과 명예에 관한 일일 것이다. 애초부터 기대하기 어려운 주문이었을 것이리라. 그 중 이를 실천한 사람은 쇼트 게임의 귀재로 알려진 톰 카이트로서 아직도 역대 상금 리스트 상위 수준을 유지하고 있다. 3번 아이언을 치지 말라는 것이 아니고 쇼트 게임의 중요성을 깨달아야 한다는 사례이다. 스코어 향상을 원하는 아마추어 골퍼라면 심각하게 고려할 만한 문제라고 생각한다.

코스에서 골퍼들은 두 가지 종류의 착오를 하는 것 같다. 프로 선수는 능력이 되는데 안 된다고 생각하는 것이며, 아마추어 골퍼는 능력이 안 되는데 능력이 있다고 착각하는 경우이다. 데이브 펠츠에 의하면 미국 PGA 투어 선수들의 샷 오차율은 평균 7% 이내라고 한다. 200m 샷의 경우 최대 오차는 좌우상하로 28m가 되는 셈이다. 그린이 작은 경우에는 7% 이내의 오차라도 그린 주변의 프린지나 러프에 떨어질 수가 있는데, 이런 경우 프로들은 자신의 샷에 대해 불만족해하며 불신하게 된다.

스스로 자신감을 깎아내리는 오류를 범하고 있는 것이다. 반면 아마추어 골퍼들은 남은 거리가 170m 이상일 때 3번 아이언을 잡게 되는데, 사실 3번 아이언을 제대로 쳐서 온그린시킬 확률은 0%에 가깝다고 보아야 할 것이다. 원시적으로 불가능한 일이었음에도 불구하고 온그린이 안 되면 열받아 한다. 그후 3번 아이언을 열심히 연습하지만 결과는 전과 다르지 않다. 아마추어 골퍼들은 단순히 롱 게임에 할애하는 시간과 쇼트 게임에 투자하는 시간 비율만 바꾸어도 당장 5타 이상의 스코어를 줄일 수 있다고 생각한다. 쇼트 게임은 투자한 만큼의 효과가 금방 나타나므로 수지가 맞는 연습이다. 타깃에 겨냥한 대로 짝짝 달라붙는 쇼트 게임의 묘미에 한번 빠지면 골프의 즐거움이 배가 된다.

2) 연습 모드(practice mode)와 신뢰 모드(trusting mode)

연습을 하는 동안에는 연습 목적상 부득이 스윙 메커니즘이나 기타 여러 가지 기술적인 분석을 해야 하므로, 연습 모드에서 연습을 하게 된다. 그것 자체는 문제가 없다고 생각한다. 그리고 코스에 나가면 당연히 신뢰 모드에서 플레이를 해야 한다. 그러나 연습시간 전체를 연습 모드에 할당하면 뇌가 메커니즘 위주로 흘러갈 위험이 있기 때문에, 연습시간의 50% 이상은 신뢰 모드에서 연습을 해야 한다. 그 이유는?

'신뢰 모드'란 자기 자신의 샷을 믿는 것을 말한다. 완벽주의자 벤 호건도 "완벽한 스윙은 없으며, 다만 그를 위하여 끊임없이 노력할 뿐."이라고 하였다. 보통의 골퍼들에게 완벽한 스윙을 기대할 수는 없을 것이다. 그러므로 자신의 스윙을 믿는다고 하는 것은 현재 수준의 스윙을 믿는다는 의미이다. 연습 모드에서는 스윙에 대한 잘잘못을 판단해야 하므로 자칫 우리의 마음이 부정적으로 흐를 수가 있으나, 신뢰 모드에서는 자신의 스윙을 믿는 긍정적인 상태를 유지하므로 다른 심리적 간섭이 발생하지 않는다. 심리적 간섭이 없다는 것은 주의가 집중된다는 의미이므로, 학습이 잘 일어난다.

어떤 사람에 대해서 부정적인 인상을 갖고 있으면 그 사람의 말을 믿지 못하는 것처럼, 우리의 마음이 부정적으로 흐르면 우리는 아무 것도 배울 수 없게 된다. 스윙 메커니즘이 스윙을 향상시킬 수 있는 기본 가이드가 되는 것은 틀림없는 사실이지만 그에 대한 의존도가 높을수록 심리적 간섭이 많아지므로, 스윙을 배우기가 어려워지는 것이다.

우리 어른들의 착각은 스윙 기술을 분석함으로써, 올바른 스윙을 만들어갈 수 있다는 것이다. 그렇다면 분석능력이 부족한 어린이들은 스윙을 더디 배우거나 잘 치지 못해야 할 것이다.
그러나 실제적으로 어린이들은 어른에 비해 훨씬 빨리 스윙을 배우며, 스윙 폼도 매우 자연스럽다. 자연스런 스윙 동작을 어떻게 쉽게 배울 수 있는 것일까? 어린이들은 분석을 하지 않기 때문이다. 우리 인간은 자연적인 학습능력을 갖고 있는 것이다. 걷기처럼 분석하지 않아도 보고 행함으로써 자연스럽게 배울 수 있는 것이다.

결국 신뢰 모드는 코스에서는 수행력을 높여주며, 연습장에서는 인체의 학습능력을 향상시키는 연습방법이라고 할 수 있다.

4   스윙 메커니즘은 이제 그만

1) 스윙은 하나의 동작으로 자연스럽게 연습한다

많은 사람들은 연습기간 동안 스윙을 부분 동작 – 스윙 플레인, 엘보의 위치, 스윙 톱에서의 손목 위치, 머리 위치, 테이크어웨이 동작, 다운스윙 동작 등 – 으로 완전히 분해하고, 각 부분 동작 중 수정을 필요로 하는 부분을 마스터하려 한다. 그리고 나서 각 부분 동작을 결합하여 하나의 완전한 스윙으로 조립한다. 연습 후에는 완전히 스윙 메커니즘의 노예가 되어 버린다. 볼이 조금이라도 안 맞으면 바로 메커니즘 체크로 들어간다. 이런 잘못된 습관은 연습장과 코스를 가리지 않는다.

　TV나 전문잡지, 신문 등의 매체에서도 골프 레슨은 스윙 메커니즘 일색이다. 백스윙 톱에서는 이래야 하며 다운스윙은 이래야 한다 등등. 배우는 사람이나 가르치는 사람 모두 메커니즘을 당연한 것으로 받아들이며, 메커니즘을 언급하지 않으면 얘기가 되지 않는다. 고질적인 증상이다.

　우리는 공을 던지는 동작을 어떻게 배우는가? 반복적인 시행 과정을 거치면서 우리 인체(뇌)가 자연스럽게 배우는 것이다. 거기에 동작에 대한 메커니즘은 없다. 축구 볼을 찰 때, 왼발을 지면에 밀착시킨 상태에서 오른발을 뒤로 젖혀서 앞으로 내보낸다는 식으로 가르치지 않아도 나름대로 볼을 차낸다. 골프 스윙도 마찬가지이다. 클럽이란 도구를 사용하여 볼을 원하는 지점에 보내는 동작이다.

　골프 스윙을 분해 또는 조립한다는 발상은 어디에서 비롯된 것일까? 골프를 가르치는 사람들의 가장 큰 잘못 중의 하나는 골프 스윙을 여러 개의 부분 동작으로 갈기갈기 찢어놓았다는 사실이다. 골프를 가르치는 데는 그것이 편리했던 모양이다.
　현대인들의 뇌는 분석과 계산에 너무 익숙해져 있기 때문에 무엇이든지 분해하고 해석하려는 경향이 있다. 골프 스윙도 피해자 중의 하나이다. 골프 스윙은 인체 부위의 연속적인 반응으로써, 이를 분해할 실익이 거의 없는 동작이다. 각 부분 동작의 합이 하나의 골프 스윙이 아니기 때문이다. 골프 스윙은 하나의 동작이기 때문에 하나의 동작으로 배우고 가르쳐야 한다.

　야구 피처의 투구 동작도 하나의 동작이며, 농구선수의 중거리 슛도 하나의 동작이다. 이들 동작을 분해하여 가르치지 않는다. 골프 스윙도 하나의 동작이다. 골프 스윙은 하나의 동작(이미지)으로 우리 뇌와 신경회로에 기억되어 있다고 하였다. 골프 스윙의 메커니즘을 생각한다는 것은 이미 기억되어 있는 하나의 골프 스윙을 두고 두 갈래, 세 갈래로 생각하는 것과 같음을 상기할 필요가 있다. 그러므로 메커니즘을 생각하는 것은 골프 스윙을 방해하는 주요 요인으로 작용하는 것이다.

경기를 앞두고 연습 중인 샘 스니드에게 어느 기자가 다가가서 페이드 치는 법을 물어 보았다. 당대 최고의 볼 스트라이커인 스니드로부터 페이드에 대한 비법을 - 메커니즘 - 전수받기 위해서 메모장을 들고 잔뜩 기대하고 있는 기자에게 스니드는 대답해 주었다.
"그냥 머릿속으로 페이드를 생각하지요."
특히 경기 중에 메커니즘을 생각하면 곤란하다. 보통 아마추어 골퍼들은 첫 티 샷이 잘 안 되면 라운딩 내내 메커니즘을 생각하게 된다. 무너졌다가 한 샷이라도 잘 맞으면 다시 잡았다고 생각한다. 그러다가 다시 안 맞으면 무너졌다고 생각하여 메커니즘을 생각하기 시작한다. 무너졌다, 잡았다의 사이클이 반복된다. 라운딩이 아니라 비싼 연습장에 온 것과 같다.

2) 프로 골퍼들의 사례

잭 니클러스의 어느 토너먼트 첫 티 샷이었다. 드라이버 샷이 강한 훅이 걸리면서 아주 어려운 라이에 볼이 떨어졌다. 다행히 OB는 아니어서 세 번째 샷을 핀에 붙여 어렵게 파를 세이브했다. 두 번째 홀에서도 드라이버를 쳤는데 훅이 나고 말았다. 니클러스는 세 번째 홀부터는 3번 우드를 사용하였는데 평소대로 잘 맞았다. 이후 니클러스는 3번 우드로만 티 샷을 하였다. 그 코스는 상당히 긴 편이어서 긴 드라이버 샷이 절대적으로 필요하였으나 니클러스는 3번 홀 이후 드라이버는 거들떠보지도 않았다. 첫 라운드를 무난히 마친 니클러스는 바로 연습장으로 달려가 드라이버의 훅을 교정하였으며, 결국 니클러스는 이 경기에서 우승을 차지하게 된다.

이 사례는 경기 중 예기치 않게 샷이 난조를 보이는 경우 어떻게 대처해 나가야 할 것인가에 대한 몇 가지 중요한 교훈을 말해 주고 있다.

첫째는, 니클러스의 결단력이다. 드라이버에 대한 미련을 버리지 못하고 계속 드라이버를 고집함으로써, 자칫 망가질 수도 있었던 게임을 현명하게 대처하였다는 점이다.

둘째는, 자신감에 대한 문제이다. 경기 중 드라이버가 잘 안 맞게 되면 일시적으로 샷에 대한 자신감이 손상될 수가 있는데, 이런 가능성을 사전에 차단함으로써 자신감을 유지해 나갈 수 있었던 것이다. 경기 후 연습장으로 달려간 이유도 드라이버에 대한 메커니즘을 생각하기 위한 것이 아니고, 드라이버 샷에 대한 자신감을 회복하기 위한 연습인 것이다.

셋째는, 경기 중 드라이버가 왜 안 맞는지에 대한 메커니즘을 생각하게 되면 심리적 간섭이 발생한다는 사실을 니클러스는 잘 알고 있었다는 사실이다.

밥 트웨이는 1986년 메이저 대회인 PGA 챔피언십 대회에서 우승하면서 한때 유망주로 떠올랐던 선수였다. 이에 고무된 젊은 밥 트웨이는 조금만 더 잘하면 더 많은 우승을 할 수 있을 것 같은 기대감에 빠지고 말았다. 그러나 자신의 스윙 메커니즘을 다듬기 시작하면서 트웨이의 성적은 해가 갈수록 나빠지기 시작했다. 1995년 MCI 클래식에서 우승할 때까지 5년간 우승을 하지 못하였다. 우승 후 그는 그 동안 메커니즘 때문에 고생했던 일들을 다음과 같이 회상했다.

"좀더 잘해 보려고 스윙에 손을 대기 시작했는데, 그게 일을 악화시키고 말았습니다. 너무 오랫동안 헤매다 보니 도무지 스윙에 자신이 없었습니다. 자신감을 잃기 전에는 골프에서 자신감이 얼마나 중요한 것인지 몰랐습니다. 작년에야 비로소 나의 자연스런 스윙을 되찾았습니다. 그 전까지만 해도 여기저기 흩어져 있는 점을 순서에 따라 이어가면 동물의 형체가 나타나는 게임에서, 점을 다 이어놓으면 형체는 알 수 있지만 전체적으로 매끄러운 곡선이 만들어지지 않는 것처럼, 나의 팔다리는 로봇같이 부자연스럽게 움직였습니다. 더 이상 메커니즘에 대한 생각은 하지 않습니다. 단지 몸과 마음의 긴장을 풀고 자연스럽게 스윙하는 일만 남았죠. 나 자신 그 어느 때보다도 메커니즘이 아닌 감각에 의존하는 선수가 되었습니다."

PGA의 스타인 조니 밀러도 그 자신을 포함한 많은 투어 선수들이 메커니즘 때문에 망가지는 경우를 목격해 왔으며, 특히 비디오의 출현은 이런 현상을 부채질한 측면이 있었다고 생각했다.

"비디오는 잘못 사용하면 선수의 생명을 단축시킬 수가 있다고 봅니다. 자신의 스윙을 본 투어 선수 중 일부를 제외하고는, '내 스윙이 저렇게 엉망인 줄은 몰랐는걸.' 하면서, 곧바로 스윙 변경에 들어갔는데, 그때부터 문제가 발생하기 시작했지요. 나의 스윙 비디오를 본 주위의 사람들은 '자네는 클럽을 너무 많이 빼는 경향이 있고, 다운스윙 시 왼발이 들리는군.' 하면서 나의 스윙 문제를 지적하더군요. 그래서 나는 백스윙을 바꾸려고 애쓴 적이 있었습니다. 지금 다시 그런 얘기를 듣는다면 '이보게, 그건 나의 스윙이야. 자네가 상관할 일이 아니라구.'라고 일축해 버릴 것입니다. 내가 친 볼은 아름답게 날아가므로 나의 스윙은 분명 아름다울 것이라고 생각합니다.

골프의 비밀은 스윙에 있지 않습니다. 멘탈 게임과 쇼트 게임만 뒷받침된다면, 골프 스윙은 그다지 중요하지 않다고 봅니다. 스윙은 골프 게임의 일부에 불과하기 때문이죠. 프로 수준에서는 스코어를 잘 내는 것과 스윙은 별 관계가 없다고 확신합니다. 마음이 평화로우면 스코어는 저절로 잘 나오는 것입니다."

1988년 마스터스 우승자인 샌디 라일은 그 해 2회의 PGA 우승과 유러피언 투어 2승을 거둠으로써 생애 최고의 해를 보냈다. 이듬해 플레이어즈 챔피언십 당시 자신의 경기를 담은 비디오 테입을 보면서 자신의 스윙이 형편없다고 판단한 라일은 자신의 평생 스승이었던 부친을 떠나 이 선생 저 선생을 전전하였다.

그 결과 1989년 성적은 그의 데뷔 년도인 1977년 이후 최악으로 떨어졌으며, 급기야 1990년에는 PGA 상금 랭킹 175위라는 수모를 겪어야 했다. 라일은 결국 호주 스포츠 심리학자의 도움을 받아 스윙 메커니즘을 떨쳐 버리고 타깃에 집중할 수 있게 되었다. 1991년 유러피언 오픈 우승, 1992년 이탈리아 오픈, 볼보 마스터스에서 우승함으로써 메커니즘의 악령에서 벗어날 수가 있었다.

세베 바예스테로스는 스페인이 낳은 천재 골퍼라고 할 수 있다. 가난했던 어린시절 동네 골프장에서 캐디를 할 때, 손님이 버리고 간 3번 아이언 헤드를 줍게 되었다. 세베는 헤드에 나뭇가지를 끼워 사용하였으며, 자갈을 볼 대신 사용하면서 골프를 배우기 시작했다고 한다. 티 샷뿐 아니라 아이언 샷, 칩 샷, 심지어 벙커 샷도 3번 아이언 하나로 해결하였다. 자연히 세베의 샷 감각은 날이 갈수록 섬세해져, 훗날 창의적인 샷 메이커, 트러블 샷의 명수란 별명을 얻게 된다. 세베의 감각적인 샷은 20대 중반에 이미 여러 개의 메이저 대회를 우승할 정도로 독보적인 바가 있었다.

이렇듯 열악한 환경을 극복하고 위대한 골퍼로 성공한 세베에게도 마음 한 구석에는 열등의식이 자리잡고 있었다. 그것은 바로 장학금을 받으며 대학에 진학하고, 부모의 뒷바라지 속에서 유명한 프로로부터 코치를 받고 성장한 유복한 골퍼에 대한 일종의 시기심이었다. 그 대상은 바로 잭 니클러스였다. 그러나 그러한 좋은 환경 속에서 골프를 배웠다면 아마 지금의 반밖에 되지 않았을 것이라고 세베 스스로 밝힌 바 있다. 무슨 말인가 하면, 스스로 골프를 배운다는 것만큼 어렵고 힘든 일도 없지만, 그것이 성공하는 날에는 그 어떤 방법에 의하여 골프를 배우는 것보다 뛰어난 플레이어가 될 수 있다는 의미이다. 벤 호건과 리 트레비노가 그런 케이스였다.

그러나 독학에 의하여 이룩한 세베의 자연스런 스윙도 미국 투어에서 오랫동안 플레이를 하면서 녹이 슬기 시작하였다. 다른 미국 선수와 동화되면서 세베만이 가지고 있었던 감각적인 샷을 잃어버리고 있었던 것이다. 감각을 상실한, 즉 자신만의 독특한 스타일을 잃은 세베는 더 이상 과거의 세베가 아니었다. 천재의 생명은 짧다고 누가 말했던가. 동갑내기인 마크 오메라가 40세에 브티티시 오픈에서 우승할 당시, 세베는 예선 탈락이란 불명예를 안고 몰락하고 있었다.

3) 메커니즘이 아니라면 무엇을 연습하나?

스윙 메커니즘을 생각하지 않고 어떻게 스윙을 배울 수 있단 말인가? 걷기, 달리기, 던지기 등에서 보는 바와 같이 우리 인체는 선천적으로 배우는 능력을 갖고 태어난다. 우리 인체는 일반적인 운동능력을 갖고 있으며, 이를 통하여 무엇이든지 배울 수 있다. 골프 스윙도 마찬가지이다. 다만 특정 운동기술을 배운다는 것은 다른 운동기술과 구별된다는 의미에서의 특징적인 요소를 배우는 것이므로, 골프 스윙의 특징적인 요소를 배워야 할 것이다.

골프 스윙의 핵심적인 요소는 테이크어웨이, 백스윙 톱, 다운스윙 등과 각 신체 부위의 움직임이나 위치와 같은 메커니즘이 아니고 밸런스, 템포, 리듬이라고 하였다. 이들 핵심적인 요소들은 정확한 그립, 스탠스, 셋업, 정렬 등의 기본 자세를 통하여 실현되므로, 먼저 골프 스윙에서 배워야 할 것은 이러한 기본 자세이다. 그리고 골프는 현재 위치에 있는 볼을 특정 장소로 보내고자 하는 동작이므로 타깃을 정확히 설정하는 것이 중요하다. 또한 스윙과 관련된 일련의 동작을 항상 동일하게 실시함으로써 샷의 일관성을 보장받을 수 있다고 하였다. 톱 프로들도 스윙을 변경하는 경우가 아니면 시간이 나는 대로 기본 자세, 프리샷 루틴을 꾸준히 연습한다. 경험상 과연 무엇이 중요한가를 알고 있기 때문이다. 샷이 잘 안 될 때는 무조건 기본으로 돌아가자.

스윙을 배우는 과정에 있는 사람들은 메커니즘 없이 스윙을 어떻게 배워야 할 것인지 여전히 막연해할 것이다. 다음에서는 스윙을 배우는 지각기법에 대하여 알아보기로 하자.

5 지각(awareness)에 의한 연습

1) Can you feel it?

필자가 호주에서 골프를 배울 때, 호주 코치인 마크 깁슨이 볼이 잘 맞을 때마다 물어 보는 말이 있었다.

"Can you feel it?" 우리말로 하면, "당신은 방금 한 샷의 스윙 감을 느낄 수 있습니까?"였다.

그의 질문에 의하면 내가 뭔가 느꼈어야 했는가 보다. 스윙을 하고 나서 잘 맞았다는 느낌은 있었지만, 내가 어떻게 스윙을 해서 그렇게 되었는지는 알 수가 없었다. 그리고 무엇을 느껴야 하는 것인지에 대한 인식이 없었기 때문에, 그냥 "yes." 하고는 우물쭈물 넘어가 버렸던 기억이 있다. 그 이후에도 "Can you feel it?"이라는 말을 여러 번 들었지만, 여전히 내가 무엇을 어떻게 느껴야 하는 것인지 알 수 없었다. 아니 "Can you feel it?" 자체의 의미를 알 수 없었다.

대개의 호주 코치들은 메커니즘에 대해서는 거의 언급을 하지 않는다. 한국에서 골프를 듣고 배운 나로서는 메커니즘에 대해 설명을 해 주지 않아 매우 답답했던 기억이 있다. 스윙 플레인이나 백스윙 톱에서 팔의 위치가 정확한지 등에 대해서 일언반구 지적을 하지 않았다. 기억에 남는 것은 어드레스에서 상체를 약간 오른쪽으로 기울이라는 것이었는데, 레슨 때는 그 자세만 교정해 주었다.

지금 와서 생각해 보니 그것은 메커니즘이 아닌 경험과 느낌에 의한 스윙 교육이 아니었나 하는 생각이 든다. 아쉬움이 있다면 "무엇을 느껴야 하는가?"에 대한 구체적인 설명이 부족하였다는 것이다. 실제 그들의 교육방법은 타인이 아닌 '스스로에 의한 깨달음, 느낌'을 중시하는 것 같았다. 다른 모든 교육이 그러하듯이 골프도 스스로 깨닫지 못한다거나 스스로 느낌을 갖지 못하면, 아무리 좋은 선생이라도 무용지물이 되는 것이다. 그러므로 코치의 역할은 단순히 스윙 기술에 대한 지식을 전달해 주고 주입시키는 것이 아니라 학생 스스로 느낌을 가질 수 있도록 안내해 주는 것이어야 한다.

여기에서는 경험과 느낌에 의한 교육방법에 대해 얘기하고자 하는 바,《골프의 내적인 게임》의 저자 티모시 갤웨이의 지각기법에 대한 설명을 경청해 볼 필요가 있다.

"내가 40여 년간 학생이나 선수들을 가르쳐 오면서 느낀 점은 배우고 가르치는 데 균형상 문제가 있다는 것이다. 즉, 개념(메커니즘)에 의한 학습에 치중하다 보니, 경험에 의한 자연스런 학습이 알게 모르게 손상되어 왔다. 개념적 학습이란 개념이나 이론적 정보와 주로 관련이 있으며, 경험적 학습은 선천적 잠재능력이나 기술의 향상과 관련이 있다. 진정한 교육의 기능은 이론적인 정보나 개념 덩어리를 무차별적으로 주입시키는 것이 아니라 잠재능력을 발휘할 수 있도록 이끌어 주는 것이라고 생각한다.
내가 말하는 균형된 교육이라 함은 개념과 경험적 지식이 적절한 관계를 유지하는 것이다. 그런데 신체적 기술 교육은 직접 경험에 의한 학습이 개념적인 지도법에 우선되어야 한다."

갤웨이가 주장하는 바는 골프 스윙을 배우고 가르치는 데 있어 개념적 메커니즘은 지양되어야 하며, 배우는 사람이 직접적인 경험을 통하여 스윙감을 느끼는 것이 바람직하다는 것이다. 이의 바탕은 인간의 선천적 잠재능력에 대한 믿음이다. 먼저 기존의 개념적 교수법이 어떤 것이며, 문제점은 무엇인지 알아보기로 하자.

2) '하시오', '마시오' 교수법

기존의 개념적 교수법은, '이렇게 하시오, 저렇게 하시오(do-instruction)', 또는 '이렇게 하지 마시오, 그렇게 하지 마시오(don't-instruction)'라는 언어적·개념적 방법을 사용해 왔다. 이는 코치의 머릿속에 들어 있는 스윙 개념을 언어적 표현방법을 통하여 학생의 몸(신경과 근육)에 명령을 내리는 것이라고 할 수 있다. 이해를 돕기 위해 예를 들어 보자.

코치는 학생에게 말로 지시를 한다. "체중을 이동하시오", "임팩트 시 타깃 방향으로 오른팔을 뻗어 주시오." 학생은 레슨 내용이 무엇을 의미하는지 대충 이해는 가지만 생각대로 몸이 움직여지지는 않는다. 옆에 있던 코치는 직접 시범을 보여 준다. 학생이 다시 시도해 보지만 전과 다르지 않다. 코치는 답답한 나머지, "내가 얘기한 대로 열심히 연습하세요."란 말을 남기고 자리를 떠난다. 학생은 코치의 레슨을 생각하면서 그 동작을 만들어내려고 애쓴다. 억지로.

이 사례에서 주목할 점은, 학생이 그런 동작을 경험해 보지 않았다는 것이다. 즉, 뇌와 신경에 기억되어 있지 않았다는 의미이다. 코치는 말로 쉽게 얘기하지만, 학생의 신경회로망에 저장되어 있지 않은 내용이므로 인출될 것이 처음부터 없었던 것이다.

'하시오', '마시오' 교수법의 첫번째 문제점은 신경회로에 기억되어 있지 않은 사항을 강제로 만들어내려고 함으로써 인체의 자연스런 학습능력을 방해한다는 것이다. 그러나 이러한 사실을 알지 못하는 학생은 코치 지시에 따라야 한다는 강박관념 속에서 결과를 얻기 위하여 애쓴다. 그 결과는 항상 기대에 미치지 못한다. 학생은 배운다는 것은 참으로 어려운 일이라고 생각한다. 자신의 능력에 대해서 회의을 갖게 된다. 이런 의심이 깊어지면서 점차 자신감을 상실해 간다. 이것이 기존 교수법의 두 번째 문제이다.

기존 교수법이 골프를 배우는 사람에게 어떻게 의심(self-doubt)을 야기시키는지 좀더 구체적으로 알아보자.

첫째, 코치가 지시하는 내용의 불명확함이다. "다운스윙 시 클럽헤드를 떨어뜨려라."는 말이 대표적인 예가 될 것이다. 실제로 클럽헤드는 인체의 회전에 의하여 움직여지는 것인데, 클럽헤드만을 떨어뜨려서 볼을 치려고 하면 볼은 1m도 안 나갈 것이다. 이 말을 듣는 학생은 그것이 무엇을 의미하는지 알 듯도 하고 모를 듯도 하다. 그러면서도 클럽헤드를 떨어뜨려 보려고 애쓴다. 당연히 잘 안 되므로 의심이 싹튼다.

둘째, 골프 스윙을 배운다는 것은 전용 신경회로망을 형성하는 것이라고 하였다. 신경회로망이 형성되어 있지 않은 전혀 새로운 동작을 요구하면, 학생이 비록 지시 내용의 의미를 충분히 인지하고 있다 하더라도 거기에 부응하는 동작은 생성될 수 없다. 학생은 동작의 의미를 인지하고 있으므로 그 동작을 수행할 수 있다고 생각한다. 그러나 뜻대로 잘 되지 않을 것이다. 의심이 증가한다.

셋째, 코치가 지시하거나 학생 자신이 알고 있는 기존 교수법의 내용 중 상당히 많은 부분이 잘못되어 있다는 점이다. 세계적으로 유명한 선수들의 레슨 중에도 원리와 상충되는 경우가 꽤 많다. 처음부터 이루어질 수 없는 것이다. 왜 안 될까? 자신이 듣고 배운 레슨 내용이 잘못되어 있다는 사실에 대해서는 의심해 보지도 않은 채, 자신의 능력만을 불신하게 된다.

넷째, 우리 뇌는 한번에 한 가지만을 실행할 수 있으므로, 위의 세 가지에 해당되지 않는 올바른 레슨이라 하여도 한꺼번에 여러 개가 주어지면 곤란하다. 그것들을 일시에 처리할 수 없으므로, 자신의 능력에 대해 의심하게 된다.

이처럼 신체적 운동기술에 대한 기존 교수법은 많은 문제점에 노출되어 있다. 그러나 배우는 사람들은 다른 형태의 교육을 받아 본 적이 없으므로 이를 당연하게 받아들인다. 기존 교수법에 너무 익숙해져 있는 것이다. 실제로 많은 아마추어 골퍼들은 코치들이 자신의 잘못된 스윙 동작을 교정해 주거나 새로운 동작을 가르쳐 주기를 바라고 있다. 코치가 와서 "많이 좋아졌습니다. 잘 되고 있으니 그런 느낌으로 계속 연습하세요."라고 하면 섭섭하게 생각한다. 분명히 자신의 스윙 중 뭔가 잘못된 부분이 있는데, 이를 코치가 지적해 주지 않았다고 생각한다. 잘못된 부분이 있을 텐데? 스스로 의심의 구덩이를 파고 있다.

국가대표 축구감독인 히딩크는 취임 후 가진 인터뷰에서 "한국 선수들은 연습 시 질문을 하지 않는다. 오직 코치가 시키는 대로만 한다."며 우리 선수들의 창의력 빈곤 현상을 우회적으로 표현한 바 있다. 우리는 코치가 시키는 대로 해야 하며, 이와 다른 행동은 코치에 대한 항명(抗命)이 되는 것으로 간주되는 문화 속에서 살아왔다.

특히 유교적 문화 기반이 강한 우리나라는 선생님의 권위와 존경심이 강조되어 온 것이 사실이다. 교육도 그러한 테두리 안에서 시행되어 왔다. 무한한 잠재능력을 가지고 태어나는 학생들, 그러나 선생님이 없으면 아무 것도 할 수 없는 학생들. 이것이 기존 교수법의 문제일 것이다.

이러한 기존 교수법의 문제점을 인식한 몇몇 프로 야구 지도자들은 자율훈련이란 방식을 도입하여 코치의 지시에 의한 훈련에 치중했던 기존의 방식을 탈피하고, 선수들이 자율적으로 연습할 수 있는 기회를 제공하고자 하였다. 당시 프로 야구 선수들의 자율훈련 방식에 대해서 많은 찬반 양론이 있었는데, 필자의 견해로는 초기의 자율훈련 지도법은 그다지 성공적이지 않았다고 본다. 모든 것이 그래 왔듯이 선구자들의 사고방식은 그것이 일반화되기까지 항상 어느 정도의 준비와 적응기간이 필요하기 때문이다. 기존의 방식에 익숙한 선수들에게는 자율훈련이란 새로운 방식은 오히려 심리적인 갈등과 불안감을 줄 수 있는 것이다. 혼자서 연습을 해야 하는데 무엇을, 왜, 어떻게 할 것인가에 대한 방법을 알 수 없었기 때문이다. 선수들이 한 자리에 모여서 하느냐, 각자 흩어져서 혼자 하느냐의 문제일 뿐, 기존의 문제점은 그대로 유지될 수밖에 없는 실정이었다. 이 장에서 설명될 지각기법이나 심상 기술 등이 자율훈련을 정착시킬 수 있는 대안적(代案的) 교육방법이라고 생각한다.

3) 지각기법

'awareness'는 우리말로 번역하면 의식(意識), 인지(認知), 지각(知覺) 등의 의미로 쓰이는데, 여기에서의 조작적(操作的) 정의는 '인체의 감각을 통하여 무엇이 발생하는지 아는 것', '경험을 통하여 인체의 움직임을 느끼는 것'으로 한다. 그러므로 지각기법이라 함은 경험에 의한 학습을 통하여 자신의 능력에 대한 믿음을 증진시키는 기술을 의미한다.

기존 교수법이 언어를 이해하지 못하는 인체(신경과 근육)에 지시하는데 반하여, 지각기법은 배우는 사람이 자신의 움직임을 직접 느낄 수 있도록 주의집중을 이끌어내는 방법이다. 쉽게 표현하면, "이렇게 하시오."가 아니고, "지금 당신의 몸이 어떻게 움직이고 있는지 느낄 수 있습니까?"이다.

먼저 '지각'의 의미를 알아보기로 하자.
오른팔을 머리 위로 5회 반복하여 들어 본다. 이는 그냥 동작을 수행하는 것이다. 이번에는 숨을 들이마시면서 천천히 팔을 들어 보고 숨을 천천히 내쉬면서 팔을 내린다. 이때 팔과 주변의 근육이 어떻게 움직이는가 느껴 본다. 근육이 수축하고 스트레치되는 상태를 느껴 본다. 이는 동작을 경험하는 것이다.

우리는 발이 구두 속에 들어 있다는 생각을 하면서 걷지 않지만, 발에 주의를 기울이면 이런 사실을 인식하게 된다. 골프 스윙을 하면서도 왼손에 장갑을 끼고 있다는 생각을 거의 하지 않을 것이다. 그러나 옆에서 친구가 장갑 멋지다라고 하면, 자신이 장갑을 끼고 있다는 사실을 느끼게 된다. 이는 장갑을 끼고 있다는 사실이 의식 속에서 아주 희미하게 활성화되어 있었기 때문이며, 장갑에 의식을 집중시키는 순간 활성화 정도가 커져서 이를 피부로 느끼게 되는 것이다.

마찬가지로 연습장에서 스윙 연습을 한다고 가정하자. 단지 볼을 친다는 생각으로 스윙해 본다. 이때 우리는 팔다리가 어떻게 움직였는가에 대한 의식이 없다. 이번에는 다리의 움직임을 의식하면서 스윙을 해 본다. 다리의 움직임이 올바르게 이루어지고 있는지 체크할 수 있을 것이다.

지각기법은 우리에게 매우 생소한 용어이다. 필자 자신도 이를 정확히 이해하고 있다고 확신할 수 없다. 다만 우리 뇌의 신경회로망적 구조와 기능을 이해하면서, 기존의 메커니즘 위주의 지도법은 많은 문제가 있다는 사실을 깨닫게 되었으며, 이를 대신할 수 있는 방법으로 지각기법이 유용할 것이라고 생각하는 정도이다. 지각기법에 대한 이해를 돕기 위하여 티모시 갤웨이가 제시한 지각에 의한 교수법의 예를 먼저 음미해 보기로 하자.

기존 교수법	지각 교수법
스윙 내내 머리를 고정시켜라. 머리는 스윙의 축이므로 절대 움직이지 않도록 연습하라.	스윙 중 머리가 움직이는지 느낄 수 있는가? 매 스윙마다 머리가 얼마나 움직이는지 주시하라.
백스윙 시 왼팔을 곧게 펴라.	스윙 시 왼팔이 곧게 펴지는지 아니면 굽혀지는지 주의를 기울여 보라. 펴지는 경우를 0으로 하여 굽혀지는 정도를 1~5까지 등급을 정해 보라.
초보자들의 다운스윙 시 가장 흔한 에러는 백스윙을 마치기도 전에 서둘러 다운스윙으로 이동한다는 것이다. 클럽헤드가 타격 구역 내로 진입하기도 전에 상체가 먼저 앞으로 쏠리는 경향이 있다. – 벤 호건	몸의 움직임을 주시하면서, 다운스윙 시 상체가 타깃 방향으로 먼저 쏠리는지 느껴 보라. 만약 그렇다면 언제, 어떻게 상체가 움직이는지 말해 보라. 상체의 쏠림을 일부러 억제하지 말고, 단지 당신이 무엇을 하고 있는지에 대해서만 주의를 기울이면서 상체가 어느 정도 움직이는지 체크해 보라.
골프 다이제스트 티칭 프로 자문위원회의 컨센서스에 의하면, 백스윙 톱에서 클럽 샤프트의 이상적인 위치는 의도한 볼의 방향과 평행을 이루는 것이다.	백스윙 톱이 완료된 상태를 눈으로 확인하지 말고 클럽 샤프트가 타깃 라인과 평행한지, 라인 안쪽인지 바깥쪽인지 느껴 보라. 스윙 중 눈을 감으면 인체의 감각능력이 증대될 것이다.

앞의 표에서 보듯이, 기존 교수법과 지각 교수법 사이에는 일관된 차이점이 있다.

기존 교수법은 '무엇 무엇을 하시오, 하지 마시오.'라는 식으로 이루어지므로, 특정 형태의 결과를 요구한다. 그러나 그 결과는 기존 교수법의 문제점에서 보았듯이, 학생이 느낄 수 없는 경우가 많다. 그럼에도 불구하고 원하는 결과가 나오지 않으면 실패한 것으로 생각하여, 학생은 결과를 얻는 일에 집착한다. 항상 긴장과 자기 의심에 노출되어 있다. 만약 성공하게 되면, 앞으로도 동일한 결과를 얻기 위해서는 '무엇 무엇을 하시오.'란 레슨을 기억하려고 애쓴다. 이런 식으로 이미 기억하고 있는 '하시오, 마시오.' 레슨이 머릿속에 가득한데, 이번에 하나가 더 추가된다. 뇌는 완전히 메커니즘 위주의 패턴으로 만들어진다.
한편 지각 교수법은 기존 동작의 변경을 요구하지 않으며, 단지 지금 인체에 무슨 일이 일어나고 있는지에 대해 주의를 기울여 느껴보는 것이다. 그러므로 지각 교수법에서는 성공이나 실패에 대한 기준이 없다. 잘잘못이 구별되지 않으므로 의심이 생기지 않는다. 당연히 실패에 대한 두려움도 없다.

상기 비교 사례를 통하여 지각 교수법이 어떤 것인지에 대해서는 대략적이나마 감을 잡았을 것으로 생각한다. 여전히 궁금하게 여겨지는 사항은 과연 지각 교수법에 의하면 운동기술이 향상될 수 있는가 일 것이다. 우리가 익숙하지 않은 방법이므로 의심이 가는 것이다.
어떤 동작을 배우기 위해서는 단기 기억상자에 동작에 대한 정보를 우선 입력시켜야 하며, 입력된 정보에 주의가 집중되어야 한다고 하였다. 이런 현상이 반복되면 신경회로가 형성되어 동작을 배우게 된다고 하였다.
만원권 지폐에 인쇄되어 있는 초상화는 누구일까? 그렇게 수없이 만원권 지폐를 보고 만지지만 그것에 주의를 기울이지 않으면 학습이 되지 않는다.

지각 교수법은 인체의 움직임에 주의를 집중시키는 방식이므로, 인체의 움직임에 대한 정보가 신경회로망에 기억된다. 동작을 쉽게 배우게 된다는 의미이다. 그리고 지각 교수법의 가장 중요한 특징은 "잘잘못을 판단하지 않는다(non-judgmental)."는 것이라 하였다. 이는 자기 불신, 실패에 대한 두려움, 결과에 대한 집착 등으로부터 자유롭게 해 준다고 하였다. 다시 말하면, 동작을 수행하는 데 방해가 되는 심리적 간섭들이 발생하지 않도록 해 주는 기능이 있다는 것이다.

결론적으로 지각 교수법은 인체의 움직임에 주의를 집중시켜 신경회로망 형성을 용이하게 해 주며, 신경회로망에 간섭이 발생하지 않게 해 주므로 가장 이상적인 교육방법이라고 할 수 있다. 이 교수법은 배우는 사람이 스스로의 경험을 통하여 학습할 수 있다는 신념을 강화시켜 준다. 코치는 배우는 사람이 중요하고도 적절한 부분에 주의를 기울이고 있는지 여부만 체크해 주면 될 것이다. 지각 교수법에 의한 연습 예를 들어 보기로 하자.

"다운스윙 시 클럽헤드는 인사이드로부터 볼에 접근해야 한다."는 애매모호한 레슨이 있다. 다운스윙 시의 클럽헤드는 팔의 운동량을 이어받아 스스로 움직이는 존재이다. 이런 사실을 모른 채, 인사이드로 클럽헤드를 움직이기 위해서는 손에 의한 조작이 불가피해진다. 그리고 인사이드란 개념도 애매모호하다. 어느 정도가 인사이드이며, 어느 정도의 각도가 적정한가? 아무도 대답할 수 없는 문제이다. 인사이드 다운스윙은 배우는 사람을 의심과 혼란에 빠지게 하는 대표적 예이다.

이에 대한 인지 교수법은, "클럽을 들고 스윙하시오. 인사이드 다운스윙을 의식하지 마시오. 그러나 다운스윙 시 클럽헤드가 볼의 바깥쪽에서 들어오는지, 볼의 안쪽에서 접근하는지 느껴 보시오." 레슨을 시작하기 전에 코치는 학생의 팔을 아웃사이드-인사이드로, 인사이드-아웃사이드로 움직여서 느낌의 차이를 알 수 있게 한다. 실제 스윙에서 이 차이를 구별할 수 있게 되면, 좀더 미세한 차이를 감지할 수 있도록 결과지식(knowledge of result)을 말하게 한다. 타깃 라인에 스퀘어인 경우를 0이라 하고, 이보다 인사이드면 -1, -2, -3 등으로, 아웃사이드면 +1, +2, +3 등으로 결과지식을 체크한다. 학생은 더욱 주의를 집중하여야 하므로 느낌도 강해지면서 학습이 일어난다.

학생은 스윙의 잘잘못에 대한 의식 없이 인지 연습에 주의를 집중하게 되므로, 우리 뇌와 신경은 가장 느낌이 좋고 정확한 타격이 이루어지는 상태를 자동적으로 선택하는 것이다. 이것이 바로 경험에 의한 자연적인 학습 과정이다. 우리가 익숙하게 수행하고 있는 걷기, 던지기 등의 동작도 메커니즘을 생각하면서 배우지 않았으며, 경험에 의한 느낌에 의해 배웠다.

그립의 강도 문제도 마찬가지이다. 그립을 강하게 잡으면 여러 가지 문제가 생길 수 있으므로, 그립은 적당히 약하게 잡는 것이 바람직하다. "그립을 약하게 잡으시오."라고 하면, 그립 강도에 대한 자각 증세가 생겨 오히려 처음보다 강하게 잡게 된다. 현재의 그립 강도를 5라고 하고, 그립의 강도에 신경 쓰지 말고 단순히 매 스윙 시마다 그립 강도에 대한 결과지식을 체크한다. 이를 4, 3, 2, 1 등으로 낮추어 간다. 본인이 자연스럽게 느끼면서 수정하는 과정을 밟는다.

이런 식으로 하면 기존의 교수법 중 많은 부분을 지각 교수법으로 전환할 수 있을 것이다.

제16장 자신감

제16장
자신감

　우리가 골프와 같은 운동기술을 배우는 것은 실전 라운딩에서 사용하기 위함이다. 그러나 배운 기술을 언제나 성공적으로 사용하지는 못하는 것 같다. 왜 우리는 연습장에서 충분히 익힌 기술을 어떤 때는 성공적으로 사용하지만 또 어떤 때는 성공적으로 사용하지 못하는가? 운동기술을 성공적으로 수행할 수 있게 하는 어떤 고리가 존재하는 것인가?

　신경회로망적 입장에서 보면 간섭, 집중 분산, 불안 등의 요소에 의하여 뇌에 기억되어 있는 운동기술의 인출이 방해를 받기 때문이다.

　한편 스포츠에서의 성공은 자신감에 달려 있다고 한다. 코치나 선수들, 스포츠 심리학자들도 최고의 수행력을 발휘할 수 있는 열쇠는 자신감이란 점에 이견이 없다.

　그렇다면 간섭, 집중 분산, 불안 등의 방해요소와 자신감은 어떤 관계가 있는 것일까? 자신감이 충만하면 기술을 성공적으로 수행할 수 있으므로, 자신감은 수행을 방해하는 요소들을 물리치거나 발생하지 않게 하는 것이라고 쉽게 생각할 수 있다. 운동기술 수행 시 방해요소가 없다면 항상 잠재능력을 최대한으로 발휘할 수 있게 되므로, 자신감은 기술과 성공적인 수행을 이어주는 매개적인 기능을 하며, 다른 심리적 요소보다 상위 차원의 요소라 할 수 있다.

　진정으로 위대한 선수들은 항상 자신감으로 충만되어 있다. 바비 존스, 아널드 파머, 잭 니클러스, 타이거 우즈 등의 위대한 골퍼들은 한결같이 자신감이 넘쳐 있으며, 카리스마 같은 것을 느끼게 한다. 그들의 플레이에는 항상 여유가 있으며, 두려움이 없어 보인다. 높은 자신감은 챔피언이 되기 위한 필수적인 요소이다.

　자신감은 스포츠에서 빈번하게 거론되는 주제임에도 불구하고, 그것의 정체에 대해서는 잘 알려져 있지 않은 것 같다. 이 장에서는 자신감이 무엇이며, 어디에서 오는지, 어떻게 얻어지는지에 대해서 알아보고, 자신감을 향상시키고 그것을 유지할 수 있는 방법에 대해 생각해 보기로 한다.

자신감(self-confidence)이란?

　자신감은 가장 상식적인 의미에서 어떤 일을 성공적으로 해낼 수 있다는 마음 상태를 나타낸다. 자신감은 자신의 수행에 대한 낙관적인 생각, 즉 "나는 그 과제를 잘할 수 있을 것이다."가 아니고, 성공에 대한 확신이다.

　자신감 이론의 태두라고 할 수 있는 반두라(Bandura)는 '자기효능감(self-efficacy)'은 "특정 상황에서 특정 결과를 수행할 수 있다는 자기 확신."이라고 하였다.
　그러나 자신감이 높다고 하여 항상 성공적인 수행을 하는 것은 아니다. 자신감이 성공적인 수행으로 이어지기 위해서는 주어진 과제를 수행할 수 있는 재능이나 기술을 소유하고 있어야 한다. 또한 재능이나 기술이 뛰어나다고 하여 언제나 훌륭한 수행을 보여 주는 것도 아니다. 그러므로 자신감이란 '내가 가지고 있는 현재의 재능과 기술로 무엇을 할 수 있다는 자신의 능력에 대한 믿음'이라 할 수 있다.
　능력이나 재능은 탁월한데 자신의 능력을 의심함으로써 자신의 능력을 발휘하지 못하는 경우가 있는 반면, 능력은 덜하나 자신감에 찬 선수들은 자신의 능력을 능가하는 수행을 보여 주는 일이 많이 있음을 흔히 볼 수 있다.
　이를 신경회로의 형성이란 차원에서 보면,

첫째는 자신감에 대한 신경회로의 형성이다. 다음의 니클러스 사례에서 보듯이 자신감은 하나의 사고의 패턴이나 다름 없다. 사고의 패턴이란 어떤 사물이나 사건을 대할 때 어떤 식으로 반응하는가의 문제로 방향성을 갖는다. 자신감이 있는 사람의 사고 패턴은 긍정적, 적극적, 낙관적 성향을 보인다.

둘째는 기술에 대한 신경회로의 형성이다. 매사에 낙관적인 사고 경향이 있어도 이를 실현해 줄 기술에 대한 신경회로가 형성되어 있지 않으면 과제를 수행할 수 없을 것이다.

그러므로 자신감은 사고 패턴과 기술수준의 합작품이라 할 수 있다. 자신감이 충만하다는 것은, 나는 이 과제를 성공시킬 수 있다는 믿음과 그를 수행할 수 있는 기술을 구비하고 있다는 것이다. 즉, 자신감은 몸과 마음이 일치되어 있는 상태라고 할 수 있다(integration of mind and body).

2 자신감은 어디에서 오는가?

자신감은 스포츠 수행을 성공적으로 이끌 수 있는 요소이므로, 그것이 어디에서 비롯되는가를 안다는 것은 매우 의미 있는 일이다.

가장 먼저 생각할 수 있는 자신감의 원천은 '성공의 경험'일 것이다. 이는 가장 영향력 있는 자신감의 원천이다. "우승은 해 본 사람만이 한다."는 말은 이를 두고 하는 말이다. 과거에 성공했으므로 앞으로도 성공할 수 있다고 생각하는 것이 바로 자신감이다. 이러한 자신감은 최상의 능력 발휘를 가능하게 해 준다. 그리고 반복된 성공 경험으로 강화된 자신감은 가끔 발생하는 실패에 의해 별다른 영향을 받지 않는다.

대부분의 선수들은 '기술수준의 향상'을 통하여 자신감을 얻고 있다. 질적인 연습을 통한 기술의 향상을 목격하면 자신감을 얻게 된다. 페이드 샷을 칠 수 있다고 믿기 위해서는 먼저 연습장에서 페이드를 연습해야 한다. 그리고 페이드를 자신의 눈으로 보고 확인함으로써 자신감을 얻는다. 자신감은 조그만 성공으로부터 서서히 발전되어 가는 것이다.

'재능'은 자신감의 중요한 원천이다. 나는 재능이 뛰어나므로 성공할 수 있다는 자신감이다. 그러나 운동기술에 대한 재능은 고등학교까지만 유효하다는 말이 있다. 대학, 나아가 프로에서 성공하기 위해서는 재능보다는 성공에 대한 동기, 열정이 더욱 중요하다고 한다. 특히 두뇌를 어떻게 활용하는가가 성공의 직접적인 열쇠가 된다. 두뇌를 어떻게 활용하는가는 자신감을 어떻게 얻는가의 문제이기도 하다.

그리고 코치, 친구, 부모, 동료 선수들은 자신감을 얻을 수 있는 중요한 소스가 된다. '코치의 선수에 대한 신뢰, 가족의 격려와 지지, 친구와 동료의 칭찬'은 자신감에 영향을 준다. 주위로부터 칭찬이나 격려를 많이 받으면 자신에 대한 능력을 믿게 되므로, 자신감이 향상된다. 전성기 시절의 그렉 노먼은 "주위로부터의 칭찬은 '나 자신이 잘하고 있구나.'란 생각을 갖게 해 주었는데, 이것이 자신감 향상에 많은 도움이 되었습니다."라고 말한 적이 있다. 레이크사이드에서 개최된 여자 골프 대회에 구경갔을 때였다. 어느 프로 선수의 아버지인 모양인데, 자기 딸이 드라이버는 끝내주는데 퍼팅 때문에 우승 문턱을 넘지 못한다는 말을 들은 적이 있다. 불행하게도 그 선수는 가족 때문에 퍼팅에 대한 자신감을 영영 회복할 수 없을 것 같다는 생각이 들었다. 특히 우리나라 부모들의 자식에 대한 간섭은 유별난 바가 있는데, 가급적이면 칭찬, 격려, 지지를 통하여 자식들에게 자신감을 심어주는 것이 바람직하다.

3 자신감의 본질

자신감을 얻게 되는 원천이나 계기는 많이 있으며, 자신감을 얻는 방법은 사람마다 다르다. 자신감에 대한 잘못된 관념 몇 가지에 대해서 알아보고, 이를 통하여 자신감의 본질적인 모습을 밝혀내기로 하자.

1) 자신감은 선천적인가?

자신감은 선천적인 특성이므로 훈련이나 연습, 경험에 의해서 바뀌지 않는다고 한다. 그러므로 자신감을 향상시키기 위해서 할 수 있는 일은 아무 것도 없다고 생각하는 사람들이 있다. 그러나 자신감은 타고나는 것이 아니다. 실제적으로 우수한 선수들은 기술을 연마하는 것과 마찬가지로 긍정적인 사고 패턴을 반복함으로써 자신감을 증대시키고 있는 것이다. 자신감은 어느 순간 갑자기 생겨나지 않으며, 오랜 시간에 걸쳐 효과적인 사고를 반복함으로써 점차적으로 향상되는 것이다. 자신감은 반복적인 연습에 의해 학습될 수 있다는 의미이다.

2) 성공 경험은 자신감을 보장하는가?

성공은 자신감을 키우며, 자신감은 성공을 잉태시킨다는 믿음은 모든 스포츠 활동에 적용되는 진리이다. 그러나 항상 그렇지는 않은 것 같다. 과거의 성공 사실 때문에 미래에도 성공을 해야 한다는 강박관념으로 인하여 자신감을 오히려 상실하는 경우도 있는 것 같고, 과거의 성공을 현재나 미래의 성공을 위한 발판으로 이용하지 못하고 자신의 약점에 주의를 더 기울이거나 실패 사실만을 기억함으로써, 스스로 자신감을 갉아먹는 경우도 있다. 그러므로 성공의 경험이 반드시 자신감으로 연결되는 것은 아니라고 할 수 있다.

3) 실패는 자신감을 해치는가?

 스포츠 동작은 완벽하지 않은 인간이 수행하므로, 종종 또는 가끔씩 실수를 하게 마련이다. 실수를 하면서도 자신감을 얻을 수 있을까? 대개의 선수들은 실수로 인하여 자신감이 약해진다. 이런 종류의 선수들은 경기경험을 더해갈수록 자신감을 잃어간다. 왜냐하면 스포츠 경기에서 실수는 불가피하게 생기게 마련인데, 그들은 실수했다는 사실에 대해서만 유난히 신경을 쓰기 때문이다. 반면에 어떤 선수들은 반복되는 실패에도 불구하고 오히려 자신감을 증진시킨다. 왜냐하면 이런 종류의 선수들은 그들의 인지능력을 실패한 부분이 아닌, 아무리 작더라도 성공된 부분에만 주의를 집중시키기 때문이다. 이처럼 실패를 하면서도 자신감을 얻을 수 있는 것이며, 많은 위대한 선수들은 항상 그렇게 해 왔다. 그렉 노먼은 자신의 뼈아픈 실패 경험을 어떻게 자신감으로 승화시켰는지 알아보자.

 흔히 그렉 노먼을 불운의 골퍼라고 한다. 80년대 중반부터 90년대 초반까지 세계 1위를 유지하면서도 브리티시 오픈을 제외하고는 미국의 메이저 대회를 우승하지 못했기 때문이다. 그의 불운의 하이라이트는 1986년 PGA 챔피언십 대회와 1987년 마스터스 대회에서 연이어 발생한다. PGA 챔피언십 대회에서는 밥 트웨이 선수가 마지막 홀에서 벙커 샷을 그대로 홀인시켜 우승했으며, 마스터스 대회에서는 래리 마이즈 선수가 마지막 홀에서 30m 칩 샷을 성공시키는 바람에 아깝게 준우승에 머무르고 말았다.
 불운의 실패에도 불구하고 그렉 노먼은 다음과 같이 회고하였다.
 "마스터스에서의 실망은 전에도 그랬듯이 궁극적으로는 나에게 긍정적인 효과를 주었다고 확신합니다. 그러한 실망으로부터 나는 많은 것을 배웠습니다. 즉, 한 해에 4개의 메이저 대회에서 선두를 유지하였으며 5개 메이저 대회 연속 마지막 조로 나설 정도로 나는 꽤나 훌륭한 골퍼라는 것을 알게 되었습니다. 그렇습니다. 나는 그랜드 슬램을 달성할 수 있는 능력을 보유하고 있다는 사실을 알게 된 것입니다."

상기 내용들을 종합적으로 관찰해 보면, 자신감은 개인에게 어떤 일-성공 또는 실패-이 발생하였는가와는 별 상관관계가 없다는 사실이다. 오히려 자신감이란 어떤 식으로 생각하는가(how one thinks), 성공 또는 실패 중 어디에 초점을 맞추어 생각하는가(what one focuses on), 발생된 사건에 대하여 어떤 식으로 반응하는가(how one reacts to the events)의 문제이다. 한 마디로 세상을 어떤 시각과 방식으로 바라보는가의 태도 내지는 자세(attitude)의 문제인 것이다. 그리고 이러한 태도 내지 자세는 반복적인 경험에 의하여 신경회로에 고정되기 때문에 하나의 습관처럼 된다.

　사람들은 각자 자신에게 특유한 사고방식을 갖고 있다. 이러한 사고체계는 대개 오랜 세월에 걸쳐 형성되어 선입견이나 고정관념이 되기도 한다. 어떤 특정 방향으로의 사고방식이 신경회로에 고착되어 있기 때문이다. 동일한 사물이나 사건에 대해서도 낙관주의자들은 긍정적인 면만을 발견하려 하며, 염세주의자들은 부정적인 측면에 주의를 집중하려 한다. 이처럼 세상을 바라보는 방식은 자신감의 형성에 결정적인 영향을 준다.

4 자신감의 형성 과정

　이제까지 자신감은 어떤 것이며, 자신감은 자신의 마음가짐의 몫임을 알았다. 이를 바탕으로 자신감을 형성하기 위한 조건 내지는 방법상의 문제를 알아보기로 하자.

　우리가 무엇인가에 대해서 생각하는 바는 우리의 감정과 느낌에 영향을 주며, 이는 바로 행동으로 연결된다. "7번 아이언은 내가 연습장에서 수도 없이 쳐 본 클럽이므로, 이번에도 잘 맞을 거야."라고 생각하면 자신감이 생긴다. 인체는 이완되고 마음은 편안해진다. 생각한 대로 굿 샷이 나온다. "이 퍼팅도 아마 안 들어갈 거야."라고 생각하면, 인체의 근육이 긴장되고 마음은 불안해진다. 퍼팅은 생각한 대로 들어가지 않는다.

이러한 일련의 과정(생각→감정, 느낌→행동)은 그대로 신경회로망에 기억될 것이다. 이런 현상이 반복되면 신경회로망의 연결이 강화되어, A라는 생각을 하면 항상 B라는 감정이나 느낌이 생기고, 이어서 C라는 행동이 유발된다.

결국 자신감을 형성한다는 것은 기본적으로 '사고-행동' 패턴에 대한 신경회로망을 형성하는 것이라 할 수 있으므로, 자신감을 생성시키기 위해서는 단기 기억상자에 어떤 생각이나 정보를 입력시켜야 하는가의 문제로 귀착된다. 니클러스의 사례에서 보듯이 자신감은 선택적인 지각능력이다. 자신감을 위해 도움이 되면 주의집중하여 기억하고, 그렇지 않다고 생각하면 무시해 버리면 된다. 주의를 기울이지 않으면 기억되지 않는다. 어떤 생각을 하였을 때 바람직한 행동이 유발되는가를 경험적으로, 의식적으로 파악하여 실행하는 것이 중요하다. 대개의 경우 적절한 생각이나 긍정적인 사고는 성공적인 결과 행위를 유발시켜 줄 것이다.

자신감이 신경회로의 형성과 관련된 문제이고, 자신감 생성에 도움이 되는 생각이나 말을 선택적으로 사용해야 하므로, 자신감은 상당한 시간을 두고 반복적으로 훈련되어야 함을 알 수 있다. 즉, 자신감은 어느 한 방향으로 생각하는 습관이라고 할 수 있으므로, 다른 신체기술과 마찬가지로 지속적으로 연습하여 자동화시키는 것이 중요하다. 이렇게 획득된 자신감은 자신의 커다란 자산(asset)이 되어, 어느 날 갑자기 없어지거나 저하되지 않으며, 주위 여건의 변화에 관계없이 일정한 수준을 유지한다. 어떤 사물을 대하는 자세나 생각하는 습관은 우리 뇌에 영구히 기억되기 때문이다.

자신감을 형성하기 위해서는 우리가 지금 무엇을 생각하고 있으며, 무엇을 느끼고 있는가를 먼저 인지해야 한다. 즉, 주의를 집중시켜야 한다. 그럼으로써 그러한 상태를 조절할 수가 있는 것이다. 그리고 나서 그러한 상태가 현재의 과제를 성공적으로 수행하는 데 도움이 되는 것인지를 판단하는 것이다.

5 반응 양식으로서의 자신감

자신감을 형성하는 방법으로 낙관적인 반응 양식(optimistic explanatory style)을 견지하는 것이 중요하다. 반응 양식이라 함은 좋건 나쁘건간에 어떤 사건이 발생했을 때 내부적으로 이에 반응하는 형태나, 그 사건을 설명하는 양식을 말한다. 이러한 반응 양식은 자신감과 낙관주의를 유지하는 데 좋은 도구가 된다.

먼저 반응 양식의 1차적 단계는 영구성(permanence)이다.
낙관적인 반응 양식을 가진 선수는 좋은 일이나 긍정적인 일들은 계속 반복될 것이며, 뜻밖의 행운이 아니라고 생각한다. 그리고 잘못된 일이나 실수는 반복되지 않는 것이며 어쩌다 일어난 일이 된다. 버디 퍼팅이 성공한 것은 자신의 연습 결과이며 퍼팅 실력 때문이라고 생각한다. 반면 부정적인 골퍼는 버디 퍼팅은 운이 좋았기 때문이라고 생각한다. 자신감은 향상되지 않는다.

낙관인 골퍼들은 라운딩 후 굿 샷만을 선택적으로 기억하며, 잘못된 샷은 우연한 사건으로 생각하며 기억하지 않는다. 반면 대부분의 아마추어 골퍼들은 그들이 미스한 몇 개의 샷에 대해서만 주의를 기울인다. "쇼트 퍼팅 미스 2개만 안 했더라면 80을 깰 수 있었는데…" 하며 아쉬워한다. 몇 번이고 잘못된 퍼팅을 되새긴다. 그대로 신경회로에 각인되어 다음에도 동일한 사건이 발생할 확률이 높아진다.

아마추어 골퍼들은 라운딩 전부터 플레이가 잘못될 것이라고 생각하여, 어젯밤에 술 먹은 얘기, 잠을 못 잔 얘기 등등 이미 수백 가지의 변명이 준비되어 있다. 시작하기도 전에 실패할 태세를 갖추고 있다. 이런 자세 때문에 실력이 늘지 않는다. 골프에서 샷이 차지하는

골프 심리학

비중은 생각보다 훨씬 작다는 사실을 명심하여야 한다.

두 번째 단계는 확산(pervasiveness)이다.
낙관적인 골퍼는 드라이버가 잘 맞으면 아이언이나 퍼팅도 잘될 것이라고 생각한다. 드라이버가 잘 안 되면 아이언이나 퍼팅은 잘 맞을 것이라 생각한다. 부정적인 골퍼들은 드라이버가 잘 맞으면 아이언이나 퍼팅은 잘 안 될 것으로 생각한다. 그런 식으로 부정적인 반응 양식이 형성되었기 때문이다. 부정적인 생각이 자동적으로 전개된다.

세 번째 단계는 개인화(personalization)이다.
개인화란 자기 자신이 사건을 일으키는 주된 원동력이라고 생각하는 것을 말한다. 낙관적인 골퍼는 성공이나 기술의 향상은 자기가 만

그림 ⑯-1 월터 헤이건

들어낸 것이라고 생각하며, 잘못된 것은 자기가 컨트롤할 수 없는 외부적인 힘(코스의 불규칙한 상태, 심판의 오심, 상대방의 예외적인 플레이)에 의한 것이란 식으로 반응함으로써, 자신의 자신감을 보호하려 한다. 부정적인 골퍼들은 성공은 행운이나 환경에 의한 우연적인 것으로 생각하며, 실패는 자신의 능력이 부족한 탓으로 돌린다.

그러나 잘못된 것을 완전히 무시하고, 자신의 능력에 대해 필요 이상의 자신을 갖는 것은 바람직하지 않다. 잘못된 부분은 자신의 능력을 향상시킬 수 있는 기회로 삼는 것이 중요하다. 예컨대 자신감 있는 골퍼들은 실패의 원인을 잘못된 전략 탓이라고 생각함으로써, 보다 좋은 전략이 미래의 성공을 가져올 것이라고 믿으며, 자신감을 향상시킨다.

골프에서 실패는 필연적으로 발생하게 마련인데, 실패에 대해서 어떤 식으로 반응하는가가 중요하다. 위대한 골퍼 중 한 사람인 월터 헤이건은 자신의 기술수준을 감안하여 한 라운드 당 7개의 실수까지는 인정한다는 생각을 가지고 게임에 임했다고 한다. 실수를 하더라도 이미 예상했던 7개 중의 하나일 뿐이다. 실수에 대한 부정적인 감정이 개입되지 않으므로 자신감도 손상되지 않는다.

반면에 아마추어 골퍼들은 자신의 기술수준을 고려하지 아니하고 미스 샷에 대해 민감한 반응을 보인다. 실수에 대해 주의를 집중한다는 의미이다.

한번 실수할 때마다 "바보같이 그것도 못 치다니…" 하며 한탄한다. 그날 10개의 미스 샷이 나오면, 열 번 바보가 된다. '미스 샷'과 '바보'란 신경마디가 아주 강하게 연결된다.

어떤 사건에 대해 반응하는 양식은 학습되는 것이며, 경험을 통하여 보강되는 것임을 보았다. 골프계의 위대한 선수들은 어떠한 반응 양식과 자세를 갖고 있었는지 사례를 통하여 엿보기로 하자.

골프 심리학 시리즈로 유명한 골프 심리학자 밥 로텔라의 잭 니클러스에 대한 경험담이다. 로텔라는 골프 다이제스트지에서 주관하는 세미나에 참석하게 되었는데, 이날은 잭 니클러스의 특별 강연이 예정되어 있는 날이기도 하였다. 강연의 주요 내용은 자신감이라든가 퍼팅의 중요성 등에 대한 것이었다. 강연이 끝난 후, 어떤 청중이 손을 들고 니클러스에게 질문을 하였다.

"저는 당신의 열렬한 팬입니다. 당신이 쓴 책은 물론 비디오, 오디오 테이프, 잡지나 신문기사 등 당신과 관련된 것은 무조건 모아두고 있답니다. 그런데 아까 당신은 마지막 홀에서 3퍼팅을 한 적이 없다고 하셨는데, 지난 주 토너먼트의 마지막 홀에서 3퍼팅을 하지 않았습니까?"

사실 이 열성 팬은 니클러스의 강연 내용을 반박하려고 했던 것은 아니었고, 자신의 우상이 거짓말을 했다는 사실이 알려지면 곤란한 입장이 될 것을 우려하여, 니클러스가 깜박 잊고 있던 사실을 상기시켜 주려 했던 것이었다.

니클러스는 "기억이 잘 나지 않지만 아마 당신이 잘못 보았을 것입니다."라고 대답하였다.

이 열성 팬은 당황하여 "나는 당신이 그때 플레이하는 장면을 찍은 비디오 테이프를 증거로 제시할 수 있습니다."라고 말했다.

그러나 이번에도 니클러스는 "절대로 나는 3퍼팅을 한 적이 없습니다."라고 단호하게 말하고는 강연장을 빠져나갔다.

이날의 해프닝은 사실 니클러스가 자신의 잘못을 시인하고, 미안하다는 말 한 마디면 그것으로 간단히 해결될 수 있는 대수롭지 않은 것이었다. 그것 때문에 골프 황제의 명예나 자존심에 손상이 가는 일은 없었을 것이다. 그렇다면 니클러스는 무슨 생각으로 그렇게까지 완강히 부인하였을까?

이에 대해 밥 로텔라는 니클러스가 진짜로 자신이 3퍼팅을 한 사실을 기억하고 있지 않았을지 모른다고 생각하였다. 즉, 니클러스는 자신의 필요에 의해 유리한 것은 기억에 넣어두고, 그렇지 않은 것은 아예 무시해 버림으로써, 기억에 입력시키지 않는 독특한 사고 패턴을 보유하고 있는 것이라고 설명하였다. 성공한 경험은 기억에 입력하여 나중에 다시 이용하고, 실패한 경험은 기억에서 지워 버린다. 니클러스가 자신감을 얻는 유용한 사고 패턴인 것이다.

니클러스의 자신감을 엿볼 수 있는 에피소드를 소개한다.
니클러스가 1973년 라이더 컵 멤버로 선배 격인 톰 와이스코프와 조를 이루어 경기를 할 때였다. 니클러스조는 영국 선수와의 매치플레이에서 1홀 앞선 상태였다. 니클러스는 홀로부터 약 3.6m 거리에, 와이스코프는 2.4m 되는 거리를 두고 퍼팅을 준비하고 있었다. 와이스코프가 니클러스의 퍼팅 라인 위에 있는 자신의 볼을 마크하기 위해 허리를 굽히는 순간,
"형님, 볼을 집으세요." 니클러스는 와이스코프에게 말했다.
"뭐라고?" 와이스코프는 황당한 표정으로 니클러스를 쳐다보았다.
"내 볼만 홀인시키면 되잖아."
평소 니클러스의 퍼팅 실력을 누구보다 잘 알고 있는 와이스코프였지만, 상황이 상황인 만큼 와이스코프는 볼을 마크하고 뒤로 물러섰다. 그러나 니클러스의 볼은 홀컵을 크게 빗나가고 말았다. 다행히 와이스코프가 퍼팅을 성공시켜 그 홀을 비길 수 있었다.
"어이 잭, 볼을 그냥 집었더라면 큰일날 뻔했잖나?" 와이스코프가 니클러스의 어깨를 두드리며 말했다.
"원래 들어가는 퍼팅이었어. 잔디에 문제가 있었던 것이지." 니클러스는 중얼거리듯 말하면서 다음 홀로 이동했다.

니클러스가 만 46세의 나이로 6번째 마스터스 대회를 제패한 몇 주 후, 니클러스의 고향인 오하이오에서 개최된 메모리얼 토너먼트 대회에서 있었던 에피소드다. 니클러스는 마지막 날 피터 제이콥슨, 앤디 빈과 함께 전반 나인 홀을 이븐파로 끝냈으나, 후반 들어 10, 11, 12, 그리고 13번 홀을 줄버디로 장식했다. 14번 홀에서는 제이콥슨은 4피트, 빈은 12피트, 그리고 니클러스는 15피트 거리에 어프로치 샷을 붙여놓고 있었다. 니클러스의 볼이 홀에서 가장 멀리 있었으

나, 빈은 먼저 퍼팅을 성공시키고는 홀 아웃했다. 그때 니클러스는 제이콥슨을 보면서 말했다.

"피터, 먼저 퍼팅하고 홀 아웃하는 게 어때?"

"당신 볼이 더 먼데 왜 나부터 치라는 거야?" 제이콥슨은 시큰둥하게 응답했다.

"내가 이 퍼팅을 넣으면 갤러리들이 엄청나게 환호할 텐데."

그렇게 말하고는 니클러스는 퍼팅을 멋지게 성공시켰다. 수천 명의 갤러리들은 골프장이 떠나갈듯이 환호했다.

니클러스의 전성기에 우승을 다투던 라이벌 중 가장 어려운 상대는 아마 9세 연하의 톰 왓슨이었을 것이다. 왓슨은 메이저 대회 8회 우승 기록을 보유하고 있으며, 그 중 브리티시 오픈을 5회나 우승해 브리티시 오픈의 사나이란 별명을 갖고 있기도 했다.

원래 그는 어렸을 때부터 많은 재능을 보여 준 선수였으며, 스탠포드 대학 출신의 영리한 골퍼로 알려져 있다. 그러나 진정으로 그를 위대하게 만든 것은 골프를 향한 지칠 줄 모르는 정열과 챔피언이 되겠다는 강한 포부가 있었기 때문이었다. 그의 골프에 대한 강한 열정은 어릴 적부터 그를 항상 연습장에 붙들어 두었다고 한다. 주위 사람들은 그를 연습벌레 또는 완벽주의자라고 불렀으며, 그 자신도 그 별명에 만족하였다고 한다. 이렇듯 왓슨의 자신감은 엄청난 연습량에 의해 뒷받침되어 왔다고 볼 수 있을 것이다.

1982년 페블 비치에서 개최된 US 오픈 때의 일이었다. US 오픈은 왓슨이 아직 정복하지 못한 메이저 대회로서, 구름이 해를 가리듯이 그의 명성을 덜 빛나게 하는 부분이어서 왓슨 자신도 항상 욕심을 갖고 있던 대회였다. 왓슨은 마지막 라운드를 공동선두로 출발하여 앞서 나가다가, 전반에 5개의 줄버디를 잡은 니클러스에게 선두 자리를 내주고 말았다. 그러나 왓슨은 10번, 11번 및 14번 홀에서 감각적인 퍼팅을 성공시키면서 니클러스와 동타를 이룬 채, 210야드 파3홀인 17번 홀에 들어섰다. 이때 니클러스는 경기를 마치고 왓슨의 경기를 지켜보고 있었다.

왓슨의 2번 아이언 티 샷이 그린 왼편의 깊은 러프에 떨어지는 순간 대회 관계자는 물론 관중들도 니클러스의 승리를 예상했다. 그린까지의 거리는 3m 정도였으며, 왓슨의 볼이 놓여진 깊은 러프에서 핀까지 도달하기 위해서는 반드시 그린 에지에 볼을 낙하시켜야만 하였다. 왓슨은 더도 말고 덜도 말고 딱 3m 캐리의 샷이 필요하였다. 이보다 조금이라도 더 길면 다운 힐 라이를 따라 볼은 하염없이 내려갈 판이었다.

왓슨의 동반자였던 빌 로저스는 경기 후 왓슨의 플레이에 대하여 다음과 같이 말하였다.

"맹세코 말하건대, 왓슨의 자리에서는 손으로 토스해도 핀에는 붙일 수 없는 상황이었지요. 정말 불가능한 일이었습니다."

정말 그런 상황이었다. 왓슨은 정강이 높이의 러프 속에서 어드레스 자세를 취하면서 그의 캐디인 브루스 에드워즈에게 말했다.

"이건 내 전공 샷이야."

"홀에 잘 붙여 보라구." 에드워즈가 대답했다.

"바로 홀에 넣을 거야."

왓슨은 샌드웨지를 들고 로브(lob) 샷을 준비했다. 클럽 페이스를 열고 두세 번의 연습 스윙을 한 후 셋업 자세를 취하였다. 먼저 그린의 경사도를 감안해서 오른쪽으로 몸을 정렬하였다. 그리고는 부드러운 터치로 아웃사이드인 스윙을 하였다. 볼은 60cm 높이로 떠올랐다가 사뿐히 그린에 내려앉은 다음, 경사를 따라 오른쪽에서 왼쪽으로 커브를 그리면서 홀컵을 향해 굴러갔다. 그리고는 홀컵으로 빨려들어 갔다. 왓슨은 하늘을 향해 뛰어올랐다. 그리고는 클럽을 손에 쥔 채, 그린 둘레를 달리면서 캐디에게 말했다.

"그것 봐, 내가 넣는다고 했지."

사실 그 샷은 왓슨의 일생 일대 최고의 샷이었던 것이다(이 장면은 골프 역사상 가장 인상적인 샷 중의 하나로 기록되고 있다).

그러나 왓슨의 기준에 의하면, 많은 사람들이 생각했던 것처럼 희박한 확률의 샷을 멋있게 성공시킨 것이 아니었다. 무슨 말이냐 하면, "나는 17번 홀에서와 같은 깊은 러프에서의 로브 샷을 수도 없이 연습했습니다. US 오픈에서 우승하기 위해서는 그런 샷을 준비해 두지 않으면 안 되니까요." 사실 그는 시합 며칠 전에 그 샷을 연습했다고 한다.

제17장

자화(自話)
self-talk

제17장

자화(自話) self-talk

이 책의 서두에서 밝힌 것처럼 심리학을 배우는 목적은 뇌와 신경계에 대한 이해를 통하여 "특정 동작을 어떻게 배우며, 어떻게 컨트롤할 수 있을까?"에 대한 해답을 구하고자 하는 것이었다. 특히 우리의 마음을 컨트롤함으로써 우리의 동작을 예측하고 컨트롤할 수 있다면, 우리는 많은 경우에서 성공적인 수행을 보장받을 수 있을 것이다.

필자는 '단기 기억상자'를 그에 대한 해법으로 제시한 바 있다. 즉, 우리의 모든 행위는 직전 단기 기억상자에 입력되었던 정보에 의하여 결정되므로, 만약에 우리의 동작을 의도적으로 컨트롤하기 위해서는 단기 기억상자에 우리가 원하는 것을 채우면 된다고 하였다.

여기에서는 '단기 기억상자' 개념을 실천하는 방법으로써 심리학에서 널리 활용되는 '자화'에 대하여 소개하기로 한다. 자화는 동작을 컨트롤한다는 점에서 심리학의 핵심적인 요소를 다루는 기법이라 할 수 있으므로, 자화에 대한 이해는 심리학 전반에 대한 이해도를 높여줄 것이다.

 자화란?

자화는 문자 그대로 어떤 사건이나 과제를 앞에 두고 언어적인 표현방법을 이용하여 스스로에게 말하는 것이다.

우리는 사고(thought)가 동작에 영향을 미친다고 생각하지만, 사고는 순간적·무의식적으로 발생하는 것으로써 통제할 수 없는 것처럼 보인다. 그러나 '단기 기억상자'에 의도적으로 우리가 원하는 것을 입력시킴으로써, 우리의 사고를 컨트롤할 수 있는 것이다. 전에 언급한 심상은 '단기 기억상자'에 영상적 이미지를 입력시키는 것이라면, 자화는 언어적 표현을 이용하는 것일 뿐, 원리는 동일한 것이다.

여러 연구결과에 의하면 최상의 스포츠 능력은 '아무 생각도 안 했을 때' 발생한다고 한다. 선수가 플레이에 몰입한 나머지 마치 아무 의식 없이 발생한 것처럼 생각하는 것이다. 바비 존스도 아무 생각 없이 플레이할 때는 언제나 우승했다고 한다.

그러나 대부분의 선수들은 의식적이건 무의식적이건, 플레이를 하면서 어떤 형태로든지 생각을 하거나 말을 하며(스윙 키 참조), 그러한 생각이나 말은 자신감이나 행동에 직접적으로 영향을 미치게 된다. 사실이 그러하다면 자화를 할 것인가 말 것인가의 문제가 아니라, 어떤 자화를 언제, 어떻게 사용하면 최고의 수행을 할 수 있는가를 궁리하는 것이 현명할 것이다. 이하에서는 자화의 개념과 자화가 어떤 방편으로 활용될 수 있는지에 대하여 알아보기로 한다.

2 자화의 기능

자화는 심리학의 원리를 실현하는 기법이다. 심리학에서 동작이 형성되는 과정은 '자극 → 뇌에서의 처리 과정 → 반응 동작'의 기본 구조로 설명할 수 있다. 자화는 바로 자극에 해당되고, 반응 동작은 자화에 의해 이루어지기를 원하는 동작이 될 것이다.

그러므로 자신감과 기술능력을 향상시키는 자화는 커다란 자산(資産)이 되며, 반면에 수행력을 훼손하는 부정적인 자화는 부채(負債)가 될 것이다. 특히 선수가 자신을 평가하거나 평가에 기초하여 스스로의 등급을 매길 때 자화는 파괴적이다. '무능력자', '골프를 못 치는 사람' 등의 자화는 골프 게임 전체에 대한 자신감을 훼손하는 부정적 자화이다. 이렇게 부정적인 인식이 지속되면, 그러한 인식을 확인하여 스스로가 '맞다' 는 것을 증명하는 식으로 행동하게 된다. 예컨대 "벙커 샷은 내가 가장 못 하는 샷이지."라고 자화하면, 반드시 실패로 돌아간다. "역시 나는 벙커 샷은 안 돼."라고 확인한다.

그리고 자화는 우리의 동작을 의도적으로 컨트롤하려는 것이므로, 자화의 내용이나 목적을 우리가 인식하고 있어야 한다. 인식하는 자화의 내용에 따라 필요한 동작을 지시하기 위한 자화와 기존의 인식을 바꾸기 위한 자화로 대별할 수 있다.

전자의 예로는 코치가 학생에게 "부드럽게 스윙해 보시오."라고 하면 학생은 부드럽게 치려고 노력하는 것처럼, 자화는 자기 자신에게 "부드럽게 스윙해 보시오."라고 말하는 것이다. 자극의 내용 면에서는 차이가 없다.

후자의 예로는 부정적인 사고를 긍정적인 사고로 바꾸는 경우일 것이다.

그 다음 문제는 뇌에서의 처리 과정이므로, 결국 자화도 골프 스윙이나 자신감처럼 신경회로를 형성하는 문제와 다름없다. 그러므로 '부드럽게'란 자화에 대하여 '부드러운 동작'이 산출되기 위해서는 양자간의 신경 연결을 강화시키는 과정이 필요하다. 동작에 대한 신경회로가 형성되어 있지 않다면 자화는 '대답 없는 메아리'나 다름없다.

그리고 인식을 변경하는 경우, 예컨대 배우는 과정에 있는 사람들은 스윙 메커니즘이나 실패에 대한 두려움에 관한 신경회로가 강하게 형성되어 있기 때문에, 새로운 자극인 자화가 동작을 이끌어내기 위해서는 기존의 신경 연결보다 훨씬 강하게 형성되어야 한다.

이상과 같이 자화도 반복적인 연습에 의하여 훈련되어야 하며, 반복에 의하여 신경회로가 형성되면 말하는 대로 원하는 동작을 얻을 수 있게 될 것이다. 그러므로 좋은 자화를 선택하여 반복연습하면 수행력을 높여준다고 할 수 있다.

3 자화기법의 활용

1) 기술습득과 실행을 위한 자화

골프를 배우는 과정에서는 스윙의 중요한 측면을 자화를 통하여 상기시키도록 함으로써 도움을 받을 수 있다(스윙 키). 그러나 구체적인 부분 동작에 대해서는 자화를 사용하지 않는 것이 바람직하다. 부분 동작에 대한 자화는 분석을 유발시켜 단기 기억상자를 복잡하게 할 수 있기 때문이다. 골프 스윙은 하나의 동작이므로, 전체 동작을 유발할 수 있는 종류의 자화가 도움이 된다.

예컨대 《테니스의 내적인 게임》의 저자인 티모시 갤웨이는 '오른팔을 뒤로' 등과 같은 스트로크에 대한 메커니즘을 말해 주는 대신, 상대방이 친 볼이 코트에 닿는 순간 '바운스'라고 말하고, 볼을 리턴시킬 때 '히트'라고 말하라고 했을 때, 학생들이 가장 효율적으로 동작을 취할 수 있었다고 한다. 이를 골프에 적용한 것이 백스윙 시 '백', 임팩트 시 '히트'라고 말하는 것이었다. 이와 비슷한 방법으로는 백스윙 시 '하나', 임팩트 시 '둘'이라고 하는 것이 있다. 이렇게 간단한 언어적 신호에 의하여 복잡한 골프 스윙을 컨트롤할 수 있을까? 물론이다. 비록 간단한 신호에 불과하지만 골프 스윙의 핵심적 요소인 스윙의 리듬과 템포를 이끌어내기 때문이다. 자화의 중요성을 단적으로 알 수 있게 해 주는 예이다.

이와 비슷하게 스윙의 핵심에 대한 자화로는 '치고 돌기'가 있다. 머리, 팔, 다리 등의 인체 특정 부분을 포함하는 스윙 키는 바람직하지 않다고 하였다. '치고 돌기'는 인체의 특정 부분을 지목하지 않으면서, 스윙의 템포나 리듬을 얻게 해 주는 좋은 자화라 할 수 있다. 코치들은 학생의 현재 기술수준을 고려하여 적절한 자화를 제시해 주면 학습효과를 증대시킬 수 있다고 생각한다.

그리고 골프 스윙의 기술수준이 향상되어 감에 따라 자화의 내용은 반복적인 수행에 의해 신경회로에 정착되면 자동화 단계로 접어드는데, 이때는 자화가 짧아지거나 사용되는 빈도도 줄어들 것이다. 그리고 기술적인 측면의 자화보다는 긍정적인 느낌을 주는 자화로 내용이 바뀔 것이다. 대표적인 자화가 '백스윙 시 부드럽게'일 것이다.

기술을 실행하는 단계에서는 성공적인 수행이 필요하므로, 기술보다는 수행자가 성취하려는 것에 관한 자화가 필요하다. 예컨대 투수가 볼을 던지는 경우, '아웃 코너 깊은 곳', '인 코너 낮게'와 같은 자화가 도움이 될 것이다. 골프에서는 '깃발을 향하여'라고 말할 때, 타깃에 대한 주의집중을 이끌어 주므로 유용한 자화가 된다.

농구나 테니스와 같이 빠른 운동에서는 자화가 개입될 여지가 별로 없고, 효과도 적을 것이다. 그러나 테니스 서브, 축구 페널티킥, 농구 프리드로 샷, 투수나 타자, 골프 샷과 같은 정지 상태에서의 동작은 시간적 여유가 많고, 그만큼 심리적 간섭이 끼여들 여지가 많다. 이때 잡념이나 불안을 제거하고, 나아가 의도적으로 자신이 원하는 것을 실행할 수 있는 자화는 매우 유용한 도구가 될 것이다.

2) 기술의 변경이나 수정을 위한 자화

반복적인 수행에 의하여 신경회로망이 형성되면 기술은 자동화될 것이다. 그러나 잘못된 부분이나 나쁜 습관이 있는 경우에는 이를 제거하거나 변경할 필요가 생긴다. 기존의 잘못된 습관을 억제하기 위한 의식적인 노력이 필요한데, 이때에도 자화가 유용하다. 왜냐하면 자화는 기본적으로 의도적인 노력이므로 자화를 실행하는 동안에는 주의가 집중된다. 주의가 집중되면 새로운 것에 대한 학습이 잘 되므로, 새 기술을 습득하기 위한 반복 수행 횟수가 대폭 줄어들 것이다.

방법상으로는 기존 기술을 부정하거나 회피하려는 자화보다는 원하는 결과에 초점을 두는 자화가 바람직하다. 이러한 형태의 자화는 긍정적으로 생각하는 버릇을 강화시켜 주는 이점이 추가된다. 원하지 않는 것을 피하려고 하면 머릿속에는 부정적인 이미지로 채워질 것이다. 예컨대 체중이동이 잘 안 되는 경우, "다운스윙 시 오른쪽 다리에 체중을 남기지 마라."는 것보다는 "왼발로 체중을 이동시킨다."는 자화가 적절할 것이다.

3) 주의집중을 위한 자화

모든 스포츠 상황에서의 주의집중이란 '현재에 머무르는 것'이라 하였다. 자화는 의도적으로 선수들의 주의를 '지금, 여기에(here & now)'의 과제에 집중시키는 데 도움이 된다. 심리학자 헤이(Hay)가 말했듯이 "힘의 포인트는 항상 현재의 순간이다." 미래는 통제할 수 없으며, 과거는 지워지거나 대체될 수 없으므로, 선수들은 현재에 머무르는 것을 배워야 한다. 만일 선수들 스스로가 과거로 방황하는 것을 방치하거나(예: 만일 전 홀에서 버디를 성공시켰더라면) 또는 미래에 초점을 맞춘다면(예: 다음 홀에서 버디를 하면, 싱글을 기록한다) 현재의 샷을 실행하는 데 어려움이 있을 것이다. 지금 당장 원하는 것에 주의를 집중시킬 수 있는 자화(예: 타깃을 본 후 부드럽게 스윙하자)는 정확한 샷을 할 수 있는 최상의 기회를 제공할 것이다.

4) 자신감을 위한 자화

골프에서의 자화는 이번 대회에서 우승할 것이란 자신감, 특정 상대를 이길 것이란 자신감, 특별한 샷을 성공할 것이란 자신감 등 특정 과제를 잘할 수 있다는 구체적인 형태로 나타난다. 그리고 자신감을 위한 자화는 과거의 성공적인 경험이나 현재의 기술수준에 적합한 것을 선택해야 할 것이다.

　예컨대 프레드 커플스가 과거의 성공적인 샷을 상상하면서 샷을 준비하는 것처럼 그렉 노먼도 중요한 샷을 앞두고 실시하는 자화가 있다. "4번 아이언은 내가 수만 번이나 연습했던 것이니, 이번에도 틀림없이 성공할 거야. 자, 가자. 4번 아이언아!"

　그리고 자화는 샷을 준비할 때 뿐 아니라, 샷을 한 후 결과에 대한 감정을 컨트롤할 때도 유용하게 쓰인다. 이는 성공한 샷과 실패한 샷에 대하여 어떻게 반응하는가의 문제로써, 자신감을 강화하거나 유지하기 위한 자화라고 할 수 있다.

　두 차례나 US 아마추어 챔피언을 지낸 바 있고 지금은 시니어 투

그림 ⑰-1 제이 시걸

어 선수로 활동하고 있는 제이 시걸 선수는 그의 얼굴 표정만으로는 그가 어떤 샷을 했는지 모를 정도로 감정을 외부로 나타내지 않았다고 한다. 도대체 감정을 어떻게 컨트롤하는지 묻는 말에, 시걸은 다음과 같이 대답했다고 한다. "굿 샷을 날리면, 나는 나 자신에게 'Good shot.'이라고 말합니다. 그리고 나서 마음속으로 웃습니다."

자신감에서 언급하였듯이, 월터 헤이건은 실패한 샷에 대하여 나름대로 독특한 전략을 갖고 있었다. 그것은 라운드 당 7개의 미스 샷을 예상하고 플레이에 임하는 것이었다. 미스 샷이 나오더라도, 그것은 이미 예상했던 일이므로 슬프거나 분노할 필요가 없다. '7개 중 하나'라고 자신에게 보고하면 그만이다.

5) 부정적인 사고를 긍정적인 사고로 바꾸기

부정적인 사고가 반드시 부정적인 결과를 낳는 것은 아니라 하더라도, 그것이 어떤 동작과 관련되어 있는 경우에는 거의 대부분 영향을 미친다고 할 수 있다. 퍼팅을 실패할지도 모르겠다는 부정적인 사고로 인하여 퍼팅을 실패한 경우, 부정적인 사고와 퍼팅 실패는 강하게 연결된다고 볼 수 있다. 부정적인 사고는 신체를 긴장시키는 경우가 많아 좋은 결과를 기대하기 어려운 것도 긍정적인 사고로의 전환이 필요한 중요 이유이기도 하다.

부정적인 사고를 긍정적인 사고로 바꾸기 위해서는 먼저 부정적인 사고가 동작 수행에 방해가 된다는 사실을 인식하여야 하며, 부정적인 사고를 중단하거나 긍정적인 사고를 의도적으로 반복연습해야 한다. "골프는 정말 어렵다."가 아니라, "골프는 재미있다." 또는 "나는 이보다 더 어려운 일을 하였으므로, 열심히 하면 잘할 수 있다."라고 자화하는 것이다.

어떤 젊은 여자 프로 골퍼는 성적 부진으로 고민하던 중, 스포츠 심리학자를 찾아가 상담을 하였다. 스포츠 심리학자는 그녀가 매우 부정적인 사고 패턴을 갖고 있음을 간파하고는 문제의 심각성을 확인시켜 주기 위해 그녀에게 100개의 클립이 들어 있는 상자를 주었다. 그리고 부정적인 생각을 할 때마다 클립 하나를 꺼내어 주머니에 넣으라고 하였다. 라운딩 후 그녀는 84타를 기록하였는데, 클립의 숫자는 87개 였다. 그녀는 클립을 세면서 자신의 문제를 인식하고, 매 라운딩마다 긍정적인 사고를 반복하는 노력으로 클립의 숫자를 줄여 나갔다고 한다.

자신감에서 보았듯이 위대한 챔피언들은 부정적인 생각이나 자화를 원천적으로 봉쇄함으로써 뇌 속에 기억하지 않으려 한다. 일시적으로 부정적인 생각이 날지는 모르겠지만 마지막 단계에 이르러 그들의 머릿속에는 항상 긍정적이고 자신감 있는 생각으로 대체된다.

제18장
이동시간에는 하늘을 보자

제18장
이동시간에는 하늘을 보자

우리는 30초 스윙 패키지를 통하여, 스윙 시 우리의 뇌를 활용하는 방법에 대하여 알아보았다. 그 다음 생각해야 할 문제는 30초 스윙 패키지를 수행하고 난 후, 다음 샷을 위해서 이동하거나 다음 홀로 이동하는 시간에 우리 뇌를 어떻게 가동해야 하는가 하는 문제이다.

이것이 바로 골프가 다른 스포츠와 뚜렷하게 구별되는 점이다. 즉, 테니스에서는 직전의 실수에 대해 선수의 마음이 자기 비판적, 부정적으로 흘러가기 시작하자마자 다음 샷에 대응해야 하기 때문에 부정적인 생각이 개입될 틈이 주어지지 않는다. 그러나 골프에서는 한 샷을 마치고 다음 샷을 하기까지 너무도 많은 시간이 주어진다. 이 시간을 어떻게 활용해야 하는가? 이러한 문제는 골퍼들이 극복해야 할 또 하나의 보이지 않는 도전이 된다.

 1 과거는 잊어라

1라운드 소요시간을 약 300분(5시간)이라고 했을 때, 이 중 50분(30초×100타=3,000초, 즉 50분)은 샷을 위한 시간이고, 나머지 250분은 다음 샷을 위해 준비하는 시간이 된다. 샷을 하기 위해서는 최대한의 주의집중이 필요한데, 이는 30초 스윙 패키지에서 정한 동작을 자동적으로 수행함으로써 달성될 수 있다고 하였다. 그러나 주의집중에는 많은 에너지가 소모되기 때문에 라운딩 내내 주의를 집중하기는 매우 어려우며, 그럴 필요도 없다. 나머지 250분 동안에는 절대적으로 긴장을 완화시키고 편안한 상태를 만들어 다음 샷에 대비하는 것이 중요하다. 이 기간은 이완기(period of relaxation)라고 할 수 있다.

골프는 다른 스포츠에 비하여 비교적 낮은 수준의 각성이 요구된다고 하였으며, 각성수준을 일정하게 유지하는 것이 골프를 잘할 수 있는 비결이라고 하였다. 이는 고속도로에서 제한속도보다 낮은 속도로 운행하면 편안하고 즐거운 여행을 할 수 있는 것과 같은 상황이라고 비유하였다. 그러므로 골프 게임의 페이스는 라운딩 내내 안정된 심리 상태를 유지하는 것이라고 할 수 있다. 게임의 페이스를 안정적으로 유지하고 조절하는 일이야말로 골프 심리학의 주요 과제가 된다.

이 책에서 말하는 골프 심리학의 핵심 내용은 하나의 골프 스윙은 당시 단기 기억상자에 입력되어 있던 정보에 의해 정해진다는 것이었다. 마찬가지 원리에 의해 게임의 페이스를 유지하기 위해서는 샷이 이루어진 직후부터 다음 샷이 이루어질 때까지의 이완기 동안에 단기 기억상자에 어떤 내용을 입력시켜야 하는가의 문제로 귀착되는 것이다.

어떤 생각들이 심리적인 불안정한 상태를 초래하여 게임의 페이스를 해치게 되는가? 이런 생각들은 단기 기억상자에 초대되어서는 안 되는 손님들이다.

- 미스 샷이 난 경우, 결과에 분노하거나 좌절한다. 각성수준이 올라간다.
- 미스 샷으로 인해 까먹은 점수를 계산해 본다. OB가 났으므로 최소 더블 보기로는 막아야 한다고 생각한다. 그리고 다시 한 번 분노하고 자책한다. 각성수준이 더 올라간다.
- 스윙 메커니즘을 생각해 본다. 여전히 슬라이스가 문제였다. 어느 부분에서 잘못되었는지 점검하기 시작한다. 다음 샷 위치는 점점 다가오는데 아직도 원인을 찾지 못하겠다. 이번에도 슬라이스가 날까 봐 불안, 초조해진다.

많은 골퍼들은 샷 직후, 주어진 많은 시간 동안 과거의 샷에 대한 결과에 습관적으로 집착하는 경향이 있다. 단기 기억상자에 미스 샷에 대한 분석과 메커니즘 생각으로 가득 채움으로써, 심리 상태를 불안하게 한다.

필자가 호주에서 골프를 배우던 시절, 주니어 상비군이었다가 호주로 골프 유학차 온 젊은 친구와 라운딩을 할 기회가 있었는데, 당시 그 친구는 그렉 노먼의 스승인 찰리 업으로부터 골프 레슨을 받고 있었다. 상비군 출신답게 스윙이 매우 좋았고, 거리도 많이 났다. 그런데 젊은 친구라 그런지 볼이 잘 안 맞으면 클럽으로 땅을 몇 번씩 내리치는 등 마인드 컨트롤이 부족하다는 생각이 들었다.

얼마 후 그 친구와 다시 라운딩을 하게 되었다. 찰리 업한테 많이 배웠냐고 물어 보았더니 레슨을 그만두었다는 것이었다. 이유는 이러했다. "볼이 잘 안 맞으면 스윙을 수정해 줄 생각은 안 하고, 하늘을 보아라, 저기 꽃을 보아라 하는 것이에요. 도무지 배울 것이 없더라구요." 그날 라운딩에서는 필자가 82타를, 그 친구는 85타를 쳤다. 그후 그 친구의 친구 얘기를 통해서 들은 바에 의하면, 그 친구는 보기 수준의 골퍼로 전락하여 거의 클럽을 잡지 않는다는 것이었다.

펜싱 경기는 긴 시간에 걸쳐서 여러 명의 선수와 돌아가면서 시합을 갖는다. 일정한 간격을 두고 시합이 연속적으로 진행된다는 점에서 골프와 유사한 구조를 갖고 있다. 한 경기를 끝낸 선수는 다음 선수와의 경기 전까지 휴식을 갖게 되는데, 다음 경기를 위해서는 지난 경기에서 있었던 일들을 떨쳐 버리고 정신적으로 새롭게 출발한다는 마음가짐이 중요하다.

휴식시간 동안 심리적 안정 상태를 유지하기 위하여 폴 페쉬라는 펜싱 선수는 수건을 머리 위에 뒤집어쓰고 과녁판의 동심원을 머릿속으로 계속 그렸다고 한다. 심상을 활용한 정신집중기법이라고 할 수 있다. 지난 시합에서 있었던 일들을 머릿속에서 제거함으로써, 자칫 흐트러질 수 있는 마음을 안정시키는 것이다.

벤 호건은 지난 샷을 뒤돌아봄으로써 자신의 마음이 분석적·부정적으로 흘러가는 것을 방지하기 위하여, 자신의 뒤편에 상상의 벽돌담장을 쌓아 과거 샷으로부터 자신을 단절시켰다고 한다.

위의 예에 의하면, 이완기 동안의 단기 기억상자에는 지난 샷에 대한 생각은 무조건 제거해야 한다는 결론이 나온다. 지난 사건을 되새김질하는 것은 게임 페이스를 망가뜨리는 제1의 주적(主敵)이다. 펜싱 선수이건 골프 선수이건간에 지난 일은 깨끗이 잊어버리는 것이 페이스를 유지할 수 있는 최선의 방어책이 된다.

2 양(羊)의 숫자를 세어라(count sheep)

옛날 스코트랜드의 목동들은 하루종일 양을 지키는 무료함을 달래기 위하여, 나무막대기를 클럽 삼아 헝겊덩어리나 돌을 치면서 골프 게임을 하였을 것이다. 그러다가 미스 샷이 나오면 분노할 것이다.

그림 ⑱-1 대물명상법

그러면 양의 숫자를 세면서 다음 장소로 이동한다. 양의 숫자를 세다 보면 미스 샷이나 그 밖의 다른 생각을 하지 못하게 되므로, 마음이 단순해지고 분노의 감정도 사라진다. 초원의 한가로움은 마음을 편안하게 해 준다. 이러는 사이에 새로운 마음으로 다음 샷을 준비하게 된다. 이 얘기는 이완기 동안 어떤 생각을 단기 기억상자에 입력시켜야 하는가를 잘 예시해 주고 있다 하겠다.

단기 기억상자에 입력되어야 할 사항들은 대개 다음과 같은 가이드라인 범위에서 정해질 것이다.

- 이완되고 평화로운 마음을 유지한다.
- 마음을 깨끗이 비운다.
- 자신이 느끼고 싶거나 하고 싶은 일을 상상한다.
- 철저하게 샷에 대한 생각을 잊어버린다.

친목이나 비지니스를 위한 라운딩이라면 정신적으로 부담이 없는 가벼운 주제로 동반자와 담소하는 것이 무난할 것이다. 그러는 가운데 지난 샷에 대한 기억을 지워 버리고, 즐거운 대화를 통하여 마음을 안정시킬 수 있을 것이다. 대화는 필연적이고 이것이 골프 경기 자체에 다소간 영향을 미치는 것은 피할 수 없는 일일 것이다. 동반자와의 사교는 골프를 함께 하는 주요한 이유 중 하나이므로, 그러나 심각한 주제에 대한 대화에 몰두하다 보면 우리의 잠자는 신경망을 자극하여 골프와 관련 없는 내용으로 단기 기억을 어지럽히게 되므로 유의하여야 한다. 그리고 한 수 지도한답시고 슬라이스를 방지하는 방법, 그립 등 스윙 메커니즘에 대한 얘기를 꺼내는 일도 가급적 피해야 한다.

선수권을 다투는 경기라면 다른 접근방법이 필요할 것이다. 몇 가지 프로 선수들의 예를 참고하기로 하자. 이는 모든 수준의 선수에게도 유효한 방법이며, 이것과 위의 가이드라인을 참고로 하여 자기 나름대로의 페이스 유지방법을 만들어 두면 많은 도움이 될 것이다.

■ **프레드 커플스(Fred Couples)는** 이동 기간 중 캐디와 함께 스포츠에 대한 얘기를 한다. 스포츠에 관한 일이라면 무엇이든지 OK이다. 자신이 좋아하는 얘기를 서로 나눔으로써 즐거운 마음이 된다.

경기가 잘 풀리지 않아 초조해지거나 집중이 잘 안 되는 경우에는 시야에 있는 커다란 나무나 숲을 선택하여 마음속으로 나무의 윤곽을 그리기 시작한다. 눈으로 천천히 외곽선을 따라간다. 이 작업을 마치면 신체는 이완되고 마음은 깨끗해진다. '대물명상법(對物瞑想法, object meditation)'이다.

그리고 '공상법(空想法, daydreaming)'이 있다. 모든 사람은 자신이 좋아하는 것이 있게 마련이다. 커플스가 즐겨하는 일은 정원 가꾸기, 자동차 수리하기, 개와 함께 놀기, 소파에 누워 한가하게 TV 보기 등이었다. 라운드 중 이러한 일상의 한가로운 일을 상상함으로써 마음에 여유가 생긴다.

결정적인 순간의 샷을 앞두고 긴장이 고조될 때는 과거의 비슷한 상황에서 가장 잘 쳤던 샷을 떠올린다. 그 당시 느낌과 생각을 되새긴다. 샷을 준비하면서 그때 그 장소에서와 똑같이 플레이하는 자신을 상상한다.

흔히 명상이라 하면 오로지 무념무상의 경지를 떠올리는데, 그저 자신이 좋아하는 세계를 떠올리기만 해도 명상이 된다. 이것도 하나의 습관처럼 만들면 아주 유용하게 쓰일 수 있으므로, 평소에 연습을 해 두는 것이 좋다.

■ **데이브 스탁턴(Dave Stockton)은** 1977년 멤프스 클래식 대회에서 59타의 최저타 기록을 수립한 바 있는데, 이완기 중 마음을 비우기 위해 많은 기법을 사용하는 골퍼 중의 한 사람이다. 그는 사냥과 낚시를 취미로 하고 있는데, 라운딩 중 토끼, 새, 뱀, 물고기 등이 있을 만한 장소를 찾아 주변을 둘러보는 것이 일과처럼 되어 있으며, 산딸기가 있는 것으로 알려진 코스에서는 혹시 익은 것이 있는지 여

기저기 기웃거린다고 한다. 캐디나 동반자와는 낚시나 사냥, 여행 계획 등을 소재로 담소하기도 한다. 그리고 데이브의 가장 충실한 팬이며, 코치이기도 한 그의 아내 캐시는 라운드 중 갤러리 로프를 따라 그와 담소하면서 마음을 편하게 해 준다고 한다.

■ **필 블랙마(Phill Blackmar)는** 멕시코만에서 취미인 바다낚시를 하고 있는 자신을 상상하면서 마음을 진정시킨다고 한다. 잡념이 엄습하면, 그것을 낚싯바늘에 꿰어서 멕시코만으로 멀리 던져 버리는 것을 상상한다고 한다.

그림 ⑱-2

■ **음악에 조예가 깊은 브래드 페이블(Brad Fabel)은** 몸이 긴장되고 마음이 걷잡을 수 없이 흔들릴 때면, 자신이 좋아하는 노래를 골라

조용히 휘파람을 분다고 한다. 그러면 마음이 진정되고, 다시 게임의 리듬을 찾게 해 준다고 한다. 휘파람 불기, 흥얼거리기나 자신의 18번 노래를 상상하는 것만으로도 잡념을 쉽게 없앨 수 있는 것이다.

이완에서 집중으로의 재전환

골프 게임은 집중과 이완이 주기(週期)를 갖고 반복한다. 이완기 동안 마음이 안정된 상태를 유지해 왔다면, 30초 스윙 패키지로 바로 전환하여 현재의 샷에 정신을 집중할 수 있을 것이다. 그러나 지난 샷에 대한 생각이 아직도 가시지 않고 머릿속에 남아 있거나, 동반자와의 대화 등으로 대화 주제에 대한 신경마디가 여전히 활성화되어 있는 상태라면, 다음 샷에 대한 간섭으로 작용하게 된다. 이완기 중 다른 곳으로 분산되어 있던 주의를 다시 한 곳으로 모으는 작업이, 또 하나 골퍼가 극복해야 할 심리적 과제이다. 그러나 이런 능력은 많은 연습과 경험을 통하여 얻어질 수 있음을 알아야 한다. 위대한 선수들은 모두 집중의 재전환의 천재들이다.

잭 니클러스는 1982년 포드 전대통령, 밥 호프 등과 프로암 대회 파트너로 경기를 한 적이 있었는데, 경기 중 그들과 끊임없이 담소하면서도 코스 레코드를 기록하였다. 니클러스는 집중과 이완을 어떻게 실행해 왔는지 알아보자.

니클러스는 샷을 준비하는 과정에서 깔때기(funnel)처럼 주의를 점차적으로 좁혀가다가 샷 직전 집중력을 극대화하고, 샷이 끝나면 이완 상태로 전환한다.

"18홀 내내 골프 샷에만 집중할 수는 없는 일입니다. 만약 그렇게 하면 얼마 못 가서 정신적으로 탈진하여 아무 것도 생각하기 싫어질 것입니다. 그래서 나는 정상(頂上, peak)의 집중력으로부터 이완의 계곡을 자유자재로 넘나들 수 있는 나름대로의 방법을 개발하였습니다."

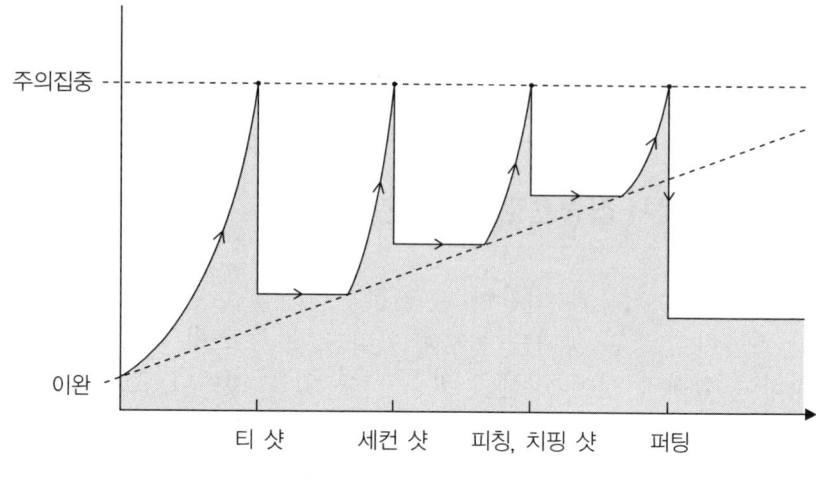

표 ⑱-1 이완과 집중의 과정

"티를 향하여 걸어가면서 나는 초점을 모으기 시작합니다. 샷에 대한 전략을 세우는 과정에서 초점이 좁아지고 집중이 강화됩니다. 볼 앞에 서는 순간 나의 초점은 극대화되고, 내가 하고자 하는 샷에 대한 마음의 그림이 하나로 되어 선명해지면 샷을 날립니다.

샷이 문제가 없으면 동반자와 일상적인 얘기를 나누거나, 아무 생각 없이 마음이 흘러가는 대로 내버려둡니다. 그럼으로써 나의 마음은 이완의 계곡을 향해 내려갑니다.

그 다음 집중력을 모으는 시점은 볼이 위치하고 있는 지점 뒤에서 다음 샷에 대한 거리를 재는 것으로부터 시작됩니다(이때부터 니클러스의 프리샷 루틴이 시작된다). 샷을 준비하는 과정에서 초점이 다시 좁아지고 셋업 상태에서 최고에 이르면 샷을 날립니다.

그린을 향하여 걸어가면서 다시 마음은 이완의 계곡으로 내려가지요. 그러나 이때는 티 샷 때만큼 계곡 깊이 내려가지는 않습니다. 볼에 다가서면서 나의 초점은 다시 정상을 향하여 올라가기 시작합니다. 나의 초점이 정상 상태에 도달하면 샷을 실행합니다."

필드의 개그맨 리 트레비노는 어린 시절 가족을 봉양하기 위하여 중학교 2학년을 중퇴하고 골프 연습장에서 일을 하기 시작하였다. 그의 꿈은 돈을 많이 벌어 부모와 어린 형제들과 행복하게 사는 것이었다. 그는 일이 끝나면 연습장에서 혼자 연습을 하였는데, 누구 하나 돌봐주는 사람 없이 혼자서 연습한다는 것은 쉬운 일이 아니었다. 그에게는 낮게 휘어지는 악성 혹이 항상 문제였다. 어느 날 그는 벤 호건이 연습장 구석에서 혼자 연습하는 장면을 보게 된다. 호건의 샷은 높이 뜨는 페이드였다. 바로 트레비노가 원하는 샷이었다. 그후 트레비노는 5년간 독학으로 자신의 샷을 만들기 위하여 노력한다. 드디어 샷이 완성되자 트레비노는 우승행진을 하기 시작했다. 그리고 많은 돈을 벌었다. 그의 스윙 폼은 보통 사람들이 생각하는 정통적인 모습은 아니다. 그러나 전문가들은 호건 이후 볼을 가장 잘 치는 사람으로 트레비노를 지목하는 데 주저하지 않고 있다.

　돈을 벌어야 한다는 강한 의지는 왜곡된 승부욕으로 나타나기도 하였는데, 위대한 골퍼에게 오점을 남긴 사건이 있었다. 트레비노가 한창 상승세를 타기 시작할 무렵, 그에게 가장 두려운 상대는 바로 잭 니클러스였다. 트레비노가 골프로 성공하기 위해서는 반드시 극복해야 할 적수라고 생각했다. 그러나 니클러스를 이기기는 거의 불가능한 것처럼 여겨졌다. 그러던 중 기회가 왔다. 니클러스와 같은 조로 마지막 라운드를 하게 된 것이었다. 트레비노는 니클러스가 뱀을 무척 싫어한다는 사실을 알아내고는 결정적인 순간에 뱀을 이용하기로 마음먹었다. 18번 홀에서 니클러스가 퍼팅을 준비하고 있을 때였다.
　"어이, 잭!" 하고 부르면서 트레비노는 준비해 둔 뱀을 그린 위에 떨어뜨렸다. 물론 진짜 뱀은 아니었다. 장난감 고무뱀 이었다. 어쨌든 니클러스는 깜짝 놀라서 퍼팅을 놓치고 말았다. 트레비노의 작전은 멋지게 성공했지만 그의 비신사적 행위는 많은 사람들의 비난을 받았음은 물론, 그를 PGA에서 제명해야 한다는 목소리가 높았다. 마침내 피해 당사자인 니클러스의 의견을 묻기에 이르렀다. 니클러스는 "트레비노의 비신사적 행위는 나빴지만 그런 사태에 대비하지 못한

그림 ⓲-3

나에게도 책임이 있다."면서 우회적으로 트레비노가 자격을 박탈당하는 것을 반대하였다고 한다. 이로 인하여 트레비노는 투어 생활을 계속할 수 있었으며, 니클러스는 더욱 많은 사람들의 사랑을 받게 되었다고 한다.

어쨌거나 트레비노의 어려웠던 시절은 골프로 돈을 벌어야 한다는 의지를 강하게 해 주었던 하나의 원인이 되었을 것이며, 이는 샷에 대한 집중력을 높게 해 주었을 것으로 생각된다. 한편 멕시칸 특유의 쾌활한 성격과 타고 난 유머감각으로 갤러리로부터 많은 사랑을 받기도 하였는데, 이는 나름대로 코스에서 생기는 긴장을 해소하는 트레비노의 방편이었던 것이다.

골프 심리학

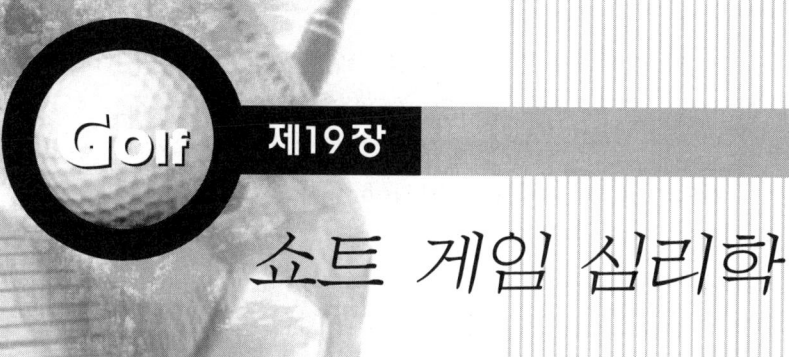

제19장

쇼트 게임 심리학

제19장
쇼트 게임 심리학

 골프의 1+4가지 게임

골프 게임은 사실 몇 가지 작은 게임들의 집합이라고 할 수 있다. 보통은 골프를 배운다고 하면, 골프 스윙을 배우는 것으로 생각하는 경향이 있다. 골프 스윙은 골프 게임의 일부에 불과하다. 골프의 1+4 가지 게임 모두를 가르치고 배워야 한다. 이들 1+4가지 게임이 조화를 이루었을 때 완성된 골프 게임을 할 수가 있는 것이다. 그러므로 1+4가지 게임 각각의 게임 특성을 이해하는 것은 골퍼의 기본 소양이다. 일반적으로 골프 게임은 다음과 같이 분류할 수 있다.

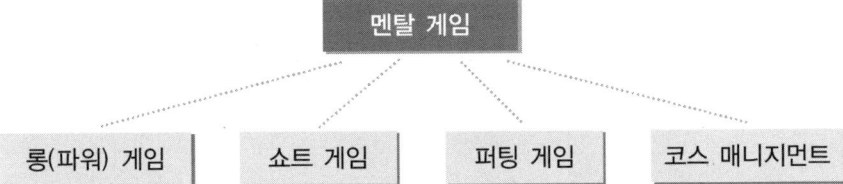

지금까지 설명한 바와 같이 골프는 100% 심리 게임이므로, 멘탈 게임은 나머지 4게임에 모두 적용된다. 모든 골프 게임은 기본적으로 뇌에 저장되어 있는 기억을 실행시키는 과정에 불과하기 때문이다.

1) 파워 게임

(1) 파워 게임은 정확성 게임이라고 해야 한다

롱(파워) 게임은 드라이버이나 아이언을 사용하는 게임으로써, 볼을 상당한 거리에까지 보내야 하므로 어느 정도의 파워가 요구된다고 할 수 있다. 그러나 골프 스윙은 '현재의 위치 A로부터 특정 타깃 B지점으로 볼을 보내는 것'이 목적이다. 그러므로 파워는 최대한의 파워가 아니다. 타깃까지만 볼을 보내면 되므로, 그 정도의 파워면 충분하다.

한편 롱 게임, 즉 골프 스윙은 하나의 단위 동작이다. 즉, 스윙은 우리 인체의 움직임에 의해 이루어지는데, 그 움직임에는 개인 고유의 리듬, 템포, 밸런스가 신경회로를 통하여 기억되어 있기 때문에 스윙 동작은 항상성(恒常性)을 갖는다고 할 수 있다. 그러므로 하나의 스윙에서 산출되는 파워는 일정하다고 할 수 있다. 이런 두 가지 관점에서 보면, 롱 게임에서의 거리는 클럽의 길이와 로프트 각도가 결정하는 것이라고 할 수 있다.

롱 게임이나 파워 게임은 명칭상 골퍼들에게 장타나 거리를 연상시켜, 필요 이상의 힘을 쓰게 하는 것 같다. 필자는 이를 '정확성 게임(accuracy game)'이라고 하는 것이 좋다고 생각한다. 이 명칭은 '골프는 가장 적은 타수로 홀에 볼을 넣는 경기'라는 골프 경기의 정의와 본질에도 맞는다.

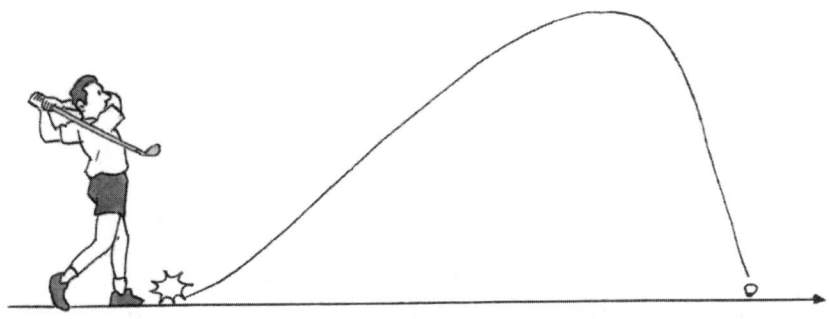

그림 ⑲-1 골프 스윙은 하나의 동작이다

(2) 파워는 정확성을 상쇄한다

프로들은 원리에 의한 스윙을 하기 때문에 파워는 기본이고, 정확성이 우선이다.

　미국 PGA에서 데이비스 러브 3세는 대표적인 장타자로 알려져 있는데, 젊은 시절 아이언 거리가 너무 많이 나기도 하고, 클럽간 거리가 일정하지 않아 거리를 맞추는 데 애를 먹었다고 한다. 한 타가 중요한 프로 투어에서 생존하기 위해서는 아이언의 정확도가 필수적임을 인지하고, 약 2년간의 연습을 통해서 아이언의 거리를 맞추었다고 한다. 각 클럽간 거리 차이를 정확히 15야드로 하고, 3번 아이언의 거리를 215야드로 맞추었으므로, 7번 아이언의 거리는 155야드가 된다. 물론 데이비스라면 7번 아이언으로 190야드 이상을 쳐낼 수 있을 것이지만, 가용한 파워의 80% 수준에 맞춘 것이다. 80%의 파워로 스윙했을 때, 정확도가 가장 높기 때문이다. 80% 이상이면 정확성이 비례하여 떨어진다. 드라이버도 마찬가지이다.

　아마추어 골퍼들이 7번 아이언을 160야드 이상 보낼 수 있다고 하는 것은, 그만큼 내 7번 아이언은 정확하지 않다고 말하는 것과 같다. 골프 스윙은 스윙의 원리에 의해서 정해진 클럽으로 적당한 힘을 들여 정해진 거리를 보내는 것이지, 많은 힘을 들여서 멀리 보내는 것이 아니다. 조금 더 멀리 보내고 싶으면 한 클럽 더 잡으면 되는 것이다.

　"파워(속도)는 정확성을 상쇄시킨다."는 것은 운동기술 불변의 법칙이다. 프로들의 스윙은 왜 부드러운가? 대부분 80% 정도의 파워를 사용했을 때 인체는 자연스런 스윙 동작을 산출할 수 있으며, 정확도가 가장 높아지기 때문이다. 여기에는 물론 개인차가 있다. 예컨대 지근(遲筋)이 발달한 선수는 마라톤이, 속근(速筋)이 발달한 선수는 단거리가 유리한 것처럼, 자신의 우세한 근육이 무엇인가를 정확하게 파악하는 것이 중요하다. 골프에서의 개인차는 고유의 리듬, 템포, 밸런스라고 할 수 있는데, 닉 프라이스처럼 속근(速筋)이 우세한 골퍼는 스윙 속도가 빠를 때 정확성이 높아진다고 볼 수 있다.

2) 쇼트 게임 – 느낌(feeling)으로 조절한다

롱 게임은 100m 이상의 샷을, 쇼트 게임은 100m 미만의 샷을 의미하는 것으로 하자. 각 게임의 특성을 파워 측면에서 보면, 롱 게임이 '100'의 파워를 필요로 한다면, 퍼팅 게임은 '0'의 파워, 쇼트 게임은 '1~99'의 파워를 필요로 한다. 파워와 정확성과의 상관관계에서 볼 때 퍼팅 게임은 파워가 0이므로 정확성은 최대가 되며, 롱 게임은 파워가 100이므로 정확성은 최소가 된다.

쇼트 게임은 1~99단계의 파워를 조절해야 하는 게임인데, 100m 이내에서는 정확성이 더 중요하므로 가급적 파워를 적게 하는 것이 쇼트 게임의 요령이 되어야 한다. 풀스윙은 파워가 필요한데, 피칭 샷은 파워를 가급적 배제시켜야 하므로, 두 스윙은 성질상 양립할 수 없다. 쇼트 게임은 롱 게임과는 다른 형식의 스윙이 되어야 한다는 것을 시사한다. 흔히 스윙은 하나라는 말을 종종 들으며, 피칭 샷은 풀스윙의 축소판 또는 일부라고도 하는데, 쇼트 게임은 풀스윙과는 다른 방법으로 이루어져야 본연의 목적인 정확성을 도모할 수 있음을 생각해 볼 필요가 있다. 예컨대 롱 게임은 임팩트 시의 적응성 면에서 약간 강한 그립이 요구되지만, 쇼트 게임은 힘을 배제시키기 위하여 약한 그립이 효과적일 수 있다.

그런데 흔히 쇼트 게임은 느낌이나 감각으로 치라고 한다. 99단계의 힘 조절을 과연 느낌이나 감각만으로 처리할 수 있을까?

와인(wine) 감별사들은 수백 가지의 와인 종류를 정확히 구별해 낼 수 있다고 한다. 이들도 처음부터 그랬던 것은 아닐 것이다. 가령 삼백 가지의 와인을 구별할 수 있다는 것은 삼백 개의 미각 신경마디가 뇌에 기억되어 있다는 것이다. 반복적인 시음 경험을 통하여 미각 신경이 세분화되었을 것이다. 이는 우리 인체의 놀라운 감각능력의 한 예일 뿐이다. 우리 귀를 통하여 들어오는 수천 가지의 소리도 일일이 기억되어 있다. 우리 인체의 감각능력을 감안하면 99단계의 힘 조절은 그리 어려운 일이 아니다.

 그러므로 쇼트 게임을 느낌으로 친다는 것은 와인 감별사처럼 감각기관을 통한 신경회로의 형성과 다름없다. 프로 선수들은 1m 간격으로 쇼트 게임을 정교하게 컨트롤할 수 있는데, 이는 수많은 반복연습에 의하여 각 거리별 스윙이 기억되어 있기 때문이다. 정작 시합에 나가면 연습 때와 같은 정교한 컨트롤이 이루어지지 않는 경우가 있는데, 이는 결과 집착, 실패에 대한 두려움 등의 심리적 간섭 때문이다. 그리고 골프에서의 감각은 주로 시각에 의존하는데, 심리적 간섭이 없다면 시각정보는 관련 기억에 접속됨으로써 필요로 하는 동작이 연출되는 것이다. 즉, 시각정보→관련 기억→동작의 구조이다.
 특히 쇼트 게임은 '눈'으로 친다고 말할 수 있다. 사실 골프에서의 모든 샷은 시각정보에 의존하고 있으므로, 비단 쇼트 게임뿐 아니라 모든 샷은 눈으로 친다고 해야 한다. 단지 쇼트 게임에서 시각의 역할이 다른 롱 샷에 비해 크다는 차이가 있을 뿐이다. 느낌만으로 골프를 칠 수 있다면, 항상 최상의 수행을 이룰 수 있는 것이다.

 우리의 시각은 엄청나게 정확한 능력을 보유하고 있다고 하였다. 단지 볼이 놓여 있는 상태와 홀과 그린을 쳐다보는 것만으로 샷에 필요한 모든 정보는 입력이 되는데, 그 정보는 매우 정확하다. 그 정보에 따라 뇌는 사지에 명령을 내린다. 이를 우리는 의식하지 못한다고 하였다. 여기에서 우리가 하는 일은 홀을 바라보는 것뿐이다. 이것이 바로 '느낌으로 친다'는 것의 실체이다.
 이때 분석과 계산은 절대 금물이다. 시각으로 입력된 정보보다 정확도가 낮고, 뇌에서의 정보 처리를 방해하기 때문이다.

 통상 쇼트 게임은 백스윙의 크기에 의해서 거리를 조정하라고 하는데, 이것도 시각정보에 따라 뇌에서 알아서 조정해 주기 때문에 의식적으로 백스윙 크기를 조정하다 보면 실패할 확률이 높다. 그리고 초보자들은 홀까지 남은 거리에 관계없이, 백스윙은 큰데 다운스윙은 힘없이 내려온다. 지금의 백스윙을 그대로 방치하면 볼이 그린을 훌쩍 넘어 버린다는 사실을 우리 인체는 금방 감지하기 때문에, 뇌에서 다운스윙의 속도를 줄이라는 지시가 떨어지기 때문이다. 이처럼 우리 인체의 능력은 생각보다 막강하다.

3) 코스 매니지먼트 게임과 멘탈 게임

코스 매니지먼트 게임을 한 마디로 정의하면, 주어진 상황하에서 위험 대 보상을 판단하여, 어떤 클럽을 사용하여, 어떤 종류의 샷을, 코스의 어느 부분으로 보낼 것인가의 게임이다. 게임 플랜의 실행 과정이라고 생각하면 될 것이다.

코스 매니지먼트 게임에서 가장 중요한 요소는 결단성(decisiveness)이다. 흔히 '첫 감(感)'이라고 하는데, 이는 직관(直觀)에 의한다. 직관에 의한 결정은 인체의 뛰어난 감각능력과 경험의 합작품이므로, 신뢰도가 매우 높다고 할 수 있다. 경기 중 거리에 대한 확신이 안 서는 경우 클럽을 확정하지 않은 채 두 개의 클럽을 들고 고민하는 경우가 많은데, 심리적인 갈등을 안고 샷을 하게 되므로 문제가 생길 수 있다. 다른 조건의 변경이 없다면 첫 감에 의하여 선택된 클럽을 그대로 믿고 샷을 하는 것이 성공 확률이 크다.

잭 니클러스가 1992년 시니어 US 오픈에서 우승할 당시 72홀 중 드라이버를 사용한 것은 17번에 불과했다고 하며, 게리 플레이어가 1962년 아로니밍크에서 열린 PGA 챔피언십에서 우승할 당시에는 단 한번의 드라이버도 사용하지 않았다고 한다. 코스 매니지먼트의 승리였다.

멘탈 게임은 이미 언급한 대로 주의집중, 자신감, 각성과 불안의 조절 등에 관한 게임이다. 그런데 이러한 요소는 롱 게임, 쇼트 게임, 퍼팅 게임, 코스 매니지먼트 게임에 모두 적용되므로, 멘탈 게임은 상위의 게임이라고 할 수 있다. 멘탈 게임이 잘 되면 다른 게임도 잘 되고, 멘탈 게임이 무너지면 나머지 게임도 자동적으로 무너지는 것이다.

이 두 게임의 공통점은 롱 게임, 쇼트 게임, 퍼팅 게임과는 달리 신체에 의해 수행되는 것이 아니고, 뇌를 주로 사용한다는 점이다. 그러나 뇌에서 일어나는 일들은 바로 신체에 영향을 준다.

이들 코스 매니지먼트 게임과 멘탈 게임도 다른 게임과 마찬가지로 배우고, 연습함에 따라 그 능력이 향상될 수 있다고 하였다.

4) 골프 게임과 신경회로의 형성

모든 게임을 잘하는 선수는 없다고 해도 과언이 아니다. 왜 어떤 선수는 롱 게임에 강하고 어떤 선수는 쇼트 게임에 강한가?

첫째는, 위에서 설명한 대로 각 게임의 특성이 다르기 때문일 것이다.

둘째는, 선수별로 각 게임이 저장되어 있는 신경회로가 다르기 때문이다.

바비 로크, 벤 크렌쇼, 코리 페이빈 그리고 저스틴 레너드 선수는 공통적으로 드라이브의 거리가 짧은 선수들이다. 다른 선수와의 경쟁에서 이기기 위해서는 쇼트 게임과 퍼팅을 강화할 수밖에 없는 상황이었다. 데이비스 러브 3세나 데니스 폴슨 선수는 자타가 공인하는 장타자이지만, 쇼트 게임과 퍼팅에는 약한 모습을 보여 주고 있다. 이유는 자기가 강한 분야는 어릴 적부터 집중적으로 많은 시간을 투자한 반면 약한 분야는 상대적으로 적은 투자를 했기 때문이다.

많은 시간을 집중하여 반복적으로 연습했다고 함은 바로 완벽한 신경회로가 형성되었음을 의미하는 것이 아닌가? 신경회로에는 동작 그 자체뿐 아니라 터치나 감각도 아울러 기억된다고 하였다. 벤 크렌쇼의 탁월한 퍼팅 감각도 알고 보면, 퍼팅을 잘하지 않으면 안 된다는 강한 동기 내지는 무수한 연습의 결과이다. 퍼팅에 대한 신경회로가 남들보다 잘 발달되어 있는 것이다. 선천적인 재능이 아니라고 생각한다.

　롱 게임과 쇼트 게임 능력이 균형을 이루지 못하면 경기의 기복이 심하고 우승을 하기 어렵다. 벤 호건이나 아널드 파머가 많은 우승을 할 시절, 가장 기여도가 컸던 게임은 바로 퍼팅이었다. 퍼팅이 무너지면서 벤 호건은 서서히 역사의 뒤안길로 물러나고 말았다. 존 데일리가 메이저 대회를 두 번이나 제패한 것도 쇼트 게임과 퍼팅을 집중 연습한 결과였다. 저스틴 레너드는 짧은 드라이브 거리를 보상하기 위하여 롱 아이언 연습을 많이 하였다고 하는데, 롱 아이언을 많이 사용하는 브리티시 오픈에서 강한 면모를 보여 주고 있는 이유이다.

　골프 역사상 가장 위대한 골퍼로 알려진 잭 니클러스의 1+4가지 골프 게임 점수는 얼마나 될까? 데이브 펠즈는 대학시절 일방적으로 당하기만 했던 라이벌(?)이자 절친한 친구 사이인 니클러스의 1+4가지 게임에 대한 점수를 매겨 보았다.

　니클러스의 풀스윙 정확도는 같은 시대 플레이한 골퍼 중 42등이었으며, 퍼팅은 25등, 쇼트 게임은 35등(벙커 플레이는 128등) 정도로 측정되었다고 한다. 개별적으로 뛰어난 능력을 보여 준 분야는 없지만, 골고루 상당히 잘 쳤다고 할 수 있을 것이다. 이 정도의 실력이라면 PGA 투어에서 적어도 10승 정도는 할 수 있는 수준이다. 그렇다면 니클러스가 이룬 메이저 대회 18승의 금자탑은 어떻게 설명되어야 할까? 모든 사람들이 인정하는 바와 같이, 니클러스는 코스 매니지먼트 게임과 멘탈 게임의 달인으로 알려져 왔다. 니클러스의 멘탈 게임은 거의 모든 심리학 관련 서적에서 감초처럼 인용되고 있음은 이를 증명해 주고 있다.
　이처럼 1+4가지 게임의 조화(combination & harmony)는 골프 게임을 완벽하게 해 준다.

2 쇼트 게임의 본질

1) 쇼트 게임의 대가 '데이브 펠츠'

《쇼트 게임 바이블》과 《퍼팅 바이블》의 저자인 데이브 펠츠는 미국의 항공 우주국(NASA) 물리학자 출신으로, 가족과 주위의 반대를 물리치고 15년간 근무했던 직장을 때려치고 나와서 25년간 쇼트 게임과 퍼팅을 연구해 온 사람이다. NASA에서 얻은 경험을 바탕으로 각종 골프 기계나 퍼터를 제작하여 판매하기도 하였는데, 사업 자체는 그다지 성공적이지 않아 10년이 지나서야 간신히 손익분기점을 맞추는 수준에 이르렀다고 하는데, 그때는 이미 갖고 있던 재산과 연금을 모두 날린 상태였다고 한다. 그러나 그가 쇼트 게임 분야에서 이룬 성공과 업적은 골프 역사상 전무후무한 것이었으며, 향후 100년 이내에는 그와 견줄 수 있는 업적은 나오기 힘들 것이라 생각된다.

무엇이 성공이 보장되어 있는 NASA의 수석연구원을 직장에서 나오게 했을까? 그것은 골프에 대한 열정과 대학시절 이루지 못한 꿈을 실현시키기 위해서였다. 그가 골프를 포기하고 물리학자로의 길을 택하게 된 것은 전적으로 잭 니클러스 때문이었다.

둘은 동년배로서 대학시절 같은 골프 선수였다. 니클러스는 오하이오 대학의 간판스타, 펠츠는 인디애나 대학의 골프 장학생이었으며 전공은 물리학이었다. 펠츠가 대학에 들어간 것은 프로 골퍼가 되기 위해서였다고 한다. 두 주(州)는 이웃하고 있어, 대학 선수권 골프 대회 등으로 자연스럽게 대결할 기회가 많았는데, 대학 4년 동안의 결과는 22:0으로 펠츠의 완패였다. 체격 조건이나 샷 면에서 자기가 비대한 니클러스에 비해 분명히 좋다고 생각하는데, 시합만 붙으면 박살이 나는 것이었다. 그 많은 시합 중 다만 몇 번은 이겨야 하는 것이 골프의 속성이다. 펠츠는 니클러스와의 시합 결과를, 그리고 자기 자신을 믿을 수가 없었다. 더욱이 비대한 뚱보 녀석한테도 이렇게 수모를 당하는 판에 별들만 모이는 프로 세계의 경쟁을 이겨나갈 용기가 나지 않았다. 그래서 자신이 경쟁력을 가질 수 있는 물리학자로서의 길을 택하게 되었다고 한다. 당시 펠츠는 잭 니클러스가 골프 황제가 되리라고는 꿈에도 생각하지 못했다고 한다. 니클러스가 그렇게 훌륭한 골퍼인 줄 알았더라면 아마 자신도 진작에 프로 골퍼로 나섰을 것이라고 회고했다.

펠츠가 자기의 모든 정열과 반생을 바쳐서 연구한 쇼트 게임에 관심을 갖게 된 것은 사업을 시작한 지 얼마 되지 않던 어느 날 우연한 사건을 목격하면서부터였다. 그가 많은 손해를 보고 있는 사업을 계속해야 할 것인가를 고민하고 있을 당시, 켐퍼 오픈을 구경하기 위하여 워싱턴 근교 컨그레셔널 골프장에 간 적이 있었다.

펠츠는 연습장을 지나면서 게이 브루어라는 프로가 워밍업을 하고 있는 모습을 보았다. 프로치고는 스윙 폼이 엉망이었다. 저런 형편없는 스윙으로 어떻게 프로 생활을 영위하고 있는지 물어 보고 싶을 정도였다. 그를 더욱 놀라게 한 것은 알고 보니 게이 브루어 선수는 1967년 마스터스 우승자였으며, PGA에서만 10여 승을 올린 톱 클래스 수준의 골퍼였던 것이다. 그 볼품 없는 스윙으로 말이다.

브루어 선수 옆에는 젊은 프로가 연습을 하고 있었는데, 그의 스윙은 펠츠가 본 스윙 중 가장 멋있는 것이었다. 드라이버 거리는 브루어의 그것보다 40~50야드는 더 나갔으며, 다른 샷도 브루어보다 못한 것은 하나도 없었다. 그러나 그 젊은 선수는 4년간 투어에 있으면서 상금 랭킹 100위 이내에 들어 보지 못했다고 한다.

브루어와 젊은 프로를 동시에 관찰하면서 펠츠는 의문이 생겼다. 저렇게 형편없는 스윙으로도 메이저 대회를 우승할 수 있으며, 저렇게 멋진 스윙을 하면서도 하위권을 맴도는 것을 어떻게 설명할 수 있을까? 그 차이는 아마 퍼팅일 것이라고 생각하고 있는 중에 두 사람은 퍼팅 그린으로 이동해 갔다. 거기에서도 젊은 선수는 리드미컬

한 스트로크로 볼을 홀컵에 쏟아붓듯이 넣고 있었다. 브루어는 엉성한 폼으로 퍼팅 연습을 하고 있었는데, 퍼팅에서도 여전히 리듬감을 찾아보기 힘들었다. 저 사람이 진짜 마스터스 우승자 맞아? 톱 10 플레이어 맞아? 마침 그때, 브루어가 1m짜리 연습 퍼팅을 미스하는 장면을 보면서, 펠츠는 문득 자신이 골프 게임을 잘못 이해하고 있는 것은 아닌지 의심하게 되었다.

어쨌든 펠츠는 두 선수의 게임을 관찰해 보아야겠다고 생각했다. 진짜 브루어가 톱 10에 들 정도의 선수인지 확인해 보고 싶었던 것이었다. 펠츠는 젊은 선수의 플레이 모습에 많은 감명을 받았다. 쭉 뻗어가는 드라이버 샷, 정확한 아이언 샷, 퍼팅 등 나무랄 것이 없는 플레이였다. 저 선수는 이제까지 두각을 나타내지는 못했지만 앞으로 훌륭한 선수가 될 것이라 생각했다(실제 그 선수는 투어 자격을 잃고 말았다고 한다). 반면 브루어는 어느 것 하나 인상적인 모습을 보여 주지 못했다.

경기를 마치고 스코어 보드판 옆을 지나던 펠츠는 우연히 두 선수의 스코어를 보게 되었다. 브루어 69, 젊은 선수 73이었다. 그토록 멋진 플레이를 보여 준 젊은 선수보다 브루어가 4타나 앞서 있었다. 그 순간 펠츠는 지금까지 골프란 게임을 잘못 이해하고 있었다는 사실을 깨달았다. 그 젊은 선수가 브루어보다 골프를 잘 친다고 생각하는 한, 골프 비지니스에서 백전백패할 것이란 사실도 깨달았다.
그 동안 수많은 라운딩과 셀 수 없이 많은 볼을 쳐 오면서도 왜 나는 위대한 선수와 투어에서 통하지 않는 선수를 식별할 수 있는 능력이 없는 것일까? 점수를 잘 내는 방법은 무엇일까? 그 해답을 찾기 위해 펠츠는 수년간 전국 투어를 쫓아다니면서 자료를 수집하였다. 그 방대한 자료를 통계학적, 과학적으로 분석하여 내린 결론은 바로 쇼트 게임이었다. 즉, 골프를 잘 치려면 쇼트 게임을 잘 해야 한다는 것이었다.
이 얘기는 단순히 데이브 펠츠라는 골프 교습가의 성공 사례를 소개하려는 데 있지 않다. 골프 게임을 어떻게 보아야 하는가를 알려주고 있는 것이다. 쇼트 게임을 이해함으로써, 골프 게임의 진정한 의미를 깨달을 수 있다는 중요한 교훈이 담겨 있다. 쇼트 게임은 스코어를 낮출 수 있는 지름길이기 때문이다. 우리가 골프 심리학을 알고자 하는 것도 스코어를 줄이고, 그럼으로써 골프란 게임을 더욱 즐기기 위한 것이 아닌가? '골프 심리학 = 쇼트 게임'이라고 해도 지나친 표현은 아닐 것이다.

2) 쇼트 게임의 심리학

(1) 장타는 인간의 본성

'보다 빨리, 보다 멀리, 보다 높게'는 스포츠의 이상이자, 인간의 본성이다. 골프라는 게임도 시작 당시부터 볼을 멀리 보내는 게임이란 관념이 우세했다. 다음 사례에서도 알 수 있듯이, 홀의 크기를 늘려야 한다는 것은 볼을 잘 치는 사람이 유리해야 한다는 관념의 표현이었다. 골프는 비교적 활동성이 적은 조용한 스포츠로 알려져 있음에도 불구하고, 예외 없이 남성주의(masculinism)가 우세하다. 공격적인 장타자—아널드 파머, 그렉 노먼, 타이거 우즈, 존 데일리 등—들이 항상 많은 갤러리들을 몰고 다닌다는 사실은 일반인들의 골프에 대한 생각을 단적으로 나타내 주고 있다.

이에 비하면 힘과 관련이 적은 쇼트 게임은 여성주의(feminism)에 가깝다고 볼 수 있다. 남성주의를 고집하는 장타자들은 쇼트 게임의 중요성을 자칫 간과하는 경향이 있다. 장타자는 일반적으로 쇼트 게임에 약하다는 것은 이런 경향을 반영하고 있는 것이다. 무수히 많은 젊은 선수들이 재능에도 불구하고 중도에 탈락하는 가장 큰 이유가 바로 장타에 대한 집착 때문이다. 왜 장타에만 집착하나? 골프 게임에 대한 몰이해 때문이다.

골프는 명확한 목표—가급적 적은 타수로 볼을 홀에 넣는 것—를 가진 게임이다.

가령 미국에 있는 거래처 공장을 방문한다고 하자. 처음에는 비행기를 타고 태평양을 건너며, 공항에 도착해서는 자동차로 갈아타고 공장에 도착한다. 공장에서는 걸어서 이동한다. 각각의 단계에서 가장 적절한 이동수단을 선택해야 한다.

골프도 마찬가지이다. 홀에 도달하기 위해서는 단계별로 상황에 맞는 적절한 스윙이 요구되는 것이다. 장타에 대한 집착은 목표와 수단을 혼동하고 있는 데서 비롯된다. 장타 자체를 골프의 목적이라고 생각하는 것이다. 볼만 멀리 치면 골프를 잘하는 것으로 잘못 이해하고 있는 것이다. 수단이 목적이 되면 대개 무모해지는 경향이 있다. 먼저 골프 게임의 목표를 명확히 이해하는 것이 중요하며, 목표가 명확하게 설정되면 거기에 적합한 수단은 자동적으로 정해지게 되어 있다.

그러므로 인간의 본성인 장타는 골프 게임의 목적 범위 내에서 적절히 통제되어야 한다. 즉, 상황을 분석하고, 위험 대 보상 관계를 파악한 후 자신의 샷 능력을 감안하여 클럽을 선택하여야 하는데, 이것이 바로 코스 매니지먼트 게임이다.

장타자가 쇼트 게임에 약한 것은 이러한 심리적 요인 이외에 기술적 요인이 한몫 하고 있다고 데이브 펠츠는 지적하고 있다. 즉 장타자들은 장타를 위한 메커니즘-그립, 스탠스, 어드레스 자세 등-을 그대로 쇼트 게임에도 사용하고 있다는 것이다. 그 메커니즘들은 파워를 내기에는 유리하지만 정확성을 위해서는 적당한 방법이 아니라는 것이다.

(2) 쇼트 게임은 자신감을 증대시킨다

한 샷을 잘하기 위해서는 주의집중이 필요하고, 한 라운드를 잘하기 위해서는 심리적 페이스-각성수준-를 일정하게 유지하는 것이 중요하다. 그리고 여러 게임을 잘하기 위해서는 기복이 없는 플레이가 이루어져야 한다. 이 세 가지를 관통하는 심리적 자산이 바로 자신감이다. 이 자신감은 바로 쇼트 게임 능력에서 나오는 것이다.

자신감과 쇼트 게임의 상관관계를 살펴보자.

드라이버를 잘 쳤다고 해도 홀인까지는 아직도 할일이 많이 남아 있다. 아이언 샷, 쇼트 게임, 퍼팅 등. 그때까지는 긴장을 늦출 수 없다. 불안감이 개입할 여지가 많아지게 된다. 그러나 쇼트 게임에 대한 자신감이 있으면 드라이버나 어프로치 샷에 대한 두려움이 없어진다. 이들 샷이 크게 빗나가지만 않으면 쇼트 게임으로 파를 세이브할 수 있다는 자신감이 있기 때문이다. 그러므로 드라이버나 아이언 샷을 무리하지 않게 된다. 마음이 편안한 상태에서 티 샷을 한다. 이는 심리적 불안이나 간섭을 없애 주므로, 잠재능력을 충분히 발휘할 수 있게 해 준다. 전체적인 샷 능력이 향상되며, 게임에 대한 자신감이 증대된다.

농구나 축구경기는 시즌이 되면 여러 경기를 소화해야 하므로, 팀의 전력을 일정하게 유지시키는 일이 매우 중요하다. 그러나 선수들은 여러 가지 신체적·정신적 요인으로 인하여 자신의 기량을 충분히 발휘하지 못하는 경우가 생기는데, 이는 바로 팀 전력의 손실로 나타난다. 중요 경기를 앞두고 코치들이 가장 염려하는 것은 스타 플레이어의 부상이다. 코치들은 이러한 예기치 않은 사태에도 대비를 해 두어야 한다.

농구나 축구의 공격은 경기 당일 선수의 컨디션에 많은 영향을 받기 때문에, 주전 슈터나 공격수가 부상 등으로 자기 실력을 발휘하지 못하는 경우에는 공격력에 커다란 공백이 발생한다. 한편 수비는 웬만큼 컨디션이 좋지 않은 경우에도 플레이 수준이 크게 저하되지는 않는다. 그러므로 수비 연습을 많이 해 두면 공격수가 부진한 날에도 실점 확률을 일정하게 유지할 수 있으므로, 승리할 확률이 높아지는 것이다. 이런 전략은 팀의 전력을 일정한 수준으로 유지시켜 줌으로써, 선수들의 사기와 자신감을 높여준다.

농구 코치는 평소에 수비 연습과 프리드로 샷을 꾸준히 연습함으로써, 주전 슈터가 다소 부진하더라도 이를 수비와 프리드로 샷으로 커버할 수 있는 것이다. 축구에서는 수비 연습과 페널티킥, 프리킥 연습이 이에 해당할 것이다.

골프에서는 쇼트 게임이 이런 기능을 담당한다. 쇼트 게임 능력은 컨디션에 따라 크게 좌우되지 않으므로, 컨디션이 안 좋아서 드라이버나 아이언이 부진한 경우에도 게임 스코어를 일정 수준으로 유지시켜 준다. 이는 장기적으로 게임에 대한 자신감을 높여준다.

(3) 쇼트 게임은 스코어링 게임

데이비스 러브 3세의 부친 데이비스 주니어는 당시 가장 유명한 코치 중 한 사람으로, 데이비스가 어릴 적부터 골프를 가르쳐 왔다. 데이비스는 자기 부친은 스윙 메커니즘에 치중하는 스타일이었으며, 위대한 플레이어가 되기 위해서는 손이 닳도록 연습함으로써 그 자리에 오를 수 있는 것이란 생각을 갖고 있었다고 회고했다. 그러나 그의 아버지는 골프 스윙은 보다 편안하고 이완된 상태에서 이루어져야 한다는 생각을 갖고 있었던 사람이었다. 아무리 유명한 코치라도 아들과의 관계에 있어서는 코치로서의 객관적인 입장을 견지하기가 어려웠던 모양이다. 부친으로서의 주관적인 감정이 개입되게 마련이다. 예나 지금이나 자기 자식은 가르치기 어려운 모양이다.

어쨌거나 데이비스 러브 3세는 부친의 스파르타식 훈련을 겪으면서, 대학에 이르기까지 장래가 촉망되는 골프 선수로 성장할 수가 있었다. 프로로 데뷔한 첫 해부터 그는 장타와 아이언 샷으로 두각을 나타냈었다고 하는데, 실제 투어 성적은 드라이버 거리만큼 따라주지는 못했다고 한다. 아이언 샷이 다소 부진하면 점수가 잘 나오지 않았다. 쇼트 게임의 정확성이 떨어지는 것과 퍼팅 시 너무 오래 시간을 끄는 것이 문제점으로 지적되었다. 그린 주변이나 그린 위에만 서면 항상 긴장하였다. 쇼트 게임에 대한 메커니즘에 너무 신경을 쓴 나머지 감각에 의한 자연스런 스윙이 나오지 않았던 것이다. 추측하건대 그의 부친이 비록 당대 최고의 코치였지만, 롱 게임 전문가는 될지언정 쇼트 게임 전문가는 아니었던 것으로 생각된다. 아마 쇼트 게임을 롱 게임의 연장 내지는 부분 정도로 생각하였을 것이다. 다른 모든 코치와 마찬가지로.

최고의 쇼트 게임 전문가인 톰 카이트, 필 미켈슨 등은 꼬마 시절 골프를 쇼트 게임부터 배운 선수들이다. 그들의 부친이 집 뒤뜰에 마련해 준 바구니에 볼을 넣기 시작하면서 자연스럽게 쇼트 게임을 배웠다. 거기에 쇼트 게임 메커니즘은 없었다. 감각에 의한 자연스런 학습이 이루어졌던 것이다. 반면 데이비스는 코치인 아버지 밑에서 자연스런 학습이 일어나야 할 나이에 메커니즘에 의한 쇼트 게임을 배웠던 것이다. 이것이 머릿속에 각인되어 성장해서도 메커니즘을 생각하고 있었던 것이다.

데이비스는 쇼트 게임 향상 없이는 투어에서 우승을 할 수 없다는 현실을 깨닫기 시작했다. 먼저 그린 주변이나 그린 위에서 그를 괴롭혔던 메커니즘 생각을 떨쳐 버리기 위해서 프리샷 루틴의 자동화를 연습했다. 그 다음에는 쇼트 게임이나 퍼팅에서 가장 중요한 심리 훈련인, 볼을 홀에 직접 넣는 연습을 했다. 볼이 홀에 들어가는 것을 직접 눈으로 확인하고 그것을 믿는 훈련을 하였다. 이렇게 쇼트 게임 연습을 하면서 데이비스는 투어에서 우승을 하기 시작하였다. 쇼트 게임은 바로 스코어를 줄여주는 게임이기 때문이었다.

시니어 투어에서 드라이브 거리 1위를 차지한 짐 덴트는 지난 수년간 어떤 변화가 있었느냐는 질문에 대하여 다음과 같이 대답했다. "시니어 투어에 나오기 전 몇 년간, 치핑과 퍼팅 연습에 많은 시간을 투자했지요. 실제로 드라이브 연습은 별로 하지 않았습니다. 그 전에는 쇼트 게임 연습이라곤 해 본 적이 없었어요. 볼을 멀리 치는 것만 연습했습니다. 내가 해야 할 일은 그것밖에 없는 줄 알았으니까요. 이 나이가 되어서야 그것이 사실이 아니라는 것을 깨달았습니다. 좋은 스코어를 얻기 위해서는 볼을 홀에 넣어야 한다는 사실 말입니다."

정확한 아이언을 구사하는 선수 A와 쇼트 게임이 강한 선수 B가 대결하였다고 하자. 아이언의 오차율이 5% 이내인 A선수는 1급 선수에 해당하며, 오차율이 7% 정도인 B는 평균 수준의 선수이다. 이들이 100m, 150m, 180m의 거리에서 각각 샷을 했다고 하자. 각 선수의 오차 거리는 표와 같다.

	A선수	B선수
100m 거리	5m	7m
150m 거리	7.5m	10.5m
180m 거리	9m	12.6m

이 표에서 알 수 있는 사실은 A, B 양 선수가 퍼팅 실력이 같다면, 아이언 정확도가 우수한 A선수와 쇼트 게임이 능한 B선수간의 점수 차이는 없을 것이란 점이다. A선수의 오차 거리가 B선수에 비해 짧은 것은 사실이지만, 표에서 보는 바와 같이 원 퍼팅으로 홀인시킬 확률은 매우 적다. B선수는 퍼팅을 하던 치핑을 하던 모두 파를 세이브할 수 있는 거리이다.

대개 한 라운딩 중 온그린 확률은 프로의 경우 보통 파5홀 4개를 제외한 나머지 홀 14개의 50% 내외로 보았을 때, 11개 정도의 쇼트 게임이 필요하다. 그러므로 쇼트 게임을 얼마나 홀에 가깝게 붙이는가가 스코어를 줄일 수 있는 관건이 되는 것이다.

보기 수준의 주말골퍼의 경우에는 온그린 횟수가 5개 미만이므로 최소한 13개 이상의 쇼트 게임이 필요한데, 이 중 반타작만 하여도 80대 중반은 무난하다는 결론이 된다. 쇼트 게임에 자신이 있으면 드라이버나 아이언을 무리하지 않게 되므로, 점수를 항상 낮은 수준에서 관리할 수 있는 것이다.

(4) 쇼트 게임의 위력

다음 사례를 통하여 쇼트 게임을 다시 생각하는 기회를 갖기로 하자. 미국 PGA 역사상 초기 쇼트 게임의 대가로는 폴 런연(Paul Runyun)을 꼽을 수 있을 것이다. 그는 1908년 가난한 농장의 아들로 태어났는데, 어릴 적부터 빈약한 체구 때문에 덩치가 큰 아이들과는 어울리지도 못하고 혼자서 조용히 골프를 배웠다고 한다. 워낙 왜소한 체격으로 인하여 비거리에서는 다른 친구들을 당할 수가 없었다고 한다. 런연은 자연히 자기방어 차원에서 힘과 크기와는 상관없는 쇼트 게임을 열심히 하게 되었다고 한다.

그가 어린 시절 동네에서 골프장 캐디를 하던 어느 날, 같은 캐디였던 두 형제와 라운딩을 할 기회가 있었다. 그 형제는 체격이 런연에 비할 수 없이 좋았다. 두 형제의 드라이버는 18홀 내내 런연의 거리를 압도하였다. 반면 런연의 드라이버나 아이언은 별로 신통치 않아 그린에 볼을 올리기 위해서 18홀 내내 칩 샷과 피칭 샷이 필요했다. 런연은 첫 홀에서 그린 사이드에서 칩 샷한 볼을 핀에 붙여 파를 잡았으나, 두 형제는 보기로 마쳤다. 두 번째 홀에서도 비슷하게 마무리되었다. 두 형제는 런연의 쇼트 게임 솜씨가 제법이라고 생각하면서도 대수롭지 않게 넘어갔다. 이런 결과가 홀이 거듭될수록 반복되자, 두 형제는 꼬마 소년에게 당하고 있다는 생각에 약이 올랐다. 급기야는 화가 나서 어쩔 줄 몰라했다. 그날의 게임은 덩치 큰 두 형제의 완패였다. 그때 어린 소년 런연은 골프가 무엇이며, 어떻게 하여야 하는가를 깨달았다. 그 해답은 바로 쇼트 게임이었다.

이후로도 런연은 골프장의 조수를 거쳐 헤드 프로로 일할 때까지 틈나는 대로 쇼트 게임을 연마하여, 투어에서는 '작은 독사(little poison)'라는 별명으로 불리었다고 한다. 당시만 해도 – 지금도 크게 변한 것이 없지만 – 장타자가 사랑받던 시절이었으며, 쇼트 게임에 대해서는 그저 드라이버와 아이언을 마무리하는 단계 정도로 생각되었던 시절이었다. 런연은 다른 사람들이 별로 관심을 두지 않았던 쇼트 게임을 나름대로 분석하고 연구하여 쇼트 게임에 대한 일가견을 세우게 되었다.

런연의 칼날 같은 쇼트 게임은 투어에서도 그대로 효력을 발휘하여 메이저 2승을 포함하여 PGA 통산 29승을 올린 바 있다. 나아가 나이 80대 중반까지 70대 초반을 칠 정도였으며, 90세가 넘도록 티칭과 플레이를 계속하였다고 하니, 평생을 골프와 함께 산 셈이었다. 그의 골프에 대한 끝없는 열정과 성실함으로 인하여 후배 골퍼들에게 많은 귀감이 되고 있는 인물이다.

다음 사례는 골프 역사에서도 유명한 사건으로 기록되고 있는 얘기인데, 핵심 내용은 쇼트 게임의 위력이다.

때는 1938년, PGA 챔피언십 대회 결승전이 열리는 날이었다. 결승전에는 런연과 샘 스니드가 올라와 있었으며, 36홀 매치 플레이에 의하여 승부를 가리게 되어 있었다. 샘 스니드는 6척이 넘는 장신에, 지금으로 치면 구식인 감나무 드라이버로 280~290야드를 보낼 수 있는 통뼈의 사나이였다. 반면에 런연은 스파이크를 신은 상태에서도 170cm가 채 안 되었으며, 밥 먹고도 60kg이 될까말까한 왜소한 체구의 소유자였다. 드라이버 거리도 잘 맞았을 때 230야드 정도였다고 하니, 스니드와는 50~60야드의 거리 차이가 있었다. 완전히 거인과 소인의 대결이었으며, 신문이나 갤러리들도 스니드가 몇 번째 홀에서 게임을 끝낼 것인가에만 관심이 집중되어 있었다.

더욱이 경기가 열렸던 셔니 골프장은 4개의 파5홀이 모두 짧아서 스니드의 장타로는 2온이 가능하였다. 거리가 짧은 런연에게는 절대적으로 불리한 상황이었다. 결과부터 얘기하면, 런연이 29홀 경기 후 8&7(7홀 남기고 8홀 이김)의 완승이었다. 메이저 대회인 PGA 챔피언십 사상 가장 큰 스코어 차이의 승리였다. 그것도 무적의 스니드를 상대로. 특히 스니드가 절대적으로 우세하리라 생각했던 파5홀 7개 중 런연이 버디 3개로 승리하고 나머지는 파로 비겼다고 한다.

런연이 절대적으로 불리한 스니드의 드라이빙 거리를 의식하였더라면, 아마 게임 내내 자신의 짧은 거리를 한탄하며 스니드에게 질질 끌려가는 게임을 할 수밖에 없었을 것이다. 성공하는 사람들은 자신의 약점보다 강점을 생각하면서 자신감을 유지한다고 한다. 런연도 자신의 쇼트 게임 능력을 굳게 믿고 있었다. 자신의 강점이 스니드의 거리를 이겨낼 수 있다고 믿었던 것이다.

그날의 하이라이트는 파3홀인 5번 홀에서 발생되었다. 스니드의 볼은 온그린되었으며, 런연의 볼은 러프에 떨어졌다. 런연은 칩 샷으로 볼을 홀 80cm까지 붙여놓았다. 그런데 스니드의 버디 퍼팅이 공교롭게도 홀을 지나 런연의 볼 40cm 앞에 와서 멈추었다. 런연의 볼과 스니드의 볼은 홀을 잇는 연장선상에 나란히 놓인 것이다(이를 골프 용어로 'stymie'라고 한다. 사전적 의미는 '남의 볼을 가로막아 방해

그림 ⑲-2 쇼트 게임의 대가 폴 런연

하다'의 뜻이다). 당시의 룰 상으로는 홀에 가깝게 붙인 사람이 볼을 마크하지 않는 한 커브 볼로 앞에 있는 볼을 돌아가게 치거나, 1타를 손해 보고 다음 차례에 퍼팅을 하도록 되어 있었다. 누가 보아도 이번 홀은 스니드의 승리였다.

이때 런연은 홀을 보면서 잠시 생각하더니 9번 아이언을 뽑아 들었다. 홀을 서너 번 쳐다본 후 칩 샷을 했다. 볼은 스니드의 볼 위를 넘어 그린을 한 번 튀기더니 홀로 빨려 들어갔다. 당구로 치면 점프 볼이었다. 무조건 이겼다고 생각하고 있었던 스니드는 할말을 잃어버리고 말았다. 런연은 스니드에게 컨시드를 준다는 생각으로 무심코 스니드의 볼을 집어 주었다. 그 홀 이후 스니드는 내리막길을 향해 달려갔다.

40년이 지난 후 런연은 그 당시의 일을 회고하면서 이렇게 말했다고 한다. "볼을 집어 준 것이 심리적으로 스니드에게 어떤 영향을 줄 것인가에 대해서 당시에는 전혀 몰랐는데, 지금 와서 생각하니 분명 좋은 영향은 주지 않았을 거야."

그리고 그 당시 쇼트 게임에 대한 일반인들의 관점을 잘 말해 주는 사례가 있었다. 당대의 위대한 골퍼 진 사라센은 벙커를 쉽게 탈출할 수 있도록 웨지의 바닥을 두툼하게 만든 샌드웨지를 처음으로 고안한 사람이었다. 한편 그와 친구들은 골프라는 게임에서 쇼트 게임 비중―특히 퍼터―이 너무 크다는 데 생각을 모으고, 샷을 잘하는 사람이 유리하도록 골프 게임을 조정해야 한다는 주장을 하였었다. 그들은 플로리다에서 열리는 겨울철 토너먼트 주최자들을 설득하여, 4.25인치(108mm)로 되어 있는 현재의 홀 지름을 거의 두 배에 가까운 8인치로 확대하게 된다.

참가 선수들은 확대된 홀을 처음 적용한 토너먼트에서 많은 기대를 갖고 퍼팅에 임하였으나, 뜻대로 되지 않았다고 한다. 홀 확대 이론의 주창자였던 진 사라센마저 서너 개의 3퍼팅을 기록했다고 한다. 런연은 평소대로 플레이를 하여 11타 차의 대승을 거두게 된다. 홀 확대 옹호론자들은 정상적인 실력에 의한 것이 아니라 어쩌다가 있을 수 있는 일이라고 생각하였으며, 다음 경기에서는 예상했던 결과가 발생할 것이라고 기대하였다. 두 번째 토너먼트는 매치 플레이였는데, 결승전에 올라온 선수는 런연과 맥팔레인이었다. 두 선수 모두 쇼트 게임 전문가였다.

홀 확대 옹호론자들은 더 이상 자신들의 목소리를 높일 수 없는 상황에 처하고 말았으며, 그날부로 홀 확대를 위한 시범경기를 중단해 버렸다. 골프 경기를 다른 각도에서 재구성하고자 했던 이 실험은 결과적으로 쇼트 게임의 중요성만 다시 한 번 부각시켜 준 채 막을 내리고 말았다.

런연의 예가 최근에 다시 재연된 것은, 닉 팔도와 코리 페이빈의 대결이라고 볼 수 있다. 닉 팔도는 1990년 초반 이미 5개의 메이저 대회를 석권하고 있던 최고의 골퍼였으며, 스윙 머신이라는 별명으로 통하고 있었다. 코리 페이빈은 콧수염이 트레이드 마크인 다소 왜소한 체구의 쇼트 히터였다. 페이빈이 1991년 상금 랭킹 1위를 차지했을 때, 그의 드라이버 평균거리는 252야드로, 그것만 놓고 보면 PGA 투어 최하위 선수였다. 페이빈이 기라성 같은 장타자들 틈에서 드라이버 평균 비거리 257야드로 1995년 US 오픈 우승에 오를 수 있었던 것도 역시 그의 탁월한 쇼트 게임 능력 때문이었다.

두 사람은 영국의 한 링크스(links) 코스에서 맞붙었는데, 전성기를 구가하고 있는 팔도가 우세할 것이란 견해가 압도적이었다. 링크스 코스는 페어웨이의 굴곡이 심하고 바람이 매우 센 편이어서, 링크스 코스에 익숙한 팔도에게 절대적으로 유리한 상황이었다. 골프는 변수가 많은 경기여서 어느 한 게임의 결과만을 두고 어떤 선수가 더 잘한다고 말할 수 없는 것이 골프의 특징 중의 하나인데, 이 대결에서의 중요성은 승패보다는 경기의 내용에 있었다. 이 대결에서 팔도의 온그린 횟수는 12회, 페이빈은 단 두 개였다.

　그러나 결과는 페이빈이 칩 샷 두 개를 홀에 직접 넣은 것을 포함하여 3타 차 페이빈의 승리였으며, 쇼트 게임의 승리였다. 추측컨대, 이 두 개의 칩 샷이 심리적으로 팔도에게 적지 않은 영향을 주었을 것으로 생각된다.

제20장
퍼팅 심리학

제20장
퍼팅 심리학

 퍼팅은 왜 멘탈 게임인가?

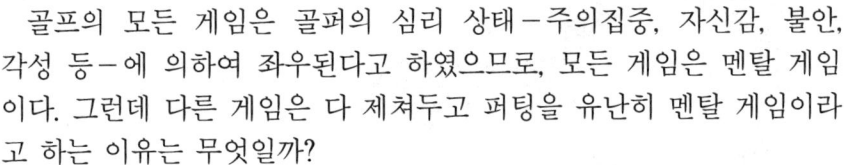

골프의 모든 게임은 골퍼의 심리 상태 – 주의집중, 자신감, 불안, 각성 등 – 에 의하여 좌우된다고 하였으므로, 모든 게임은 멘탈 게임이다. 그런데 다른 게임은 다 제쳐두고 퍼팅을 유난히 멘탈 게임이라고 하는 이유는 무엇일까?

첫째, 샷의 오차율에 대한 우리의 인식 상태에 대하여 생각해 볼 수 있다. 모든 게임에서는 타깃이 가장 중요한 요소이며, 드라이버 샷에서도 분명히 타깃이 존재하고 그것에 주의를 집중하여 스윙을 하게 된다. 그러나 드라이버 샷이 실제로 타깃에 떨어질 확률은 거의 없을 것이다. 가령 200m의 드라이브 거리를 갖고 있는 아마추어 골퍼의 오차율이 10%라고 했을 때, 타깃을 중심으로 20m 이내에만 떨어져 준다면 성공이다. 그 이상이 되더라도 일단 페어웨이에만 안착되면 큰 불만은 없을 것이며, 잘못 쳐도 OB만 안 나면 다음 샷에서 만회할 수 있는 기회가 얼마든지 남아 있기 때문이다. 어느 정도의 오차는 너그럽게 용납되는 것이 롱 게임이다.

그러나 퍼팅은 어떠한가? 오차율이 드라이버보다 낮다고 하여도 오차율은 문제가 되지 아니한다. 약간의 미스는 한 타의 손실로 바로 이어진다. 만회할 기회는 전혀 없다.

우리는 이러한 골프 게임의 룰과 속성을 무의식적으로 인지하고 있기 때문에 드라이버 샷보다는 퍼팅 시 더욱 긴장하게 되는 것이다. 즉, 퍼팅은 롱 게임에 비해 긴장도가 크다고 할 수 있다.

골프 심리학

둘째, 결과에 대한 집착이다. 퍼팅은 최종 타깃인 홀을 직접 보면서 플레이를 한다. 홀을 보고 있는 이상, 넣어야 한다는 생각이 본능적으로 강해진다. 드라이버나 아이언만 해도 홀을 직접 겨냥하는 경우는 거의 없다(100m 내외의 샷은 홀을 직접 겨냥해도 홀을 보지는 못한다). 결과에 대한 집착－반드시 넣어야 한다는 생각－이 클수록 불안감은 커진다고 하였다. 짧은 퍼팅일수록 반드시 넣어야 한다는 생각이 강해질 것이므로, 짧은 퍼팅일수록 긴장과 불안도가 커지는 것이다.

셋째, 퍼팅은 드라이버 샷과 달리 성공과 실패가 확연히 구별된다는 점이다. 퍼팅은 홀인이냐 아니냐, 두 가지의 문제만 있다. 우리는 그린 위에서 무수히 많은 성공과 실패를 경험하게 되어 있다. 그러나 퍼팅은 성공보다는 실패가 훨씬 많을 것이므로, 무수히 많은 실패를 경험하게 될 것이다. 우리의 눈과 뇌는 이런 현상을 자주 확인하게 되므로, 퍼팅은 실패가 원칙, 성공은 예외라는 강력한 인식이 기억된다.

이러한 부정적 인식은 어느 날 갑자기 형성되는 것은 아니다. 그동안 많은 게임을 해 왔다면, 지난날 자신이 퍼팅에 대해서 어떤 생각을 갖고 있었는지 한번 되돌아보기 바란다. 처음 배울 무렵, 퍼팅이 홀인되면 기쁘다. 목표를 달성했다는 성취감 때문이다. 퍼팅이 들어가지 않으면, "초보자니까 당연하지."라고 대수롭지 않게 생각한다. 결과에 대한 집착이 없는 시절이다. 그래서 이때만 해도 퍼팅에 대한 두려움은 별로 없다. 다만 홀인되는 횟수가 매우 적을 뿐이다. 라운딩 횟수가 증가함에 따라 퍼팅 실패를 자주 목격하게 되고, 이는 우리 뇌에 기억되기 시작한다. 퍼팅은 웬만해서는 들어가지 않는 것이란 생각이 서서히 뇌에 각인된다. 그래서 더욱 넣어 보려고 애쓰게 된다. 안 들어가면 퍼팅 메커니즘을 생각한다. 그립도 바꿔 보고 퍼터도 새로 구입해 본다. 골프가 늘지 않는 전형적인 악순환 체인은 퍼팅에서도 반복된다.

이처럼 퍼팅 게임은 구조적으로 심리적 불안과 긴장을 야기시키는 게임이며, 불안과 긴장감이 롱 게임에 비해서 크기 때문에, 퍼팅 게임은 멘탈 게임이라고 하는 것 같다.

입스(yips)

입스는 1m 이내의 짧은 퍼팅을 넣지 못하는, 그것도 홀을 살짝 스치는 정도가 아니고 아주 많이 빗나가는 고질적인 현상을 일컫는 말이다. 입스는 어느 순간 갑자기 찾아오는 현상이 아니다. 간단하게 얘기하면 퍼팅에 대한 자신감을 상실해 가는 과정이라고 할 수 있다. 그러므로 입스가 발생하는 현상이나 그것에 대한 해결책은 심리학적으로 접근해야 할 것이다.

골퍼들은 대부분 짧은 퍼팅을 두려워하는 경향이 있다. 긴 퍼팅은 홀인될 확률이 낮으므로 '안 들어가도 그만'이란 생각인데, 짧은 퍼팅은 홀인될 확률은 높은데 생각보다 잘 안 들어가기 때문이다. 그렇게 될 것이다 또는 되어야 한다는 생각과 실제가 반드시 일치하는 것은 아니다. 오히려 관념과 실제가 불일치하는 경우가 더욱 많은 것이 현실이다.

이러한 현상이 계속되는 것만으로는 문제가 발생하지 않는다. 그것을 자신이 인지하면서부터 문제는 야기되는 것이다. 본인이 느끼지 않으면 절대로 이러한 일이 발생되지 않는다. 어느 순간 짧은 퍼팅의 상당 부분이 실패하고 있다는 사실을 인지하게 되면, 짧은 퍼팅에 대한 걱정과 두려움이 생기게 되는 것이다. 이것이 입스의 초기 단계이다.

이 단계에서는 모든 골퍼들이 그렇듯이 짧은 퍼팅이 안 들어가는 것은 퍼팅 메커니즘-특히 그립을 잡는 형태나 그립의 강도 등등-이 잘못되었기 때문이라는 생각을 하게 된다. 메커니즘에 대한 집착은 퍼팅 수행력을 더욱 악화시키게 되어 있다. 짧은 퍼팅에 대한 부정적인 생각과 두려움은 점점 커 가고, 마침내 모든 짧은 퍼팅은 안 들어간다고 스스로 믿게 된다. 실제로도 전혀 들어가지 않는다.

심지어 "어떻게 하면 짧은 퍼팅을 한번 넣어 볼 수 있을까?"란 생각을 하게 된다. "설마 그 정도까지일까?"라고 생각할지 모르지만 필자도 입스로 한동안 고생을 해 본 경험이 있기 때문에 "정말 그렇다."고 분명하게 말할 수 있다. 짧은 퍼팅을 생각하면, 어떤 때는 잠도 잘 오지 않고 사소한 일에도 짜증이 많이 났다. 당시 30cm 거리에서 볼을 강하게 홀인시키는 연습을 통하여 이를 극복했으며, 지금도 짧은 퍼팅을 비교적 강하게 치는 습관이 남아 있다.

실제 입스가 발생하는 메커니즘에 대해서 데이브 펠츠는 신경과학자의 말을 인용하여 설명하고 있다. 두 대의 차가 정면 충돌하기 직전, 사고 당사자들은 상대방 차 유리창에 붙은 파리조차 기억하면서 실제 충돌 순간은 전혀 기억하지 못한다고 한다. 이는 너무나 엄청난 충격으로부터 심장이 견딜 수 없음을 감지한 뇌가 순간적으로 멈춘다는 것이다. 배우자의 죽음 등 감당하기 힘든 충격을 받고 혼절하는 경우와 같다고 한다.

입스는 볼이 들어가지 않을 것이란 엄청난 충격과 스트레스를 차마 볼 수가 없어서 순간적으로(약 1/1000초) 무의식 상태에 빠지는 현상이라고 한다. 그 순간은 무의식 상태가 되므로 임팩트 순간을 기억할 수 없다는 것이다. 짧은 퍼팅을 자주 실수하는 골퍼들은 정말로 퍼팅 시 임팩트되는 순간을 거의 보지 못했음을 느낄 것이다.

많은 아마추어 골퍼들은 입스 정도까지는 이르지 않았다 하더라도 짧은 거리의 퍼팅에 대해서는 불안과 공포를 가지고 있다. OK를 받으면 그렇게 좋을 수가 없고, 마치 공포로부터 해방된 듯한 느낌을 가질 때가 많다. 아니 진짜 공포로부터 벗어난 것이다.

 2 퍼팅은 마음먹기에 달려 있다 — 태도와 자신감

위에서 본 바와 같이 게임의 구조상 퍼팅이 골퍼에게 주는 심리적 압박감은 드라이버나 아이언에 비해 큰 것이 사실이다. 그러나 어떤 골퍼는 퍼팅보다는 드라이버에 대해 불안과 긴장을 더 느끼는 경우가 있다. 이것이 시사하는 바는 무엇인가?

객관적으로 보더라도 드라이버를 꽤 치는 데도 본인이 그렇지 않다고 생각하면 드라이버를 잡을 때마다 심리적 부담을 갖게 될 것이며, 실제 퍼팅 실력은 보잘 것 없는데도 본인이 퍼팅에 자신이 있다고 생각하면 퍼팅에 대한 불안은 느끼지 않을 것이다.

이처럼 실제적으로 골퍼가 느끼는 심리적 압박감은 게임의 특성 - 퍼팅, 쇼트 게임, 롱 게임 - 보다는 그 게임에 대해 골퍼가 어떻게 생각하는가에 달려 있음을 알 수 있다.

퍼팅을 어렵다고 생각하면 불안과 긴장이 더욱 커질 것이고, 퍼팅은 그다지 어렵지 않다고 생각하면 불안과 긴장은 줄어들 것이란 얘기다. 퍼팅은 마음가짐에 달려 있다는 말이다. 그리고 이러한 마음가짐은 퍼팅에 대한 골퍼의 태도와 자신감으로 연결된다(자신감 참조).

국내 모 패션회사의 광고 모델로 등장하는 커티스 스트레인지 선수는 US 오픈을 2년 연속 제패한 기록을 보유하고 있는 골퍼인데, 그의 광고 멘트를 상기해 볼 필요가 있다.

"골프는 자신감의 게임이라고 합니다. 그것은 골퍼의 마음가짐에 달려 있다고 합니다."

다음은 위대한 선수들은 퍼팅에 대한 태도(자세)와 자신감을 어떻게 형성시키고 발전시켜 나아가는지에 대한 사례이다. 그리고 골퍼의 '마음가짐'이란 것이 과연 무엇인지 엿보기로 하자.

첫번째 사례는 데이비스 러브 3세의 부친이며, 유명한 레슨 프로였던 데이비스 러브 주니어가 말하는 게리 플레이어와의 경험담이다. 선수의 마음가짐이 자신감을 강화시킨다는 내용의 에피소드이다.

남아공의 작은 거인 게리 플레이어는 연습벌레라는 별명을 얻어가면서 자신의 샷 능력에 대한 자신감을 증대시키는 한편, 항상 낙관적인 태도로 자신감을 유지하면서, 165cm 정도밖에 안 되는 체격에도 불구하고 메이저 대회 그랜드 슬램을 달성한 골퍼이다.

　데이비스는 프로로 전향한 초기, 1950년대에 잠시 투어에 참여한 적이 있었는데, 당시에는 프로 선수들의 경제적 사정이 그리 넉넉하지가 않았기 때문에, 경비를 절약하기 위해서 2인 1실을 쓰는 경우가 많았다고 한다.
　데이비스는 프로 초년생인 게리 플레이어와 같은 방을 쓰게 되었다. 그들의 첫번째 토너먼트는 남부지방 코스였는데, 그린이 매우 느린 버뮤다 잔디였다. 데이비스는 이제까지 플레이해 본 그린 중 최악이라는 생각이 들었다고 한다. 그러나 게리 플레이어는 연습경기를 마치고 난 매일 밤마다 이번 코스의 그린은 속도가 느려서 퍼팅하기가 아주 좋으며, 자기는 이런 그린을 매우 좋아한다고 말했다고 한다.

　그 다음 주의 토너먼트는 북부지방에서 개최되었는데, 벤트그라스의 매우 빠른 그린이었다. 이번에도 게리 플레이어는 연습경기를 하

그림 ⑳-1　게리 플레이어의 긍정적 사고

면서 자기는 이번 코스와 같이 빠른 그린을 매우 좋아하며, 그린이 빠를수록 퍼팅이 더욱 좋아진다고 했다고 한다.

"어이 게리군, 자네는 도대체 어떤 종류의 그린이 좋다는 건가?" 데이비스가 물었다.

"우리가 플레이하는 그린이라면, 그것이 어떤 종류의 그린이건간에 모두 사랑해야 되지 않나요?"라고 게리 플레이어는 대답했다.

두 번째 사례는 제16장(자신감)에서 소개된 니클러스의 사례이다.

우리의 뇌의 구조와 기능에 대해 다시 한 번 상기해 보자. 우리가 무엇을 배운다는 것은 그에 대한 신경회로망을 구축하는 것이라 하였으며, 이러한 신경회로는 반복적인 경험을 통하여 뇌에 기록될 수 있다고 하였다. 그러나 만원권 지폐의 그림을 기억하지 못하는 것처럼, 아무리 경험이 반복되어도 우리가 그에 대해 주의집중을 하지 않으면 학습이 되지 않는다고 하였다.

마찬가지로 짧은 퍼팅을 아무리 많이 실패해도 '퍼팅 실패'란 사실에 대하여 주의를 기울이지 않으면 그것이 기억되지 않는다. 대부분의 아마추어 골퍼들은 짧은 퍼팅을 실패하는 경우 매우 아쉬워하거나 때로는 분노하기도 한다. 실패하였다는 사실에 대하여 여러 번 생각한다. 실패에 대해 여러 번 주의를 집중한 셈이 된다. 특히 감정(emotion)과 연결된 기억은 신경마디의 연결을 강화시켜 준다고 하였으므로, 짧은 퍼팅을 대할 때마다 그때의 기억이 생생하게 되살아날 것이다.

니클러스가 이러한 뇌의 특성을 일일이 생각하면서 퍼팅을 하지는 않았을 것이지만, 니클러스는 실패한 퍼팅을 머릿속에 계속 두고 있으면 퍼팅을 방해한다는 사실을 경험상 알고 있었다. 그의 생생한 경험을 되새겨 보기로 한다.

니클러스가 1993년 시니어 오픈 대회에서 우승할 때의 일이었다. 마지막 라운드 12번 그린 위에서 퍼팅 라인을 파악하기 위하여 이리저리 살피고 있었는데, 문득 1960년 US 오픈 때의 상황이 – 그 당시 니클러스는 5언더파로 여유 있게 선두를 유지하면서 12번 홀 퍼팅을 하고 있었다 – 떠올랐다. 지금도 5언더파에 12번 홀이었다. 그때는 "퍼트를 미스했었지."라고 생각하면서 니클러스는 퍼팅을 하였다. 이번에도 홀을 빗나가고 말았다.

이 사례가 주는 시사점은 현재의 상황이 니클러스의 기억 속에 파묻혀 있던 이와 똑같은 과거의 상황을 불러냈으며, 당시의 결과까지 그대로 재현하였다는 점이다. 단적으로 말하면, 과거의 기억 특히 실패한 기억은 현재의 과제를 수행하는 데 도움이 되지 않는다는 간단한 진리를 일깨워 주는 예라고 할 수 있다.

그런데 우리의 신경회로는 생각을 따라 끊임없이 번져간다고 하였다. 더군다나 그것이 감정과 결합하면 신경마디가 강하게 형성되므로, 기억이 잘 되고 분명하게 그려질 것이다. 니클러스는 이번에도 퍼팅을 미스하자, 당시의 상황이 파노라마처럼 머릿속을 스치고 지나갔다. 12번 홀에서 미스한 퍼팅은 이와 강하게 고리를 형성하고 있던 다음 장면의 기억에 연결되어 있었던 것이다. 그때 느꼈던 감정도 고스란히 재생되었다. 1960년 US 오픈 당시 니클러스는 12번 홀 이후 나머지 6개 홀에서 3오버파를 기록하였으나, 1타 차로 와이스코프를 물리치고 우승을 차지한 바 있었다.

잠시 과거를 회상하던 니클러스는 캐디를 보고 있던 아들 잭에게 말하였다.

"잭, 오늘은 1960년 US 오픈 때처럼 플레이하지는 않겠지?"

니클러스는 마지막 6개 홀에서 3오버파를 기록하였으며, 이번에도 1타 차로 우승을 차지하였다.

티 샷이나 치핑, 퍼팅을 할 때, 프레드 커플스처럼 과거 성공했던 샷을 회상해 보자. 그때의 샷과 스윙 모습을 머릿속에 그려보고, 스윙 감각이나 템포를 느껴 본다. 그리고 그 느낌 그대로 스윙을 해 본다. 골프를 잘 친다는 것은 대포알 같은 드라이버를 날리는 것이 아니고, 이처럼 머리를(기억을) 잘 활용하는 것이다.

니클러스도 과거의 실패보다는 과거의 성공을 회상하는 것이 샷에 많은 도움을 준다고 말하고 있다.

"과거에 성공적으로 샷을 해 본 상황이 아니라면 한 발짝 물러서서 차선의 방법을 선택하라. 마음속으로 그것을 상상하면서 샷을 준비하라. 이렇게 마음을 바쁘게 하다 보면, 긴장하거나 심리적 압박감을 느낄 시간이 없어질 것이다."

이들 사례로부터 긍정적인 사고방식과 유용한 사고 패턴이 어떤 것인지 보았다. 아마추어 골퍼들이 하루아침에 위대한 골퍼들의 방식을 따라갈 수는 없을 것이나, 우선 그들 방식의 기본 원리가 우리 뇌의 특성에 있음을 인식한다면 뇌를 잘 활용할 수 있는 방법을 찾아 연습 방향을 설정할 수 있을 것이다.

먼저 뇌를 효과적으로 이용할 수 있는 퍼팅 연습방법의 예를 들어 보자.

퍼팅 연습 시, 홀을 타깃으로 하지 않고 일정한 거리에 볼을 보내는 연습이 있다. 이 방법에서는 홀이 존재하지 않으므로 실패라는 것이 없다. 결과에 집착하지도 않게 된다. 홀을 타깃으로 하면 성공과 실패를 경험하게 되는데, 많은 실패를 목격하면 자기도 모르는 사이에 그것이 기억될 수 있기 때문이다. 연습이 오히려 자신감을 해칠 수도 있는 것이다.

1m 내외의 짧은 거리 퍼팅 연습은 대부분의 연습 볼이 홀인되므로 자신감이 향상될 수 있는 방법이다. 더욱이 1m 내외의 짧은 퍼팅을 무조건 홀인시킬 수 있다면 롱 퍼팅을 하더라도 불안감을 줄일 수 있으므로, 전체적인 퍼팅 능력이 향상될 것이다.

그리고 퍼팅을 실패하더라도 이에 주의를 집중하지 않는 것이 자신감을 유지할 수 있는 좋은 방법이다. 어차피 퍼팅은 홀인 아니면 미스의 두 개의 사건만 발생한다. 50:50이다. 들어가면 좋겠지만 안 들어가도 그만이라는 마음가짐을 갖는 것이 장기적으로 자신감을 해

골프 심리학

치지 않는다. 월터 헤이건이 한 라운드 당 미스 샷을 7개로 정해 놓는 것처럼, 자신의 퍼팅 능력을 감안하여 한 라운드 당 허용할 수 있는 자신의 3퍼팅 횟수를 정해 두는 것도 좋은 방법이 될 것이다.

퍼팅은 메커니즘이 아닌 기억(터치와 느낌)으로 친다

1) 퍼팅 메커니즘은 필요 없다

메커니즘을 생각하면 심리적 간섭이 생겨 타깃에 대한 주의집중이 방해를 받는다. 퍼팅에서도 마찬가지이다. 만약에 메커니즘이 아예 없다면 그만큼 스윙하기가 수월해질 것이다.

메커니즘 측면에서 보면, 퍼팅만큼 동작이 간단하고 힘이 안 들어가는 게임은 없다. 어린아이들이 퍼팅을 쉽게 배우고 잘하는 것은 이런 이유 때문이며, 80세 노인도 퍼팅을 잘할 수 있는 것이다. 그래서 프로와 아마추어간 차이가 가장 적은 부분이 바로 퍼팅이다.

퍼팅 게임은 파워와 전혀 관계없는 게임이라고 하였다. 물론 아무리 작은 볼이라도 그것을 움직이기 위해서는 물리학적 의미에서의 힘이 필요하고, 생리학적으로 근육의 수축에 의해 힘을 생성해야 할 것이다. 그러나 퍼팅에 필요한 힘은 매우 적기 때문에 근육의 수축 정도가 미미하다. 인체의 움직임은 중요한 요소가 아니라는 의미이다.

드라이버는 인체의 움직임이 많고 복잡하기 때문에 이에 대해 우리 뇌는 일정 부분 용량을 할애한다고 볼 수 있다. 반면에 퍼팅은 인체 움직임이 매우 작기 때문에 뇌의 대부분의 용량은 신체적 움직임에 대한 비중보다 심리적인 요소의 비중이 상대적으로 커진다. 퍼팅에서 심리 조절이 중요하다는 것은 이런 특성에 기인하는 것이다(물론 퍼팅에서도 심리적인 문제는 일반 골프 스윙과 마찬가지로 프리샷 루틴에 의해 해결될 수 있을 것이다).

 엄밀히 말해서 퍼팅은 다른 골프 스윙과 같은 차원에서 논의될 여지가 별로 없다. 드라이버는 인체의 큰 근육들이 모두 동원되는 커다란 스윙이 필요하지만, 퍼팅은 그렇지 않다. 퍼팅이란, 퍼터로 홀을 향하여 볼을 '톡' 하고 치는 것에 불과하다. 여기에 백스윙이 어떻고, 다운스윙이 어떻고는 의미가 없다. 가령 동전을 2m 전방의 원 안으로 던진다고 하자. 2m 전방의 홀을 향하여 퍼팅을 하는 경우에도 그 정도의 힘만 있으면 충분하다. 그러나 실제는 어떠한가? 힘의 크기를 근육의 수축 정도라고 한다면, 보통의 아마추어 골퍼들은 실제 필요한 힘의 3~5배는 더 힘을 들이는 것 같다. 이는 퍼팅에 필요하지 않은 또는 방해되는 근육의 수축에 의해 얻어지는 것으로 보아야 할 것이다. 초과로 동원된 힘도 어디엔가 사용될 것이다. 그러나 이는 주어진 퍼팅을 수행하는 데 불필요한 힘으로써, 퍼팅을 길게 또는 짧게 하거나 퍼터를 비틀어서 볼을 빗나가게 하는 데 쓰일 것이다.

 결론적으로 퍼팅에는 아주 적은 양의 힘이 소요되므로, 이에는 별도의 메커니즘이 필요치 않은 것이다. 스탠스는 자신에게 편한 자세이면 된다. 여러 가지 자세를 취해 보고 가장 편한 자세를 선택하면 될 것이다. 그립도 편한 대로 잡으면 된다. 그리고 그립을 견고하게 잡으라는 것은 손과 퍼터 그립간에 빈 공간이 생기면 임팩트 시 퍼터가 흔들릴 수 있다는 것이지, 퍼터를 강하게 잡으라는 말이 아니다. 이렇게 편한 자세를 취하면 메커니즘에 대한 생각이 확 줄어들고, 신체적 긴장감이 없어지므로 감각에 의한 퍼팅이 이루어진다.

 그 다음은 몸의 움직임이다. 흔히 퍼팅 시에는 머리를 고정시켜야 한다고 한다. 머리를 고정시키려고 노력하면 이를 위해서 다른 근육이 동원되므로 자연스런 동작을 방해한다. 그렇다고 머리를 움직이려고 하지도 마라. 자연스럽게 퍼팅하면 된다.

2) 터치와 감각(touch & feeling)

퍼팅은 2%가 테크닉이고, 98%는 영감(inspiration), 자신감, 터치감이라고 잭 니클러스는 말하고 있다. 금세기 최고의 퍼터인 벤 크렌쇼, 빌리 캐스퍼도 이구동성으로 '터치와 감각'이라고 한다. 터치와 감각이라 하면 다소 막연한 느낌이 들 것이나, 사실은 이미 알고 있는 사항들이다. 알고 있다는 사실을 모르고 있을 뿐이다.

볼을 매번 홀 근처에 붙이면, '터치'가 좋다고 한다. 그러므로 터치는 '거리감'을 말한다. 터치가 좋지 않은 날은 퍼팅 거리가 길었다 짧았다 하는 날이다. '감각'은 주어진 퍼팅 거리를 어떤 스피드로 맞추느냐의 문제이다. 경사진 라이에서 볼의 스피드를 낮추면 많이 휘어지며, 스피드를 높이면 볼은 거의 직선 방향으로 이동한다. 경사진 라이에서 볼이 커다란 곡선을 그리면서 홀인되면, 그날은 감각이 좋은 날이다. 감각은 좋은데 볼이 잘 들어가지 않으면, 터치가 좋지 않기 때문이다.

사실 터치와 감각에 대한 개념적 정의는 별 실익이 없다. 여전히 실제적으로 도움이 되는 방도를 찾을 수 없다고 생각하기 때문이다. 모든 유명 프로들이 터치와 감각이 중요하다고 이구동성으로 주장하고 있지만 그것을 어떻게 해야 한다는 말이 없기 때문에, 퍼팅감은 프로들만이 가질 수 있는 전유물이라고 생각한다. 타고 난 재능 같은 것이라고 생각해 버린다. 사실은 그렇지 않다. 터치와 감각은 연습과 경험에 의해서 향상되는 것이다. 터치와 감각도 반복적인 경험에 의해서 형성되는 신경회로망과 다름없다.

우리의 모든 퍼팅은 그것이 뇌와 신경에 기억되어 있는 대로 나오는 것이다. 간단히 설명하면, 거리감과 퍼팅의 스피드는 이미 우리 기억에 저장되어 있다는 것이다. 그리고 이 기억을 끄집어내기 위해서는 시각정보가 필요하다. 시각에 의해서 입력된 정보는 이와 일치되는 과거의 기억과 연결되어 필요한 동작이 나오는 것이다. 2m 거리에 좌에서 우로 휘는 라인의 퍼팅이 시각을 통하여 입력되면, 우리 뇌는 기억에 저장되어 있는 동일한 내용의 신경과 연결되어 각 근육에 지시를 내리게 된다.

그러므로 경험이 축적되어 있지 않으면(신경회로가 형성되어 있지 않으면), 뜻대로 안 되는 것이 퍼팅이다. 아마추어 골퍼들의 퍼팅이 약한 것은 바로 경험 부족, 연습 부족인 것이다. 골프장의 회원인 사람이 자기의 홈 코스로 친구들을 불러들여 시합을 하게 되면 거의 지지 않는다. 첫째는 코스에 익숙하기 때문에 게임 플랜이 미리 갖추어져 있다. 그만큼 심리적 동요 없이 게임을 할 수 있으므로 유리하다. 둘째는 퍼팅이다. 그린의 경사도와 라인을 이미 알고 있다. 볼이 어디에 있으면 어느 방향으로 어느 정도의 힘으로 쳐야 할지 알고 있다. 뇌에 터치와 감각이 이미 기억되어 있다는 의미이다.

홈 코스에서도 자신의 퍼팅이 잘 안 먹힌다고 호소하는 사람이 있을 것이다. 이는 뇌를 잘 활용하지 않았기 때문이다. 예컨대 1m의 퍼팅이 있다고 하자. 퍼터는 그 사실을 시각을 통하여 뇌에 전달해 주어야 한다. 그러면 그에 맞는 동작을 만들어 지시할 것이다. 1m의 거리는 1m에 필요한 동작이 일 대 일 대응관계를 형성한다. 2m, 3m, 4m…도 마찬가지이다. 타깃 정보와 동작간에 일 대 일 대응관계를 만들면 그것이 바로 터치와 감각 기억으로 뇌에 저장되는 것이다.

그런데 아마추어 골퍼들의 문제는 홀에 대한 거리, 경사도 등의 타깃 정보보다도 그립, 스윙 크기, 스탠스, 볼의 위치 등 퍼팅 메커니즘에 너무 신경을 쓰는 나머지, 타깃 정보를 입력시켰다 하더라도 금방 기억에서 사라진다. 타깃 없이 치는 것이다. 이렇게 되면 타깃 정보와 퍼팅간의 일 대 일 대응관계가 수립되지 않는다. 현재의 퍼팅 거리가 얼마이고 라인은 어떠한지 주의를 기울이지 않으면, 정보와 동작간의 연계가 이루어지지 않는다. 뇌에 기억되지 않을 것이다. 오히려 메커니즘과 퍼팅 스트로크간 신경 연결이 강화되어 가장 바람직하지 않은 커플이 탄생한다.

 이처럼 퍼팅을 잘하려면 뇌에 퍼팅 데이터베이스를 충분히 저장해두는 것이 바람직하다. 다양한 거리뿐만 아니라 다양한 라인에서의 연습도 중요하다. 이때의 거리와 라인 상태는 자로 재거나 걸음 거리로 재는 것이 아니다. 우리 눈으로 그저 바라보기만 하면 된다고 하였다.

 퍼팅은 메커니즘이 아닌 터치와 감각에 의해서 이루어지며, 터치와 감각은 바로 우리 뇌에 기억되어 있는 신경회로에 다름 아니다. 골프 스윙에서 첫번째로 중요한 것은 올바른 정보를 입력시켜야 하는 일이다. 그러므로 메커니즘, 과거의 기억, 미래에 대한 기억이 아닌 타깃 정보이다. 그 다음에 입력시켜야 할 정보는 아무 것도 없다. 주어진 정보에 따라 우리 인체는 실제 필요로 하는 동작을 만들어낼 것이다.

 이것이 골프 스윙은 무의식에 맡겨야 한다는 것의 실제 내용이다. 지금까지는 실제 동작을 만들어낼 능력을 갖고 있지 않으면서, 능력이 있는 것처럼 큰소리치고 잘난 척하던 '의식'이 동작을 컨트롤하는 것으로 착각하고 있었다. 골프 스윙에 대한 의식적인 컨트롤을 포기하라는 것은 아무 것도 하지 말라는 것이 아니다. 골프 스윙을 컨트롤하는 것은 원래 무의식(운동 시스템)이므로, 무의식에게 컨트롤 권한을 다시 돌려주어야 한다는 것이다. 이것이 바로 자연스런 스윙, 자연스런 퍼팅이다. 타깃에 주의를 집중하고 있으면 자연스런 퍼팅이 나온다.

4 퍼팅의 실제

 퍼팅 메커니즘이 필요 없다면 어떻게 퍼팅을 쳐야 하나?
 먼저 그린을 읽는다. 홀까지의 거리와 경사도를 알아야 한다. 이는 단지 눈으로 보는 것만으로도 충분하다. 가장 정확하기 때문이다.

대부분의 골퍼들은 그린을 읽는 과정에서 분석과 생각이 많다.
"3m 정도의 다운 힐 라이니까 부드럽게 쳐야지."
"오른쪽으로 약간 돌아가는 것을 감안하여 홀의 왼쪽 10cm 정도를 보고 겨냥해야지."
"지난번에 30cm 정도 짧았는데, 조금 세게 칠 필요가 있어." 등등.
 이런 생각과 분석은 단기 기억의 용량을 차지하므로 그린을 눈으로 읽는 작업이 방해된다. 그런데 이런 생각과 분석은 거리와 라인을 파악하고자 하는 것이며, 눈으로 보는 작업도 거리와 라인을 파악하는 행위이다. 같은 일을 중복하여 처리하고 있는 것이다. 우리 뇌는 혼란에 빠지며, 정확한 의사결정을 할 수 없기 때문에 퍼팅을 망설이게 된다. 전에 언급한 바와 같이 자연스런 동작을 위해서는 의식적인 생각은 배제되어야 하며, 무의식이 모든 것을 컨트롤할 수 있게 하라고 하였다.
 눈으로 퍼팅 라인을 처음부터 끝까지 스캐닝하듯 훑어 내려간다. 그러면 거리, 라인 등 주어진 퍼팅에 필요한 모든 정보들이 모두 입력되어 뇌에서 자동 계산된다. 홀까지의 라인이 머릿속에 서서히 그려진다.

 그린을 읽고 기억 속에 퍼팅 라인을 저장해 두었으면, 그 라인을 100% 신뢰하는 것이 중요하다. 정확한 그린 읽기보다 읽은 라인에 대한 신뢰가 더 중요하다는 것이다. 아마추어 골퍼들은 그린을 열심히 보고 나서 어드레스에 들어가면 금방 흔들린다. 차라리 대충 보고 바로 치는 것이 정확한 경우가 많다.
 라인이 확정되었으면 타깃을 설정해야 한다. 롱 샷에서 중간 타깃은 신체와 타깃 정열을 위해 필요하지만 퍼팅에서는 중간 타깃이 필요치 않다. 중간 타깃은 퍼팅의 거리감을 흐리게 하기 때문이다. 직선 퍼팅이라면 홀컵 중앙이 타깃이 될 것이다. 좌우 경사 라인에서는 가상의 점이 타깃이 되어야 한다. 예컨대 홀컵 왼쪽 10cm 떨어진 곳의 풀 조각, 모래, 스파이크 자국 등이 타깃이다. 다운 힐에서는 실제 홀컵에 못 미치는 지점이 타깃이 되어야 할 것이다. 이런 식으로 타깃이 정해지면 그것에 주의를 집중해야 한다. 잠시 깜박하면 다시 홀컵을 쳐다보는데, 이는 타깃을 바꾼 경우와 같다. 이를 방지하기 위한 방법으로 타깃보다 머릿속에 기억해 둔 가상의 퍼팅 라인을 중시하는 골퍼도 있다. 현역 PGA 최고의 퍼터인 브래드 팩슨은 퍼팅 라인에 볼을 태워 보내는 방법으로 퍼팅을 한다고 한다.

라인을 읽고 타깃을 설정했으면 프리샷 루틴에 들어간다. 프리샷 루틴은 퍼팅에서도 가장 핵심적인 부분으로, 항상 정해진 동작을 동일하게 반복해야 한다. 이에는 심상과 연습 스윙이 포함되는데, 골퍼의 취향에 따라 약간의 차이가 있을 수 있다.

잭 니클러스처럼 볼이 라인을 따라 홀에 들어가는 모습과, 볼이 홀에 들어간 것을 꺼내어 다음 홀로 이동하는 자신의 모습을 상상할 수도 있을 것이다.

연습 스윙은 실제 스윙과 동일하게 하는 것이 좋다고 하였다. 그리고 연습 스윙은 긴장을 완화하고 감각을 형성시켜 준다. 잭 니클러스는 거리감을 느끼기 위해서 연습 스윙을 한다고 하였다. 만약 8피트짜리 퍼팅이라면 단순히 퍼터를 좌우로 스윙하지 않고 8피트짜리 퍼팅과 똑같은 터치감을 느끼고자 하며, 실제 해야 할 퍼팅에 맞추어 연습 스윙을 한다고 한다.

대부분의 골퍼들은 볼을 보면서 연습 스윙을 하는데, 이는 타깃을 망각할 수도 있고, 메커니즘이나 잡념이 스며들 수 있기 때문에 바람직하지 않다. 연습 스윙은 타깃을 기억 속에 계속 잡아두고 심리적 간섭이 개입되지 않도록 하기 위하여 타깃을 바라보면서 하는 것이 좋다. 그 다음에는 편한 자세로 어드레스를 취한 다음, 마지막으로 타깃을 보고 시선을 볼로 옮겨서 퍼팅한다.

5 지각기법에 의한 퍼팅 연습

퍼팅은 게임 구조상 결과를 얻어야 한다는 심리적 압박감이 크고, 고도의 정확성을 요구한다. 이런 이유로 대부분의 골퍼들은 메커니즘에 더욱 신경을 많이 쓴다. 메커니즘이 정확성을 높여준다고 생각한다. 그립도 정확하게 잡으려고 애쓰고, 자세에도 많은 주의를 기울인다. 이러한 메커니즘 위주의 사고는 신체의 경직만 가져온다. 메커니즘 등 의식적인 생각이 퍼팅에 어떤 영향을 주는지 예를 들어 보자.

알 가이버거가 시합 당일 퍼팅을 하고 있을 때였다. 동료가 다가와서 이런저런 얘기를 주고받게 되었다. 이야기를 나누는 동안에도 가이버거는 하던 연습을 계속하고 있었는데, 이상하게도 퍼팅이 잘되는 것이었다. 그 친구가 가 버리자 가이버거는 신중하게 퍼팅 연습을 하기 시작했다. 그런데 결과는 친구와 얘기할 때보다 훨씬 못한 것이 아닌가. 이런 일이 몇 차례 반복되자 가이버거는 의식이 다른 일에 관여하고 있는 동안, 무의식으로 하여금 퍼팅을 하게 하면 퍼팅이 가장 잘되었다는 사실을 깨달았다고 한다.

기존의 메커니즘 위주의 연습이 가진 한계를 극복하기 위해서는 지각에 의한 연습으로 대체되어야 한다고 하였다. 퍼팅도 예외가 될 수 없다. 특히 퍼팅은 동작 자체가 간단하기 때문에 지각기법에 의한 연습을 하기 좋은 게임이다. 지각에 의한 연습의 대표적인 방법을 소개한다.

1) 눈 감고 퍼팅하기

모든 골프 스윙은 눈을 감고 연습함으로써 감각(feel)을 향상시킬 수 있다. 이는 지각(awareness)에 의한 연습이 무엇인지를 단적으로 설명해 준다.

이의 원리는 간단하다. 일단 눈을 감으면 우리의 감각기관을 통하여 입력되는 전체 정보의 90% 이상이 차단되므로, 우리의 단기 기억 상자는 단번에 텅 비게 될 것이다. 갑자기 눈을 감아 보라. 머릿속이 텅 비는 느낌이 드는 것은 이런 이유 때문이다. 우리의 눈을 통해 들어오는 정보의 상당 부분은 단지 우리가 눈을 뜨고 있다는 사실 때문에 강제적으로 입력되는 것이다. 눈을 감으면 이를 차단할 수 있으므로, 우리는 비어 있는 단기 기억상자를 우리가 마음먹은 대로 활용할 수가 있는 것이다. 이것이 바로 지각에 의한 연습을 할 수 있도록 해 주는 바탕이 된다.

구체적인 예를 들어 보자. 실제로 방안에서 실습해 보기 바란다.
볼을 몇 개 퍼팅해 본다. 홀을 2~3초 동안 주시한다. 홀의 위치가 뇌에 저장될 것이다. 퍼터를 정렬해 놓고 눈을 감는다. 홀을 다시 머릿속에 떠올린다. 퍼팅을 한다. 볼이 접촉되는 순간을 손으로 느껴보자. 이런 식으로 반복한다. 코치는 매 퍼팅마다 결과지식을 알려준다. 가령 홀 왼쪽으로 1cm 빗나가면 +1로, 오른쪽으로 빗나가면 -1로 알려준다. 자꾸 하다 보면 손의 감촉만으로도 볼의 방향을 감지할 수 있게 된다(손의 감촉이란 퍼터를 손으로 밀 때 느끼는 감촉이 아니다. 임팩트 후 손으로 전해지는 느낌을 말하는 것이다).

그 다음에는 손과 팔이 어떻게 움직이는지 의식을 집중시켜 보자. 손과 팔의 움직임이 경직되어 있는지 이완되어 있는지, 편안한지 불편한지 여부를 감지하게 될 것이다. 눈을 감은 상태에서 자연스럽고 편안한 느낌이 들 때까지 반복한다. 그 느낌을 되살려 눈을 뜨고 퍼팅을 해 본다. 동작이 훨씬 자연스러워졌음을 느낄 것이다. 눈을 뜬 상태에서는 잘 안 되는 연습이다.

기존의 '하시오' 교수법에서는, "손과 팔에 힘을 빼시오.", "최대한 부드럽게 치시오."일 것이다. 이런 구두에 의한 지시는 우리 근육이 언어를 이해하지 못하기 때문에 실효성이 없다고 하였다. 오히려 힘을 빼라는 말은, "내가 힘을 너무 많이 주고 있었나?"라는 자각증세를 유발하여 손과 팔을 더욱 경직되게 할 것이다.

이번에는 눈을 감고, 퍼팅을 쥐고 있는 손가락의 강도를 느끼면서 퍼팅을 해 보자. 현재로서는 그립 강도가 적당한지 여부를 판단하기 힘들다. 어느 정도 자신에게 익숙한 상태이기 때문이다. 그러나 익숙하다고 하여 반드시 그것이 바람직한 것은 아니다. 퍼팅 그립은 가능한 가볍게 잡는 것이 컨트롤에 도움이 된다. 지각기법에 의하여 자신에게 적당한 그립 강도를 찾아나갈 수 있다.

현재 그립을 잡고 있는 손가락의 강도를 5라고 하자. 그립 강도를 4, 3, 2, 1 단계적으로 줄이면서 퍼팅을 해 보자. 눈을 뜨면 잘 안 되지만 눈을 감으면 잘 된다. 잘 안 되면 퍼팅 없이 빈손으로 하면 된다. 이런 식으로 반복하는 가운데 자신에게 맞는 편안한 그립 강도를 지각할 수 있다. 그 강도는 뇌에 기억되어 있으므로, 눈을 감고 반복적으로 연습한다.

왜 이런 연습이 능력 향상에 도움이 될까?
눈을 감은 상태에서는 우리가 현재 의식하고 있는 것만이 단기 기억상자에 들어 있으므로, 그 자체가 주의집중이 된다. 주의가 집중되는 대상은 금방 학습된다고 하였으므로, 눈을 감은 상태에서 느낀 것은 신경회로에 바로 입력될 수가 있는 것이다.

2) 홀을 쳐다보면서 퍼팅하기

이 방법의 원리도 전과 동일하다. 우리가 홀을 쳐다보고 있는 동안에는 단기 기억상자에는 홀에 관한 정보만이 입력되고, 이에 주의를 집중하고 있으므로 다른 정보는 입력이 되지 않을 것이다. 타깃인 홀을 직접 보고 있으므로 머릿속에는 타깃 이미지로 가득하다. 타깃이 분명할수록 동작은 정확해진다.

홀을 보면서 퍼팅을 하게 되면, 먼저 거리가 뇌에 입력이 된다. 그 다음에는 거기에 맞는 동작을 뇌에서 지시한다. 퍼팅 거리와 퍼팅 동작은 일 대 일 대응이 되어 뇌에 저장된다. 이때에도 역시 홀에 주의

그림 ⑳-2 홀을 보면서 퍼팅하기

가 집중되어 있으므로, 기억이 쉽게 저장될 것이다. 이것이 바로 '터치'라고 하였다. 골프를 배운지 얼마 안 되는 분들은 거리감(터치)이 일정하지 않은데, 볼을 보고 퍼팅하는 것보다 훨씬 확률이 높음에 놀랄 것이다. 이것이 바로 감각에 의한 퍼팅이다.

이 방법으로 퍼팅하는 동안 퍼팅 메커니즘에 대해서 전혀 신경을 쓰지 않았음을 알게 될 것이며, 메커니즘을 생각하지 않으면 퍼팅이 더 잘 된다는 사실도 느낄 것이다.

이 방법은 눈이 홀에 고정되어 있으므로, 자연히 머리가 고정되는 효과가 있다. 퍼팅은 거리가 짧기 때문에 머리가 고정된다고 하여 인체의 다른 부위 움직임을 방해하지는 않을 것이다. 그리고 당연한 말이지만 단기 기억에 타깃 정보만 가득 차 있기 때문에 실패에 대한 두려움이나 긴장감이 개입될 여지가 없다. 이런 습관은 코스에서 퍼팅할 때도 계속될 것이다.

홀을 보면서 볼을 '톡' 하고 치면 볼은 천천히 구르면서 홀인된다. 퍼팅은 아주 쉬운 게임이라는 생각이 든다. 그 전에 잔뜩 긴장하면서 볼을 쪼았던 기억은 사라질 것이다. 퍼팅에 대하여 서서히 자신도 모르게 자신감이 싹트기 시작한다.

6 퍼팅의 달인 바비 로크

바비 로크(Bobby Locke)는 일반인들에게는 잘 알려져 있지 않은 골퍼이나 비영국인, 비미국인 출신으로는 최초의 위대한 골퍼라고 할 수 있다. 그는 1917년 남아공 출신으로 1947년 미국에 진출한 이래 메이저 대회 4회와 PGA 투어 13승을 기록한 것으로 알려져 있다. 그의 뒤를 이어서 게리 플레이어, 어니 엘스 등이 남아공의 골프 전통을 이어오고 있다.

로크는 퍼팅의 달인으로 알려져 있는데, 통상 퍼팅을 잘하는 사람은 드라이버가 신통치 않은 공통점이 있는 것 같다. 그도 비슷한 상황이었다. 중요한 것은 드라이버를 못 치면 그를 보상하기 위하여 쇼트 게임이나 퍼팅 연습을 많이 하게 되는데, 이러한 상황적 배경은 골프 게임의 속성을 다른 골퍼와는 다른 각도에서 접근하게 해 준다. 그것은 바로 골프란 스코어를 적게 내는 게임이란 점이다. 로크에 대한 얘기는 우리가 꼭 알아야 하는 골프의 중요한 측면을 많이 보여 줄 것이다.

프로 세계의 재미있는 측면 중 하나는 가장 재능이 뛰어난 선수는 동료 선수간에도 인기가 좋다는 사실이다. 마이클 조던이 그렇고, 잭 니클러스가 그랬다. 많은 투어 프로들이 니클러스를 아끼고 좋아한다. 일부 부러워하기도 하고 질투나는 면도 있겠지만. 이유 중 하나는 자기보다 재능이 훨씬 뛰어난 선수에게 지는 것이 그렇지 않은 경우보다 그나마 자존심이 덜 상하는 일이기 때문이다. 심리적으로도 대선수에게는 패배를 인정하는 것이 훨씬 수월할 것이다.

그러나 로크는 결과적으로 우수한 성적을 거두어 위대한 선수로 평가받고 있지만, 배처럼(이마 쪽보다 볼 쪽이 둥글고 두툼한) 생긴 얼굴 모양이나, 느림보 같은 걸음걸이, 괴상망측한 스윙 등 그를 재능 있는 골퍼라고 부를 수 있는 구석은 어디에서도 찾아볼 수 없었다. 누구라도 이런 골퍼에게 지는 것만큼 기분 상하는 일은 없을 것이다.

실제로 그는 역사상 가장 괴상한 스윙의 소유자였다. 어드레스 자세는 타깃의 오른쪽으로 약 45도 방향이며, 오른발은 70cm 이상 뒤로 빠지는 심한 클로즈드 스탠스였다. 그 상태에서 백스윙을 하면 샤프트는 타깃의 오른쪽 45도 방향을 가리켰다. 그래서 그의 샷은 언제나 심한 훅이었다(드로가 아님).

런던 부근의 서닝데일 골프장 긴 파3홀에서 있었던 일이다. 그 홀은 오른쪽이 커다란 나무로 가려져 있어 직선 샷으로는 공략이 되지 않는 홀이었다. 보통은 3번이나 4번 아이언 페이드 샷으로 그린을 공략하는 것이 정석인 홀이었다. 로크는 3번 우드로 나무의 오른쪽을 겨냥하여 샷을 날렸다. 볼은 나무 오른쪽을 지나 옆 홀로 가다가 커다란 훅을 그리면서 그린으로 향하였다.

재미있는 사실은 그의 스윙이, 골프의 지존 바비 존스의 스윙을 모방했다는 것이다. 그의 아버지는 바비 존스의 책을 아들에게 주면서 "이 사람은 역사상 가장 훌륭한 골퍼란다. 이 책에 있는 대로 골프를 배우기 바란다. 남들이 무슨 말을 하더라도 한쪽 귀로 듣고 다른 쪽 귀로 흘려 버려야 한다. 바비 존스를 모델로 하면 너는 반드시 훌륭한 골퍼가 될 것이다."고 하였다 한다. "나는 골프를 시작할 때부터 지금까지 바비 존스의 책대로 해 왔다."고 로크 자신도 술회하고 있다.

실제로 로크의 스윙에는 바비 존스나 샘 스니드의 스윙과 비슷한 점이 있었다. 바비 존스는 백스윙 시 클럽을 인사이드로 빼고 다운스윙은 타깃 라인상으로 이루어지기 때문에, 위에서 보면 8자를 그린다. 다만 로크의 스윙은 옆으로 매우 뚱뚱한 8자가 그려진다.

미국의 득실득실한 장타자와 긴 코스도 로크의 스윙을 바꾸어 놓지는 못했다. 항상 드라이버가 짧기 때문에 남들이 미들 아이언이나 쇼트 아이언을 잡을 때, 로크는 우드나 롱 아이언을 잡았다. 로크는 왼손이 약한 골퍼라는 놀림을 당하면서도 2번 우드 티 샷을 고수하였다. 그러면서도 그는 오른손으로 다른 선수보다 더 많은 돈을 챙기고 있었다.

남들은 괴상한 스윙에 몽당연필 같은 거리를 비웃었지만, 힘 안 들이고 치는 스타일이나 일관성은 일반 골퍼들이 본받을 만한 점이다. 멋진 샷도 없지만 실수도 없었다. 항상 페어웨이에 볼을 잡아두었다. 평생 동안 거리를 위해 컨트롤을 희생시키려고 하지 않았다.
"나는 볼을 까마득히 멀리까지 칠 필요를 느끼지 않는다. 세컨 샷으로 온그린시킬 정도면 충분하다고 생각한다."는 것이 거리에 대한 그의 신념이었다.

그는 어린 시절 세 가지의 골프 교훈을 배웠다고 한다.
첫째는, 좋은 샷을 날리기 위해서는 신체가 이완되어야 한다는 것이었다. 이는 그의 침착한 천성과 어울려 그를 역사상 신체적으로 가장 이완되고 서두르지 않는 골퍼로 만들었다.

그에 대한 골프 다이제스트지 기사에 의하면,
"잭 니클러스는 페어웨이를 가로지르듯이 이동하다가도 볼 앞에서는 긴 시간을 소비하는데, 로크는 단 두 종류의 스피드만 있다. '느리게'와 '느긋하게'. 그러나 볼 앞에서는 지체하지 않았다. 볼이 있는 장소로 가기까지가 문제였다. '신발 신는 데 20분, 백에서 볼을 꺼내는 데 5분.' 이런 식으로 기자들은 그의 느린 동작을 비꼬곤 했다. 실제로 그의 거북이처럼 느린 동작 때문에 동반 선수들은 짜증을 내거나 인상을 쓰는 경우가 많았다고 하며, 경기위원으로부터 경고도 많이 받았는데, 그때마다 로크는 요지부동이었다고 한다. 적어도 전쟁(2차 대전) 이외에 그 어느 것도 그를 서두르게 하지 못했다고 한다."

둘째는, '한 번에 하나의(one shot at a time) 샷'이란 교훈이다. 이는 아무리 심리적 부담이 큰 상황하에서도 그가 주의를 집중할 수 있게 해 주었다. 그는 항상 사람이 아닌 코스를 상대로 플레이했다. 결코 뒤를 돌아보지 않았으며, 미래를 기웃거리지도 않았다. 오직 현재 당면하고 있는 샷에만 집중했다.

셋째는, 골프에는 언제나 행운이라는 요소가 있다는 것이다. 이는 '한 번에 하나의 샷'이란 요소와 결합하여, 누구도 대적할 수 없는 수준의 침착성과 집중력을 로크에게 부여해 주었다. 그는 5개의 샷 중 하나 꼴로 운이 작용한다는 생각을 하였다고 한다. 샷이 잘못되더라도 당황하거나 분노하지 않았다. 운이 안 좋았다고 생각한다. 자신의 능력 때문이 아니므로 로크의 자신감은 손상되지 않는다.

마지막으로 로크를 위대한 골퍼로 만들어 준 것은 바로 마법의 쇼트 게임과 퍼팅이었다. 특히 퍼터는 역사상 최고라는 명성에 걸맞게 12m~15m 거리의 퍼팅을 자주 성공시켰다고 한다.

그가 요술 같은 쇼트 게임을 구사할 수 있었던 것은 누구도 범할 수 없는 그의 침착성과 터치감이었다고 한다. 또한 그는 기억력이 좋아서 그린의 경사도를 마음의 눈으로 읽는 능력이 뛰어났다고 한다.

일찍이 그는 쇼트 게임의 중요성을 깨달아 눈만 뜨면 쇼트 게임 연습을 했다고 하며, 쇼트 게임을 어느 정도 수준에 올려놓자 롱 게임에 대한 심리적 부담을 떨쳐낼 수 있었다고 한다. 게임이 잘 풀리지 않는 날에도 파를 세이브할 수 있다는 자신감이 있었으며, 게임이 잘 되는 날에는 최소 서너 개의 버디는 언제든지 잡을 수 있었다고 한다.

　퍼팅 시 그의 주된 목표는 볼에 톱 스핀을 주는 것이었다. 볼을 느릿느릿 많이 구르게 함으로써 힘 조절을 쉽게 할 수 있다고 생각했다. 그리고 이는 홀의 4개의 문을 최대한 이용하기 위한 목적이었다. 4개의 문이란, 볼이 가까스로 홀에 다다르는 경우에는 홀의 앞문으로, 볼이 조금 강한 경우에는 홀컵 뒷부분으로, 그리고 홀 중앙을 약간 벗어나지만 중력에 의해서 홀컵으로 빨려 들어가는 정도의 힘으로 친 경우에는 홀의 좌우측 문으로 홀인된다는 의미이다. 실제로도 그의 퍼팅 중 많은 부분이 옆문으로 들어갔다고 한다. 다른 사람이라면 홀을 지나가거나 돌아나왔지만, 로크는 그만큼 힘 조절을 절묘하게 해냈던 것이다.

　그는 퍼팅을 잘못하였기보다는 그린을 잘못 읽었기 때문에 미스 퍼팅이 나온다고 믿었다 한다. 그래서 그린 상태를 철저히 파악하고, 퍼팅 라인이 머릿속에 선명하게 그려지기 전까지는 퍼팅을 하지 않았다고 한다. 아주 빠른 그린에서는 볼이 홀 전방 15cm 정도에서 멈추는 느낌으로, 중간 속도의 그린에서는 홀컵 바로 앞에서 떨어지는 정도로, 느린 그린인 경우에는 홀컵 뒷부분을 가볍게 친다는 느낌을 갖고 퍼팅 스피드를 조절했다고 한다.

　그가 가장 견고하게 유지했던 퍼팅 원칙은, 한번 결정된 스피드와 라인은 절대로 바꾸지 않는다는 것이었다. 볼에 다가서면 더도 말고 덜도 말고 딱 두 번의 연습 스윙을 했는데, 연습 스윙이 끝나면 지체 없이 스트로크로 이어졌다. 퍼팅에서의 두 번 생각은 항상 치명적이란 것이 그의 신념이었다.
　그도 니클러스처럼 퍼팅은 무조건 들어가는 것이란 생각으로 퍼팅을 하였다고 한다. 만약 미스 퍼팅이 나오면 그것은 그린의 문제이지 자신의 잘못이 아니라고 생각하는 것이다. 그럼으로써 퍼팅 달인으로서의 자신감과 자존심을 항상 유지했다고 한다.

 골프 심리학

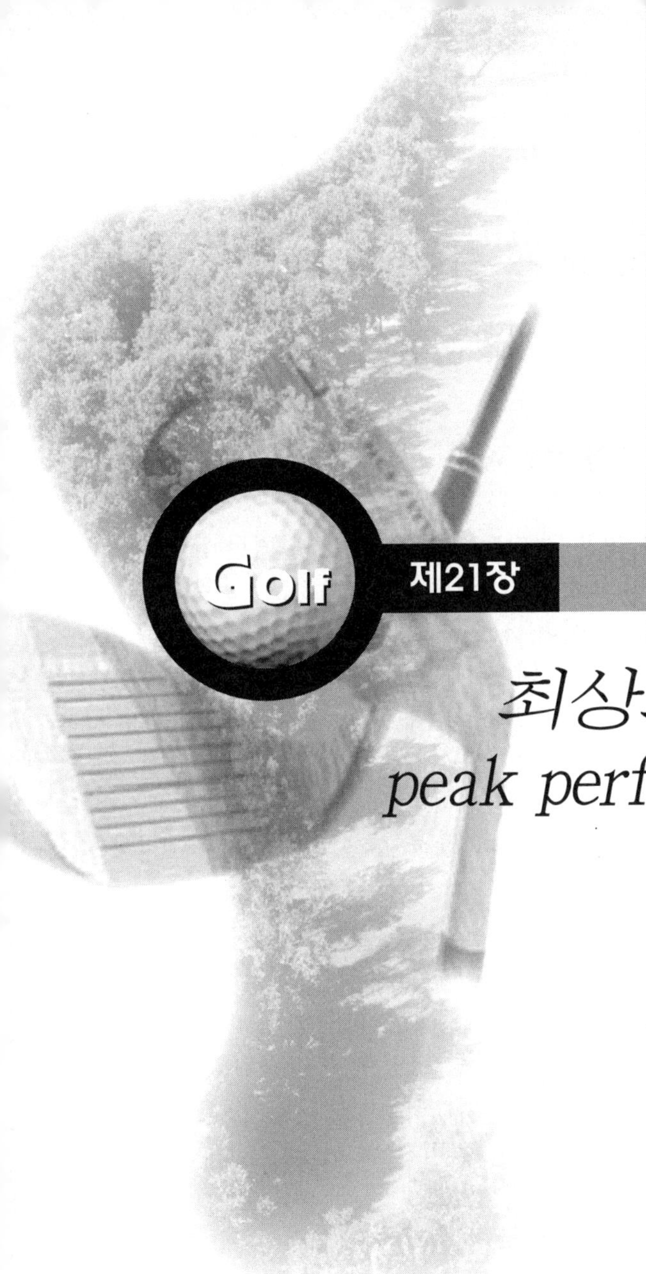

제21장

최상의 수행
peak performance

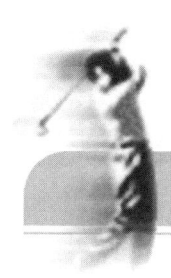

제21장
최상의 수행
peak performance

1 골프 심리학의 최종 결정체

최상의 운동 수행이라 함은 심리적·신체적으로 완벽한 조화를 이루었을 때 나타나는 마법 같은 순간을 말한다. 그것은 '선수의 평균적인 수행을 뛰어넘는 행위'이며, 선수가 최상의 상태에 도달했을 때만이 발생하는 일이다. "오늘은 내 생애 최고의 날이었어.", "그 선수 펄펄 날더군."이란 말은 선수가 최상의 수행을 했다는 표현들이다. 야구에서 3연타석 홈런을 치는 것, 축구에서 해트 트릭(hat trick)을 하는 것 그리고 알 가이버거, 칩 벡, 데이비드 듀발, 애니카 소렌스탐이 59타를 기록할 때의 상태를 말한다고 할 수 있다.

최상의 수행 상태는 몸과 마음이 완전히 일치되어 생각한 대로 모든 것이 이루어지는 상태로 주의집중, 자신감 같은 심리적 잠재능력이 100% 발휘되는 것이라 할 수 있다. 최상의 수행은, 지금까지 골프 심리학이란 이름하에 설명되는 모든 사안이 총망라되었을 때 나타나는 현상인 것이다. 그러므로 최상의 수행 상태가 무엇인지 살펴보는 일은 골프 심리학을 총정리하는 의미가 있다.

최상의 수행은 우수함을 추구하는 선수와 코치들이 그렇게도 바라는 바이지만, 유감스럽게도 그것은 매우 드물게 나타나는 현상이며 의도대로 되지 않는다고 한다.
만약에 최상의 수행 상태에 이르면 그 선수나 팀은 언제나 승리할 수 있으므로 "어떻게 하면 최상의 수행 상태를 의도적으로 빈번하게 나타나게 할 수 있을까? 훈련에 의해 가능한 것일까?"에 대하여 선수와 코치들은 많은 관심을 기울여 왔다. 이를 위해서는 먼저 최상의 수행 상태가 무엇인지 알아볼 필요가 있다.

2 최상 수행의 심리적 측면

대부분의 선수나 코치들은 스포츠에서의 성공 중 40~90%가 심리적 요인에 의한다는 것을 인정하고 있다. 기술수준이 높을수록 멘탈의 중요성이 더 커지고 있다. 사실 일류 선수들간의 경쟁 상태에서는 시합 당일 심리적으로 가장 강한 선수가 우승한다는 말이 널리 인정되고 있는 실정이다. 러셀은 "심리학은 선수들을 우수하게 하는 열쇠."라고 한 바 있으며, 《Golf my way》의 저자 잭 니클러스도 정신적 준비야말로 최상의 수행을 위한 단 하나의 가장 중요한 요소라고 하였다.

올림픽 선수들의 기술적 수준, 신체적 조건 및 정신적 준비 상태 중에서 올림픽에서의 메달을 결정하는 요소는 바로 정신적 준비 상태였다고 한다. 프로 야구 투수의 피칭 능력도 신체적 기술보다는 그 날의 심리적 상태에 의해 좌우되었다고 하며, 2~3년 후에 프로 야구 선수로 계속 생존하는가의 여부도 심리적 기술수준에 의하여 결정된다는 조사가 있다. 토너먼트에서 프로 골퍼가 첫날 7언더파를 기록하였으나 바로 그 다음날 2오버파를 치는 것도, 심리적 요인으로밖에 설명할 수 없는 것이다. 하루만에 그 선수의 기술수준이 변하는 일은 없기 때문이다.

그렇다면 스포츠에서의 성공을 보장하는 심리적 요소는 무엇일까? 그것은 이 책에서 부문별로 설명해 온 내용들의 합체라고 할 수 있다. 여기에서는 이러한 심리적 기술이나 심리적 능력이 실전에서 응집되어 나타난 현상이라고 할 수 있는, 최상의 수행 상태의 심리적 측면을 알아보기로 하자.

1) 최상 수행 경험의 심리적 특성

각종 스포츠 현장에서 심리적 요소의 중요성에 대한 인식이 날로 확대되고 있는 가운데, '최고의 순간'을 수행한 선수들의 주관적인 경험에 대한 연구가 활발히 전개되었다. 이러한 연구는 현상학적 방법, 즉 최상의 수행을 경험한 선수와의 직접 인터뷰 등의 방법을 통하여 수행되었다. 버클리 대학의 '최상 운동 센터' 소장인 가필드는 수백 명의 엘리트 선수들과의 인터뷰에서 선수들이 무엇인가를 대단히 잘 해냈을 때 갖는 느낌을 8가지의 심리적 및 신체적 특성으로 요약하고 있다.

(1) 심리적 이완감(mentally relaxed)

이것은 내적인 평온감으로, 가장 빈번하게 나타나는 특성이다. 어떤 선수들은 시간이 천천히 가는 느낌이라고 하였으며, 높은 주의집중을 경험하였다고 한다. 반면에 집중이 상실된 상태에서는 모든 것이 너무 빨리 일어났으며, 통제할 수 없는 상황이었다고 한다.

(2) 신체적 이완감(physically relaxed)

근육이 풀린 듯하여 움직임이 유연하고 확실한 느낌이 든다.

(3) 자신 있고, 낙관적인(confident, optimistic)

긍정적인 자세, 자신감, 낙관적임. 잠재적 위험하에서도 침착성을 유지할 수 있고, 힘과 조절감을 느낀다.

(4) 현재에 초점이 맞추어짐(focused on the present)

몸과 마음이 하나가 되어 움직임으로써 느껴지는 일체감. 과거나 미래에 대한 생각이 전혀 없이 현재의 과제에만 집중한다. 의식적이나 의도적인 노력이 없이도 인체가 자동적으로 움직인다.

 골프 심리학

(5) 활기 있는(highly energized)
높은 에너지 상태는 종종 기쁨, 황홀감, 강렬함 충전감 및 열정적 느낌으로 묘사된다.

(6) 높은 지각 상태(extraordinary awareness)
선수가 자신의 신체나 주변 선수들의 움직임을 정확하게 지각하고 있는 상태. 다른 선수들이 무엇을 하려고 하는지를 알아차리는 능력. 주변 환경과 완전히 조화를 이룬 느낌이 든다.

(7) 자동적 조절(in control)
몸과 마음은 정확한 동작을 자동적으로 수행하는 것처럼 보이며, 억지로 강요하거나 애쓴다는 느낌이 없다.

(8) 보호막 속에서(in the cocoon)
보호막 속에 있는 느낌. 외부 환경이나 잠재적 주의산만 요소로부터 완전히 격리된 듯한 느낌. 자신의 힘과 기술을 언제나 발휘할 수 있다는 느낌. 보호막 속에 있는 선수는 집중력을 상실하지 않으며, 근육의 긴장감이나 통제 불능의 감정을 회피할 수 있다.

2) 골프에서의 최상 수행

골프 심리학자인 패트릭 콘 박사는 프로 골퍼, 대학 골프 선수, 티칭 프로들로부터 최상의 수행에 대한 질문을 통하여 최상의 수행과 관련된 선수들의 공통된 심리적 특성을 조사, 확인한 바 있다. 이 내용들은 이미 서술된 부분을 정리, 요약하는 것이라고 생각하면 될 것이다.

(1) 자신감(total self-confidence)
자신감은 한 마디로 챔피언과 그렇지 않은 선수를 구분하는 가장 중요한 심리적 요소이다. 선수들은 플레이를 잘 할 수 있다는 높은 자신감이 바로 성공의 제1요건이라고 한다. 그러나 자신감은 그날의 컨디션이나 상황에 따라 좌우되는 것이 아니라 선수 자신의 습관적인 사고 패턴이므로, 훈련에 의하여 자신감을 향상시킬 수 있는 것이다.

(2) 힘이 들지 않는 자동적인 수행(automatic and effortless performance)

이는 최상의 수행 상태에서 일반적으로 발생하는 요소이다. 스윙이 자연스럽고도 쉽게 이루어지므로, 특별히 주의를 기울이지 않아도 페이드를 생각하면 페이드가 되고, 드로를 생각하면 드로가 된다. 최상 상태에서의 스윙은 자동적이며, 간단하고, 쉽게 이루어지는 느낌이다. 클럽은 마치 몸의 일부분인 것 같은 느낌이며, 자신이 생각한 대로 반응한다. 브랜들 챔블리 선수는 플레이가 잘될 때와 그렇지 않을 때의 차이점을 다음과 같이 말하고 있다.

"플레이가 잘될 때는 경기 내내 한 가지의 스윙 생각만 하게 됩니다. 메커니즘에 대하여 이것저것 생각하지 않으면, 나의 경우에는 마음이 편안해지면서 스윙의 핵심인 스윙의 템포나 리듬에 대해서만 생각하게 되는 것 같습니다. 플레이가 잘 풀리지 않는 날은 분명 서너 개의 생각이 머릿속에 들어 있는 경우입니다."

(3) 현재 과제에의 몰입(immersed in the present moment on the task)

"코스에 들어서서 한 번에 한 라운드, 한 번에 한 홀, 한 번에 하나의 샷만을 생각했습니다. 마지막 날까지 주어진 현재의 샷만을 생각해서인지 그 코스의 홀이 어떻게 생겼는지 하나도 기억할 수가 없군요."

이는 에이미 엘코트가 1977년 휴스턴에서 우승할 당시의 소감인데, 경기에 몰입한다는 것이 무엇인지 잘 표현하고 있다.

(4) 좁은 주의의 초점(narrow mental focus)

"내가 주의를 집중한 것은 볼과 중간 타깃 그리고 핀뿐이었습니다. 사실 코스에 나가서 한 가지에 집중한다는 일은 매우 어려운 일입니

골프 심리학

다. 그날 내가 본 것은 핀과 페어웨이 중간 지점뿐이었습니다."(1988년 미국 대학 선수권 우승자 피스터)

코스에 들어서면 해야 할 일과 생각할 일이 너무 많은 것이 사실이다. 코스 환경 점검, 코스 전략, 샷의 종류, 클럽 선택, 타깃 선정, 셋업 등등. 여기에 더하여 스윙 메커니즘을 생각하다 보면 머리는 마치 시장 바닥과 같이 복잡해질 것이다. 문제는 이런 것들을 한꺼번에 해결하려고 하기 때문에 생기는 것이다. 샷에 몰입하는 과정은 이런 생각들을 줄여나가는 것이며, 최종적으로 하나의 초점 - 타깃 - 에 집중시키는 것이다. 하나의 생각에 초점이 맞추어져 있으면 마음은 명쾌해지고 몸은 확실하게 움직인다.

(5) 생각대로 컨트롤된다(feeling of control)

"플레이가 아주 잘될 때는 모든 것이 마음먹은 대로 되는 것 같았습니다. 두려움이나 인내심은 물론 자신감도 스스로 컨트롤할 수가 있습니다. 그러다 보니 샷을 서두를 필요도 없고, 좋은 경기 감각과 리듬을 찾을 수 있습니다. 자연히 결과에 대해서 걱정도 하지 않게 됩니다. 그러나 스스로 통제가 잘 되지 않을 때는 부정적인 생각이 자리잡게 되고, 동반자의 행동, 갤러리는 물론 캐디까지 신경을 건드리는 것 같았습니다."(켈리 깁슨)

코스에 나가면 내가 컨트롤할 수 없는 것이 있다. 그날의 날씨, 동반자, 코스 상태, 운(luck) 등이다. 그러나 내가 컨트롤할 수 있는 것이 있다. 내가 컨트롤할 수 없는 것에 대하여 내가 어떻게 반응하고 어떻게 행동할 것인가를 정하는 일이다.

미스 샷이 나거나 잘 치고도 코스의 상태가 좋지 않아 디봇에 들어가는 경우, 화가 나지만 화를 내지 않는 것, 벙커가 아닌 깃대를 향하여 볼을 치고자 하는 마음을 갖는 것, 이것들이 바로 자기 조절이다. 나도 모르게 화가 나는 경우 바로 마음을 안정시키는 것, 이것이 바로 자기 조절이다. 자기 조절이란 어떤 상황에 처했을 때 가장 바람직한 생각을 머릿속에 넣는 일이다.

(6) 두려움의 부재(absence of fear)

"나는 더 이상 미스 샷을 두려워하지 않는 상태에 도달했습니다. 왜냐하면 다음 번에는 미스 샷을 하지 않을 것이란 자신감이 있었기 때문이었죠."(US 클럽 프로 챔피언)

두려움은 부드럽고 자연스런 스윙 리듬을 해치므로 경기력에 직접적인 영향을 미친다. 그리고 두려움은 없어지지 않는다. 플레이를 잘할 수 있다는 자신감에 가리워져 있을 뿐 언제든지 나타날 수 있다. 최상의 상태는 두려움이 존재하지 않는 상태이다.

(7) 신체적 이완과 심리적 평온감(phisical relaxation/mental calmness)

"몸과 마음을 편안하게 하는 방법을 배우는 일은 대단히 중요합니다. 왜냐하면 편안함은 집중력을 유지할 수 있게 해 주며, 경쟁 상황에서의 긴장을 해소시켜 주기 때문입니다. 복식호흡, 스트레칭과 같은 작은 것들이 그러한 상황을 극복하는 데 많은 도움이 됩니다."(밥 트웨이)

(8) 즐거움을 갖는 것(enjoyment)

"나는 골프 게임을 사랑합니다. 그래서 잘하려고 아주 열심히 연습합니다. 나는 우승할 수 있는 기회를 갖기를 좋아하며, 경쟁을 사랑합니다. 전장과 같은 토너먼트의 열기를 사랑합니다. 그런 것들이 연습에 대한 보상이라고 생각합니다. 항상 승리할 수는 없지만, 그렇게 되고자 노력하는 일은 정말 재미있는 일이지요."(밥 트웨이)

3) 최상의 수행에 이르기 위한 준비 과정

이제까지 최상의 수행 상태는 어떠한 상태에서 이루어지는 것인지 일반 스포츠와 골프의 경우를 살펴보았다. 이 장에서의 관심사는 최상의 수행 상태를 의도적으로 빈번하게 나타나게 하는 방법을 모색하는 것이었으므로, 매카피와 올릭이 조사한 연구결과를 참고하기로 한다. 이들은 우승 경험이 있는 미국 투어 프로들을 상대로 인터뷰한 결과 '우수함의 요소'를 다음과 같이 밝혀내었다.

- 완전한 몰두
- 연습의 양보다는 질
- 분명한 목표 설정
- 일상화한 심상 연습
- '한 번에 한 샷'에 집중하는 것
- 심리적 압박 상황에 대처하기 위한 인식, 기대, 준비
- 연습 계획과 경기 계획
- 경기 초점 전략
- 주의산만 조절 전략
- 경기 후 평가작업
- 경기에 도움이 되는 요소와 그렇지 못한 요소에 대한 명확한 이해

골프심리학의 결정체

무의식으로 스윙하라

Golf

김성수 · 이영승 공저

1판 6쇄 / 2010. 3. 15.

발행처 / 전원문화사
발행인 / 김철영
등록 / 1977. 5. 23. 제6-23호

157-033 서울시 강서구 등촌3동 684-1
에이스 테크노타워 203호
TEL : 02) 6735-2100~2 FAX : 02) 6735-2103

ⓒ 김성수 · 이영승

이 책의 저작재산권은 저자에게 있으므로
사전 허락 없이 어떤 형태로든
내용의 일부를 인용하거나 발췌하는 것을 금합니다.

Copyright ⓒ 2002, by Jeon-won Publishing Co.
Printed in Seoul, Korea

값 **15,000**원

ISBN 978-89-333-0147-X 03690
＊잘못된 책은 바꾸어 드립니다.

＊저자와의 협의하에 인지를 생략합니다.